조선 후기
'낙중학'의 전개와 '한려학파'

계명한국학총서 46

조선 후기 '낙중학'의 전개와 '한려학파'

2018년 2월 12일 초판 1쇄 인쇄
2018년 2월 27일 초판 1쇄 발행

지은이 | 홍원식 외 7명
펴낸이 | 신일희
펴낸곳 | 계명대학교출판부
42601 대구광역시 달서구 달구벌대로 1095
전화 053-580-6233 팩스 053-580-6235
등 록 | 1970. 9. 1.(신고번호 제347-1998-1호)

ISBN 978-89-7585-814-7 93150
값 27,000원

이 도서의 국립중앙도서관 출판예정도서목록(CIP)은 서지정보유통지원시스템 홈페이지(http://seoji.nl.go.kr)와 국가자료공동목록시스템(http://www.nl.go.kr/kolisnet)에서 이용하실 수 있습니다.(CIP제어번호: CIP2018005111)

낙중학 총서 5

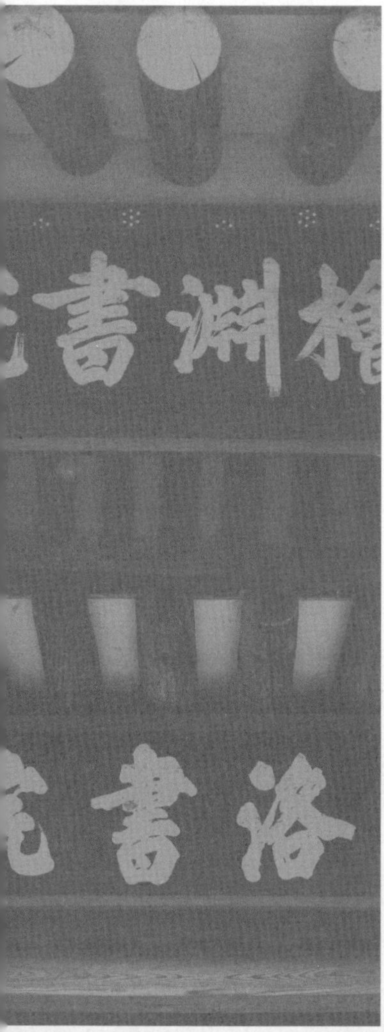

洛中學

조선 후기

'낙중학'의 전개와 '한려학파'

계명대학교 한국학연구원
홍원식 외 지음

계명대학교 출판부

책을 펴내며

낙동강 중류지역의 유학을 '낙중학'이란 용어로 우리 학계에 내놓은 지 어언 8년여의 시간이 흘렀다. 그동안 계명대학교 한국학연구원은 2010년부터 매년 한차례 '낙중학'을 주제로 한 기획학술대회를 개최하여 마침내 2017년 총 8회에 걸친 대단원의 막을 내렸으며, 이번에 2014년 제5차 기획학술대회 때 발표된 논문을 바탕으로 낙중학총서 5권에 해당하는 『조선 후기 '낙중학'의 전개와 '한려학파'』를 내놓게 되었다.

낙중학의 관점에서 볼 때 조선 후기는 침체의 상황에 빠져 있었다. 낙동강 중류지역에서는 조선 중기 한강寒岡 정구鄭逑나 여헌旅軒 장현광張顯光과 같은 걸출한 유현들이 활동한 이후 19세기 중엽 한주寒洲 이진상李震相이 등장하기까지 뚜렷한 인물이 출현하지 못하였다. 조선 후기 낙동강 중류지역의 유학자들은 정구와 장현광의 유학을 계승하는 데에만 골몰하여 새로운 학문의 지평을 열지 못하였으며, 도리어 '청회시비晴檜是非(동강東岡 김우옹金宇顒을 주향한 청천서원晴川書院 유림과 한강 정구를 주향한 회연서원檜淵書院 유림들 사이의 두 인물에 대한 선후 문제를 놓고 벌인 시비)'나 '한려시비寒旅是非(한강 정구와 여헌 장현광 사이의 학맥적 계승과 위상의 문제를 놓고 벌인 시비)'와 같은 인물의 선후와 학맥의 적통嫡統 시비에 빠져들었다. 이러한 모습은 당시 영남지역에서 특히 많이 발견되는 것으로 전형적인 '향전鄕戰'의 사례들이다. 그 결과 이 시기 낙중학은 중앙은 물론 영남지역에서도 주변부로 밀려난 채 범퇴계학파 속에 편입되어 갔다. 따라서 조선 후기 낙중학은 당시 활동한 개개의 인물보다 서원을 중심으로 살펴보는 것이 보다 더 효과적이라고 생각하였다.

본 책에는 총 9편의 글을 실었다. 먼저 조선 후기 낙중학의 전개란 관점에서 홍원식이 쓴 총론과 '한려학맥의 전승'(김학수), '석전 광주이씨 가문과 근기 남인의 제휴'(이근호), '백불암 최흥원 가문의 학풍과 실천지향의 삶'(장윤수)을 실었다. 이어 당시 이 지역 유림들의 중심적 활동처였던 임고서원(김학수)과 연경서원(구본욱), 도동서원(김기주), 회연서원(추제협), 동락서원(김낙진) 5곳을 집중적으로 살펴보았다.

조선 중기 낙중학을 대표하는 정구와 장현광에 대한 연구는 근년에 들어 적지 않게 이뤄졌지만 그들의 계승자에 대한 연구는 거의 없는 상황에서 본 책은 이에 대한 연구의 공백을 어느 정도 채워줄 수 있으며, 나아가 조선 후기 영남지역 퇴계학파의 전체적 전개양상을 이해하는 데에도 기여할 수 있을 것으로 기대된다. 제현들의 질정을 기다리며 글을 맺는다.

2018년 1월

홍 원 식

차 례

한려 이후 조선 후기 낙중학의 전개

홍 원 식

한려 이후 조선 후기 낙중학의 전개

홍 원 식

1. 머리말

조선은 일본과 7년 동안 왜란倭亂을 겪은 후 후금後金과 다시 두 차례 호란胡亂을 거치는 동안 뿌리에서부터 동요를 겪으면서 후기 사회로 접어든다. 정치적으로는 당쟁이 격화되는 가운데 경제적, 사회적 안정과 재건을 위해 다양한 정책들이 시행된다. 철학사상적으로도 16세기 후반 지배이념으로 굳건히 자리를 다진 주자학朱子學이 새로운 국면을 맞이하게 된다. 집권세력들은 주자학적 이념을 더욱 강화시키는 가운데 주자학 이론의 절대화와 더불어 현실 속 확산을 위해 예학 등을 발전시킨다. 하지만 한편에서는 주자학에 대한 이론적 비판과 더불어 주자학을 대신할 새로운 철학사상적 모색을 하는 가운데 양명학陽明學과 서학西學, 실학實學 등이 등장한다. 결국 조선 후기 철학사상은 주자학 절대화와 이에 반대하는 반주자학反朱子學이라는 양대 조류가 중심적 흐름을 형성하며, 주자학파 안에서는 퇴계학파退溪學派와 율곡학파栗谷學派의 양대 학파가 주도하게 된다.

이 시기 낙동강 중류(낙중洛中) 지역에서는 한강寒岡 정구鄭逑(1543~1620)와 여헌旅軒 장현광張顯光(1554~1637)이 등장한 이후 그들의 후예들이 중심이 된 이른바 '한려학파寒旅學派'가 주도하게 된다. 17세기 후반에 이르면 그들은 영남 남인의 일원으로 당쟁의 격랑 속에 빠져 들어 정치적 부침을 거듭하다가 마침내 갑술환국甲戌換局(1694) 이후 사실상 중앙 정계로부터 완전히 밀려 나게 된다.

남인의 몰락과 더불어 중앙에서 밀려난 낙중 지역 한려의 후예들은 향촌 경영에 주력하게 되는데, 이 과정에서 '한려시비寒旅是非'에서 볼 수 있듯 향촌 내 재지사족在地士族 간 세력다툼인 향전鄕戰을 벌이는 모습도 보인다.[1] 그들은 문중의 결속과 혼인을 통한 문중 간의 연대, 나아가 서원 경영 등을 통해 재지적 기반을 다져 나갔으며, 이를 위해 현실에 맞는 예학의 정립과 적극적 예 실천을 통한 성리학적 이상사회를 구축하는 데 매진하였다.

하지만 한려 이후 조선 후기 낙중 지역에서는 한려를 이을 만한 뚜렷한 유현儒賢이 등장하지 못하고 후예들 간의 분립마저 일어나 그 형세가 급격히 위축되어 갔다. 낙동강 하류(낙하洛下) 일대에 세력 근거를 뒀던 남명학파南冥學派는 이미 인조반정仁祖反正으로 정치적 몰락을 함에 따라 학파로서의 형태를 유지하기가 어려운 상태였으며, 낙중 지역 또한 이처럼 그 형세가 위축됨에 따라 영남지역 유학의 중심은 낙동강 상류지역으로 옮겨가고 낙상 중심의 범퇴계학파로 재편되었다. 따라서 조선 후기 낙중지역에서는 뚜렷한 유현이 출현하지 못함에 따라 한려를 주향主享, 혹은 배향配享한 서원을 중심으로 낙중학의 존재양상을 살펴보는

---

1) '한려시비'와 더불어 이 시기 영남지역의 대표적인 향전으로 西厓 柳成龍과 鶴峯 金誠一 후예들 간의 '屛虎是非'(屛山書院과 虎溪書院)와 東岡 金宇顒과 寒岡 鄭逑 후예들간의 '晴檜是非'(晴川書院과 檜淵書院)를 들 수 있다.

것이 하나의 대안이 될 수 있다고 생각한다.

2. 낙중 한려학파의 도통과 학통 의식

낙중학의 연원은 멀리 고려 말 포은圃隱 정몽주鄭夢周와 조선 초 야은冶隱 길재吉再에게까지 거슬러 올라간다. 그들은 '나아가 죽음'과 '물러나 지킴'이라는 모습만 달랐을 뿐 신왕조 건국이라는 역성혁명易姓革命의 와중에서 불사이군不事二君의 충절을 지켰다는 점에서는 다를 바 없다는 것과 더불어 그들이 그 대표적인 이들이라는 인식은 당대에 이미 받아들여졌다. 곧 정몽주는 조선 건국 후 바로 죽인 자의 손에 의해 충신으로 높여졌으며, 길재 또한 신왕조의 승인 아래 자신의 길을 갈 수 있었다.

여기에서 중요한 점은 그들의 행적 못지않게 그것을 바라보고 기억하는 자들의 존재였다. 그들의 후예들은 어차피 신왕조의 건국과 건설에 적극적으로 참여하지 않았기 때문에 재야에 주로 머무를 수밖에 없었던 상황에서 유학자로서 실력을 축적하는 가운데 현실과 더불어 지난 역사에 대한 인식을 공유하게 된다. 건국 후 100년 가까이 되어가던 성종대에 이르면 점필재佔畢齋 김종직金宗直을 위시한 그의 후예들이 속속 중앙정계로 진출하게 되는데, 그들은 이미 터 잡고 있던 집권세력들과 지역적, 정치적, 학파적 배경 등이 크게 달랐다. 따라서 현실인식과 역사인식도 다를 수밖에 없었다. 특히 그들이 신진관료로서 현실적으로 늘 대면해야 하고 때로 대립해야 했던 집권세력이 세조의 정변에 가담 혹은 동조했던 인물들이 주축이었다는 점에서 현실의 모습이 건국 과정의 역사적 기억과 겹쳐 보이기 시작했던 것이다. 세조의 정변은 유학의 대외

명분大義名分에서 볼 때 정당하지 않다는 현실인식이 마침내 역성혁명의 조선 건국에 대한 기억을 불러 오게 된 것이다. 여기에서 핵심은 역사적 사건 자체보다도 유학자로서 처신과 출처出處의 문제였다.

세조정변에 대한 부정적 인식을 품은 그들은 '경상도당慶尙道黨'으로 내몰리게 되고 마침내 연산군 때 무오(1498)와 갑자(1504) 두 차례에 걸쳐 크게 화를 입게 되었다. 그렇지만 그들은 중종반정中宗反正(1506)으로 잠시 그들의 시기를 맞게 되자 자신들의 현실적 정당성과 더불어 역사적 정통성을 확보하기 위해 본격적으로 현실인식을 역사인식으로 확장시키고자 했다. 정몽주와 김굉필金宏弼의 문묘종사文廟從祀 시도가 바로 그것이었다. 여기에서 정몽주가 역사적 정통성과 관계된다면 김굉필은 현실적 정당성과 관계된다. 결국 정몽주의 문묘종사만 성사되었다. 역사적 정통성은 확보했지만 현실적 정당성은 확보하지 못한 반만의 성공이라고 볼 수 있겠다. 이러한 연유로 그들은 다시금 피의 역사를 좀 더 감내해야만 했다.[2)]

그들은 1567년 선조 즉위 후 집권세력이 되면서 현실적 정당성의 문제는 절로 풀렸다. 한편 그들은 그동안 거듭된 화를 당하면서도 유교이상왕국의 건설이라는 자신들의 꿈은 저버리지 않은 채 역사적 정통성 확보를 위한 노력을 놓지 않았다. 그 결과가 선조 때에 이르러 정몽주鄭夢周에서 길재吉再, 강호江湖 김숙자金叔滋, 점필재佔畢齋 김종직金宗直, 한훤당寒暄堂 김굉필金宏弼, 정암靜庵 조광조趙光祖로 이어지는 도통道統의 계보로 제시되었다.[3)] 조광조를 빼고는 모두 낙중의 유현들이며, 그 또한

---

2) 조선 전기 사림파에 대해서는 이수건의 『영남사림파의 형성』(1979. 영남대 민족문화연구소)과 이병휴의 『조선전기 사림파의 현실인식과 대응』(1999. 일조각) 등 참조.

3) 奇大升은 이와 같은 도통 계보를 宣祖에게 확정적으로 말하였다. 『宣祖實錄』 卷2. 宣祖 2年 6月 己酉條와 奇大升. 『高峯集』 「論思錄」 참조.

김굉필의 제자였기 때문에 포함된 것이다. '도맥'과 '학맥'을 섞어 짠 이 도통 계보는 이후 조선시대 내내 널리 받아들여졌다. 이제 남은 마무리 작업은 그들을 문묘종사시키는 일이었다. 이전에 이미 시도했다 실패한 김굉필에다 그와 '지동도합志同道合'의 인물로 일컬어지는 일두一蠹 정여창鄭汝昌과 그의 제자인 조광조를 더하고, 다시 회재晦齋 이언적李彦迪과 퇴계退溪 이황李滉을 더해 다섯 인물이 1610년(광해군2) 한꺼번에 문묘종사가 된다. 역사에서 이들을 흔히 '동방오현東方五賢'이라고 부른다.[4)]

집권세력이 된 것도 그렇거니와 그들이 추숭한 다섯 인물을 한꺼번에 문묘종사를 시킬 수 있었던 것은 사림세력이 전국적으로 퍼져 있었기 때문이다. 낙동강 중류에서 시작하여 낙동강 전역으로 퍼져 나갔던 사림세력이 이 시기에 이르면 전국적으로 확산되었던 것이다. 16세기 중엽 낙동강 상류지역에서 퇴계 이황이 나고 하류지역에서 남명南冥 조식曺植이 난 것은 낙동강 중류에서 뿌려진 사림의 씨앗이 강줄기를 타고 위아래로 퍼져 나가 꽃피운 결과이다.

그리고 그들을 이어 낙중지역에서는 한강 정구가 등장하여 '낙중학'을 정립하며 자신의 '한강학'을 펼쳐나가고, 뒤이어 여헌 장현광이 등장하여 '낙중학'을 계승하며 자신의 '여헌학'을 펼쳐나감으로써 낙중학은 당대 영남지역의 유학은 물론 전국적으로도 한 중심의 위치에 서게 된다. 그들은 무엇보다 김굉필을 중심으로 한 동향의 낙중 선현들에 대한 강한 계승의식을 가지고 있었으며, 학문적으로도 독창적인 영역을 일구어 나갔다. 먼저 정구가 이황과 조식의 문하에 나아간 것은 각각 21세(1563년)와 24세(1566년) 때의 일로 천거로 처음 출사한 38세 때보다

4) 정몽주와 '동방오현'의 문묘종사에 대해서는 이수환의 「16세기 전반 영남 사림파의 동향과 동방오현 문묘종사」(2013. 『낙중학의 원류, 조선전기 도학파의 사상』 예문서원) 등 참조.

한참 이른 시기였다. 이처럼 그는 이른 나이에 퇴·남 양 문하에 나아간 뒤 평생토록 제자로서 예와 역할을 다하였다.[5] 한편 그는 김굉필의 진외증손으로서 그 계통을 잇는다는 생각이 남달랐다. 이황을 처음 찾았을 때 이황도 그가 김굉필의 후예임을 높이 샀다.[6] 그는 25세 때 고향 성주에 처음 세워진 영봉서원迎鳳書院의 설립과정에 적극적으로 개입하여 김굉필의 제향을 관철하고 이름마저 천곡서원川谷書院으로 바꾸었으며, 30세 때에는 그의 「연보年譜」와 『사우문인록師友門人錄』을 직접 편찬하였다. 그러는 사이 김굉필의 문묘종사는 거의 확실시되어 가고 있었으므로 정구의 자부심과 책임감은 더욱 커져갔다. 정유재란으로 김굉필을 주향한 도동서원道東書院(이전은 쌍계서원雙溪書院)이 불타자 복원사업과 서원경영을 주도하였다. 이때 김굉필의 문묘종사가 확정되었다. 이러한 연유로 그는 뒷날 도동서원에 배향되었다. 이처럼 그가 김굉필을 추숭하는 과정에서 김종직과 김굉필 간 도학문수수에 대해 다소 비판적 견해를 내놓았으며,[7] 낙중학의 연원이 있는 정몽주의 출처에 대해서도 문제 삼은 적이 있다.[8] 전자의 경우는 김굉필을 높이는 마음이 매우 컸기 때문이며, 후자의 경우는 조식으로부터 받은 출처出處 중시의 관점이 반영된 것으로 보인다. 하지만 그의 낙중 후예들은 조선 유학의 도통이 정몽주에서 김종직을 거쳐 김굉필에 이르렀다는 관점을 대체적으로 받아들였으며, 다시 그것이 정구에게로 이어졌다고 보았다.

정구를 이어 낙중지역에서는 장현광이 활발하게 활동하였다. 정구와 장현광은 11세 차이로 질서姪壻와 처숙妻叔의 관계이기도 했다. 이에 따

5) 홍원식. 2014.「정구의 한강학과 퇴·남학」.『영남학』제26호. 경북대 영남문화연구원 참조.
6) 李滉.『退溪集』卷22.「答李剛而」참조.
7) 鄭逑.『寒岡集』卷11.「外先祖上將軍金公墓慰安文」참조.
8) 李滉.『退溪集』卷39.「答鄭道可問目」참조.

라 양자 사이에는 자연스레 학연이 맺어지게 되어 '한려寒旅'라는 말로 묶어 불리기도 하였다. 하지만 학문적 수수관계가 분명치 않고, 양자 간 학문적 취향도 사뭇 다른 점이 있어 뒷날 논란과 시비를 불러오기도 하였다. 양자 간에는 선현에 대한 계승의식도 다소의 차이가 있다. 흔히 그의 학맥연원과 도통의식을 '오현계승론五賢繼承論'(포은연원론圃隱淵源論 포함)과 '회퇴계승론晦退繼承論', '한강계승론寒岡繼承論'(한려병칭론寒旅竝稱論 포함), '부유사승론不由師承論' 넷으로 구분해보고 있으며, 덧붙여 송당松堂(박영朴英) 연원 등도 말하고 있는데, 이러한 분석은 주로 그의 문인들의 제문祭文과 언행록言行錄 등을 분석하여 정리한 것이므로 그 자신의 관점과 다소 차이가 있을 수 있다.[9] 특히 그의 문인들은 정구의 문인들과 격렬한 문호지쟁을 거치면서 한·려를 구분해보려는 의식이 강하였기 때문에 더욱 그러하다. 그가 뚜렷한 사승이 없는 것은 사실이지만, 낙중학의 연원인 정몽주나 직접적 동향 선현인 길재, 그리고 이미 '동방오현'의 수현首賢으로 문묘종사된 김굉필, 이뿐만 아니라 처숙인 정구에 대해서도 낙중 선현으로서 존숭의 마음이 결코 없지 않았다. 그리고 당연히 인접한 낙상의 이황과 낙하의 조식에 대해서도 존숭의 마음을 가졌다. 그는 정몽주의 임고서원臨皐書院과 길재의 금오서원金烏書院에서 수시로 강학하였으며, 김굉필의 「신도비문神道碑文」을 짓고 정구의 「행장行狀」을 편찬하였다.

위에서 볼 수 있다시피 정구와 장현광은 낙중의 후예들로서 낙중 선현에 대한 존모와 계승의식을 기본적으로 가지고 있었다. 다만 양자 간 계승 문제는 시비의 여지가 있는데, 이것은 그들 후예들 간 논의할 몫일 뿐 정구는 당연히 장현광이 자신의 학맥을 잇는다고 생각하였고 사

---

9) 김학수. 2009. 「여헌학파의 형성과 전개」. 『여헌 장현광 연구』. 태학사.

후 그의 후예들은 자연스레 여헌 학맥으로 계승, 흡수되어 한려학맥이라는 인식이 생겨났으며, 장현광 또한 당연히 한강학을 잇는다고 생각했지 따로 학파를 열어야겠다는 분파의식을 갖고 있지 않았다. 그들이 공통적으로 활동했던 성주, 선산, 칠곡, 대구(달성) 지역에서 양 학맥의 인물들이 대부분 겹친다는 점이 이것을 잘 말해 주고 있다.

오히려 양자 간의 차이는 도통과 학통의식보다 학문의 내용에서 보다 분명하게 나타난다. 정구의 학문에 대해 장현광은 일찍이 "선생께서는 明體適用의 학문으로써 스스로 기약하셨다."[10]라고 말하였으며, 신흠申欽 또한 "세상의 유자들 가운데 이름이 높은 이들은 一節에 치우치고 낮은 이들은 卑近한 데 빠졌으니, 굳게 全體大用에 힘써서 능히 衛道의 공이 있게 한 이는 선생일 뿐이다."[11]라고 말하였다. 이처럼 그의 한강학을 '명체'와 '적용', 혹은 '전체'와 '대용'을 겸비한 것이라고 규정한 것은 더없이 적합하다고 생각한다. 한강학에 있어서 '명체'와 '전체'의 학이란 멀리로는 정몽주에서 김굉필에 이르는 도학과, 가까이로는 이황과 조식으로부터 이어받은 심학과 성리학을 계승한 것이요, '적용'과 '대용'의 학이란 스스로 새롭게 열어간 예학과 경세학을 주로 가리킨다.[12] 그는 체용일원體用一源의 관점에 따라 두 학문은 체와 용 곧 불가분의 관계여서 어느 하나도 빠뜨릴 수 없다고 생각하였다. 이러한 한강학과 대비시켜 본다면, 장현광의 여헌학은 '명체'와 '전체'의 학을 더욱 강화시켰다고 볼 수 있다.[13] 그는 18세 때 이미 "천하에 제일가는 사업을 하여

---

10) 張顯光.『旅軒集』卷13.「寒岡先生行狀」.

11) 鄭逑.『寒岡集』附錄.「年譜」卷2.「神道碑銘」(申欽撰).

12) 홍원식. 2014.「정구의 한강학과 퇴 · 남학」.『영남학』 제26호. 경북대 영남문화연구원. 217-221쪽 참조.

13) 홍원식. 2013.「조선 중기 낙중학과 장현광의 여헌학」.『한국학논집』 제52집. 계명대 한국학연구원. 16-21쪽 참조.

천하에 제일가는 사람"[14]이 되기를 스스로 기약한 뒤 평생을 이 '우주사업宇宙事業'에 매진하여 독창적 성리설과 수많은 역학 관련 저술들을 내놓았다. 이러한 점은 영남은 물론 조선 유학자들 가운데에서도 그 예를 찾기가 쉽지 않다. 이렇듯 조선 중기에 이르러 낙중학은 한강학과 여헌학으로 말미암아 더욱 다채롭고 깊어짐으로써 영남지역은 물론 전국적으로도 그 중심에 서게 되었다.

앞서 말했듯이 정구 사후 그의 학맥은 장현광의 활동이 두드러짐에 따라 여헌 학맥으로 계승, 흡수되었다. 그런 가운데 장현광이 세상을 뜨자 그를 특별히 추존하려는 세력이 형성되고, 그들을 중심으로 한·려의 학문적, 학파적 계승관계를 부정하려고 드는 관점을 드러냄으로써 이른바 '한려시비'가 일어나게 된다. 이 시비는 효종과 현종대를 거쳐 숙종대에 절정에 이르게 되며, 마침내 1677년 정구를 주향하는 회연서원檜淵書院에 석담石潭 이윤우李潤雨(1569~1634)만 배향되는 것으로 일단락되고, 한·려의 문인들은 둘로 갈라서고 만다. 여기에서 장현광을 특별히 높이 추존하려든 이들은 '불유사승不由師承' 곧 그가 특정 사승관계 없이 홀로 학문을 이루었음을 내세워 먼저 정구와 병칭은 몰라도 사제간이 아님을 갖가지 문헌을 들춰 강변하였다. 그리고 이러한 그들의 장현광에 대한 불유사승관은 길재를 배향하고 있던 인동의 오산서원과 정몽주를 배향하고 있던 영천의 임고서원 유림들과 장현광의 병향 문제를 놓고 충돌을 빚게 되며, 오산서원에서는 자신들의 뜻을 이루지만 임고서원에서는 끝내 뜻을 이루지 못한다.

이후 한·려의 후예들은 둘로 갈라선 채 끝없는 문호 다툼만 이어갈 뿐 학문적 계승과 전개의 모습을 보여주지 못했으며, 뚜렷한 유현도 배

14) 張顯光,『旅軒續集』 卷5,「宇宙要括帖」(〈反躬帖第十〉).

출하지 못하였다. 이에 따라 낙중학은 급속히 쇠락하였으며, 숙종 때 갑술환국甲戌換局(1694년)으로 남인세력이 몰락하면서 그들의 정치적 위상마저도 추락하고 만다. 곧 낙중 출신으로 선조대에는 정구가, 인조대에는 장현광과 이윤우 등이 어느 정도 중앙정계에서 위상을 차지하고 있었으며, 남인과 서인(노론)이 대립하던 효종과 현종, 숙종 초에 걸쳐서는 특히 이도장李道長과 이원정李元禎, 이남명李聃命 등 석전石田의 광주廣州 이씨 이윤우의 후손들이 남인세력의 중심에 서 있었지만 갑술환국으로 낙중 출신의 정치적 기반이 완전히 무너지고 말았다. 이때 낙상 퇴계학맥의 홍여하洪汝河와 이현일李玄逸 등도 남인 일파로 정치적 부침을 거듭하였지만, 이현일이 퇴계학파의 중흥을 시도한 뒤 18세기 후반 대산大山 이상정李象靖과 19세기 전반 정재定齋 유치명柳致明이 그 뒤를 이음으로써 영남유학의 중심은 낙상으로 옮겨가게 되었다. 그 결과 침체의 늪을 헤매던 낙중학은 낙상 중심의 범퇴계학파에 편입되고 영남유학에서마저 주변으로 밀려나고 만 것이다.

3. 한·려 연원의 서원과 낙중학파의 양상

왜란과 호란 양란을 거치면서 조선은 중기를 거쳐 후기 사회로 접어들게 되고, 지방에서는 재지사족들이 가문과 혼맥, 학맥 등을 통해 지배세력을 형성하면서 향촌사회를 주도하게 된다. 이에 따라 주자학적 지배질서는 더욱 공고해지고, 이를 위한 주자학적 실천규범인 예학의 필요성은 더욱 커져갔다. 이러한 상황 아래 학맥은 향촌사회에서 자신과 가문의 사회적 위상을 결정하는 데 중요한 요소가 되었으며, 그 중심에 서원이 있었다. 원래 서원은 향현에 대한 제사와 교육이라는 두 가지

목적 아래 설립되었지만, 이 시기로 오면 제사의 기능이 더욱 강화되고 누구를 어떻게 제향할 것인가의 문제는 초미의 관심사로 떠올랐다. 이에 대한 시비와 논란이 끊이질 않으면서 '향전鄕戰'이 빈발하고, 서원이 남설되면서 조정으로부터 거듭 훼철령이 내려지기도 하였다. 중앙정계로부터 밀려난 영남 남인 세력들에게서는 이러한 현상이 더욱 두드러졌으며, 특히 낙중 지역에서는 정구와 장현광이라는 걸출한 두 유현이 있었던 까닭에 그 후예들 사이에 서원 설립과 경영, 종사從祀의 형식을 놓고 치열한 다툼을 벌였다. 따라서 이 시기 낙중학의 존재와 계승 양상을 파악하는 데 두 인물과 연원이 있는 낙중 일대의 서원을 한번 자세히 살펴보는 것도 의미가 있다고 본다.

1) 한강 정구 연원의 낙중 서원

한강 정구가 1620년 세상을 뜨자 2년 뒤인 1622년 맨 먼저 대구(북구 연경동)에 소재한 연경서원硏經書院에 배향되었다. 연경서원은 1565년(명종 20) 사묘가 없이 이황의 제자인 이숙량李叔樑과 대구지방 유림들이 주도하여 건립하였으며, 이황이 「서원십영書院十詠」(화암서원畵巖書院)에서 읊은 9개 서원 중 하나이다. 임진왜란으로 불탄 뒤 중건되면서 이황을 주향하게 되었고, 그에 이어 정구가 배향된 것이다.[15] 그가 세상을 뜬 지 2년 만에 바로 이황의 뒤를 이어 배향될 수 있었던 것은 당시 서사원徐思遠과 손처눌孫處訥 등 대구 출신의 제자들이 연경서원의 경영을 주도하고 있었기 때문이다. 정구는 만년에 고향 성주를 떠나 칠곡의 노곡정사蘆谷精舍와 대구 인근 사양정사泗陽精舍에서 강학하면서 연경서

15) 연경서원은 1660년(현종 1)에 사액을 받으며, 大丘府使를 지냈던 鄭經世가 1676년 鄭逑에 이어 배향되었다.

원과 긴밀한 관계를 맺고 있었다. 정구의 연경서원 배향은 한강학맥의 대구지역 확산과 이를 통한 퇴계학맥의 대구지역 전파라는 의미를 갖는다.[16] 정구는 연경서원 배향에 뒤이어 1년 뒤인 1623년에는 성주(벽진면 해평리)에 소재한 천곡서원川谷書院[17]에 배향되었다. 천곡서원은 원래 을사사화乙巳士禍로 성주에 와 있던 이문건李文楗이 이곳 출신 선조 이조년李兆年 등을 제향하기 위해 설립을 추진하였으나, 이조년의 영정에 묵주를 들고 있다는 율곡栗谷 이이李珥의 이의 제기와 도학을 중시해야 한다는 지역 사림들의 공론에 따라 문묘종사의 논의가 끊이지 않고 있던 인근 김굉필이 단독 제향되었으며, 이후 정구가 와룡의 고사를 인용하여 정이程頤와 주희朱熹를 추가 배향하고 이름마저 영봉迎鳳에서 천곡으로 바꾸었다. 당시 정구의 나이는 25세에 불과하였지만, 적극적으로 이 문제에 개입하면서 향론을 주도하였다. 그는 도학을 내세워 진외증조 김굉필의 도학연원을 곧장 중국의 송조 명현인 정이와 주희에 연결시켰다. 정구가 세상을 뜨자 성주 유림들은 곧바로 그를 천곡서원에 배향하였으며, 1642년 장현광도 추가 배향하였다. 결국 천곡서원은 정·주의 도학이 김굉필에 이어지고, 다시 그것은 정구와 장현광으로 이어졌다는 당시 성주지역 유림들의 인식을 잘 말해주고 있다. 이때까지만 해도 한려시비가 본격화되지 않은 상태여서 정구에 이어 장현광을 배향할 수 있었다고 본다.

정구를 주향하기 위해 맨 처음 세워진 서원은 회연서원檜淵書院이다. 회연서원은 그의 사후 7년만인 1627년(인조 5)에 창건되었으며,[18] 이후

16) 구본욱. 2014.「연경서원의 경영과 유현들」.『한국학논집』제57집. 계명대 한국학연구원.
17) 천곡서원은 1560년(명종 15) 영봉서원으로 창건되었으며, 1573년(선조 6) 천곡서원으로 사액을 받았다. 이황의「書院十詠」에 포함된 서원이다.
18) 1690년(숙종 16)에 사액을 받았으며, 대원군 때 훼철되었다.

그를 제향하는 서원 가운데 수원首院의 위치에 서게 되었다. 본 서원이 소재한 성주 수륜은 그의 고향이며, 서원은 그의 강학처였던 회연초당 자리에 세워졌다. 수원의 자리에 있던 회연서원에 1677년 이윤우가 배향되었는데, 그가 배향되기까지 꽤 시간이 걸렸다. 그동안 정구의 문인들 간 한려시비 등 많은 곡절을 겪은 끝에 장현광을 추존하는 문인들은 갈라져나간 채 그만 단독 배향되었으며, 이로부터 정구의 학맥은 이윤우에게로 흘러갔다는 인식이 자리잡게 되었다. 결국 회연서원의 이윤우 단독 배향은 한려학맥의 분리를 잘 말해주고 있다.[19]

정구의 도동서원 배향도 중요한 의미를 갖는다. 도동서원은 1568년(선조 1) 김굉필을 제향하기 위해 세워졌으며,[20] 정구는 왜란 후 서원 복원과 경영에 온힘을 쏟았다. 마침내 그는 1678년 배향되었다. 김굉필을 제향하는 수원首院인 도동서원에 단독으로 추가 배향된 것은 무엇보다 그가 김굉필의 정통 계승자임을 분명히 한 것으로, 낙중학의 관점에서 중요한 의미를 갖는다.[21]

이밖에도 1638년 경남 창녕에 정구를 단독 배향한 관산서원冠山書院이 세워졌으며, 같은 해 경남 창원에도 회원서원檜原書院이 세워진 뒤 1708년 허목許穆이 추가 배향되었다. 회원서원에서 허목을 추가 배향한 것은 정구의 학맥이 허목을 통해 근기지역으로 전파된 사실을 말해주고 있다. 1651년에는 경북 칠곡에 사양서원泗陽書院이 세워진 뒤 1664년 이윤우를 추가 배향하였다. 사양서원에서의 정구에서 이윤우로 이어지는 학통관은 그대로 회연서원에서 재현되었다. 1673년에도 경남 함안에 도림

19) 추제협. 2014.「회연서원의 경영과 유현들」.『한국학논집』제57집. 계명대 한국학연구원.

20) 道東書院은 1568년(선조 1) 김굉필을 제향하기 위해 雙溪書院이란 이름으로 세워졌으며, 1573년에 사액을 받았다. 정유재란으로 불탄 뒤 자리를 옮겨 甫老洞書院으로 복원된 뒤 1607년(선조 40) 도동서원이란 이름으로 재사액을 받았다.

21) 김기주. 2014.「도동서원과 한강학의 전개」.『한국학논집』제57집. 계명대 한국학연구원.

서원道林書院이 세워지고 뒷날 정구의 제자인 이칭李偁 등이 추가 배향되었는데, 도림서원을 위시하여 경남지역에 관산서원과 회원서원이 세워진 것은 정구의 학맥이 낙동강 하류를 따라 퍼져나갔음을 말해주며, 이것은 정구의 봉산욕행蓬山浴行[22]과 관련이 있다고 본다.

2) 여헌 장현광 연원의 낙중 서원

장현광은 세상을 뜬 지 2년이 지난 1639년에 맨 처음 인동(구미시)에 소재한 오산서원吳山書院에 배향되었다.[23] 인동은 그가 출생하고 성장한 곳이며, 오산서원은 이곳 출신인 야은冶隱 길재吉再를 제향하던 곳으로 그의 강학처이기도 했다. 이처럼 오산서원은 그의 첫 배향 서원이라는 점에서도 중요성을 갖지만, 첫 배향에서부터 선현인 길재를 주향하고 있던 곳에 종향從享이나 단순히 배향이 아닌 병향竝享의 형식을 취했다는 점이 눈에 띈다. 논란이 없지 않았지만, 그의 문인들이 주도하고 이곳 유림들이 동의한 다소 이례적인 처사였다. 그런데 몇 년 뒤 다시금 큰 논란이 일어나게 된다. 그가 오산서원에 병향된 지 몇 년 지나지 않아 같은 인동현에 그를 주향할 불지암서원不知巖書院(뒷날 동락서원東洛書院)이 세워지게 되면서 이배移配 문제로 큰 논란이 일어났으나 그의 문인들은 이것을 끝내 관철시킨다. 여기에서 그의 문인들의 스승에 대한 뜨거운 존경의 마음을 읽을 수 있다. 한편으로는 문인들의 이러한 마음과 처사 속에 스승에 대한 '부유사승不由師承'이라는 관점이 짙게 배어있음을 볼 수 있다.

장현광은 오산서원에 이어 다시 3년 뒤인 1642년 선산(구미시)에 소

---

22) 鄭逑. 『寒岡全書』下. 「蓬山浴行錄」 참조.
23) 吳山書院은 1574년(선조 7) 창건되었으며, 1669년(현종 10)에 사액을 받았다.

재한 금오서원에 배향되었다.[24] 금오서원은 길재를 제향하기 위해 세워진 서원인데, 이후 김종직金宗直과 정붕鄭鵬, 박영朴英이 뒤이어 배향되고 그들을 이어 다시 장현광이 배향된 것이다. 금오서원이 소재한 선산은 낙동강을 사이로 인동과 마주한 곳으로 그의 주된 강학처였다. 그리고 금오서원에 제향된 길재와 김종직, 정붕, 박영은 그의 학맥연원과 깊은 관련이 있다. 같은 해 그는 앞에서 보았듯이 성주의 천곡서원에도 배향되었다. 천곡서원은 정·주에서 김굉필, 정구로 이어져 내려온 그의 학맥연원을 말해주고 있다.

같은 때인 1643년 영천의 임고서원臨皐書院에서도 그의 배향이 이루어졌다.[25] 임고서원은 정몽주의 출생지에 그의 주향서원으로 세워졌는데, 왜란 시기 장현광은 이 부근에서 피난을 하게 된 인연으로 왜란 이후에도 이곳을 자주 찾으면서 임고서원에서 강석을 열고 경영에도 깊이 간여하였다. 그의 사후 오산서원에서와 마찬가지로 병향이 시도되었는데, 이곳 출신 지산芝山(조호익曺好益) 문인들이 중심이 된 반대 여론에 밀려 뜻을 이루지 못한 채 배향되는 것으로 끝맺었다.

이처럼 그는 사후 곧장 여러 서원에 병향 혹은 배향(종향)되는 가운데 인동 출신의 핵심 문인들을 중심으로 그를 주향할 서원 설립이 추진되어 1642년 경 사실상 공사가 완공되었다. 하지만 같은 인동현에 소재한 오산서원에 이미 그가 제향되고 있었으므로 문제가 간단하지 않았다. 마침내 위패를 옮겨 와 1654년(효종 5) 그의 첫 주향서원인 불지암서원不知巖書院이 창건되었으며, 1675년(숙종 1) 동락서원東洛書院으로 사

24) 金烏書院은 1570년(선조 3) 길재를 제향하기 위해 세워졌으며, 1575년에 사액을 받았다. 왜란으로 불탄 후 1602년 현 위치로 옮겨 복원했으며, 1609년(광해군 1) 재사액을 받았다.

25) 臨皐書院은 1555년(명종 10) 정몽주를 제향하기 위해 세워졌으며, 왜란 후 1602년 현 위치로 옮겨 복원된 뒤 재사액을 받았다.

액을 받았다. 이후 동락서원이 그의 수원首院의 위치를 갖게 되었다.[26)]

이밖에도 1650년을 전후하여 그의 만년 거처이자 고종처考終處인 입암(포항시 죽장면)에 입암서원立巖書院이 설립되어 그를 주향하고 정사진鄭四震이 추배追配되었으며, 1689년 의성의 빙계서원氷溪書院에 김안국金安國과 이언적, 류성룡, 김성일을 뒤이어 병향並享이 되고, 1702년에는 청송의 송학서원松鶴書院에 이황과 김성일에 뒤이어 배향되었다. 이로부터 그의 학맥은 주로 그의 출생지인 인동과 인근 선산에서부터 만년 거처지인 입암을 중심으로 인근 영천과 의성, 청송 일대에 걸쳐 분포해 있었음을 알 수 있다.

4. 맺음말

주지하다시피 16세기 후반 영남 유학은 낙상 퇴계학파와 낙하 남명학파가 주도하였다. 그러나 17세기 초반에 이르면 먼저 인조반정으로 정인홍鄭仁弘을 위시한 남명학파 후예들이 정치적 몰락을 함에 따라 이후 남명학파의 계승은 조선말에 이르도록 크게 약화되었으며, 한편 이황李滉의 직전제자直傳弟子들도 이 시기에 이르면 대부분 세상을 뜨고 서애西厓 류성룡柳成龍 학맥의 우복愚伏 정경세鄭經世를 제외하고는 뚜렷한 인물이 출현하지 않은 상황에서 퇴·남 양 문을 출입한 한강 정구가 크게 활약하고, 그와 더불어 여헌 장현광 또한 크게 활약함으로써 이 시기 영남유학은 낙중의 한려학이 주도하게 되고 전국적으로도 그 한 중

26) 김낙진. 2014. 「동락서원의 경영과 유현들」. 『조선 후기 낙중학의 전개와 한려학파』(학술대회발표집). 계명대 한국학연구원.

심에 서게 되었는데, 이러한 상황은 17세기 중반까지 이어졌다. 이후 정구와 장현광 간 학맥수수 문제와 문호지쟁 등을 거치면서 그 후예들이 분열되고 중앙정계의 진출마저 막힌 데다 뚜렷한 유현이 출현하지 못함에 따라 낙중학은 급속히 약화되었다. 반면 17세기 말 낙상 지역에서는 갈암 이현일이 등장하여 퇴계학파를 중흥시키고, 18세기 후반 대산 이상정과 19세기 전반 정재 유치명이 그 뒤를 이음으로써 영남 유학의 중심은 다시 낙상지역으로 옮겨가게 되었으며, 낙중과 더불어 낙하 남명학 권역마저도 범퇴계학파로 편입되어 갔다.

조선 중기 낙중학을 이끌었던 정구와 장현광은 정몽주에서 김굉필에게로 이어져 내려온 낙중 선현들을 계승한다는 의식을 대상과 정도의 차이는 있지만 분명히 가지고 있었으며, 더욱이 그들은 낙중 선현들의 도학을 바탕으로 학문적 지평을 넓히고 심화시키는 가운데 각각 '한강학'과 '여헌학'을 열어갔다. 하지만 그의 후예들은 문호지쟁과 향전에만 매몰된 채 스승의 학문을 더 이상 발전시키지 못함으로써 낙중학의 쇠퇴를 불러와 전국은 물론 영남의 유학계에서도 주변의 위치로 밀려나고 말았다.

한려 이후 뚜렷한 인물이 없는 상황에서 그들의 인식과 존재양상을 잘 들여다볼 수 있는 창문은 서원이었다. 조선 후기에 이르면 서원은 교육보다 제향 기능이 강화됨에 따라 제향 인물과 방법에 대한 시비와 논란이 끊이지 않았고, 겉으로는 학맥과 학통 혹은 도통의 문제가 부각되었지만 그 배경에는 혈연과 학연으로 얽힌 재지사족으로서의 이해가 깊이 깔려 있었다. 특히 낙중지역에서는 한려 문인들이 갈라서게 됨으로써 서원 건립이 경쟁적으로 이루어지고 배향의 문제를 놓고 곳곳에서 뜨거운 시비가 일어났다.

우리는 한려와 연원이 있는 낙중 일대의 서원들을 살펴봄으로써 그 자세한 내막과 양상, 그리고 그들 후예들의 생각을 어느 정도 읽어낼 수 있었다. 먼저 서원 분포를 통해 한강학맥은 그의 수원首院인 성주의 회연서원을 중심으로 낙동강과 금호강의 합류지역인 대구와 달성, 칠곡, 그리고 낙동강 하류를 따라 창녕, 함안, 창원 일대까지 분포해 있었으며, 여헌학맥은 그의 수원인 인동의 동락서원을 중심으로 인근 선산과 칠곡, 그리고 그의 만년 거쳐였던 입암을 중심으로 영천과 의성, 청송 일대에 퍼져 있었음을 알 수 있다. 그리고 서원 설립 시기를 통해 천곡서원의 예에서 볼 수 있듯 장현광이 세상을 뜬 직후에는 아직 한·려 문인들 사이에 분열이 크게 일어나지 않았음을 알 수 있다. 또 제향을 통해서 볼 때 한강학맥에서는 도학을 중심으로 한 김굉필의 학맥 연원을 특별히 강조하고 이황과의 학맥연원도 확보하고자 한 반면 여헌학맥에서는 오산서원과 임고서원에서의 병향 논란에서 볼 수 있듯 애초 장현광에 대한 '불유사승'의 관점을 가지고 있었으며 이것은 뒤로 갈수록 더욱 강화되었음을 알 수 있다. 그렇다고 그들이 낙중 선현들을 부정하려 든 것은 아니며, 다만 자신의 스승을 지나치게 높이려 든 결과라고 보며, 몇몇 퇴계학맥으로 연결시키려 한 모습이 보이는데 이것은 그곳 유림들의 이해가 반영된 것일 뿐 적극적 의미를 부여할 필요는 없다고 본다.

한려학맥의 전승

김 학 수

한려학맥의 전승[1)]

김 학 수

1. 머리말

이 글은 17세기 초중반 낙동강 중류지역을 거점으로 거대한 학림을 형성하여 영남사림의 학문적 분위기를 고조시키면서 영남학파의 실체로 존재했던 한강·여헌학맥, 즉 한려학맥의 전승 양상을 분석하는 데 주안점이 있다. 논지 전개를 위해 크게 네 장으로 구성하였는데, II장과 III장에서는 한강학맥과 여헌학맥의 전승 양상을 지역적 전개를 중심으로 고찰하고, IV장에서는 한려 공통의 학풍적 특징을 지지 편찬을 중심

1) 이 글은 필자가 기존에 발표한 논문을 바탕으로 정리한 것이며, 새롭게 제시하는 견해는 없음을 밝혀 둔다. 이 글의 작성에 참고한 논고는 아래와 같다. 김학수. ; 2012.「한강 정구의 學問 淵源」.『한국학논집』48. 계명대학교 한국학연구원. ; 2011.「17-18세기 의성지역 旅軒學派의 동향과 현실대응 -의성 및 군위·청송·영해·영일지역을 중심으로-」.『선주논총』14. 금오공과대학교 선주문화연구소. ; 2011.「갈암학파의 성격에 대한 검토 : 諸 學脈의 수용양상을 중심으로」.『퇴계학』20. 안동대학교 퇴계학연구소. ; 2010.「조선중기 寒岡學派의 등장과 전개 -門人錄을 중심으로-」.『한국학논집』40. 계명대학교 한국학연구원. ; 2010.「17세기 旅軒學派 형성과 학문적 성격의 재검토」.『한국인물사연구』35. 한국인물사연구회. ; 2008.「17세기 영남학파 연구」. 한국학중앙연구원 한국학대학원 박사학위논문.

으로 다루고자하며, V장에서는 18세기 이후 한려학맥의 침체 상황의 배경을 학문·정치적 측면에서 규명하고자 한다.

〈표1〉 한강문인의 지역적 분포[2)]

<table>
<tr><th>권역</th><th>지역</th><th>문인수</th><th>권역</th><th>지역</th><th>문인수</th></tr>
<tr><td rowspan="17">①
낙
동
강
연
안
권
[213명/62%]</td><td>김산</td><td>2</td><td rowspan="4">②
진주권</td><td>안음</td><td>2</td></tr>
<tr><td>상주</td><td>10</td><td>산음</td><td>2</td></tr>
<tr><td>선산</td><td>10</td><td>함양</td><td>8</td></tr>
<tr><td>인동</td><td>5</td><td>합천</td><td>5</td></tr>
<tr><td>칠곡</td><td>9</td><td rowspan="9">③
안동권
[37명/10.8%]</td><td>영주</td><td>2</td></tr>
<tr><td>성주</td><td>67</td><td>봉화</td><td>2</td></tr>
<tr><td>대구</td><td>30</td><td>예안</td><td>8</td></tr>
<tr><td>경산[하양]</td><td>12</td><td>예천[용궁]</td><td>4</td></tr>
<tr><td>현풍</td><td>11</td><td>안동</td><td>12</td></tr>
<tr><td>고령</td><td>9</td><td>의성</td><td>4</td></tr>
<tr><td>창녕</td><td>12</td><td>군위[의흥]</td><td>3</td></tr>
<tr><td>영산</td><td>11</td><td>평해</td><td>1</td></tr>
<tr><td>함안</td><td>8</td><td>영덕</td><td>1</td></tr>
<tr><td>청도</td><td>5</td><td rowspan="5">④
경주권
[25명/7.3%]</td><td>청송</td><td>2</td></tr>
<tr><td>밀양</td><td>8</td><td>영천</td><td>8</td></tr>
<tr><td>창원</td><td>3</td><td>경주</td><td>13</td></tr>
<tr><td>김해</td><td>1</td><td>양산</td><td>1</td></tr>
<tr><td rowspan="5">②
진주권
[32명/9.3%]</td><td>진주</td><td>5</td><td>동래</td><td>1</td></tr>
<tr><td>삼가</td><td>1</td><td>⑤
서울권
[9명/2.6%]</td><td>서울</td><td>9</td></tr>
<tr><td>단성</td><td>4</td><td>⑥
기타지역
[5명/1.5%]</td><td>연천, 온양
충주, 목천
등</td><td>5</td></tr>
<tr><td>곤명</td><td>1</td><td colspan="2" rowspan="2">⑦ 거주미상 [22명/6.4%]</td><td rowspan="2">22</td></tr>
<tr><td>거창</td><td>4</td></tr>
</table>

2) 한강문인의 거주 현황은 대부분 李相弼. 2005. 『남명학파의 형성과 전개』. 와우출판사: 115-166쪽에 실린 도표를 참조하였다. 다만, 여기에서도 거주지가 미상으로 처리된 100명 가운데 78명은 필자가 다른 자료를 참조하여 보충하였고, 일부 수정한 부분도 있다. 예컨대, 앞의 논고에서는 蔡先見의 거주를 大邱로 표기했으나 필자는 박이립 무고시 변무소청 題名錄

2. 한강학맥의 전승 : 지역적 전개를 중심으로

정구의 문인록인 「檜淵及門諸賢錄」(이하 「檜淵及門錄」)에 수록된 문인은 342명이다. 「檜淵及門錄」 범례(제1항)에 따르면, 정구의 문인록은 회연서원 소장 구본이 있었던 것으로 파악된다. 이후 숙종 연간 裵正徽(1645-1709) 등이 明德이 현저한 인물 50여 명을 수록하였고, 정조 · 순조 연간 정구의 8세손 鄭煒(1740-1811)가 이를 다시 수정하여 170여명을 추가함으로써 약 220여 명으로 확대되었으며, 그 뒤 여러 차례의 추록을 거쳐 342명으로 확정되었다.[3)]

한강학파는 정구의 주거 및 강학 거점의 이동 또는 확대와 연관성을 지니면서 성주[寒岡精舍-檜淵-武屹精舍]에서 칠곡[蘆谷 · 泗陽精舍] 등 대구권으로 확대되어 갔다. 여기에 창녕현감, 함안군수, 안동부사 등 사환적 연고성이 더해지면서 그 외연은 점차 팽창될 수 있었고, 만년의 봉산욕행은 한강학파가 영남 전역으로 확산되는 중요한 계기가 되었다.

한강학파의 주요 거점은 어느 지역에 어느 정도의 문인이 분포하고 있었는가를 두고 파악할 수 있지만 어느 지역에서 정구의 학문적 존재성이 특별하게 인식되고 있는가에 기준하여 설정하는 것이 보다 실질적일 것이다. 대부분의 경우 양자는 합치되는 경향이 강한 것도 사실이다. 조선시대의 경우 특정 인물의 학적 존재성을 공식적으로 인정해주는 대표적 장치는 서원이다. 서원의 기능은 존현과 교육으로 압축되지만

(金寧. 『遯峯集』 「年譜」 〈庚戌〉)에 근거하여 河陽으로 수정한 정도이다. 342명 가운데 6.4%를 차지하는 22명의 거주는 여전히 밝히지 못했는데, 이에 대해서는 추가적인 검토가 요구된다.

3) 「檜淵及門錄」의 편찬 과정 및 한강문인의 구성과 분포에 대해서는 權延雄. 1985. 「『檜淵及門諸賢錄』 小考」(『韓國의哲學』13. 경북대학교 퇴계연구소)에 자세하게 밝혀져 있으며, 이 글 작성에 크게 도움이 되었다.

주벽 및 배향·종향으로 불리는 제향 인물의 선정은 그 지역의 학통인식과 불가분의 관계를 가진다. 한강학파의 지역적 전개 과정을 살펴봄에 있어 정구의 원향 분포를 점검해야 하는 이유도 여기에 있다.

〈표2〉 정구의 원향 일람 -영남지역-4)

순번	서원명	소재지	제향인물	제향형태	제향연도	비고
1	硏經書院	大邱	李滉/鄭逑	配享	1622	
2	川谷書院	星州	程子/朱子/金宏弼/李彦迪/鄭逑/張顯光	從享	1623	1642(장현광 추배)
3	檜淵書院	星州	鄭逑/李潤雨	主享	1627	1677(이윤우 종향)
4	冠山書院	昌寧	鄭逑	主享	1638	
5	檜原書院	昌原	鄭逑/許穆	主享	1638	1708(허목 종향)
6	泗陽書院	漆谷	鄭逑/李潤雨	主享	1651	1664(이윤우 종향)
7	道東書院	玄風	金宏弼/鄭逑	配享	1678	
8	道林書院	咸安	鄭逑/李偁/朴齊仁/李瀞	主享	(1672)	

영남지역에 한정할 때, 정구가 제향된 서원은 8개처이다. 이 가운데 주향처가 5곳[회연·관산·회원·사양·도림]이고, 배향 또는 종향처가 3곳[연경·천곡·도동]이다. 지역적으로는 성주를 중심으로 대구, 창녕, 칠곡, 현풍, 창원지역에 집중되어 있는데, 낙동강 중류 연안에 위치한 이 지역은 한강문인 전체의 절반이 분포한 곳이기도 하다. 이것이 이 지역을 한강학파의 주요 거점으로 설정해야 하는 이유이다. 본 장에서는 한강학파의 지역적 전개 양상을 성주지역, 칠곡지역, 현풍-고령지역, 영산-

4) 이 표는 「寒岡年譜」(『寒岡全書』 수록본)를 토대로 작성하였고, 마지막의 道林書院만 필자가 추가하였다.

창녕-함안-밀양지역 등 크게 네 지역으로 구분하여 살펴보기로 한다.

1) 성주지역

「회연급문록」에 등재된 성주지역 문인은 67명으로 한강문인 전체의 약 20%에 해당한다.[5] 정구의 생활 및 강학의 기반이 성주·칠곡에 걸쳐 있었음을 고려할 때, 이 지역에서 다수의 문인이 배출된 것은 매우 자연스런 현상일 수 있다. 일차적인 고제그룹으로 묶을 수 있는 「한강언행록」 집필자도 이 지역 출신이 8명[崔恒慶·朴明胤·李𥳑·李天封·李堉·裵尙龍, 李堻]이나 된다. 한강학파의 본거지에 손색이 없는 인적 구성이라 하겠다.

정구의 처족인 光州李氏는 흔히 '12賢'을 배출한 집안으로 일컬어지는데,[6] 이 가운데 6명이 한강문인이다. 『光山李氏淵源錄』에 수록된 '淵源圖贊'에도 가학 연원을 이황⇒정구로 규정할만큼[7] 한강학에 대한 계승의식이 확고했다. 이 중에서도 단연 두드러진 인물은 李𥳑였다. 그는 정구의 처질이자 문인으로서 사생관계가 누구보다 切親하였고, '남명종사소'의 借名 사례에서도 보듯 정구가 가장 신뢰한 문인 중의 한 사람이었다. 특히, 그는 허적을 사위로 맞았는데, 許積의 경세관료로서의 탁월한 역량이 정구의 경세관과 어떤 연관 관계를 가지는지를 따져볼 수 있

---

5) 성주지역의 대표적 한강문인으로는 李𥶇, 李簹, 李𥳑, 李蘭貴, 李蘭美, 李命夔, 李命龍[이상 光州李氏], 李堉, 李埱, 李堻, 李坰[이상 전주이씨], 李天培, 李天封, 李주[이상 경산이씨], 宋遠器, 宋光啓, 宋光廷, 宋時詠 宋時準[이상 야로송씨], 鄭光天, 鄭錡, 鄭銑이상 동래정씨], 崔恒慶, 崔은, 崔린[이상 영천최씨], 裵尙龍, 裵尙虎[이상 성주배씨], 朴玢衢, 朴潤緖, 朴宗緖, 朴宗佑[이상 순천박씨], 朴明胤, 朴明彦[이상 밀양박씨], 都世純, 都應雲[이상 성주도씨], 呂煜, 呂焯, 呂燦[이상 성주여씨], 金孝可, 金天澤, 金天澾, 金榥, 金枓, 金櫓, 金廷堅[이상 의성김씨], 李彦英[벽진이씨], 鄭樟, 鄭惟熹, 鄭惟熟, 鄭惟熙[이상 청주정씨] 등을 들 수 있다.

6) 『光州李氏淵源錄』(天). 〈十二賢淵源圖〉.

7) 『光山李氏世稿』(天). 〈淵源圖贊〉.

는 구실이 되며, 한강학의 기호권 전파가 허목과의 단선적인 관계로만 설명될 수 없음을 지적하는 대목이기도 하다.

전주이씨는 정구의 벗 李承(1552-1598)의 아들들로 구성되어 있다. 정구가 한강정사, 회연초당, 무흘정사에 못지 않게 회합과 강학의 공간으로 활용한 곳이 이승의 주거인 晴暉堂이었다. 청휘당은 16세기 후반 성주지역의 대표적 학술문화공간의 하나로 인식되었다. 정구는 일생 여러 차례 청휘당을 방문했고, 또 더러는 유숙하며 시회 또는 강회를 열었는데,[8] 이육 형제는 이때 입문한 것으로 파악된다. 이육은 17세 때 부명으로 정구를 사사했고, 1589년 정구가 청휘당에서 『心經』을 강론할 때 參講했다.[9] 이후 1603년 夙夜齋에서 시강하는 과정에서 『남명집』 편간과 관련하여 정인홍에 대한 정구의 심사를 가장 가까이서 친견·친문한 것을 「한강언행록」에 기록했다. 1606년에는 정구의 명으로 이서 등과 함께 龍巖·德川書院을 심방했고, 1607년에는 정구의 임지인 안동에서 한 달간 머물며 시종, 수학했다. 뿐만 아니라 이육은 1610년 '한강변무소'를 주도하는 한편 1613년 계축옥사와 관련하여 정구가 상경할 때도 수행했다. 이런 관계를 바탕으로 그는 정구 사후 「한강언행록」을 남겼고, 최항경, 이서, 이천봉, 배상룡, 채몽연, 이후경, 이도자 등과 함께 심상3년을 행했으며, 1633년 김세렴에게 '한강신도비'의 글씨를 부탁한 사람도 그였다.

이외 이천봉, 송원기, 최항경, 배상룡 등도 성주지역 한강문인의 핵심들이었다. 특히 배상룡은 정구의 만년 고제의 한 사람으로서[10] 이윤우

---

8) 李厚慶. 『畏齋集』. 「畏齋年譜」. 〈庚寅〉; 李厚慶. 『畏齋集』 卷1. 〈寒岡先生往晴暉堂 以日用無餘功 相看俱努力 命門下士分韻 得努字〉(庚寅).

9) 李堉. 『心遠堂集』 卷3. 附錄 〈遺事〉.

10) 趙任道. 『澗松集』 別集 卷1. 〈開津期會錄〉.

등을 도와 스승의 현양사업에 적극 참여했고, 1636년에는 李㙉와 함께 『寒岡集』의 간행을 완료했다.[11] 배상룡의 행적에서 주목할 것은 허목과의 교유이다. 배상룡은 『五先生禮說分類』를 허목에게 증정했고,[12] 1643년 趙任道, 鄭惟熹, 金大振 등과 泛舟를 계획하고 허목을 특별히 초청한 바도 있었다.[13] 나아가 그는 허목이 『寒岡集』과 『五服沿革圖』의 印送을 요청하자 이에 적극 응하는[14] 한편 허목에게 회연서원을 심방해 줄 것을 요청키도 했는데,[15] 이는 두 사람 사이의 개인적인 교유를 넘어 허목을 한강학파 속으로 강하게 끌어들이려는 노력의 일환으로 해석할 수 있다. 이런 정황을 고려할 때, 배상룡과 허목의 교유는 숙종 이후 허목이 한강학파의 首門으로 인식되는 과정, 나아가 한강학의 기호권 확산을 밝히는 단서가 되기에 충분하다.

2) 칠곡지역

칠곡지역 한강문인은 총 9명인데, 그 중심을 이루는 것은 李潤雨로 대표되는 광주이씨 일문의 인사들이다. 이윤우는 21세 되던 1589년 정구를 사사한 이후 꼬박 30년을 한강문하에서 수학하였다. 특히, 정구의 만년인 1616년 6월 이후부터는 泗上을 왕래하며 정구와 더불어 강학하며 학문에 전념하였고, 이 과정에서 정구는 자신의 저술을 그와 상확하여 절충하는 등 학문적 지우를 아끼지 않았다.[16]

이런 가운데 이윤우의 존재가 더욱 부각된 것은 1617년의 봉산욕행

---

11) 李㙉. 『東湖集』 卷2. 〈寒岡先生文集序〉.
12) 許穆. 『記言』 卷19. 〈藤庵處士墓銘〉.
13) 裵尙龍. 『藤庵集』 卷2. 〈與許眉叟〉.
14) 裵尙龍. 『藤庵集』 卷2. 〈答許眉叟穆〉.
15) 裵尙龍. 『藤庵集』 卷2. 〈與許眉叟〉.
16) 李潤雨. 『石潭集』. 「年譜」. 〈丙辰〉.

이었다. 당시 정구는 제자들과 더불어 「李先生禮疑答問」의 大目과 「五服沿革圖」를 講定하는 한편 이윤우에게 명하여 이를 淨寫케 했다.[17] 정구 학문의 중요한 한 축이 예학에 있고,[18] 『오선생예설분류』와 『오복연혁도』는 정구 예학의 정수였다. 이후 그는 1620년 정구가 사망하자 치상을 주관하는[19] 한편 川谷書院 追享,[20] 檜淵書院의 건립,[21] 『오선생예설분류』의 교정 및 간행작업[22] 등 추양사업을 주도했다. 또한 그는 인조반정 직전인 1623년 정월에는 문도들에게 『주역(周易)』 을 강론하는 등 한강학의 확산에 박차를 가했고, 인조반정 이후 입조해서는 정구의 贈職·贈謚 및 『五先生禮說分類』의 간행을 청한[23] 결과 1625년 6월 정구에게 文穆의 시호가 내려지게 되었다.[24] 나아가 이윤우는 1628년 담양부사에 부임하면서 『오선생예설분류』와 『五服沿革圖』의 간행에 착수하였고, 이듬해인 1629년 간역을 완료하였다.[25] 이러한 일련의 작업은 岡門高弟로서의 위상을 더욱 공고히 하는 과정이기도 했다.

강문고제로서의 위상을 반영하듯 그가 사망한 지 10년 째 되던 1642년 박명윤, 이서, 배상룡 등에 의해 梅湖祠의 건립이 발론되었고,[26] 1655년부터는 위패를 봉안하였다. 이로부터 약 10년 뒤인 1663년 朴震耉(朴明胤의 아들), 裵世維(裵尙龍의 아들) 등이 이윤우의 사양서원 移

17) 李潤雨. 『石潭集』 卷4. 〈蓬山浴行錄〉.
18) 고영진. 1995. 『조선중기 예학사상사』. 한길사.
19) 李潤雨. 『石潭集』 卷4. 〈泗濱護喪錄〉.
20) 李潤雨. 『石潭集』 卷3. 〈呈方伯文〉(寒岡先生川谷書院從祀時 代星州士林作).
21) 李潤雨. 『石潭集』. 「年譜」. 〈壬戌〉.
22) 李潤雨. 『石潭集』. 「年譜」. 〈庚申〉.
23) 『인조실록』 권3. 인조 1년 10월 14일 ; 李潤雨. 『石潭集』 卷3. 「筵說」. 〈癸亥10月16日〉 ; 『인조실록』 권7. 인조 2년 10월 13일.
24) 『인조실록』 권9. 인조 3년 6월 2일(무인).
25) 李潤雨. 『石潭集』 卷3. 〈五先生禮說跋〉 및 〈五服沿革圖跋〉.
26) 李潤雨. 『石潭集』. 「實記」. 〈士林通文〉(壬午年).

享을 전격 거론했다.[27] 이것은 이윤우의 강문고제론을 보다 공식화하는 과정이었다. 이런 과정을 거치면서 1664년(현종5) 사양 이향이 실현될 수 있었다.[28] 이후 이윤우의 '岡門高弟論'은 1677년(숙종3) 檜淵書院 종향을[29] 통해 일단락을 짓게 된다. 영남 소재 서원 가운데 정구의 주향처는 모두 5개소인데, 이 중 두 곳에 이윤우가 종향된 것이다. 특히, 회연서원은 한강학파의 본산으로 기능했다는 점에서 이윤우의 회연서원 종향은 한각학통의 전수와 관련하여 매우 중요한 의미를 가진다.

3) 현풍-고령지역

현풍·고령지역의 한강문인은 총 20명[현풍 11, 고령 9]이다. 현풍지역의 경우 그 중심이 된 것은 현풍곽씨(郭赾·郭再謙 등), 밀양박씨(朴敏修 등), 서홍김씨(金大振 등)였고, 고령은 현풍곽씨(곽홍점 등), 성산이씨(이현룡 등), 고령박씨(박정번 등) 등이었다.

곽근은 정구와 연령 차이가 크지 않았지만 일찍부터 한강문하에서 수학하여 학문이 독실했다. 또한 그는 언행에 있어 師訓을 준수하였고, 과단성이 있어 정구로부터 '存齋(郭𧼈)와 彷佛한 사람'이라는 평을 들었다. 현풍은 정구의 선외향으로서 『景賢錄』, 『景賢續錄』으로 상징되는 김굉필의 추양사업을 매개로 연고성이 더욱 강화되었으며, 임란 이후 道東書院의 중건에서 그 절정을 맞았다.

도동서원의 중건론이 대두된 것은 1604년이었고, 주론자는 정구였다. 이 때 정구는 평소 신임하던 문인 곽근을 서원 중건의 적임자로 인식하

27) 李潤雨.『石潭集』.「實記」.〈士林通文〉(癸未年).
28) 李潤雨.『石潭集』.「實記」.〈泗陽書院奉安文〉(佐郎蔡楙製).
29) 李潤雨.『石潭集』.「年譜」.〈丁巳〉; 李潤雨.『石潭集』.「實記」.〈檜淵書院奉安文〉(進士朴震耈製).

여 원장으로 추대하는[30] 한편 1607년 안동부사 재직시에는 열읍의 사림들에게 경제적 지원을 요청하는[31] 등 중건을 적극 후원했다. 이런 흐름에서 곽근은 1604년에서 1620년까지 무려 16년간 원장으로 재직하는 동안 서원의 중건 및 사액을 실현했고, 1610년에는 김굉필의 위패를 봉안하였다.[32] 이런 흐름 속에서 1678년 정구가 김굉필의 사당에 배향됨으로써[33] 도동서원은 '寒暄-寒岡學脈'의 구심점으로서 그 위상을 확고하게 다지게 된다.

고령지역 한강문인의 대표할만한 계열은 朴廷璠(1550-1611) 등 고령박씨 일문이었다. 이들은 정인홍·정구와 중복적인 사승관계를 맺은 전형적인 남명학파 집안이었다. 정인홍과의 학연은 朴潤⇒廷璧⇒元甲⇒宗胤(내암문인) 가계, 朴澤⇒廷琬⇒光先(내암문인)⇒宗胄(내암문인) 가계에서 두드러졌고, 朴溢⇒廷璠(생부: 朴澤)⇒昌先(孝先)⇒應衡 가계는 박정번이 한강문인이기는 했지만 그 아들 효선[창선]과 사위 曺挺生이 내암문인이었고, 또 박정번 사후 정인홍이 그의 묘표를 지었다는 점에서 이들 또한 내암계와 밀접한 관계가 있었다.[34] 다만 박광선·종주 부자가 정인홍과 정치적 입장을 같이하여 인조반정 이후 가세가 급격하게 추락한 반면 박정번의 자손들은 정구와의 사승관계를 통해 퇴계학파와의 연대를 모색함으로써 조선후기에도 문호를 유지할 수 있었다.

1610년 '한강변무소'에 배소유생으로 참가했고, 1636년 도동서원 원장을 지낸 李見龍 및 그의 아우들인 李文龍·澤龍 등 성산이씨 일문도

30) 『道東書院誌』. 「道東重刱事蹟」. 〈萬曆三十二年三月通告文〉.
31) 『道東書院誌』. 「道東重刱事蹟」. 〈萬曆三十五年十月重建救助通文〉.
32) 이때 봉안문은 정구가 지었다(鄭逑. 『寒岡集』 卷11. 〈道東書院奉安寒暄堂金先生文〉)
33) 裵尙龍. 『藤菴集』. 「年譜」. 〈庚午〉.
34) 김익재는 「내암 정인홍의 현실대응과 그 문인집단의 사승의식」(2008. 경상대 한문학과 박사학위논문)에서 박정번을 문집 등 각종 기록에서 정인홍과의 관계성에 대한 언급을 회피 또는 일부 윤색을 가하는 '言及回避形'으로 구분하였다.

고령지역 한강학파에서 차지하는 비중이 높다.

4) 창녕-영산-함안-밀양지역

창녕(12명)-영산(11명)-함안(8명)-밀양(8명) 지역의 한강문인은 총 39명이다. 이를 가문별로 구분하면, 창녕은 광주노씨 盧克弘 가문, 창녕성씨 成安義·昌遠 가문, 광주안씨 安璹 가문, 영산은 벽진이씨 李碩慶·厚慶 가문, 함안은 밀양박씨 朴震英 가문, 광주안씨 安侹 가문, 성산이씨 李偁·佶 가문, 밀양은 밀성박씨 朴壽春 가문, 밀양손씨 孫起陽 가문, 벽진이씨 李繼胤 가문, 창녕조씨 曺光益 가문 등이 중심을 이룬다.

창녕과 함안은 일찍이 정구가 지방관을 역임한 곳이었고, 또 혼맥에 바탕한 인척들이 다수 포진한 곳이라는 점에서 연고성이 매우 강한 지역이었다. 1607년 1월에 있었던 '용화동범'은 이 지역 한강문인들의 존재 양태를 단적으로 보여주고 있어 주목된다.

정구는 안동부사에 부임하기 직전인 1607년 1월 27일 張顯光, 李蘭貴, 柳武龍, 李忠民 등을 대동하고 영산 창암의 忘憂亭을 거쳐 이튿날인 28일 용화산 아래 도홍촌에서 사우들과 함께 뱃놀이를 가진 적이 있었다.[35] 이 모임에는 곽재우·박충후·장현광을 비롯하여 함안·영산·창녕·현풍·고령·성주 등지에서 정구의 문인 또는 종유 관계에 있던 35명의 인사들이 참여하여 성회를 이루었다. 그런데 이 모임을 범연한 '뱃놀이행사'로 치부할 수만은 없을 것 같다. 그 형식은 주유를 매개로 한 사림들의 회합의 자리였지만 참가자들의 면면을 살펴볼 때, 이 모임은 창녕·영산·함안지역 한강문인들의 대회합의 성격을 분명히 지니고 있었고, 그것은 또한 한강학파의 외연 확대 및 기반 강화와 맞물려

35) 趙任道의 〈龍華山下同泛錄後序〉(『澗松集』 別集 卷1)에 바탕하여 서술하였다.

있었다.

주유 참가자 35명 가운데 16명이 한강문인이고, 정구와 인척관계에 있던 사람도 많다. 후술하겠지만 盧克弘과 李厚慶은 각기 창녕과 영산지역 한강문인의 핵심을 이룬 인물이고, 安侹·李明恴 또한 함안지역 한강문인의 대표격이었다. 결국 창녕·함안지역은 정구 중년의 환력처로서 일찍부터 그의 학문적 영향력이 크게 미쳤던 곳이었고, 영산·창녕은 혈연·학연의 중복적 관계망을 바탕으로 일찍부터 한강학파의 주요 거점의 하나로 인식된 곳이었다. '용화산하동범록'은 이처럼 탄탄하게 구축되어 있었던 한강학파의 학문적 결속과 연대를 재확인하는 자리였던 것이다.

아울러 창녕-영산지역의 한강학파는 혈연적 유대가 학연으로까지 확대, 발전한 사례를 잘 보여주는데, 광주노씨가 그 대표적이다. 이 가문은 정구의 자형 盧儼의 후손들로서 「회연급문록」에 보이는 노극홍(노엄의 아들), 노세후(노엄의 손자), 노해, 노훈, 盧岾(이상 노엄의 증손)은 모두 그의 자손이다. 이런 척연을 바탕으로 노극홍은 어려서부터 정구에게 양육·훈도되었고, 1580년 정구가 창녕 현감 재직시에 건립한 세 개의 서재 가운데 하나인 冠山齋를 물려받아[36] 지역의 학풍을 이끌었다. '한강학'에 대한 계승 의식은 그 아들 및 손자 대에 이르면서 더욱 강화되었다. 노세후는 百梅園(檜淵)에서 입문한 이후 20년간 한강문하에서 수학하며 언행과 관혼상제는 오로지 師訓에 따랐고, 정구에게 『心經附註』를 빌려 등사하는 등 '한강학'에 대한 계승의식이 확고했다.[37] 이 과정에서 그는 정구로부터 '공부가 진실한 사람'이란 평을 들었고,

36) 鄭逑. 『寒岡全書』. 「檜淵及門錄」 卷1. 〈盧克弘〉.
37) 『光山世稿』 卷10. 「月村稿」. 〈盧世後傳〉.

1617년 정구의 봉산욕행시에는 이윤우, 이후경, 이도자, 이서, 배상룡 등 강문의 고제들과 함께 오선생예설 및 오복연혁도를 강론 · 질의키도 했다.

'寒岡學'에 대한 계승의식은 관산서원의 건립으로 더욱 구체화되었다. 관산서원의 전신은 정구가 노극홍에게 전계했던 관산재였다. 노극홍은 1638년 관산재 아래에 서원을 건립하여 정구의 위패를 봉안하였는데, 이때 아버지를 보좌하여 서원의 禮式 및 講學의 조례를 제정하고, 趙任道에게 봉안문을 촉탁한 사람이 노세후였다.[38] 뿐만 아니라 그는 산장으로서 관산재에 상주하며 '月朔講'을 직접 주관하는 등 유풍 진작 및 인재 양성에 주력했다.[39] 이로써 그는 '夏山 儒學을 창도한 인물'로 일컬어지게 되는데, 그것은 곧 한강학의 정착 및 확산의 과정이었다.

노극홍의 손자 盧垓, 盧壎, 盧坫도 한강학파에서의 위상이 높았다. 노점은 정구의 각별한 관심 속에 성리학에 전심한 인물로 잘 알려져 있고,[40] 노해는 『南華經』을 읽다가 정구의 계도를 받아 주자학에 전념하여 「太極論」 등의 저술을 남겼다.[41] 이처럼 광주노씨는 노극홍⇒노세후⇒노해 · 노훈 · 노점에 이르는 3대가 한강문하에 수학했고, 또 冠山書院을 건립하여 한강학을 천양하는 과정에서 창녕지역 한강학파의 핵심 가문으로서 그 존재를 인정받게 된다.

영산지역 한강학파를 대표하는 가계는 역시 이석경 · 후경 계열의 벽진이씨이다. 15세기 사림파에서 중요한 위상을 점했던 李約東의 후손인 영산의 벽진이씨는 李厚慶, 李道孜 · 道由 · 道純 · 道一 · 道輔, 李瀥 등

38) 趙任道. 『澗松集』 卷2. 〈冠山書院奉安寒岡先生文〉; 『澗松集』 續集 卷3. 〈答冠山書院儒生〉.
39) 『光山世稿』 卷10. 「月村稿」. 〈盧世後傳〉.
40) 『光山世稿』 卷13. 「望湖稿」. 〈盧坫遺事〉.
41) 『光山世稿』 卷11. 「菊潭稿」. 〈附寒岡先生手札〉.

일문 7인이 한강문인이었다.

특히 이후경은 정구와의 척분을 바탕으로 22세에 정구를 사사한 이래 40년을 한강문하에서 수학하여 그 恩義가 부자와 같았다. 정구 또한 그를 畏友로 대할만큼 학행이 뛰어났으며,[42] 예학에 밝아 『疑禮問解』를 저술했다. 정구에 대한 이후경의 사생의식은 '酷慕'에 바탕하고 있다. 그는 일생 그림자처럼 정구를 따라다니며 학문을 심화시키고 견문을 넓혔다. 1583년에는 정구에게 禮說을 질의했고, 정구가 함안군수에 재직하던 1588년에는 정구, 李偁, 朴齊仁, 李瀞 등과 巴山을 유람했으며, 1589-1590년에는 회연에서 『心經』, 『近思錄』을 읽었고, 1611년에는 모암, 무흘정사에서 예설을 강했다. 1592년에는 통천으로 가서 정구를 문안했고, 정구가 강릉부사에 재직하던 1593년에는 피난차 강릉으로 가서 약 3년을 체류한 바 있었다. 그리고 1607년에는 李道孜·道由·道一 등 자질들과 함께 용화동범에 참여했고, 1617년 봉산욕행시에는 창녕에서 泗陽에 이르기까지 43일 동안 정구를 수행했다. 1620년 정구가 사망하자 『寒岡年譜』(1621년작)및 「寒岡言行錄」(1622년작)을 찬술하여 사문의 행적을 정리하였는데,[43] 「檜淵及門錄」의 모두에 「敍述」이란 제목으로 실린 것이 바로 그가 찬한 「寒岡言行錄」이다. 이런 과정을 거치면서 그는 '岡門二李'로 일컬어지며[44] 한강문하에서 강력한 지도력을 행사하게 된다.

이후경의 역할은 자신을 비롯하여 자질손[李道孜·道由·道純·道一·道輔, 李瀚] 3대가 한강문하를 출입하는 계기가 되었다. 이 중에서

---

42) 李玄逸. 『葛庵集』 卷28. 〈畏齋先生李公行狀〉.

43) 李厚慶. 『畏齋集』 卷2. 〈寒岡鄭先生年譜〉. 〈有明朝鮮國嘉善大夫司憲府大司憲兼世子輔養官寒岡鄭先生言行錄〉.

44) 李厚慶. 『畏齋集』. 「年譜」. 〈己卯〉.

도 이도자와 이도일이 학행으로 명성이 높았고, 이도순은 처외조부 郭再祐로부터 忘憂亭[與賢亭]을 전계받을 만큼[45] 당시 유림 사회에서 촉망을 받았다.

이도자는 1579년에 한강문하에 입문한 이후 1583년에는 정구에게 예설을 질의했고, 1589-1590년에는 숙부 이후경을 따라 회연에서 『심경』, 『근사록』을 강질했으며, 1611년에는 무흘정사에서 예설을 강했다. 이 과정에서 그는 정구로부터 크게 인정을 받았는데, 그의 아호 '復齋'도 학문을 더욱 면려하는 취지에서 정구가 내린 것이었다.[46] 철저한 '한강계승론자'였던 이도자는 후학을 양성함에 있어서도 정구의 講規를 수용하였고[47], 이런 전통은 아우 이도일에게 그대로 계승되었다.[48] 정구⇒이도자⇒이도일로 이어지는 '朔望考講法'은 寒岡學 적용의 실상을 잘 보여주는 것이며, 1678년 정구의 도동서원 배향시 李是模(이도보 손), 李是楨(이도일 손), 李毅然(이도유 증손), 李貴然(이도보 증손), 李熙然(이후경 현손) 등이 집사로 참여한 것에서도 영산 벽진이씨 일문의 한강학파 내에서의 위상을 짐작할 수 있다. 아울러 이석경·이후경 가문에 '九賢' 또는 '家中十君子'라는 예칭이 붙을 수 있었던 것도 이런 맥락에서 이해할 필요가 있는 것이다.

이외 함안지역의 경우 밀양박씨 朴震英 가문은 후손 박상절이 『沂洛編芳』을 편찬한 것에서 보듯 정구에 대한 연원의식이 특별했다. 박진영은 비록 무반 출신이었지만 문학에 능한 인물이었고, 그 아들 朴亨龍은 金世濂과 許穆을 사사하며 한강학통을 이어나갔다.[49] 광주안씨 출신

---

45) 郭再祐. 『忘憂集』 卷2. 〈以江舍與李道純書〉. 不墜矣".
46) 李道孜. 『復齋集』. 「年譜」. 〈辛丑〉.
47) 李道孜. 『復齋集』. 「年譜」. 〈壬戌〉.
48) 李道一. 『消憂軒集』(下). 附錄 〈家狀〉.
49) 장동표. 2004. 「함안지역 향촌지배체제와 재지사족층」. 『남명학파와 영남우도의 사림』.

의 안정은 숙야재와 무흘정사에서 수학한 경우로서 정구에게는 從姊夫가 되고, 趙由道(한강문인), 趙任道(여헌문인)는 그의 처4촌들이다. 그는 정구로부터 聖學十圖와 箴銘, 齋室[持敬齋]의 名號를 받는 등 사문의 신뢰가 깊었고, 1607년 도홍강에서의 주유에도 동참했다. 이 모임을 기념하여 작성한 '용화산하동범록'의 원소장자도 그였다.[50] 그는 정구가 사망하자 咏歸亭 아래에 대를 쌓고 '慕先師寒岡先生之臺[寒岡臺]'라 이름할만큼 정구에 대한 추양의식이 강렬했다.[51] 이명호는 퇴계문인 李偁의 아들인데, 이 가문은 16세기 중엽에서 17세기 초반까지 함안 향사당의 운영주체로서 사회적 기반이 견고했다.[52] 1607년 용화동범시에는 숙부 李佶을 비롯하여 형제 및 4촌까지 총 6명이 참회했으며, 정구의 명으로 '龍華山下同泛錄'을 작성한 이가 바로 그였다.[53] 이런 정황을 고려할 때, 鄭逑·李偁·朴齊仁·李瀞의 제향처로서 함안지역 남명·한강학맥의 구심체라 할 수 있는 도림서원의 건립 및 운영 주체도 성산이씨 李偁·李佶 집안이었던 것으로 여겨진다.

밀양지역의 대표적 한강문인은 朴壽春, 孫起陽, 李繼胤, 曺以復 등이다. 박수춘은 정구로부터 氣宇가 英豪한 인물로 평가되었고, 손기양은 서사원, 손처눌, 이윤우, 이후경 등과 함께 한강문하에서 학문적 성취가 가장 컸던 문인의 한 사람으로 거론할 수 있다. 장문익은 「회연급문록」에도 이름이 보이는데, 이는 서사원, 손처눌의 한강문하 입문이 대구지역 한강학파의 확산에 중요한 영향을 미친 것과 마찬가지로 손기양의 한강문하 입문이 '聱漢門下'의 강문 귀속으로 이어졌을 가능성을 배제

예문서원: 391-392쪽.

50) 趙任道. 『澗松集』 別集 卷1. 〈龍華山下同泛錄後序〉.

51) 鄭逑. 『寒岡全書』. 「檜淵及門錄」 卷3. 〈安侹〉.

52) 장동표. 2004. 앞의 논문: 370쪽.

53) 趙任道. 『澗松集』 別集 卷1. 〈龍華山下同泛錄後序〉.

할 수 없다. 이에 대해서는 좀 더 정밀한 연구가 요구된다.

曺以復은 정구의 사돈이었던 曺光益의 아들이자 퇴계문하의 동문 曺好益의 조카였다. 그는 정구의 아들 鄭樟, 이언적의 손자 李宜潤과는 남매간이자 한강문하의 동문이었다. 조이복과 더불어 당시 밀양 향론을 주도했던 孫起陽이 李宜潤의 아들, 즉 조광익의 외손자를 사위로 맞았는데, 이는 한강학파 상호간의 긴밀한 혈통·학통상의 유대로 해석할 수 있다.

〈표3〉 안동·예안·봉화 지역의 한강문인

순번	성명	본관	거주	여타 사승	순번	성명	본관	거주	여타사승
1	金中清	안동	봉화	月川·嘯皐門人	13	金榮祖	풍산	안동	西厓·鶴峯門人
2	金　濼	의성	안동	鶴峯門人	14	金是樞	의성	안동	鶴峯淵源
3	張興孝	안동	안동	鶴峯·西厓門人	15	李　葳	영천	예안	月川淵源
4	金允安	순천	안동	西厓門人	16	金光繼	광산	예안	旅軒門人
5	任　屹	풍천	안동	月川·鶴峯門人	17	柳　袗	풍산	안동	西厓·旅軒門人
6	鄭　佺	청주	안동	鶴峯·栢潭門人	18	金光岳	광산	예안	敬堂門人
7	權泰一	안동	안동	鶴峯門人	19	鄭　俶	청주	안동	
8	李　莳	영천	예안		20	金柱宇	안동	봉화	金中清門人
9	李　苙	영천	예안		21	權思邈	안동	안동	
10	李　葳	영천	예안	金中清門人	22	柳　袨	풍산	안동	
11	金奉祖	풍산	안동	西厓·愚伏門人	23	金　鑌	선성	안동	
12	禹　鎮	단양	예안	月川淵源	24	趙遵道	함안	청송	旅軒門人

5) 안동・예안・봉화지역

1607년 3월초 안동부사로 부임한 정구는 '퇴계경모론'을 표출하는[54] 가운데 안동・예안지역의 사론을 수렴하는 데 적극성을 보였다. 물론 부임 초기에는 일정한 저항이 따르기도 했지만[55] 토론 및 강학을 통해[56] 사론이 귀부하게 되면서 상당수의 인사들이 그에게 입문하게 되었다. 「회연급문록」에서 확인되는 안동・예안・봉화・청송지역의 한강문인은 무려 24명에 이른다. 이들의 대부분은 조목, 구봉령, 박승임, 김성일, 류성룡, 장현광, 정경세, 김중청의 문인과 겹치기는 하지만 이들의 존재는 한강학파의 외연 확대와 관련하여 매우 중요한 의미가 있었다.

안동・예안・봉화지역 한강문인 가운데 주목할 인물은 김광계, 장홍효, 김중청이다. 김광계는 정구의 안동부사 재직시 가장 밀접하게 교유한 사람의 하나로서 강학이 열리면 항상 참가하여 수강했고, 정구 또한 그를 매우 신임하여 「퇴계선생예설」의 교정을 맡긴 바 있었다. 이런 관계성을 바탕으로 그는 『한강집』 편간시에도 매우 중요한 역할을 담당하게 된다.[57]

김중청은 1607년 정구가 안동에서 『심경』을 강론할 때 입문하였고[58] 致遠庵 중수시에는 정구를 대신하여 의연금 요청문을 짓기도 했다.[59] 1612년 김중청이 정구에게 조목의 도산서원 종향을 자문할 수 있었던 것도[60] 이런 관계성에서 바탕하였고, 김중청은 신안 현감 재직시

54) 金坽. 『溪巖日錄』〈丁未3月8日〉.
55) 鄭逑. 『寒岡集』 續集 卷5. 〈播諭安東諸生文〉.
56) 金光繼. 『梅園日記』〈丁未4月24日〉.
57) 金光繼. 『梅園日記』〈辛未2月26日〉.
58) 金中清. 『苟全集』「年譜」〈丁未〉.
59) 金中清. 『苟全集』 卷5. 〈致遠庵重修勸牓〉.
60) 서정문. 2006. 「朝鮮中期의 文集編刊과 門派形成」. 국민대학교 박사학위논문. 57쪽 ; 2006.

[1616-1619]에 사양정사를 빈번하게 왕래하며 학문적 관계를 지속했다. 일반적으로 학봉문인으로 잘 알려져 있는 장흥효는 정구의 안동부사 재직시에 청업했고,[61] 1617년에는 김성일의 행장을 받기 위해 泗水로 가서 깊이 있는 문답을 주고받았다.[62] 또한 그는 안동지역 한강문인 가운데 유일하게 「寒岡言行錄」을 남겼다.

3. 여헌학맥의 전승 : 지역적 전개를 중심으로

1) 인동 · 선산지역

인동 · 선산지역은 여헌학파의 본거지로서 양송15현, 여문십현 등 장현광의 고제들을 중심으로 여헌학파가 매우 견고하게 형성된 지역이었다. 두 종의 문인록[병진본 · 기미본]에서 확인되는 이 지역 출신의 여헌문인은 60여명이며, 인동장씨[張潬 · 潛 · 沆계열], 선산김씨[金就成 · 就文계열], 밀양박씨[朴雲계열], 순천김씨[金宗孝계열], 안강노씨[盧守諴계열] 출신이 주류를 이루고 있다.

이들은 다시 양송15현으로 지칭되는 초기 문인과 장경우 · 김경장 · 장학으로 대표되는 후기 문인으로 양분되는데, 전자가 여헌학파의 형성에 견인차 역할을 했다면 후자는 장현광 사후 장경우 · 김경장 · 장응일 등을 중심으로 院享의 추진, 저술의 편집 · 간행 등 사문의 현양사업을 수행하며 여헌학파의 확산에 크게 기여하였다. 특히, 장경우는 한강 ·

朴賢淳. 「16~17세기 禮安縣 士族社會 硏究」. 서울대학교 박사학위논문. 10쪽.

61) 鄭逑. 『寒岡全書』 「檜淵及門錄」 卷2. 〈張興孝〉.

62) 張興孝. 『敬堂集』 卷1. 〈南行錄〉.

〈표4〉 장현광의 원향 일람 -영남지역-

원명	소재	건립/ 사액연도	제향인물	입향형태 (旅軒)	입향연도 (旅軒)	비고
吳山書院	仁同	1574/1609	吉　再 張顯光	並享	1639	
臨皐書院	永川	1555/1555	鄭夢周 張顯光 皇甫仁	配享	1643	旅軒年譜(1642)
川谷書院	星州	1528/1573	程　子 朱　子 金宏弼 李彦迪 鄭　逑 張顯光	從享	1642	寒岡入享(1623)
金烏書院	善山	1570/1575	吉　再 金宗直 鄭　鵬 朴　英 張顯光	配享	1642	1609(改額)
東洛書院	仁同	1642/1676	張顯光 張慶遇	主享	1654	
立巖書院	永川	1643/未賜額	張顯光 鄭四震	主享	1663	影幀奉安(1646)
氷溪書院	義城	1556/1576	金安國 李彦迪 柳成龍 金誠一 張顯光	並享	1689	
松鶴書院	靑松	1702/未賜額	李　滉 金誠一 張顯光	配享	1702	

여헌문인이던 아버지 장내범과 함께 부지암정사 건립을 주도했고, 아들 장해·장학 형제까지 장현광에게 입문함으로써 3대가 장현광의 학통을 계승하였고, 자신은 여헌고제로서의 위치를 점하게 되었다.

장경우는 일생 장현광을 시종하는 가운데 朴惺·徐思遠·孫處訥·李好閔 등 장현광 주변 석학들과의 학적 교유를 통해 사우관계의 외연을 확충하고 학문의 깊이를 더하게 되었다. 그리하여 1608년에는 사림을 대표하여 인동향교의 儀式을 창설하였고, 1610년에는 부지암정사를 건립하여 김응조로부터 '斯文에 심대한 공을 남겼다'[63]는 평가를 받았으며, 1613년에는 장현광·장내범과 함께 오산서원 향례를 주관하는 등 사림에서의 위상도 크게 신장되었다.

장현광 사후 장경우는 인동·선산지역 여헌문인의 좌장으로서 제반 현양사업을 주도하는 가운데 1646년(인조25)에는 善籍·惡籍을[64] 두어 향풍 교화에 앞장섰고, 1647년(인조26)에는 장현광의 역할을 계승하는 차원에서 오산서원에서 강회를 열어 후진 양성에 주력하였다.[65] 특히, 1650년에는 花山書堂을 건립하여 본격적인 강학활동을 전개하였는데, 이 때 그는 장현광의 방식대로 후학을 지도함으로써[66] 여헌학파의 계승과 발전에 크게 기여하였다.

장경우의 아들 장학은 1634년 장현광이 인동향교를 중수할 때 물력이 부족하자 약관 20세의 나이로 감사에게 정문하여 경제적 지원을 확보하였고, 1641년에는 父命으로 『여헌집』 간행에 적극 참여하였다.[67] 그리고 1655년(효종6) 不知巖精舍에 장현광의 위패를 봉안할 때에는 원임으로서 이를 주관하였으며,[68] 1669년(현종10)에는 吳山·東洛書院의 請額 운동을 주도하는[69] 등 장현광의 생전은 물론이고 사후에 이르기까지 현양사업에 크게 이바지 했다.

장경우 일가와 더불어 인동·선산지역 여헌문인의 핵심을 이룬 인물은 金慶長이었다. 그는 10여세에 장현광에게 입문하여 약 30년 동안 가르침을 받는 과정에서 스승으로부터 호학을 인정받아 마침내 여문십현의 지위에 올랐으며, 장현광 사후에는 부지암정사의 강장으로서 제생을

---

63) 金應祖. 『鶴沙集』 卷8. 〈晩悔堂張公墓誌銘〉.
64) 張慶遇. 『晩悔集』 卷1. 〈善籍序〉, 〈惡籍序〉.
65) 張慶遇. 『晩悔集』 卷2. 「年譜」 〈丁亥〉(1647)
66) 張慶遇. 『晩悔堂集』 卷2. 「年譜」 〈庚寅〉(1650).
67) 張慶遇. 『晩悔堂集』 卷1. 〈與仲兒㶊〉(辛巳).
68) 『旅軒先生及門錄』 〈張㶊〉.
69) 張㶊. 『南坡集』 卷2. 〈吳山東洛兩院請額疏〉.

훈도하는[70] 등 여헌학의 계승에 크게 기여하였다. 특히, 그는 재덕을 겸비한 반면 수명을 누리지 못해 공문의 顔子, 朱門의 伯豊, 呂東萊 문하의 朱塾에 비견되기도 했다.[71]

김경장은 여헌문인 중에서는 후배 그룹에 속했지만 1637년 장현광으로부터 『易學圖說』을 전수받는[72] 등 사문의 기대를 받았다. 이후 그는 『旅軒集』, 『易學圖說』의 편집과 간행, 부지암서원의 건립에 각고의 노력을 다했다.[73] 장현광의 유지 때문인지 『역학도설』의 간행에는 더욱 애착을 보였는데, 張應一에게 보낸 편지에는 당시의 상황이 잘 드러나 있다.[74]

또한 그는 장경우·김응조 등과 협모하여 부지암서원의 건립에도 주도적인 역할을 담당했다. 부지암은 장현광의 강학처로서 일찍부터 건원 계획이 있었으나 문집 등 각종 저술의 간행사업에 밀려 진전을 보지 못했다. 그러던 차 1642년(인조20) 『旅軒集』을 득견한 경상감사 具鳳瑞가 건원을 재촉하는 한편 청액 운동을 자임함으로써[75] 보다 탄력을 받게 되었는데, 당시 김경장은 감사와 이 문제를 직접 상의하는 한편 牙山 別業의 소출을 건원 자금으로 충당하는[76] 등 사문 현양에 크게 기여하였다. 이러한 공로로 인해 김응조로부터는 여문의 영수로 평가되었으며[77], 일각에서는 『易學圖說』과 관련된 장현광의 암시를 들어 그를 장현광의 적전으로 인식하는 듯한 견해가 피력되기도 했다.[78]

---

70) 金慶長. 『龜巖集』 卷3. 〈不知巖精舍示諸生文〉.
71) 金慶長. 『龜巖集』 卷4. 〈遺蹟〉(張允相撰).
72) 金慶長. 『龜巖集』 卷2. 〈景遠錄〉.
73) 張應一. 『聽天堂集』 卷2. 〈祭金龜巖慶長文〉.
74) 金慶長. 『龜巖集』 卷2. 〈答張聽天堂經叔應一〉.
75) 金慶長. 『龜巖集』 卷2. 〈答金鶴沙〉.
76) 金慶長. 『龜巖集』 卷4. 〈遺蹟〉(金壽聃撰).
77) 金慶長. 『龜巖集』 〈跋文〉(金俊奎撰).

한편 선산지역 여헌문인의 핵심은 金寧, 金玒, 金瀁, 金廈樑, 金廈梴 등의 선산김씨, 朴晉慶, 朴愰, 朴悏, 朴慄 등의 밀양박씨, 盧景倫, 盧景任, 盧世孝, 盧世信 등의 안강노씨 일문의 인사들이었다. 선산은 인동과는 매우 인접했을 뿐만 아니라 1605년에는 노경임의 주선하에 서재가 낙성되어 초기 문인들의 급문활동이 활성화 된 지역이었다. 또한 이 지역 여헌문인의 핵심을 이룬 밀양박씨는 장현광의 사위와 외손들이고, 안강노씨는 장현광의 생질과 그 자제들이라는 점에서 학연·혈연에 바탕한 토대가 견고하게 구축되어 있었다. 더구나 장현광은 선산의 수원인 금오서원의 이건을 주관하는 과정에서 왕래가 잦았으므로 그만큼 강학의 기회가 많았다.

김녕은 25세에 장현광에게 급문하여 대유의 자질로 인정을 받았고, 김공은 장현광 생질 노경필의 여서로 김응조·신열도와 『旅軒集』의 간행에 동참하였으며, 김수는 한강·여헌 양문의 문인으로 잘 알려져 있다. 김양은 장현광이 입암에서 고종하자 운구·호상하고 『易學圖說』의 간행에 기여하였으며, 김하량과 김하천은 각기 김수와 김양의 아들로서 부자 급문의 또 하나의 사례가 되었다.

2) 성주·칠곡지역

인동·선산지역과 더불어 여헌학파의 주요 거점을 이룬 지역은 성주·칠곡지역이었다.[79] 현재 성주·칠곡지역의 여헌문인으로 파악되는 71명 가운데 절반에 가까운 34명이 한강문인과 겹친다.

---

78) 金慶長. 『龜巖集』 卷4. 〈遺蹟〉(金壽聃撰).

79) 조선후기 성주·칠곡지역 사족의 동향에 대해서는 정순우. 2004. 「조선후기 성주·칠곡지역 사족의 성립과정과 변화 양상」. 『남명학파와 영남우도의 사림』. 예문서원. 참조.

성주 · 칠곡지역의 여헌문인 가운데 주목되는 인물은 이주 · 張以兪 · 呂孝曾 · 呂孝周 · 李彦英 · 蔡楙 등이다. 특히, 장현광의 외종제 李天增의 아들이었던 이주는 성주 · 칠곡지역 문인 가운데 유일하게 여문십철[십현]에 포함된 인물이었다. 그의 집안 경산이씨는 성주 암포 일대를 재지적 기반으로 하여 학문적으로는 정구 · 장현광을 계승하였는데, 족숙 李天培 · 天封 형제는 한강문인으로 명성이 있었다. 지연 · 혈연을 통해 장현광과 밀접한 관계에 있었던 이주는 일찍부터 장현광을 사사하여 재능을 인정받았고, 장현광 사후에는 조임도와 더불어 「旅軒年譜」의 편찬에도 적극 참여하는가 하면[80] 장응일의 촉탁으로 문인을 대표하여 스승의 家狀을[81] 찬하기도 했다.

9세에 여헌문하에 입문한 이주는 대표적인 親炙門人의 한 사람으로[82] 문장은 물론이고 사서 · 육경 및 백가서에도 조예가 깊어 4科를 겸한 인물로 인식되었고,[83] 星州鄕案을 중수하는[84] 등 17세기 초중반 성주지역 향론을 사실상 주도하였다. '일시의 鴻儒와 碩輔가 그의 문하에서 다수 배출되었다'는 말이 대변하듯 뛰어난 학식과 문장을 바탕으로 성주 · 칠곡지역에서 상당수의 문인을 양성하였는데, 한강고제 이윤우의 손자로 숙종조 영남남인의 영수로 활동한 李元禎이 바로 그의 문인이다.

장현광과 이주의 학문적 관계는 이주가 기록한 언행록[景遠錄]에 잘 나타나 있다. 여기에는 학문과 수신의 주안점은 물론 周易 · 象數學에 대한 평소 장현광의 입장과 소회가 자세하게 서술되어 있다. 공자의 '博

---

80) 張應一. 『聽天堂集』 卷2. 〈答盧志行己卯〉(1639).
81) 이주. 『學稼齋集』 卷5. 〈先師家狀〉.
82) 이주. 『學稼齋集』 卷6. 〈家狀〉(李達新撰)
83) 이주. 『學稼齋集』 〈序文〉(柳尋春撰).
84) 이주. 『學稼齋集』 卷3. 〈重修鄕案序〉.

文約禮', 맹자의 '求放心', 정자의 '主敬'을 강조한 것과 朱書 및 『心經』, 『近思錄』을 숙독할 것을 권유한 것이라든지 『周易』을 읽을 때 정자의 『易傳』이나 주자의 『周易本義』를 따르지 않고 별도의 의견을 내었다거나 젊었을 때 상수학에 뜻을 두었다가 다시 정주학으로 돌아오게 된 과정을 피력한 것이 바로 그러한 내용들인데, 사제간에 이처럼 허심탄회한 대화가 오갈 수 있었던 것은 그만큼 장현광이 이주를 각별하게 대했음을 반증하는 것이다.

3) 의성 및 군위 · 청송 · 영해 · 영일지역

(1) 의성지역

의성지역은 퇴계학파의 거점인 안동 · 예안과 가까워 일찍부터 퇴계학파권에 편입되었고, 17세기 이후에는 여헌문인이 다수 배출되면서 여헌학파의 중요한 거점으로 자리잡게 되었다. 특히, 旅門十賢의 한 사람인 申悅道가[85] 이 지역 출신이란 점, 의성의 首院인 氷溪書院에 장현광의 위패가 봉안된 사실에서 이 지역이 갖는 여헌학파에서의 위상을 충분히 짐작할 수 있다.

장현광과 의성지역 선비들과의 본격적인 학적 만남은 1603년(선조 36) 의성현령으로 부임하면서 시작되었다. 비록 5개월의 짧은 재임 기간이었지만 申悅道의 기억에 따르면, 그는 뛰어난 학문과 인품을 바탕으로 경내 사자들을 매료시켰다.[86]

의성지역 여헌학파는 아주신씨 申元祿 가문, 영천이씨 李光俊 가문,

---

85) 신열도의 여헌학 계승 양상에 대해서는 김종석. 2010. 「난재 신열도의 사상과 여헌학 계승」. 『여헌학의 전개와 수용』(선주문화연구총서7). 보고사. 참조.

86) 張顯光. 『旅軒集』 續集 卷9. 「拜門錄」(申悅道).

〈표5〉 의성지역 여헌문인

<table>
<tr><th>순번</th><th>성명</th><th>본관</th><th>호</th><th>거주</th><th>경력</th><th>제향처</th><th>여타 사승</th><th>비고</th></tr>
<tr><td>1</td><td>申適道</td><td>鵝州</td><td>虎溪</td><td rowspan="17">義城</td><td>進士</td><td>丹邱書院</td><td>鄭逑門人</td><td></td></tr>
<tr><td>2</td><td>申達道</td><td>鵝州</td><td>晩悟</td><td>修撰
(文)</td><td></td><td>趙穆門人</td><td></td></tr>
<tr><td>3</td><td>申悅道</td><td>鵝州</td><td>懶齋</td><td>知製敎
(文)</td><td></td><td></td><td>旅門十賢</td></tr>
<tr><td>4</td><td>申泳道</td><td>鵝州</td><td>鰲潭</td><td>通德郎</td><td></td><td></td><td></td></tr>
<tr><td>5</td><td>申志道</td><td>鵝州</td><td>三栢堂</td><td></td><td></td><td></td><td></td></tr>
<tr><td>6</td><td>申 均</td><td>鵝州</td><td>安齋</td><td></td><td></td><td></td><td>신적도의 2자</td></tr>
<tr><td>7</td><td>申 埰</td><td>鵝州</td><td>忍齋</td><td>進士</td><td>丹邱書院</td><td></td><td>신적도의 3자</td></tr>
<tr><td>8</td><td>申之敬</td><td>鵝州</td><td></td><td>通德郎</td><td></td><td></td><td></td></tr>
<tr><td>9</td><td>申弘望</td><td>鵝州</td><td>孤松</td><td>持平
(文)</td><td></td><td>金中淸門人</td><td>신지제의 아들</td></tr>
<tr><td>10</td><td>李民宬</td><td>永川</td><td>敬亭</td><td>副提學
(文)</td><td>藏待書院</td><td>柳成龍·
金誠一門人</td><td></td></tr>
<tr><td>11</td><td>李民寏</td><td>永川</td><td>紫巖</td><td>參判
(文)</td><td></td><td>柳成龍·
金誠一門人</td><td></td></tr>
<tr><td>12</td><td>李廷相</td><td>永川</td><td>蓴湖</td><td>郡守
(文)</td><td></td><td></td><td>이민환의 아들</td></tr>
<tr><td>13</td><td>李廷機</td><td>永川</td><td>漫翁</td><td>府使
(文)</td><td></td><td></td><td>이민성의 아들</td></tr>
<tr><td>14</td><td>李廷郁</td><td>永川</td><td></td><td></td><td></td><td></td><td></td></tr>
<tr><td>15</td><td>任景尹</td><td>豊川</td><td>龜隱</td><td>奉事</td><td></td><td></td><td>장현광의 생질</td></tr>
<tr><td>16</td><td>金尙瑗</td><td>安東</td><td>南厓</td><td>護軍
(壽)</td><td></td><td></td><td></td></tr>
<tr><td>17</td><td>丁 瑜</td><td>義城</td><td>槐隱</td><td>進士</td><td></td><td></td><td>신달도의 사위</td></tr>
</table>

아주신씨 申之悌 가문, 풍천임씨 任而重 가문, 안동김씨 金光粹 가문을 중심으로 형성되어 있었는데, 그 중에서도 핵심을 이루는 것은 신원록 및 이광준 가문이었다.

신원록은 朴雲·周世鵬·李滉·曺植과 다양한 사승관계를 맺었지만 그가 사사한 최초의 스승이 朴雲(송당문인)이라는 점에서 장현광과는 松堂學脈으로서의 학적 동질감이 있었다. 더구나 그의 손서 임내중은 장현광의 생질 任景尹의 생부였으므로 척연 또한 긴밀했고, 아들 신흘은 장현광의 종유인으로서 교계가 깊었다. 장현광과 신흘 사이의 유대는 신흘의 '書旅軒說後'에서도 확인이 된다. 장현광은 44세 되던 1597년(선조30) 자신의 학자적 인생관을 담은 '旅軒說'을 지었고, 이것을 신흘에게 보여주면서 後識를 구한 바 있었다. '서여헌설후'는 이런 내막을 통해 지으진 글인데,[87] 이를 통해서 두 사람 사이의 친교를 잘 확인할 수 있다. 또한 그는 1603년 의성현령으로 부임한 장현광이 文廟 화재사건으로 인해 파직되자 의성 사민을 대표하여 장현광의 유임을 건의하는 상소를 올린 바도 있었다.[88] 그의 아들 및 조카를 비롯하여 손자에 이르기까지 일가 7인[適道·達道·悅道·泳道·志道·均·埰]이 여헌문하에 입문한 것도 이런 맥락에서 이해할 필요가 있다. 특히, 조목·류성룡·정구·김중청 등을 사사·종유했고, 최현을 매개로 김성일 계열과도 일정한 학연을 유지하고 있었던 차자 신달도가 1608년 여헌문하에 정식으로 입문할 수 있었던 것도 이 때문이었다.[89] 또한 이 가문은 의성의 수원인 長川書院[氷溪書院의 전신]의 건립 및 운영 주체로 존재하는 한편으로 정묘·병자 양란시에는 근왕활동을 통해 여헌학파의 위상을 제고하게 된다.

한편 영천이씨는 이광준의 아들과 손자를 포함하여 총 5인[民宬·民寏·廷相·廷機·廷郁]이 여헌문하를 출입했으며, 이민성·민환 형제는

---

87) 申仡. 『城隱集』 卷1. 〈書旅軒說後〉.
88) 申仡. 『城隱集』 卷1. 〈願留張侯顯光狀〉.
89) 申達道. 『晩悟集』 卷6. 〈上旅軒先生〉(戊申).

여헌학파에서 차지하는 비중이 매우 높았다. 이광준이 김성일·류성룡·구봉령 등을 종유하였고,[90] 그 아들 이민성·민환 또한 학봉·서애 문인이라는[91] 점에서 영천이씨 일문은 안동권 퇴계학파와 학연이 깊었다. 그러나 1607년(선조40) 류성룡의 사망 이후 장현광의 학문적 영향력이 증대되면서 영천이씨는 장현광과의 학연을 더욱 강화하며 여헌학파의 핵심으로 부각되었다.

특히 1600년 이광준이 氷溪書院[長川書院의 후신]을 건립하여 이언적을 배향하는 과정에서[92] 학문·사회적 입지도 크게 신장되었다. 이에 이민성·민환은 빙계서원의 운영 주체로서[93] 장현광을 초빙하여 강회를 열고, 또 장현광의 자문을 받아 氷山書院의 院規를 제정하는 등 의성 일대에 여헌학을 전파하는데 노력하는 한편 不知巖書堂을 왕래하며 학적 유대와 문자 교유를 통해 세교를 다져나갔던[94] 것이다.

신원록 가문과 이광준 가문은 長川書院[氷溪書院]의 창건 및 중건의 주체였다는 점에서 17세기 의성지역 사론의 실질적 주도자로 규정할 수 있으며, 아주신씨 신홍망 가문, 안동김씨 김광수 가문의 지원을 바탕으로 장현광을 빙계서원에 입향함으로써[95] 의성지역이 여헌학의 중요 거

---

90) 李光俊.『鶴洞集』卷1.〈與柳西厓而見成龍〉.〈與金鶴峯士純誠一〉; 卷2.〈家狀〉"與金鶴峯具栢潭二先生 交契甚厚 道義相許 數往來遊從 講論不輟"

91)「西厓先生門賢錄」에는 이민환 외에도 그와는 종형제간인 李民瞻·李民協·李民淳 등이 수록되어 있어 영천이씨 일문과 류성룡과의 학적 유대를 잘 보여주고 있다.

92)『列邑院宇事蹟』〈氷溪書院條〉.

93)『列邑院宇事蹟』〈氷溪書院條〉에 수록된 院記(南夢賚 撰)에 따르면, 영천이씨는 이광준 이후에도 손자 李廷櫹, 증손 李重炫 등이 빙계서원의 중수에 주도적인 역할을 담당한 것으로 나타난다.

94) 李民宬.『敬亭集』「年譜」〈癸卯〉.

95) 金安國·李彦迪의 제향처였던 빙계서원에 류성룡·김성일·장현광의 추배를 발론한 사람은 여헌문인 申弘望이었다. 趙絅의 후원 속에 추진된 3인의 빙계서원 합향론은 위차 문제로 인해 실현되지 못하다가 숙종 연간인 1689년(숙종15)에 가서야 추배가 이루어졌다.(『列邑院宇事蹟』卷4.〈慶尚道氷溪書院條〉;『嶠南誌』卷39.〈氷溪書院〉"肅廟己巳 追享文忠公柳成龍文忠公金誠一文康公張顯光")

〈표6〉 군위 · 청송 · 영해 · 영일지역 여헌문인

<table>
<tr><th>순번</th><th>성명</th><th>본관</th><th>호</th><th>거주</th><th>여타 사승</th><th>비고</th></tr>
<tr><td>1</td><td>洪 昕</td><td>缶林</td><td>文谷</td><td>軍威</td><td></td><td>丙子倡義</td></tr>
<tr><td>2</td><td>趙遵道</td><td>咸安</td><td>方壺</td><td rowspan="5">青松</td><td>寒岡 · 愚伏門人</td><td>丁卯倡義, 「言行日錄」</td></tr>
<tr><td>3</td><td>趙熙道</td><td>咸安</td><td></td><td></td><td>櫟頌15賢, 張天翰의 사위</td></tr>
<tr><td>4</td><td>趙咸世</td><td>咸安</td><td>五宜亭</td><td>荀全門人</td><td>趙遵道의 아들</td></tr>
<tr><td>5</td><td>李俊成</td><td>月城</td><td>德溪</td><td></td><td>隱德不仕</td></tr>
<tr><td>6</td><td>申 楫</td><td>寧海</td><td>河陰</td><td>愚伏門人</td><td>「己未本」에는 누락</td></tr>
<tr><td>7</td><td>申 活</td><td>寧海</td><td>竹老</td><td rowspan="2">寧海</td><td></td><td>壬亂倡義</td></tr>
<tr><td>8</td><td>趙廷珩</td><td>漢陽</td><td></td><td></td><td></td></tr>
<tr><td>9</td><td>崔彭壽</td><td>慶州</td><td>樂芝</td><td rowspan="2">迎日</td><td></td><td>立巖에서 사사</td></tr>
<tr><td>10</td><td>朴春遇</td><td>密陽</td><td>九峰</td><td></td><td></td></tr>
</table>

점으로 인식되는데 중요한 역할을 담당했다.

(2) 군위 · 청송 · 영해 · 영일 지역

군위 · 청송 · 영해 · 영일지역의 여헌문인은 그 수는 많지 않지만 여헌학파에서 차지하는 비중은 높고, 중요한 위상을 점한 인물도 많았다. 군위의 경우, 여헌문인은 洪昕 한 사람에 불과하지만 그는 영천 立巖에서 입문하여 사문의 커다란 기대를 받았고,[96] 장현광 사후에는 스승을 위해 건원론을 추진할만큼[97] 사승의식이 특별했다.

한편 장현광의 임란시 피난 · 우거처이자 주된 강학처이기도 했던 청송지역에는 趙遵道 · 趙熙道 · 趙咸世 등 함안조씨 일문을 중심으로 하

96) 洪昕. 『文谷集』 卷3. 附錄 〈家狀〉.
97) 洪昕. 『文谷集』 卷2. 〈慕巖書院營建時通文〉.

는 여헌학파의 중심을 이루었다.

조준도는 1597년 장현광이 청송의 속곡에서 朴惺과 함께 『周易』을 강론할 때 參講하면서[98] 장현광을 사사했다. 특히, 그는 1600년 선친의 산소를 인동으로 이장하면서 부지암이나 遠懷堂을 왕래할 기회가 잦아지게 되자 1607(선조40)년에는 종제 조임도와 함께 봄가을로 장현광에게 나아가 就正하는 것을 약정할 정도로[99] 장현광에 대한 사승의식이 강렬했다. 그리하여 1624년(인조2)에는 조임도와 더불어 부지암에서 『心經附註』와 『大學衍義』를 강론하며 의심나는 곳을 장현광에게 질문하였고, 1634년(인조12)에는 역시 조임도와 함께 선산의 원회당으로 장현광을 찾아가 연일 講討하였으며, 장현광 역시 입암 왕래시에는 반드시 청송에 들러 그와 강학하는 등 사제간의 학적 수수가 긴밀했다.[100]

특히, 조준도는 신열도, 이민성, 이민환, 신홍망 등 의성지역 여헌문인들과도 교유가 깊었는데, 이민환과는 사돈간이었고, 신홍망은 그의 생질이었다. 1702년(숙종28) 장현광이 松鶴書院에 입향될 수 있었던 것도 함안조씨로 대표되는 문인기반 위에서 가능한 것이었다. 송학서원은 함안조씨 일문의 강학처인 明智齋와 雙溪書堂을 토대로 하여 건립되었으므로[101] 건원 및 원향론을 조준도 계열에서 주도하였음은 이론의 여지가 없다. 조준도에 대한 장현광의 신뢰감은 정묘호란시 의병장으로 差定하는 과정에서 다시금 확인되었는데, 이에 대해서는 후술하기로 한다.

---

98) 張顯光. 『旅軒續集』 卷9. 〈言行日錄略〉(門人趙遵道).
99) 趙遵道. 『方壺集』 「年譜」 〈丁未〉.
100) 趙遵道. 『方壺集』 卷5. 〈行狀〉.
101) 趙遵道. 『方壺集』 「年譜」 〈癸未〉(1643).

4) 안동 · 상주지역

안동 · 상주권의 여헌문인은 대략 30명으로 집계된다. 예안의 경우는 김광계 · 광악 등 광산김씨 집안이 중심이 되었다.[102] 특히 김광계는 예안권 여헌문인의 핵심으로 자리매김할 수 있으며, 또 그는 장현광에게 우호적이었던 서애계와도 교유가 긴밀했으므로 유진 · 김응조 등과 함께 안동 · 예안 등 영남의 북부지역에 여헌학파가 확산되는데 일정한 견인차 역할을 하게 된 것이다.

사실 김광계는 아버지 김해가 조목의 핵심 문인이었다는[103] 점에서 월천계열로 분류될 수 있으나 장현광을 비롯하여 박성 · 정구 · 정경세에까지 미친 학연은 그가 운신의 폭을 넓히는데 일정하게 기여하였다. 이런 정황은 『退溪集』의 편찬과 이른바 '主和誤國' 문제로 월천계와 서애계가 첨예하게 대립하는 와중에서도 서애계와 원만한 관계를 유지하였고, 1614년 조목의 도산 종향론을 주도한 금응훈이 정구에게 자신의 입장을 피력할 때 김광계를 보낸 사실에서 엿볼 수 있다.[104]

김광계가 장현광을 예방한 것은 장현광이 사망하기 한해 전인 1636년이었다. 양자의 만남은 인동의 부지암에서 이루어졌는데, 『梅園日記』에는 당시의 정황이 자세하게 서술되어 있다.[105] 우선 김광계는 장현광의 첫 인상을 '德宇宏深 風采隱然 望之不覺心醉而誠服也'라고 하며 경모해마지 않았고, 20여 일을 인동 · 선산 · 칠곡 등지에서 체류하며 장내범 · 장응일 · 장경우 · 이도장 · 이도창 · 박공구 · 박황 · 김경장 · 신열도 등 한강 · 여헌문인[특히 여헌문인]들과 두루 교유하였다.

---

102) 『旅軒先生及門錄』. 〈金光繼〉. 〈金光岳〉.
103) 「月川先生門人錄」(筆寫本. 光山金氏 後彫堂 所藏) 〈金垓〉.
104) 이상현. 앞의 논문. 47쪽. 각주 44) 참조.
105) 金光繼. 『梅園日記』 卷15. 〈丙子4月22日~5月14日〉.

물론 김광계는 장현광에게 집경수업 등 問業한 바 없고, 문목을 통한 토론과 자문도 이루어지지 않았지만 당시의 만남이 곧 사제관계의 형성으로 인식되었던 것 같고, 이런 맥락에서 김광계는 장현광의 제문에서 '門下'를 자처했던 것이다.

한편 안동 · 상주권의 여헌문인을 파악함에 있어 주목할 점은 조목 · 김중청으로 이어지는 월천계열과 장현광과의 상관성이다. 장현광과 월천계와의 교유는 월천문인 김중청을 통해 본격화되었다. 金中清은 朴承任 · 조목 · 정구의 문인으로 박승임으로부터는 文學을, 조목으로부터는 經學을, 정구로부터는 禮學을 전수받은 것으로 평해지고 있는데[106], 이 중에서도 조목과의 학연이 단연 돈독하여 1614년에는 조목의 도산 종향론을, 1617년에는 조목의 昌海書院 봉안을 주도하며[107] 사실상 조목의 수문으로 인식되었다.

또한 그는 위의 세사람 외에 정경세 · 장현광 · 김장생 · 이윤우 · 임숙영 · 김영 · 최현 등 경향의 명사들과 道契를 맺었는데, 1615년(광해군7) 신안현감으로 부임하면서 장현광과 교유하게 되었다. 그는 성주 · 인동을 왕래하며 장현광과 자주 회화 · 담론하였으며[108], 이 과정에서 장현광을 도학자로 칭송해마지 않았다.[109]

장현광과 김중청의 관계에서 특히 주목할 것은 1617년 5월 김중청이 잠시 환향하였다가 조목의 사당에 참배한 뒤 귀로에 장현광을 방문하여 「月川年譜」를 草定했다는[110] 점이다. 『月川集』의 冒頭에 수록된 「月川

106) 金中清. 『苟全集』 〈序文〉(李光庭撰).

107) 鄭萬祚. 「仁祖4년 陶山院長 李有道 致斃事 논란」. 『韓國學論叢』 第26輯. 國民大學校 韓國學硏究所. 2003. 126쪽. ; 金中清. 『苟全集』 卷6. 〈海昌書院尊德祠奉安文〉. 〈海昌書院改題位版告文〉.

108) 金中清. 『苟全集』 卷3. 〈三月十日訪張旅軒于點加村〉.

109) 金中清. 『苟全集』 卷2. 〈不知巖精舍訪張旅軒不遇〉.

110) 金中清. 『苟全集』 「年譜」 〈丁巳〉(1617).

先生年譜」가 바로 이것인데, 위에서 언급한 조목 사당 참배는 곧 조목의 昌海書院 봉안례를 말하는 것인 바, 조목에 대한 현양의 분위기가 한껏 고조되던 시기이기도 했다.

결국 김중청은 조목의 원향을 완수한 뒤 그 여세를 몰아 연보 편찬에 착수하게 되었던 것으로 보이는데, 당시 사림의 관행으로 보아 師門의 중대 문자를 장현광과 더불어 논정했다는 것은 양문의 관계가 결코 범연치 않았음을 말해주는 단적인 근거임에 분명하다. 기록의 제약에도 불구하고 조목과 장현광간에 일정한 교유가 있었음을 추정하게 되는 배경도 바로 여기에 있다.

김중청의 「苟全門人錄」[111]에서 확인되는 김중청의 문인은 총 83인이며, 여헌문인과 겹치는 인물은 權赫·裵淑全·申弘望·趙任道·趙咸世·金柱宇 등 6명이다. 이 가운데 안동·상주권 출신은 권혁·배숙전·김주우(김중청의 아들) 등 3인이고, 신홍망은 의성, 조임도는 함안, 조함세는 청송 출신이다. 이들 6인 중 조임도·조함세를 제외하면 전원이 가학연원에 있어 퇴계학맥과 밀접한 관계를 가지고 있었고, 단정하기는 어렵지만 대체로 이들은 김중청을 사사한 뒤 여헌문하를 아울러 출입했던 것으로 추정된다.

5) 영천지역

영천 입암은 인동의 남산과 부지암, 선산의 원당과 더불어 여헌의 4대 강학처의 하나였으며, 숙종 연간에 건립된 입암서원은 동락서원과 함께 여헌의 양대 주향처로 자리하게 된다.

여헌과 영천과의 관계는 사우 중에서도 정사진을 매개로 맺어졌고,

---

111) 金中清. 1999.『苟全集』「苟全先生門人錄」. 苟全先生文集國譯重刊推進委員會.

혼맥이 크게 작용하였다. 정사진은 13세 되던 1579(선조12) 여헌의 자형 채응곤에게 취양(取養)되면서 비로소 여헌과 상면하였고, 1616년 사망하기까지 약 40년을 종학하여 여문십현의 한 사람으로 자리매김되기에 이른다.

여헌이 입암에 입거하게 된 직접적인 계기는 임진왜란이었다. 원래 입암은 1593년 권극립, 손우남이 피난처로 물색한 벽지였다.[112] 이후 두 사람은 1595년 정사상·사진 형제와 더불어 '입암결사(立巖結社)'를[113] 맺는 한편 1596년 마침 청송에 우거하던 여헌에게 방문을 청하였다. 입암이 지닌 장수유식처로서의 입지에 매력을 느낀[114] 여헌은 동거를 약속하였고,[115] 마침내 1597년 솔가하여 입거하게 된다.[116]

〈표7〉 장현광의 입암4우

성명	본관	호	여타 사승	비고
權克立(1558-1611)	安東	東峯	周博門人 [芝山同門]	愚軒·守庵의 姑叔
鄭四象(1563-1623)	延日	愚軒	寒岡·芝山門人	芝山姪壻
孫宇男(1564-1623)	一直	綸庵	芝山門人	一名 孫慶男
鄭四震(1567-1616)	延日	守菴	芝山門人	旅軒撰碣

여헌과 정사진의 관계가 여헌의 입암 입거를 용이하게 한 점도 있으나 이들 4인은 원래 혈연·학연으로 맺어져 있었다. 정사상은 정사진의 형이었고, 권극립은 정사상·사진 형제의 고모부였으며, 손우남은 당초

112) 『永嘉世稿』 卷3. 「東峰年譜」 〈癸巳〉(1593).
113) 『綸庵逸集』 卷1. 「年譜」 〈乙未〉(1595).
114) 『旅軒集』 卷9. 〈立巖記〉.
115) 『綸庵逸集』 卷1. 「年譜」 〈丙申〉(1596).
116) 張顯光. 『旅軒集』 卷3. 〈祭權强哉〉.

권극립과 함께 입암 복거를 결정했고 학통에 있어서도 동질성이 강한 인물이었다.

이후 여헌은 항상 사우와 더불어 학문을 토론하고 도의를 강마하였으며[117] 1599년에는 입암정사가 건립되어[118] 강학의 기반도 더욱 강화되었다. 「입암정사기(立巖精舍記)」에서 밝힌 바와 같이 여헌에게 있어 입암은 수신(修身)과 양성(養性)이라는 유학의 본령에 충실하는 순수 학문의 공간으로 물색되었던 것이다.[119]

4우를 매개로 한 여헌의 입암 입거와 강학은 영천유림의 학풍 진작과 학맥 형성에 적잖게 영향을 미쳤다. 우선 4우 중 권극립을 제외한 손우남·정사상·정사진이 자연스럽게 여헌의 문인이 되었고, 이들을 정점으로 여헌학맥도 점차 확산되어 갔던 것이다.

영천유림들의 내학활동은 사우의 자질과 인친들을 중심으로 확대되어 갔는데, 이는 양송15현을 중심으로 한 인동·선산지역 문인들의 구성과 맥락을 같이하는 것이었다. 예컨대, 권극립의 경우 1자[권봉(權崶)] 3손[상민(尙敏)·호민(好敏)·진민(晉敏)]과 3서[이숙(李塾)·황중신(黃中信)·김경장(金慶長)] 4외손[이철견(李鐵堅)·정호인(鄭好仁)·정호문(鄭好問)·황윤(黃金閏)] 등 내외자손을 포함하면 무려 11인이 여헌문인이 되었다. 연일정씨 정사상·사진 집안도 이와 상황이 유사하여 정사상의 두 아들[정벽(鄭壁)·정차(鄭次)]과 정사진의 3자[정전(鄭壂)·정학(鄭壆)·정창(鄭敞)] 2서[박이경(朴頤慶)·최동량(崔東亮)]가 급문하게 되었다.

특히, 권극립과 정사진은 여헌의 인친이나 인동·선산지역 여헌문인들과 연혼관계를 형성하여 여헌학맥이 영천지역으로 확대·발전하는데

117) 『永嘉世稿』 卷3. 「東峰年譜」〈丁酉〉(1597).
118) 『守菴集』 卷3. 「年譜」〈己亥〉(1599).
119) 張顯光. 『旅軒集』 卷9. 〈立巖精舍記〉.

더욱 기여하였다. 권극립의 사위 김경장은 김종효의 아들이었고, 정사진은 장제원 · 여륜 · 박수일 등과 사돈관계를 맺었다. 전술한 바와 같이 김종효 · 장제원은 양송15현의 일원이었고, 여륜(呂倫)과 박수일(朴遂一)은 각기 여헌의 자형과 사돈이었다. 정사상 · 사진 형제와 여헌과의 관계는 연일정씨 일문의 급문활동에 영향을 주어 이들의 종제 정사물 · 정극후 형제의 급문으로 이어졌다. 여헌고제로 인식되는 정사물은 1642년 임고서원 원장 재직시 여헌의 병향론을 주장하다 지산문인들과 마찰을 수반한 바 있었고, 정극후 역시 여헌고제인 여문십현의 한 사람이었다.

반면 손우남의 경우는 아들 손해 · 손항이 급문했고, 특히 손해는 정묘호란 당시 여헌이 경상도호소사로 활동할 때 영천의병장으로 추대되는[120] 등 여문에서의 입지가 높았으며, 사위 최우직(崔友稷)은 여헌의 임고서원 병배논쟁시 병향론을 주도하는 과정에서 여헌학맥의 강력한 우익으로 존재한 것이 사실이다. 그러나 일직손씨는 안동권씨, 연일정씨에 비해 여헌과의 유대가 상대적으로 미약했음을 알 수 있는데, 이는 손우남 · 손해 · 손항 부자의 다양한 학맥과 관련이 있었다.

이상에서 살펴본 바와 같이 영천지역 여헌학맥은 입암사우와 그들의 인친을 중심으로 형성되었는데, 그 수는 줄잡아 20여명에 이른다. 현재 확인되는 영천지역 여헌문인의 숫자가 대략 40여명이라는 점에 비추어 볼 때 절반 이상이 사우와 직간접적으로 관련된 인물이 되는 것이며, 이외의 문인들 중에도 사우의 집안과 혼맥으로 연결된 가문이 많았다.[121]

---

120) 『永陽四難倡義錄』. 「丁卯倡義錄」.

121) 예를 들어 양대 4인[김취려(金就礪) · 김교(金墧) · 김배(金培) · 김각(金㙐)]이 여헌문하에 입문한 경주김씨 김취려 가문의 경우 정사진 가문과 연혼 · 중혼관계에 있었다. 정사진의 장손 정경종(鄭慶鍾)은 김교의 사위였고, 셋째손자 정웅종(鄭雄鍾)은 김배의 사위였다. 1663년(현종4) 김배 등이 정사진의 입암서원 추향을 발론할 수 있었던 것도 학연 · 혼맥에 기인하는 바 크다.(『古文書集成』 79-仁同 仁同張氏 旅軒宗宅篇-. 289쪽. 通文3 참조)

6) 강우 남명학파권

남명학파권[122]에 존재했던 장현광 문인은 약 61명으로 문인 전체의 17%에 해당하며[123] 주로 학술적 자문과 문자 교유 또는 원향론을 지원하는 과정에서 문도를 규합하였다.

(1) 학술적 자문과 문자 교유

한편 장현광은 다양한 학술 자문 및 문자 찬술을 통해 남명학파권에 대한 영향력을 확대해 나갔다. 주로 예의 해석과 적용에 관한 사안들이 중심을 이룬 학술적 자문은 개별 門人들의[124] 범주를 넘어 함양 新溪書院, 청도 紫川書院, 밀양 禮林書院 등 사림의 원향론까지를 망라하고 있었다.[125]

이 중에서도 가장 주목되는 것은 김종직의 주향처 禮林書院 중건과 추배에 따른 의절이었다. 예림서원의 전신은 1567년(명종 22) 慈是山 아래에 건립된 德城書院이었다. 그러나 임진왜란으로 소실되자 1606년(선조 39)에 사림들이 이를 복원하였고, 1634년에는 후사포로 이건하였다.

이때 밀양 사림들은 朴漢柱와 申季誠 추배의 합당성 여부, 移安 및

122) 조식의 문인은 강우지역을 중심으로 하여 강좌는 물론 근기지역에까지 분포했다. 따라서 광의의 남명학파권은 전국적 설정이 가능하고, 협의에서도 영남전역을 포괄하는 개념으로 보아야 하는 측면이 있지만 본고에서는 남명학파의 핵심지역인 진주·단성·산청·영산·창녕·칠원·합안·합천·함양·김해·창원·청도·밀양 등 지금의 경상남도 지역을 '남명학파권'으로 설정했다.

123) 이 글에서는 제외되었지만 남명학파적 성격이 짙었던 고령·현풍·성주·칠곡·대구지역의 문인을 포함하면 수치는 크게 올라갈 수 있다.

124) 張顯光. 『旅軒集』 卷5. 〈答盧亨弼〉.

125) 張顯光. 『旅軒集』 卷4. 〈答新係書院諸生別紙〉 ; 卷5 〈答紫川書院三先生位版改題問〉 ; 『旅軒集』 續集 卷2. 〈答紫川書院〉.

告由의 시기 및 절차 등 제반 의절을 장현광에게 품의하는 한편으로 奉安 祭文 및 춘추 향사 때 쓸 祝文의 찬술까지 요청하는 등 중건 이후의 모든 의절을 전적으로 자문했다.[126] 뿐만 아니라 서원의 새 이름까지도 장현광이 擇定해 줄 것을 요청하였는데,[127] 이는 밀양지역에서도 장현광의 학문적 영향력이 절대적이었음을 뜻한다.[128]

한편 장현광은 남명학파권 인사들의 다양한 문자 요청에도 적극 응했는데, 그 대표적인 것을 정리하면 다음과 같다.

〈표8〉 장현광이 지은 南冥學派 관련 문자

순번	문자명	해당인	청탁인
1	佔畢齋金先生神道碑陰識	金宗直	李惟達[密陽府使]
2	景賢錄跋	鄭汝昌	鄭秀民[旅軒門人]
3	書申松溪季誠閭表碑銘後	申季誠	密陽士人
4	書裵洛川紳行錄後	裵　紳	裵繼緖[洛川孫子]
5	縣監朴公墓碣銘	朴齊仁	朴道元[旅軒門人]

김종직의 신도비 陰識와 신계성의 여표비 後書는 1634년 예림서원 이건과 박한주·신계성의 추배론에 즈음하여 3선생[김종직·박한주·신계성] 추양사업의 일환에서 이루어진 문자였다.[129]

그리고 정여창의 실기인 『景賢錄』은 정여창의 증손 鄭秀民이 정구의 교정을 거쳐 완성한 것으로 간행에 즈음하여 스승인 장현광에게 서문을 청한 것이었다. 이 서문에서 장현광은 정여창을 백세의 사표로 칭송하

126) 張顯光. 『旅軒集』 續集 卷2. 〈答禮林書院〉.
127) 張顯光. 『旅軒集』 續集 卷2. 〈答禮林書院〉.
128) 박한주·신계성의 추향론을 이끌며 장현광에게 각종 자문을 얻어낸 실체는 조임도였다.(趙任道. 『澗松集』 卷5. 〈禮林書院奉安迂拙子先生文〉 및 〈禮林書院移建時告文〉).
129) 張顯光. 『旅軒集』 續集 卷8. 〈佔齋金先生神道碑陰識〉; 卷10. 〈書申松溪季誠閭表碑銘後〉

는 한편 體用의 학문이 길이 계승되기를 염원했다.[130]

'書裵洛川紳行錄後'는 퇴계·남명의 문인으로 박성에게는 선생이 되는 배신의 행록에 붙인 글이고, 남명문인 박제인의 묘갈명인 '縣監朴公墓碣銘'은 박제인의 손자이자 여헌문인이었던 박도원의 부탁에 의해 찬술한 것이다.[131]

배신은 남명·퇴계문인으로 알려져 있으나 그는 '남명선생실기'를 짓는[132] 등 조식에 대한 계승의식이 더욱 뚜렷했으며, 박제인은 전형적인 남명문인으로서 崔永慶· 河沆· 金沔·趙宗道 등과 교유가 깊었고, 정구로부터는 '숨은 덕이 있는 군자(隱德君子)'로 칭송되기도 했다.[133] 더구나 '朴齊仁墓碣'의 저본이 된 행장의 찬자가 정인홍 문인 李屹이라는 점에서도[134] 장현광이 남명·내암계와 얼마나 긴밀한 관계에 있었는지를 잘 알 수 있다. 물론 이흘은 후에 정인홍과 결별한 것으로 알려지고 있으나 이는 그의 당대보다는 후손들의 입장이 반영된 인식체계로 이해할 필요가 있으며, 이흘의 사위가 여헌고제 趙任道였으므로 장현광이 박제인의 묘갈을 찬함에 있어 조임도의 매개적 역할이 있었음을 짐작하기란 어렵지 않다.

(2) 원향론의 지원

장현광은 남명학파의 원향론에도 깊이 관여하게 되는데, 김우옹의 新山書院 배향론이 대표적이다. 1588년 당시 김해부사였던 남명문인 河晉

130) 張顯光. 『旅軒集』 卷8. 〈景賢錄跋〉.
131) 張顯光. 『旅軒集』 卷12. 〈縣監朴公墓碣銘〉.
132) 許穆. 『記言別集』 卷26. 〈洛川裵先生行狀〉.
133) 張顯光. 『旅軒集』 卷12. 〈縣監朴公墓碣銘〉.
134) 張顯光. 『旅軒集』 卷12. 〈縣監朴公墓碣銘〉.

寶 등이 조식의 강학처였던 山海亭의 구지에 건립한 신산서원은 진주의 德山書院[德川書院], 삼가의 龍巖書院과 더불어 남명학파의 3대 거점 서원으로 인식된 重地였다. 김우옹의 신산서원 배향론이 발론된 것은 1634년 경으로 주론자는 시임 원장 조임도였다. 당시 조임도는 김우옹의 『經筵講義』를 간행하는 등 '동강추양운동'을 전격 지휘하는 가운데 신산서원 배향의 타당성을 장현광에게 품의하였다.[135] '親炙最早論'과 '(外)孫壻論'에 바탕한 조임도의 '동강배향론'은 장현광으로부터 전폭적인 지지를 받았다.[136]

이처럼 장현광의 지지를 확보한 조임도는 '동강배향론'에 더욱 박차를 가하게 되었고, 이듬해인 1635년에는 정온의 동의를 얻어 이를 마무리하려 했다. 이에 그는 정온에게 편지를 보내 장현광의 추인 사실을 고지시키며 '동강배향론'에 동조해 줄 것을 요청하였으나[137] 정온의 반응은 의외로 부정적이었다.

정온의 부정적 입장은 정구를 제외한 것에 대한 의문에서 출발하였고, 혹 정구를 제외한 것이 정구를 조식의 배위로 삼을 수 없다는 성주권의 인식을 대변한 것인지 아니면 조식에 대한 親炙性에 있어 김우옹이 정구보다 더 각별하다고 여겨 그렇게 한 것인지를 따져 물었다.[138] 정온이 정구를 제외시킨 것을 문제 삼았던 것은 정구의 배제가 그에 대한 폄박론이 아닌 일종의 왜곡된 형태의 추양론으로 인식했기 때문이다. '한강신도비명'의 개정논의에서[139] 드러난 바와 같이 인조반정 이후

135) 趙任道. 『澗松集』「年譜」〈七年甲戌〉.
136) 張顯光. 『旅軒集』 續集 卷9. 附錄 〈就正錄〉(趙任道).
137) 趙任道. 『澗松集』 卷3. 〈與鄭桐溪相公〉(乙亥).
138) 趙任道. 『澗松集』 卷3. 〈與鄭桐溪相公〉(乙亥).
139) 김학수. 2007. 「'寒岡(鄭逑)神道碑銘'의 改定論議와 그 의미」. 『朝鮮時代史學報』 42. 조선시대사학회.

퇴계연원을 강하게 표방해 왔던 한강문인들에 있어 남명연원을 새삼 천명하는 모양새가 되는 정구의 신산서원 배향이 달가울 리 없었으므로 의도적으로 정구를 배제시켰을 가능성이 없지 않았다. 정온은 바로 이 점을 지적했던 것이었다.

또한 정온은 절차적인 문제도 아울러 지적했다. 신산서원은 사액된 서원이므로 향례 등 각종 예제도 '國學'의 범주에서 진행되어야지 사림들이 마음대로 처리해서는 안된다는 입장을 견지했다. 당시 강우 남명학파권 사림들 중에서는 덕천 · 신산 · 용암서원의 사액이 광해조 때 이이첨의 주선에 의해 이루어졌다 하여 이를 인정치 않으려는 분위기가 팽배해 있었는데, 정온이 절차의 중요성을 강조한 것도 이러한 분위기에 일침을 가하기 위함이었다.

결국 정온은 배향 인물의 선정과 배향을 진행하는 절차에 있어 '동강배향론'은 분쟁의 여지가 많은 것으로 인식, 신중하게 처리할 것을 당부하였는데, 이는 반대 입장의 우회적 표현이었다. 더 이상 자료로서 확인이 되지는 않지만 정온의 반대 입장으로 인해 '동강배향론'은 난황에 직면하게 되어 끝내 무산된 것으로 보이지만 '동강배향론'을 통해 우리는 장현광이 남명학파에 상당한 영향력을 행사하였음은 분명하게 확인할 수 있다.

7) 서울 · 호서 · 관서권

1620년(광해군12) 정구가 사망하자 영남유림의 중망이 더욱 장현광에게 실리게 되었고, 인조반정 이후 장현광이 산림으로 징소되어 일국의 원로로 추앙된 것도 문고 규합에 상당한 영향을 미쳤다. 그리하여 여헌문인은 영남 일원을 비롯하여 서울 · 호서 · 관서지방에 이르기까지 광범위하게 분포하게 되었는데, 1634년(인조12) 김장생의 고제 송시열·송준길이 장현광을 禮訪하고[140], 역시 사계문인 이유태와 성혼의 손자 成檪이 여헌문인록[丙辰本]에 이름이 오른 것에서도 당시 장현광의 위상을 엿볼 수 있다.

영남 이외 지역 여헌문인은 대략 28명에 이르며, 근기 출신의 비중이 단연 압도적이다. 정치적으로는 서인계, 학문연원에 있어서는 성혼·김장생·이안눌의 문인이 상당수를 차지하고 있다.

서인계 기호학파의 자제들이 상당수 입문한 것은 정경세·송준길의 관계에서 보듯 이 때만 하더라도 서남당쟁이 극심하지 않아 양자간에 통혼이 이루어졌고, 장현광을 영남의 마지막 유자로 평가했던[141] 李植 등 서인 일각의 우호적 인식과 매우 관련이 깊었다. 여기에 김장생과 장현광 사이의 학문적 교류가 더해지면서 소통의 분위기가 조성됨으로써 일부 사계문인들까지 급문하게 되었던 것이다. 李廷龜가 1626년(인조4) 입조한 장현광에게 『周易』의 난해처를 질문하고[142] 그의 사위 홍방도 장현광의 문인이 된 것도 그러한 분위기를 반영하는 것이었다. 서울·관서지역의 문인 중에서 특히 주목되는 인물은 安應昌·朴吉應·鮮于浹·成檪이다. 안응창은 1633(인조11) 아버지의 임지인 인동에서 친명에 의해 급문하였고[143], 1635년에는 喪祭禮 등 각종 예제를 질의하여[144] 학문적 자질을 인정받았다. 이처럼 그는 장현광의 만년 문인으로서 수학 기간도 매우 짧았지만 장현광으로부터 학문적 자질을 인정받아 근기지역 문인으로서는 유일하게 10현에 포함되었다.

---

140) 宋時烈. 『宋子大全』 附錄 卷2. 「年譜」 〈甲戌〉(1634).
141) 李植. 『澤堂別集』 卷15. 〈示兒代筆〉.
142) 張應一. 『聽天堂集』 卷3. 〈趨庭錄〉.
143) 安應昌. 『柏巖集』「年譜」〈癸酉〉(1633)
144) 安應昌. 『柏巖集』 卷2. 〈上旅軒先生問目〉; 『旅軒續集』 卷2. 〈答安應昌十三節〉.

〈표9〉 서울 · 호서 · 관서지역의 旅軒門人

순번	성명	본관	거주	경력	여타 사승	비 고
1	姜弘重	晋陽	京	監司(文)		日本使行時 及門
2	許 厚	陽川	京	掌令(逸)	寒岡門人	南人
3	許 穆	陽川	漣川	右相(逸)	蕙山 · 寒岡門人	南人, 己未本 首題
4	呂爾載	咸陽	京	刑判(文)		仁同府使 祻吉의 子
5	朴 烜	高靈	京			善山府使 孝誠의 子
6	鮮于浹	平壤	平壤	事業	金台佐 · 愼獨齋門人	
7	朴吉應	密陽	京	參判(文)	李安訥門人	進宇宙要括帖(上疏)
8	安應昌	順興	龍仁	師傅		「旅門十賢」
9	柳 碩	晋州	京(安山)	監司(文)		南人
10	李惟泰	慶州	京		沙溪門人	己未本에 漏落
11	朴長遠	高靈	京	吏判(文)		朴烜의 子
12	李 葂	全州	京			
13	韓德及	清州	京/洪州			
14	孟世衡	新昌	(京)	府使	沙溪門人	蔚山府使
15	丁好恕	羅州	京	正郎		仁同府使
16	洪 霶	豊山	京	嘉善大夫		李廷龜의 壻
17	申起漢	高靈	京	正郎(文)		
18	尹衡彦	南原	京	翰林(文)		尹暾의 子
19	李時萬	全州	京	監司(文)		星州縣監
20	鄭 樱	淸州	京	直長		鄭逑의 姪
21	李 棨	全州	京	吏判(文)	牛溪 · 沙溪門人	
22	姜鶴年	晋陽	(京)	掌令		
23	金履善	禮安	京	進士		
24	鄭斗源	光州	楊州	知中樞(文)		仁同府使
25	朴惟東	忠州	(黃澗)	參奉		
26	成 櫟	昌寧	新昌	知中樞		牛溪 成渾의 孫子
27	洪履一	南陽	(京)			南人
28	趙相禹	楊州	(溫陽)	參奉	沙溪交遊	

박길응은 약관의 나이에 장현광에게 급문하여 『大學或問』, 『周易』, 『中庸』, 『近思錄』을 배웠다.[145] 그에 대한 기대가 컸던 장현광은 『論語』의 細註까지를 착실히 읽을 것을 권고하는[146] 등 학문적 관계가 매우 친밀했다. 또한 그는 영외 지역 문인으로서는 선생의 언행록을 남긴 유일한 인물이기도 했는데, 무엇보다 주목할 것은 장현광의 「宇宙要括帖」을 효종에게 올려 수신의 요체로 삼게 했다는 사실이다.

「宇宙要括帖」은 1637년 장현광이 사망하면서 공개되었으나 1642년(인조20)에 간행된 『여헌집』에서는 누락되었다. 이를 안타깝게 여긴 박길응은 1653년 경 일부 내용을 수정, 淨寫하여 효종에게 올렸는데, 「우주요괄첩」의 서문과 '進宇宙要括帖疏'에서 스스로 밝힌 바와 같이 한편으로는 왕의 輔導에 목적이 있었지만 다른 한편으로는 장현광의 존재와 학문을 천명하는데 또 다른 목적이 있었던 것이다.[147]

한편 金台佐의 문하에서 수학하여 '西土儒宗'으로 칭송된 선우협과의 관계는 장현광이 사망하기 2년 전인 1635년에 이루어졌다.[148] 당시 38세의 나이로 이미 관서의 유생들을 대상으로 강학하던 선우협은 『맹자』의 '孔子께서 노나라 동산에 올라가시어 노나라를 작게 여기셨고, 태산에 올라가시어 천하를 작게 여기셨다'는 구절에 홍기되어 유학을 떠나 도산서원에서 수개월을 머물며 院藏의 도서를 열람한 뒤 장현광을 방문하여 수일 동안 강학하고[149] 환가한 바 있었다. 이후 그는 金集에게도 급문하였고, 경향에 걸쳐 40명에 달하는 문인을 배출하였다.[150] 송시열

145) 韓國學中央硏究院編. 『古文書集成』79 -仁同 仁同張氏 旅軒宗宅篇-. 697쪽. 祭文146(朴吉應)
146) 張顯光. 『旅軒續集』 卷9. 〈記聞錄〉(門人朴吉應).
147) 민족문화추진회. 성백효 역. 『여헌속집』권9. 〈기문록〉(문인박길응).
148) 선우협의 사상에 대해서는 이희평. 2006. 「둔암 성우협의 철학사상 일고」. 『여헌학의 전개와 수용』(1). 제7회 선주문화연구소학술대회 발표자료집. 참조.
149) 鮮于浹. 『遯菴全書』 「年譜」 〈乙丑〉(1635)

과 박세채가 『遯菴全書』의 서문과 발문을 찬한 것으로[151] 보아 학맥에 있어 장현광보다는 김집 쪽에 무게를 둔 것은 사실이지만 「여헌문인록」(丙辰本)에 이름이 올라 있으므로 여헌연원임에는 분명하며, 그를 통해 장현광의 학맥이 관서지역으로까지 파급된 것으로 해석할 수 있다.

이상에서 살펴본 바와 같이 장현광은 서울 · 호서는 물론 관서에 이르기까지 20여명의 문인을 배출하였고, 이정구 · 송시열 · 송준길 등 기호학파의 주요 인물들과도 교유하며 학연을 확대해 나갔다. 그러나 17세기 중엽 이후 서남당쟁이 격화되어 배타적인 연원의식이 형성됨으로써 학맥으로까지는 진전되는 못했다고 할 수 있다. 특히, 박성의 행장으로 발단된 우계계열[소론계]의 비판적 태도가 장현광의 입지를 더욱 축소시켰던 것으로 생각된다.

4. 한려학맥의 학풍적 한 특성 : 地誌 및 文獻 · 事蹟誌 편찬을 중심으로

한강 · 여헌 양문의 학풍상의 공통점이 가장 선명하게 드러나는 영역은 지지를 비롯한 文獻 · 事蹟誌의 편찬이라 할 수 있다. 주지하는 바와 같이 정구는 1580년 『昌山誌』의 편찬을 비롯하여 『同福誌』(1584), 『咸州誌』(1587), 『通川誌』(1592), 『臨瀛誌』(1594), 『關東誌』(1596), 『忠原誌』(1603), 『谷山洞庵誌』(1604), 『臥龍誌』(1604), 『福州誌』(1607) 등 약 30년 동안 무려 11종의 지리지를 편찬하였다.[152] 전형적인 군현 지

150) 鮮于浹. 『遯菴全書』 「門人錄」.
151) 宋時烈. 『宋子大全』 卷138. 〈遯菴全書序〉 ; 『南溪集』 卷69. 〈跋遯菴全書〉.
152) 김문식. 2006. 「16~17세기 한강 정구의 지지리 편찬」. 『民族文化』29. 민족문화추진회.

리지로서 현존하는 것은 『함주지』 뿐이지만 정구의 의욕적인 편찬 활동은 후일 사찬읍지로 불리는 영남지역 군현 읍지의 편찬에 매우 중요한 영향을 미쳤다. 특히, 『함주지』는 조선후기 지지 편찬의 기본 모델이 되었고,[153], 정구의 학풍을 실용학과 관련지어 설명할 수 있는 중요한 단서가 된다.

지지 편찬에 대한 관심은 장현광에게 착실하게 전승된 측면이 컸다. 장현광은 직접 지리지를 편찬하지는 않았지만 문인·제자들을 통해 지리지 편찬을 끊임없이 권장·독려하였는데, 이는 한강학풍의 계승의식과 결코 무관치 않아 보인다. 지리지 편찬에 대한 장현광의 관심의 일단은 아래의 인용문에서 분명하게 확인할 수 있다.

> 갑술년(1634) 2월 나는 남산에 와서 선생을 뵙고 여러 친구들과 輿地의 일에 대하여 언급하였다. 선생은 분부하시기를, '우리 나라는 典籍이 구비되지 못하였으니, 이 고을에 살면서 이 고을의 故事를 모른다면 되겠는가. 제군은 각기 지지(地誌)를 편찬하여 권하고 징계하는 바가 있게 하는 것이 좋다.' 하시고는, 인하여 나에게 명하여 『聞韶縣誌』를 편찬하도록 하였다. 이는 선생이 일찍이 聞韶縣 현령이 되시어 수집할 뜻이 있었으나 성취하시지 못한 때문이었다.[154]

장현광의 지리지 인식은 지역사회에 대한 통찰의식에 아울러 유교적 권선징악의 정신이 반영되어 있었다고 할 수 있다. 이런 정신은 권응생, 정극후 등 경주 출신 문인들에게 동경지의 편찬을 권유하는 과정에서도 그대로 드러났다.[155]

193쪽.

153) 김문식. 앞의 논문. 202~212쪽.

154) 국역 『여헌집』 속집 권9. 부록 「배문록」(신열도).

155) 張顯光. 『旅軒集』 續集 卷2. 「答權命世」; 『旅軒集』 續集 卷2. 「答玉山書院」.

지리지에 대한 장현광의 애착은 문인들을 통해 구체화 되었다. 문소지의 경우 신열도가 장현광의 명에 따라 동문 이민환과 함께 편찬에 착수하였고, 1656년(효종7) 때마침 의성현령에 재직하던 동문 안응창의 지원을 받아 이를 간행했던 것이다.[156] 신열도와 안응창이 각기 '聞召誌跋'과 '聞召誌序'에서 문소지 편찬에 있어서의 장현광의 역할을 특필한 것에서도[157] 지리지 편찬이 여헌 경세학의 중요한 영역임을 감지할 수 있다.

이보다 앞서 신열도가 1638년 울진현령 재직시 『仙槎誌』를 편찬하고,[158] 안응창이 『襄陽誌』와 『貞陵誌』를 편찬할 수 있었던 것도[159] 지지 편찬에 대한 장현광의 애착과 관심을 대변하는 것이었다.

지지 편찬에 있어 한려학풍의 특징이 가장 잘 드러나는 것은 성주 읍지인 『京山志』이다. 1677년 이원정에 의해 탈고되는 『경산지』는 그 편찬 과정이 결코 순탄치 않았다. 공교롭게도 성주는 지지 편찬의 선도자였던 정구의 고향이었음에도 불구하고 17세기 초까지 일향의 문헌이 정비되지 못했다. 李元禎이 『경산지』의 서문에서 안타까움을 토로한 것도 이 때문이었다.

文穆公 寒岡 鄭先生은 임영·복주·함주·창산·동복 등 역임한 州府郡縣마다 지지를 편찬하지 않음이 없었는데, 유독 고향만 누락되었다. 우리 선생께서 우리 고을에 대해서만은 어찌 힘을 쓰시지 않았단

156) 申悅道, 『懶齋集』卷6, 「聞召誌跋」.
157) 申悅道, 『懶齋集』卷6, 「聞召誌跋」.
158) 申悅道, 『懶齋集』卷6, 「仙槎誌跋」.
159) 安應昌, 『柏巖集』卷2, 「襄陽誌序」, 「貞陵誌序」.

말인가?[160]

〈표10〉 여헌학맥에서 편찬한 주요 地理誌

순번	지리지명	편찬자 또는 관련인물 (여헌이 편찬을 권유한 인물)	편찬시기
1	東京志(慶州)	權應生(旅門), 鄭克後(旅門)	인조연간(1623~1649)
2	聞召誌(義城)	李民宬(旅門), 申悅道(旅門), 安應昌(旅門)	1656(효종7)
3	京山志(星州)	金輳(岡門), 呂燦(岡門), 李道長(旅門), 李元禎(寒旅淵源)	1677(숙종3)
4	密州誌(密陽)	朴璨(旅門), 趙任道(旅門)	인조연간(1623~1649)
5	鰲山誌(淸道)	李重慶, 柳袗(旅門)	1627(인조5)
6	一善志(善山)	崔晛(旅門)	1618(광해군10)
7	天嶺誌(咸陽)	鄭秀民(旅門)	1656(효종7)
8	仙槎誌(蔚津)	申悅道(旅門)	1640(인조18)
9	襄陽誌(醴泉)	安應昌(旅門)	인조연간(1623~1649)

이런 상황에서 성주 읍지의 편찬에 박차를 가한 인물이 장현광이었던 것이다. 1635년 장현광은 士林의 府庫인 성주에 읍지가 없을 수 없다는 생각에서 金輳·呂燦 등 한려문인들에게 지지 편찬을 지시하였다. 이에 이들 두 사람은 역시 한려문인인 都世純과 함께 편찬 작업에 착수하였으나 미처 완수하지 못하고 李道長에게 위임하였다. 그러나 이도장 또한 절반 정도 마무리한 상태에서 사환활동을 재개하게 됨으로써 여전히 탈고하지 못하자 아들 李元禎이 1668년(현종9)부터 약 10년에 걸친 작업 끝에 1677년(숙종3) 완성했던 것이다.[161] 결국 『경산지』는 장현광의

160) 李元禎, 『京山志』「京山志序」.

161) 1682년 당시 경상감사 이수언은, 이원정이 성주읍지인 『경산지』를 지어 이이·조헌·윤두수·정철을 헐뜯고 김상헌과 양송을 무함했다 하여 책판을 헐어버린 뒤 이 사실을 조정에

발론에 의해 편찬되었지만 그 체제는 정구의 『咸州志』를 준용했다는 점에서 한려학풍의 결실로 평가할 수 있다. 더구나 초기 단계에 편찬에 관여했던 金轃·呂㸁·李道長은 한려문인이었고, 편찬을 완료한 이원정은 이도장의 아들로서 전형적인 寒旅學脈이었다.

이 외 『密州誌』는 여헌문인 朴璨·趙任道가 함께 편찬한 것이고[162], 李重慶이 편찬한 『鰲山誌』는 여헌문인 柳袗의 위촉으로 편찬이 시작되었으며,[163] 『一善誌』의 찬자 최현, 『天嶺誌』의 찬자 鄭秀民도 여헌문인이라는 공통점이 있었다.

한편 地誌 편찬에 대한 한려학파의 관심은 읍지·주지를 넘어 문헌·사적지의 편찬으로까지 확대되었다. 그 대표적인 것이 金烋의 『海東文獻叢錄』, 鄭克後의 『西岳志』, 安應昌의 『貞陵誌』, 『書院誌』였다. 특히, 『해동문헌총록』은 百科全書的 저술의 효시를 이루는 작품으로 현존하는 최초의 문헌 해제집으로 평가받고 있다.[164] 안동 출신이었던 저자 金烋는 장현광의 애제자로서 기대를 모았던 인물로서[165] 장현광 사후에는 사문의 언행록인 「敬慕錄」을 남기는 한편 '旅軒畵像'의 찬을 짓기도 했다. 그가 일찍부터 여헌문하를 출입하게 된 것은 장현광의 생질 盧景任의 사위라는 점과 무관치 않으며, 『해동문헌총록』도 사실상 장현광의 권유로 저술된 것이었다.[166]

『西岳誌』는 경주 薛聰, 金分信을 제향하는 경주 西岳書院의 院誌로서 이 또한 장현광의 명으로 저술된 것이다. 비록 간행된 것은 장현광의

보고한 바 있었다(『숙종실록』 권13. 숙종 8년 8월 5일 경진).

162) 張顯光. 『旅軒全書』(下) 「及門諸賢錄」 〈朴璨〉

163) 『朝鮮時代私撰邑誌』(18) 慶尙道(3). 『鰲山誌』 「鰲山郡古今事蹟序」(李重慶)

164) 박인호. 2006. 「『海東文獻叢錄』에 나타난 金烋의 학문 세계」. 『여헌학의 전개와 수용』(1). 제7회 선주문화연구소 학술대회 자료집.

165) 張顯光. 『旅軒集』 卷8. 「金上舍字說」.

166) 金烋. 『敬窩集』 卷7. 「海東文獻錄序」.

사후인 1642년(인조20)이지만[167] 편찬의 과정에 장현광이 깊이 개입하였고, 또 명칭까지 손수 명명한 것에서 지류 편찬에 대한 장현광의 관심을 엿볼 수 있다. 안응창의 『貞陵誌』, 『書院誌』역시 지류 편찬에 대한 장현광의 관심을 반영한 저작임은 두 말할 나위가 없다. 안응창은 1633년(인조11) 아버지의 임지인 인동에서 친명에 의해 급문하였고[168], 1635년에는 喪祭禮 등 각종 예제를 질의하여[169] 학문적 자질을 인정받았다. 이처럼 그는 장현광의 만년 문인으로서 수학 기간도 매우 짧았지만 장현광으로부터 학문적 자질을 인정받아 근기지역 문인으로서는 유일하게 10현에 포함되었고, 장현광 사후에는 동문들에게 유문 간행을 독려하기도 했던 것이다. 이 과정에서 그는 金應祖・鄭克後・申悅道・申埰・申弘望 등 장현광의 고제들과 교우도 깊었는데, 전술한 바와 같이 1655년(효종6) 의성현령 재직시 『聞韶誌』의 편찬을 지원했던 것도 동문의식의 소산이었다.

5. 한려학맥 전승 및 확산의 난관적 요소

1) 학문적 배경 : 갈암학파의 등장과 한려학맥의 흡수

이현일의 문인록인 「錦陽及門錄」[170]에는 모두 358명의 문인이 수록

167) 鄭克後. 『西岳志』 「後識」.
168) 安應昌. 『柏巖集』 年譜 「癸酉」(1633).
169) 安應昌. 『柏巖集』 卷2. 「上旅軒先生問目」; 張顯光. 『旅軒集』 續集 卷2. 「答安應昌十三節」.
170) 「錦陽及門錄」은 원래 李玄逸의 3子 李栽와 李玄逸의 門人들이 중심이 되어 편찬하였으나 중도에 燒失하였다. 現傳하는 「錦陽及門錄」은 李玄逸의 曾孫 李猷遠이 간략하게 재정리한 것으로, 이 글에서도 이를 참고하였다.

되어 있다. 갈암문인은 嶺南을 비롯하여 근기, 충청, 영서, 호남, 관서 등 전국에 걸쳐 광범위하게 분포하였는데, 그 현황은 아래와 같다.

358명이라는 수치는 조선시대 영남학파의 여러 갈래 가운데 장현광의 '여헌학파'(355명), 정구의 '한강학파'(342명)를 상회하는 규모를 보이는데, 이는 이현일이 전국을 대상으로 남인계 사림들을 대대적으로 결집시켰음을 의미한다.

갈암문인의 구성에 있어 특히 주목할 점은 학봉계와는 상호 경쟁·대립 관계에 있던 서애계를 비롯하여 상주권의 우복학맥, 성주·인동권의 한려학맥까지를 포괄하고 있었고, 심지어 남명학파계열의 자제들도 상당수 그의 문하를 출입했다는 사실이다. 이는 갈암학단이 17세기 영남학파의 고질적인 문제였던 계파성을 상당수 극복하며 새로운 통합을 추구하고 있었음을 말해주는 것에 다름 아니었다.

갈암문인 358명 가운데 약 30%에 해당하는 82명이 서애·우복 및 한강·여헌학맥에서 학봉학맥인 갈암문하로 이행했음을 알 수 있다. 이 중에는 柳後章, 柳後光, 柳後百, 柳經河 등 유성룡의 자손을 비롯하여 서애문인 이준의 증손이자 우복문인 李大圭의 손자인 李泰至, 우복문인 成安義의 손자 成文夏, 우복문인 孫礻唐의 손자 孫萬雄, 우복문인 全以性의 손자 全五倫, 정구의 증손 鄭祐, 성주권 한강학맥의 구심점이었던 裵正徽, 한강고제 이윤우의 자손인 李夏命, 李周命, 李基命, 李世瑗, 김우옹의 5세손이자 한강·여헌문인 金孝可의 현손인 金南粹, 여헌고제 신홍망의 손자 申叔範, 여헌문인 여헌문인 金廈樑의 아들 金元爕, 여헌문인 李民宬의 증손 李秀墀 등 서애·우복 및 한강·여헌학맥의 핵심 가문의 자제들이 망라되어 있었다. 특히, 서애문인 李文英의 현손인 李泰和는 후일 李玄逸⇒李栽로 이어지는 학통의 적전으로 인식된 李象靖의 아버지라는 점에서 더욱 주목된다. 또한 이들의 대다수는 안동(풍산), 상주, 성주, 인동, 칠곡, 의성, 현풍 등 영남의 서부지역(江岸地域) 출신이라는 점에서 갈암학맥은 적어도 외형적으로는 17세기 후반 영남 사림 전반을 아우르고 있었던 것이다.

〈표11〉 서애 · 우복 및 한강 · 여헌학맥 계통의 갈암문인

순번	성명	본관	거주	관계	비고
1	조학경(趙學經)	풍양	상주	한강문인 靖의 5세손	
2	도이망(都爾望)	성주	대구	한강문인 聖兪의 손자	
3	성문하(成文夏)	창녕	순흥	한강 · 우복문인 安義의 손자	
4	김성좌(金聖佐)	안동	의성	한강 · 여헌문인 尙瑗의 조카	
5	박문주(朴文周)	반남	의성	여헌문인 樅茂의 증손	朴承任(嘯皐) 5세손
6	김원섭(金元燮)	선산	선산	여헌문인 廈樑의 아들	
7	손만웅(孫萬雄)	경주	상주	서애 · 우복문인 衤唐의 손자	
8	배 창(裵 昶)	홍해	안동	새애문인 龍吉의 증손	裵三益(臨淵齋) 현손
9	전오익(全五益)	용궁	영천	한강 · 우복문인 以性의 손자	
10	배정휘(裵正徽)	홍해	성주	한강 · 여헌문인 尙虎의 손자	
11	이 유(李 瀰)	여주	용궁	서애 · 우복문인 煥의 현손	
12	박문하(朴文夏)	반남	의성	여헌문인 樅茂의 증손	嘯皐 5세손
13	김우태(金宇泰)	청도	상주	서애 · 우복연원 洪汝河 문인	葛菴이 천거
14	신숙범(申叔範)	아주	의성	여헌문인 弘望의 손자	
15	정석우(鄭碩祐)	연일	영천	여헌문인 好仁의 종손	
16	유후광(柳後光)	풍산	안동	서애문인 衤奇의 증손	柳雲龍(謙菴) 현손
17	이덕현(李德玄)	여주	경주	한강문인 宜澄의 증손	李彦迪(晦齋) 5세손
18	김 건(金 健)	풍산	안동	서애 · 우복문인 奉祖의 증손	

순번	성명	본관	거주	관계	비고
19	홍상문(洪相文)	부림	문경	서애 · 우복문인 鎬의 손자	
20	유후장(柳後章)	풍산	안동	우복문인 元之의 손자	柳成龍(西厓) 현손
21	배 면(裵 冕)	홍해	안동	새애문인 龍吉의 증손	臨淵齋 현손
22	전오륜(全五倫)	용궁	상주	한강 · 우복문인 以性의 손자	
23	여문화(呂文和)	성주	성주	한강문인 燦의 손자	
24	김 간(金 侃)	풍산	안동	서애 · 우복문인 奉祖의 증손	
25	홍상민(洪相民)	부림	군위	서애 · 우복문인 鎬의 손자	
26	곽 섬(郭 暹)	현풍	고령	한강문인 鴻漸의 손자	
27	김세경(金世鏡)	의성	안동	여헌문인 烋의 손자	
28	권계형(權繼亨)	안동	단성	한강 · 여헌문인 濤의 증손	
29	신덕함(申德涵)	아주	의성	여헌문인 達道의 증손	
30	조언광(趙彦光)	풍양	상주	한강문인 靖의 현손	
31	이중희(李重熙)	영천	의성	서애 · 여헌문인 民寏의 손자	
32	신 렴(申 濂)	아주	의성	여헌문인 達道의 증손	
33	곽재일(郭在一)	현풍	현풍	한강 · 여헌문인 衛國의 증손	
34	배익휘(裵益徽)	성주	성주	한강 · 여헌문인 尙虎의 손자	
35	정석달(鄭碩達)	연일	영천	여헌문인 好仁의 종손	
36	이성중(李誠中)	여주	경주	한강문인 宜潤의 현손	晦齋 6세손
37	김여건(金汝鍵)	의성	봉화	우복문인 秋吉의 손자	金宇宏(開巖) 5세손
38	김남수(金南粹)	의성	성주	한강 · 여헌문인 孝可의 현손	金宇顒(東岡) 5세손
39	조선장(曺善長)	창녕	영천	여헌문인 以咸의 현손	
40	유후백(柳後百)	풍산	안동	서애문인 椅의 증손	謙菴 현손
41	이주명(李周命)	광주	칠곡	한강 · 여헌문인 道長의 손자	李潤雨(石潭) 증손

순번	성명	본관	거주	관계	비고
42	유경하(柳經河)	풍산	상주	여헌 · 우복문인 袗의 손자	서애 증손
43	전명삼(全命三)	용궁	선산	한강 · 우복문인 以性의 손자	
44	정만양(鄭萬陽)	연일	영천	여헌문인 好仁의 증손	尹拯(明齋) 문인
45	이기명(李基命)	광주	칠곡	한강 · 여헌문인 道長의 손자	石潭 증손
46	이만부(李萬敷)	연안	상주	여헌 · 우복문인 袗의 손서	西厓 증손서
47	정규양(鄭葵陽)	연일	영천	여헌문인 好仁의 증손	明齋 문인
48	이세원(李世瑗)	광주	칠곡	한강 · 여헌문인 道長의 증손	石潭 현손
49	김치섭(金致燮)	선산	선산	서애 · 여헌문인 狃의 증손	金就文(久庵) 5세손
50	신익항(申益恒)	평산	약목	여헌문인 祐德의 증손	
51	이하명(李夏命)	광주	칠곡	한강 · 여헌문인 道長의 손자	石潭 증손
52	이민중(李敏中)	여주	경주	여헌 · 우복문인 皖의 증손	晦齋 6세손
53	정래양(鄭來陽)	연일	영천	여헌문인 好仁의 종5세손	
54	신익황(申益熀)	평산	약목	여헌문인 祐德의 증손	
55	이성구(李成龜)	진성	안동	서애문인 亨男의 증손	
56	박천주(朴天柱)	무안	순흥	우복문인 王早의 증손	
57	이세보(李世寶)	광주	칠곡	한강 · 여헌문인 道長의 증손	石潭 현손
58	이태화(李泰和)	한산	안동	서애문인 文英의 현손	李象靖(大山)의 부
59	권덕형(權德亨)	안동	단성	한강 · 여헌문인 濤의 증손	
60	이덕록(李德祿)	여주	경주	우복문인 宜潛의 증손	晦齋 5세손
61	정중록(鄭重祿)	연일	영천	여헌문인 好仁의 종증손	
62	이수형(李秀馨)	영천	의성	서애 · 여헌문인 民寏의 손자	

순번	성명	본관	거주	관계	비고
63	이태지(李泰至)	홍양	상주	우복문인 大圭의 손자	李埈(蒼石) 증손
64	이수지(李秀墀)	영천	의성	서애 · 여헌문인 民宬의 증손	
65	정동양(鄭東陽)	연일	영천	여헌문인 好仁의 종5세손	
66	정중기(鄭重器)	연일	영천	여헌문인 好仁의 종증손	
67	이수시(李秀時)	영천	의성	서애 · 여헌문인 民宬의 증손	
68	신정모(申正模)	아주	의성	한강 · 여헌문인 適道의 현손	
69	정 우(鄭 祐)	청주	성주	한강의 증손	
70	정 계(鄭 桂)	청주	성주	한강의 증손	
71	여성거(呂聖擧)	성주	성주	한강 · 여헌문인 燡의 종증손	
72	곽 유(郭 逌)	현풍	고령	한강문인 鴻漸의 손자	
73	이덕제(李德齊)	여주	경주	한강문인 宜澄의 증손	晦齋 5세손
74	손석관(孫碩寬)	밀양	밀양	한강 · 여헌문인 起陽의 증손	
75	이수규(李秀逵)	영천	의성	서애 · 여헌문인 民宬의 증손	
76	손만래(孫萬來)	밀양	밀양	여헌문인 起業의 종현손	
77	김동현(金東鉉)	경주	영천	여헌문인 就礪의 증손	
78	김하석(金夏錫)	서흥	현풍	한강 · 여헌문인 大振의 증손	金宏弼(寒暄堂) 8세손
79	도만갑(都萬甲)	성주	대구	한강문인 聖兪의 증손	
80	도만지(都萬祉)	성주	대구	한강문인 聖兪의 손자	
81	도만종(都萬鐘)	성주	대구	한강문인 聖兪의 손자	
82	송현석(宋玄錫)	야성	성주	한강 · 여헌문인 時詠의 현손	82명

이들 중 가장 주목할 인물은 여헌문인 신우덕의 증손 신익황이다. 그는 당초 '退栗兩可說'을 주장하여 이현일과 학설이 달랐으나 사제간의 치열한 논변의 결과 그 또한 결국은 주리설로 돌아서게 되었으며[171] 학문적으로 이현일의 가장 충실한 제자 중의 한 사람이 되었다. 이후 그는 이현일과의 논변 과정을 기록한 「就正錄」을 남겼다.[172] 서애·우복 및 한강·여헌계의 갈알문하 출입은 상호간 활발한 문자 교유를 수반하였는데, 아래의 표가 이를 잘 보여주고 있다.

〈표12〉 이현일이 찬한 서애·우복 및 한강·여헌계 인물들의 문자

순번	문자내용	해당인물	연원 및 사승	청탁인
1	神道碑陰記	鄭經世	西厓門人	증손 錫僑
2	墓碑銘	申漟	旅軒門人 祐德의 子	손자 益愰(葛門)
3	墓碑銘	申유	旅軒門人 祐德의 子	종손 益愰(葛門)
4	墓碣銘	申悅道	旅門十賢	아들 斗錫
5	墓碣銘	宋遠器	寒岡·東岡從遊	현손 熙
6	墓碣銘	宋希奎		7세손 學基
7	墓碣銘	朴王旱	愚伏門人	
8	墓碣銘	申達道	旅軒門人	증손 濂(葛門)
9	墓誌銘	成安義	寒岡門人	손자 용하
10	墓誌銘	李弘祚	西厓門人	아들 孝濟
11	行狀	洪汝河	愚伏門人 鎬의 子	문인 金宇泰(葛門)
12	墓表	呂燦	寒岡·旅軒·樂齋門人	손자 文和(葛門)
13	墓碣銘	鄭榮後	西厓·愚伏門人	
14	墓碣銘	鄭聚	旅軒門人	아들 時錫(葛庵姪壻)
15	行狀	鄭克後	旅軒門人	손자 時錫(葛庵姪壻)
16	事蹟後書	李士龍		裵益徽(葛門)

171) 『密庵集』 卷19. 〈申益愰行狀〉.
172) 『葛庵集』 附錄 卷三. 〈就正錄〉.

순번	문자내용	해당인물	연원 및 사승	청탁인
17	久庵文集序	金就文	松堂門人	현손 致燮(葛門)
18	行狀後書	郭壽岡	寒岡門人 鴻漸의 子	아들 逌(葛門)
19	景賢錄跋	金宏弼		후손 夏錫(葛門)
20	墓表	朴廷璠	寒岡門人	증손 望之
21	墓表	趙又新	愚伏·蒼石門人	사위 洪凭
22	墓碣銘	都愼與	寒岡·樂齋門人	아들 爾望(葛門)
23	墓碣銘	呂希臨	趙靜菴交遊	후손 聖擧(葛門)
24	墓碣銘	鄭時諶	旅軒門人 好禮의 子	아들 碩達(葛門)
25	墓碣銘	南발	旅軒門人 張乃度의 사위	아들 金一(存齋門人)
26	行狀	李埰	西厓門人 全湜의 사위	아들 덕현(葛門)
27	行狀	柳元定	柳雲龍 손자	
28	行狀	金礏	旅軒門人 光繼의 자	

2) 정치적 배경 : 일부 한려학맥의 서인·노론으로의 정치적 전향

17세기 중엽 이후 영남은 정치적으로는 서인계의 성장과 확산이라는 새로운 변화에 대응해야 했고, 학문적으로는 갈암학파가 새로이 부상하여 영남학계를 재편하는 상황을 맞게 되었다.

전자의 경우는 시기적으로 인조~현종 연간의 우율문묘종사와 예송을 통해 점차 가시화되다가 숙종조의 거듭된 환국, 특히 갑술환국 이후 남인의 축출 이후 본격화 되었다.[173] 지역적으로는 상주·함창·대구 등 영남의 서부 낙동강 연안지역을 중심으로, 학파상으로는 서애·우복학맥을 중심으로 전개되다가 갑술환국을 전후한 시기부터는 한강·여헌

173) 예외적 경우로 선산김씨 金宗儒 가문은 이미 16세기에 牛溪學統을 수용하면서 영남지역 서인계의 根底를 이룬 바도 있다(김학수. 2010.「조선후기 영남지역 사족가문의 學派·政派的 분화와 그 존재양상」.『한국사학보』38. 고려사학회.)

학파로까지 확대되어 갔던 것이다.

예컨대, 초기 서인세력의 핵심을 이룬 가계가 평산신씨 申碩蕃(우복문인) 계열, 창녕성씨 成灠(서애문인) 계열, 인천채씨 蔡得海(우복문인) 계열, 의령남씨 南嶸(서애문인) 계열, 장수황씨 黃紐(우복문인) 계열, 의성김씨 金廷堅(우복문인) 계열 등 주로 서애·우복계에 집중되었던 반면 현종~숙종조를 거치면서 한강계에서는 영천이씨 李休運 계열, 안동권씨 權瀗 계열, 하동정씨 鄭弘緖 계열, 달성서씨 徐忭 계열, 여헌계에서는 인동장씨 장광한·용한 계열을 비롯하여 경산이씨 學稼齋 계열, 밀양손씨 孫起業 계열, 밀양박씨 朴瓔 계열 등 한려학파의 주요 가계로까지 확산되었던 것이다.[174)]

영남지역 서인계는 학문의 연원을 우율에 대고 송시열·권상하·이재·김원행 등 근기·호서권 노론계 명사들의 문하를 출입하면서 '金長生 문묘종사논쟁', '宋時烈·宋浚吉 문묘종사논쟁', '李玄逸 탄핵', '金尙憲書院 건립논쟁', '宗川書院 논쟁' 등 조선후기 영남내 서남갈등의 굵직굵직한 현안에 깊이 개입하며 서인계 공론을 주도해나갔다.

또한 이들은 서인계 원우의 건립을 통해 자신들의 사회학문적 기반을 강화하였는데, 영남지역에는 1694년(숙종20) 갑술환국 이후부터 서인계 인물을 제향하는 書院·祠宇가 건립되기 시작하여[175)] 1697년(숙종23)에는 이이·김장생을 제향한 청송의 屛巖書院, 1702년(숙종28)에는 상주 興巖書院(송준길 제향)과 영덕 新安影堂(朱子·宋時烈 제향)이 건립

174) 김학수. 2008.「17세기 嶺南學派 연구」. 한국학중앙연구원 한국학대학원 박사학위논문.
175) 물론 갑술환국 이전에도 1605년 동래의 安樂書院(宋象賢), 1653년 합천의 華巖書院(朴紹), 1675년 대구의 龜巖書院(徐沉·徐居正·徐嶰·徐渻), 1682년 상덕사(이숙), 1691년 장암서원(홍익한·윤집·오달제) 등이 건립된 바 있다. 그러나 박소와 송상현은 당쟁과 무관하며, 구암서원 및 장암서원의 제향인물은 비록 서인계이기는 하지만 우율·사계, 우암·동춘당과 동일한 맥락에서 볼 수는 없다.

되었다. 서인계 원우의 건립은 영남지역을 노론의 영향권 속으로 흡수·통합하려는 정치적 목적에서 추진되었으며, 그러한 목적에 걸맞게 초기에는 이이·김장생·송시열·송준길 등 기호학파 적전들의 서원이 중심을 이루었던 것이다. 그 결과 종전까지 대체로 서애·우복계에서 두드러졌던 서인화 경향이 한강·여헌계로까지 확대되어 갔던 것이다. 예컨대, 초기 서인세력의 핵심을 이룬 가계가 평산신씨 신석번(우복문인)계, 창녕성씨 성람(서애문인)계, 인천채씨 蔡得海(우복문인)계, 의령남씨 南嶸(서애문인)계, 장수황씨 黃紐(우복문인)계, 의성김씨 金廷堅(우복문인)계 등 주로 서애·우복계에 집중되었던 반면 현종~숙종조를 거치면서 한강계에서는 영천이씨 이휴운계[176], 안동권씨 權濬계[177], 하동정씨 鄭弘緖계, 달성서씨 徐忭계[178], 여헌계에서는 인동장씨 장광한·용한계를 비롯하여 경산이씨 學稼齋계[179], 밀양손씨 孫起業계[180], 밀양박씨 朴璨계[181] 등 한려학맥의 주요 가계로까지 확산되었던 것이다.

이 외 서애·우복이나 한강·여헌문인계열은 아니지만 밀양박씨 朴宜章계, 김해허씨 許得良계, 벽진이씨 李尙逸계, 전의이씨 李碩堅·命鐸계열 등 영남내 주요 서인으로 활동한 가계 중에는 이들과 학맥·혼맥으로 연결된 집안이 대부분이었다.

---

176) 이휴운의 증손 恒春이 陶菴門人.

177) 1715년 김장생종사소두 權壽昌이 權濬[한강문인]의 현손(『숙종실록』 권56. 숙종 41년 11월 1일 계사).

178) 서변[한강연원]의 조카 昇泰가 반곡서원 건립에 동참(『聯芳集』 卷6. 「洛浦遺稿」)

179) 죽림서원 건립에 동참한 李奎禎이 학가재[旅門十哲]의 손자.(『聯芳集』 卷7. 「洛浦遺稿」 附錄 〈縣監李奎禎書〉). 이규정은 조부 李綸가 여헌문인이고, 숙부 亨萬이 張應一의 문인이었으므로 전형적인 여헌학맥이었지만 자신은 전극화 등과 교우하며 친서인[노론]적 입장을 보였다.

180) 우암문인 孫尙祖가 기업의 손자.

181) 박려[여헌문인] 아들 振仁과 손자 紹遠이 우암문인이고, 소원은 사계청무소를 올림(『華陽淵源錄』).

서애 · 우복계, 한강 · 여헌계의 이러한 서인화 경향은 남론을 고수하며 서인으로의 이탈세력이 상대적으로 적었던 학봉-갈암학맥과는 매우 대조되는 현상이라 할 수 있다. 17세기 후반 안동권을 중심으로 한 영남의 동부지역에서 형성된 갈암학단이 퇴계학맥에서 주도적인 입지를 굳힐 수 있었던 것도 서애 · 우복계, 한강 · 여헌계의 정치적 분화와 결코 무관치 않다고 생각된다.

6. 맺음말

南冥 · 退溪學派의 경쟁 및 길항구도는 仁祖反正을 통해 퇴계학파의 우세로 귀결되었고, 이후 퇴계학파는 곧 嶺南學派라는 인식을 바탕으로 한말에 이르기까지 영남의 학계를 주도했다. 이런 관점에서 볼 때, 퇴계학파의 상대적 우세론이 일정한 타당성을 갖는 것은 사실이지만 17세기 영남학파의 학문적 지형도는 이보다 더 복잡한 구도 속에서 전개되고 있었다. 즉, 퇴계학파는 남명학파에 대비하여 상대적 우월성을 확보했음에도 내부적 갈등과 긴장 관계가 조성되면서 경쟁력의 약화 현상이 불가피했고, 이런 흐름은 趙穆 · 柳成龍 등 계문고제의 사망과 함께 더욱 가속화 된 측면이 있었다.

鄭逑 · 張顯光을 종사로 하는 寒旅學脈은 퇴계학파의 본거지인 안동 · 예안권의 학문적 공백을 메우고, 정치사회적 외풍 속에 영락의 길을 걸었던 남명학파의 학문적 자양분을 수렴 · 유지하려는 학문적 방향성을 갖고 출범한 학맥으로 규정할 수 있다. 종전까지 한국의 사상사가 주로 지리산[南冥] · 청량산[退溪] · 금오산[冶隱] · 자옥산[晦齋] 등 산문화를 중심으로 논의되었다면, 한려학맥은 洛東江이라는 물을 삶의 지향과

사유의 방향을 결정하는 자연·인문지리적 환경으로 삼았다는 점에서 차별성이 있었다. 한려학맥은 안동에서 김해에 이르는 낙동강 유역 전반을 포괄하고 있고, 그 중에서도 인동·칠곡·대구·성주 등 낙동강 중류지대를 중심으로 포진하고 있어 '洛中學'의 틀에서 바라보는 시각도 존재하는데, 경청할만한 견해라 생각한다.

한려학맥의 학문적 특성은 다양한 관점에서 진단할 수 있다. 특히 地志 및 文獻 편찬에 나타난 實事·實用性은 한려학 특수성의 근원적 출발점이 된다는 점에서 보다 정밀한 연구가 지속적으로 진행되어야 할 것이다. 퇴계·남명학이라는 영남학의 보편성을 수렴하면서도 특수성을 지녔던 한려학맥이 조선후기 영남학의 주류 학문으로 발전하지 못한 것은 영남유학사의 큰 흠결로 남는다. 寒旅是非로 일컬어지는 연원시비가 두 학 맥의 분절을 초래한 것은 본질에 대한 비본질의 용렬한 개입으로 규정할 수 있으며, 그 결과 영남학은 '實用의 능동성'을 상실하고 退溪學의 理論成 또는 元形成에 집착하는 퇴행성을 노정하고 말았던 것이다. 17세기 후반 이후 갈암학파의 영남지역 학문권력화는 학봉⇨갈암학맥의 학문적 수월성을 드러내는 징표일 수는 있지만 그것이 영남학의 충분한 수렴과는 거리가 멀다. 한려학맥의 단절은 영남학 스펙트럼의 극심한 축소로 이어졌다는 점에서 역사적 맹성의 대상으로 남는다.

석전 광주이씨 가문과 근기 남인의 제휴

이 근 호

석전 광주이씨 가문과 근기 남인의 제휴

이 근 호

1. 머리말

조선의 붕당은 학연學緣과 함께 지연地緣을 바탕으로 형성되었다는 특징을 갖는다. 예를 들어 동인의 경우 영남과 호남, 근기 지역을 중심으로, 여기에 퇴계와 남명·화담 학맥의 인물들이 참여하였다. 동인이 이후 남인과 북인으로 분화되면서 남인은 퇴계 학통이라는 정체성을 바탕으로 대부분은 영남과 근기 지역을 지역 기반으로 하여 형성되었다. 인조반정 이후 중앙 정치권력은 반정을 주도한 서인 중심으로 운영되는 가운데 정치적 필요에 의해서 남인 계열의 일부 인물이 참여하였다. 소수 세력으로 존재하던 남인은 '영남嶺南'과 '경남京南'과 같이 그들이 딛고 있는 재지적 기반에 따라 분류되기도 하였으나, 양측은 지속적인 교류를 통해 당파적 결속을 강화하거나 정치적 입지를 확대해갔다. 이 결과 숙종대 전반기에 일시적으로나마 정치권력을 장악하기도 하였다.

한편 이 시기 정치권력의 획득 과정에는 사림공론士林公論의 향배가 중요시되었다. 17세기 중반 이후 중앙 정치권력과 연계되어 지방의 서원이 남설화濫設化되는 경향은 이를 반영한 결과였다. 이 점은 한때나마 중앙의 정치권력을 주도하였던 근기 남인의 입장에서도 예외는 아니다. 또 영남 남인의 입장에서 중앙의 근기 남인은 중앙 정치 진출에 발판이 되었을 것임도 자명하다. 두 지역 남인의 상보적相補的 관계는 비단 정치권력의 획득에 한정되는 것은 아니다. 양측의 인적네트워크 구축을 전제로 정치적 제휴와 함께 자신들의 학문적, 정책적 입장이 상호 교류되었다고 하겠다.

이 글은 성주 칠곡을 재지적 기반으로 한 광주이씨 이원정 가문을 중심으로 양측의 이같은 제휴 양상을 살피기 위해 준비되었다. 다만 그 중심은 17세기 중반 이후 이원정과 이담명이 중심이 될 것이다. 이 글에서 다루고자 하는 석전 광주이씨에 대해서는 지금까지 정치사와 경제사 등 다양한 측면에서 검토되었다. 또한 광주이씨와 근기 남인과의 교류 양상에 대해서도 일부 연구가 진행된 바 있다.1) 이 글은 기존의 선행 연구를 바탕으로 광주이씨와 근기 남인의 제휴 관계를 해명하되, 광주이씨와 근기 남인과의 관계에 초점을 두어 이들의 정치적 역할이나 국정 운영의 방향성 등에 대해 서술하고자 한다.

1) 석전 광주이씨와 근기 남인과의 교류에 대해서는 이수건. 1990. 「조선 후기 '영남'과 '경남'의 제휴」. 『민족사의 전개와 그 문화-이우성교수정년퇴직기념논총』(상)((1995. 『영남학파의 형성과 전개』. 일조각. 재수록); 정호훈. 2007. 「17세기 李元禎·李聃命 父子의 정치 기반과 활동」. 『조선의 명가 불굴과 휼민의 정치 광주이씨』. 서울역사박물관; 이근호. 2007. 「17세기 후반 이담명 · 이한명의 정치활동과 경세론」. 『조선 후기 당쟁과 광주이씨』. 지식산업사; 김학수. 2009. 「칠곡 광주이씨 이원정가의 정치적 위상과 학문적 성격」. 『2009 한국학연구원 추계 기획학술대회』. 계명대 한국학연구원 등이 참고된다.

2. 혼인과 교류를 통한 인적네트워크 구축

주지하듯이 광주이씨 이원정 가문의 선대는 본래 서울과 근기 지역을 기반으로 활동하였다. 16세기 중반 이지李摯가 영천최씨의 부인을 맞이한 것을 계기로 성주에 거주하기 시작하였으며, 성주에서 칠곡이 나뉘면서 칠곡에 거주하기 시작하였다. 칠곡을 재지기반으로 한 광주이씨 이원정 가문은 인조 연간 이윤우李潤雨를 필두로 중앙 정치에 참여하게 되어, 이후 이도장→이원정→이담명·이한명 등으로 이어지면서 영남 남인을 대표하는 가문으로서의 위상을 갖게 되었다.[2)]

이런 점은 각자의 개인적 역량과 함께 한강寒岡의 적전嫡傳으로도 말해지는 이윤우의 존재, 나아가 한강의 학맥을 계승한 근기 남인의 영수領袖 허목許穆과의 관련성도 그 배경이 되었을 것이다. 따라서 이 시기 광주이씨에 대한 검토는 한강 학맥의 동향을 이해하는 주요한 지표이다. 광주이씨의 위상을 제고시키는 데는 이와 함께 근기 남인들과 혼인을 통한 인적 교류도 주요한 요인이었다. 당대 사회에서 처가妻家와 외가外家의 위상은 당사자의 위상을 제고하는 기준이 되는 요소[3)]임은 물론이고 정치나 사회적 활동의 기반이 될 것임은 자명하다.

이원정 가문의 혼맥에서 일단 주목되는 가계는 안동김씨 김시양金時讓 가계이다. 김시양은 선조 33년(1605) 정시庭試에 급제한 뒤 선조대 후반

2) 이와 관련해서 이담명은 이윤우 이하 이도장, 이원정, 이한명 등이 史官을 역임한 사실을 특서하면서 "至君(李漢命 : 필자)四世翰苑 國朝以來所未有"(李聃命. 『靜齋集』 卷6. 「仲弟校理墓誌銘」)이라고 하거나 "自祖考參議公(李潤雨 : 필자)考應敎公(李道長 : 필자)至先人(李元禎 : 필자)三世入翰苑 世所僅有"(같은 책, 卷 行狀, 「先考行蹟」)라 표현한 바 있다. 인조대 이후 영남남인으로서 지속적으로 중앙에 진출한 사례는 필자가 과문한 탓이지만 거의 확인되지 않는다. 따라서 광주이씨의 이같은 모습은 家格의 提高로 이어졌을 것이다.

3) 柳壽垣. 『迂書』 卷2. 「論門閥之弊」. "則同生之中 其所行世 反以外家而懸隔 又有甚於此者 同生之間 亦有以妻家之高下而行世懸隔者".

에는 승정원 주서를 지냈고,[4] 광해군 2년(1610) 전라도 도사 재직시에 향시를 주관하면서 "신하가 임금 보기를 원수같이 한다〔臣視君如仇讐〕"를 시제試製로 냈다가 당시 집권 세력인 대북大北세력으로부터 공격을 받고 유배 생활을 하였다. 인조반정 이후 김시양은 묘당에서 유사儒士로서 장제將材가 있다고 하여 심기원沈器遠, 이성구李聖求 등과 함께 추천을 받기도 하였고,[5] 이괄의 난 직후에는 관서 지역의 인심 수습을 위해 도체찰사로 임명된 이원익의 종사관으로 차출되기도 하였다.[6] 이후 청직淸職인 헌납과 교리 등을 거쳐 이조좌랑을 역임하였고 평안도 관찰사와 경상도 관찰사, 한성부 판윤을 비롯해 호조판서와 병조판서 등을 역임하였다.

김시양은 이원익이나 심희수, 이항복 등과 함께 반정공신인 김류의 후원[7]을 받았으며, 장재將材 뿐 아니라 전고典故에도 매우 해박한 것이 당대 제일이라는 평가를 받기도 하였다. 조정내 집권 세력의 이같은 평가와는 달리 그가 관찰사를 지냈던 영남 지역 일부 인사들의 부정적 인식도 없지는 않았다.[8] 그럼에도 불구하고 당시 조정 내에서 김시양의 정치적 입지는 사위인 이도장이나 외손인 이원정 등의 정치적 활동에 적지 않은 영향을 끼쳤을 것으로 보인다.

---

4) 이하 김시양에 대해서는 조경의 신도비문(趙絅. 『龍洲遺稿』. 권20. 신도비 「判中樞府事荷潭金公神道碑銘」)를 주로 참고하였다.

5) 『인조실록』 권3. 1년 11월 7일(계해).

6) 『인조실록』 권4. 2년 1월 24일(기묘).

7) 『인조실록』 권25. 9년 11월 22일(신묘).

8) 예를 들어 김시양이 경상감사에 제수되었다는 소식을 전해들은 계암 김령은 자신의 일기에 "우리 道는 하늘이 돕지 않는다고 할 만하다"고 기록한 바 있다(『계암일록』 1626년 7월 3일). 김령의 『계암일록』 곳곳에는 김시양에 대해서 부정적인 기록이 산견되는데, 대개는 김시양이 정권에 협력하면서 영남을 鎭壓하려는 입장에 동조하였기 때문이었다. 실제로 실록에 따르면 김시양이 경상감사에 제수된 것은 영남 민심의 진압을 위한 것이었다(『인조실록』 권13, 4년 윤6월 24일(갑자) 및 같은 책 7월 22일(임자)).

김시양은 당대 대표적인 남인계 가문과 혼인으로 연결되었다. 김시양의 사위로 광주이씨 이도장 뿐 아니고 여흥민씨 민점閔點이 확인된다. 민점의 생부는 대사헌을 역임한 민응협閔應協이고 양부는 승지를 역임한 민응회閔應恢이다. 민점은 숙종대 남인 정권에서 좌의정을 역임한 민희閔熙와 우의정을 역임한 민암閔黯과는 형제간이다. 민점을 비롯해 민희 등은 당대 남인 세력의 영수인 허적許積의 후원을 받던 인물이다.[9] 민점의 아들로 승지를 역임한 민종도閔宗道 등이 확인되는데, 민종도 역시 숙종조 남인 정권의 핵심적인 위치에서 활동하던 인물이었다. 민종도와 이원정은 이종지간이다.

김시양과 함께 주목되는 가계는 이담명의 처가인 전주이씨 이석규李碩揆 가문이다. 이석규는 잘 알려진 지봉 이수광의 손자로, 부친은 인조대 영의정을 지낸 이성구李聖求이다. 이성구는 서인이 주도한 인조반정 이후 남인으로서는 처음으로 발탁되어 정승을 지내기도 하였다. 효종대 영의정을 역임한 이시백李時白은 이성구를 평하여, "상(인조-필자)이 발탁하여 삼공이 된 사람 가운데서 인물을 논하자면 공을 첫째로 쳐야 한다"고 하였다.[10] 이성구의 아들로, 이담명에게 처백숙부가 되는 인물로는 이상규李尙揆·이동규李同揆·이당규李堂揆·이태규李台揆 등이 있었다. 이들 가운데 이동규나 이당규 등은 숙종 전반 남인이 집권할 당시 중추적인 역할을 하였고, 이담명과 매제가 되는 이현기·이현석·이현령 등이 이 무렵 조정에서 활동하였다.[11] 광주이씨 이원정 가문은 전주이씨

9) 『숙종실록』 권9. 6년 6월 14일(신미).

10) 許穆. 『記言別集』 권23. 丘墓文. 「李相國墓誌銘」.

11) 『숙종실록』 권4. 1년 6월 4일(신유). 이상 전주이씨에 대해서는 이근호. 2011. 앞의 논문. 293~295쪽. 한편 흔히 숙종 초반 남인의 분화를 설명할 때 탁남과 청남으로 설명되고 있다. 필자 역시도 이런 관점에서 이 시기 남인들을 분류한 바 있다. 다만, 전주이씨 이수광 가문의 경우 이동규와 이당규가 숙종 초 남인이 청남과 탁남으로 분화될 때 이동규는 청남 계열에, 이당규는 탁남 계열에서 활동했다고 하며, 이담명의 경우나 성호의 부친인 이하진의

를 매개로 해서 무안박씨 박정朴涏, 창녕성씨 성준成儁, 여산송씨 송정규宋廷奎, 남원윤씨 윤의제尹義濟와 연결되었는데, 윤의제의 부친은 윤휴이다. 아래의 가계도에서 제시하지는 못했으나, 윤휴는 또한 이담명의 숙부인 이원록李元祿의 손자 이세용李世鎔의 장인이다. 한편 이원정의 동생인 이원록의 경우 처가가 광산이씨 이명구인데, 이명구는 남인의 영수

〈圖-1 廣州李氏와 近畿南人 주요 가문의 連婚圖〉13)

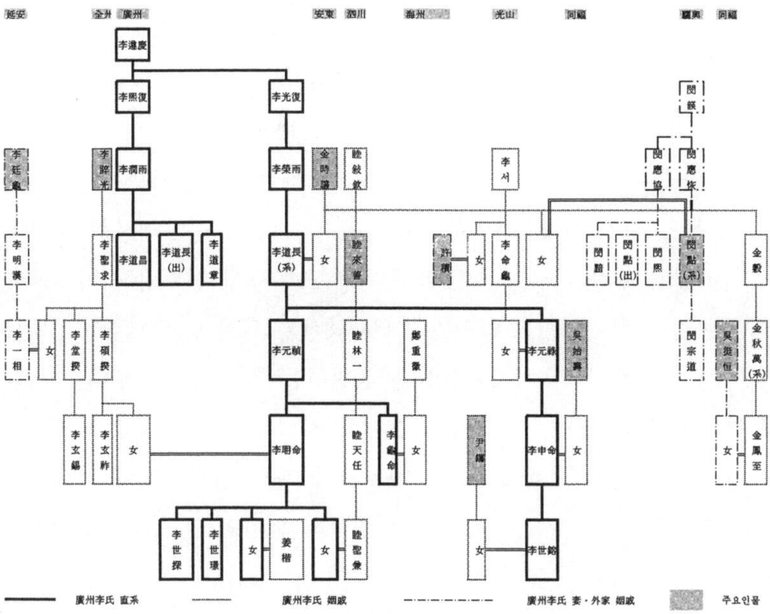

예(이근호. 2011. 「매산 이하진의 정치운영론」. 『성호학보』 9. 성호학회)를 놓고 본다면 양자가 명확하게 분류될 수 있을까 하는 의문이 든다. 탁남과 청남의 분화를 직접적으로 거론하고 있는 『숙종실록』 기사(『숙종실록』 권4, 1년 6월 4일(신유)) 등은 혹시 후대에 남인 세력의 분화가 반영되어 실록에 기록된 것이 아닐까 한다. 물론 기존 연구에 따르면 당시 정권에 참여했던 남인들의 구성이 多岐하여 입장 차이가 있었던 것으로 보이지만(고영진. 1994. 「17세기 후반 근기 남인학자의 사상 : 윤휴, 허목, 허적을 중심으로」. 『역사와 현실』 13. 한국역사연구회), 이에 대해서는 충분한 검토가 필요하겠다.

허적의 처남이다.[12)]

이밖에 광주이씨와의 혼맥으로 주목되는 근기 남인 계열로 이구명의 처가인 해주정씨 정중휘 가문과 이담명의 사위인 사천목씨 목성겸 가문이다. 정중휘는 중종반정 공신인 해평부원군 정미수鄭眉壽의 후손으로, 도승지를 역임하였다. 정중휘의 동생인 정중만의 처는 인평대군의 딸로, 숙종초 남인 정권의 핵심에 있던 이른바 삼복三福인 복창군福昌君·복선군福善君·복평군福平君은 처남이 된다. 해주정씨 정중휘 가문은 역시 같은 남인 계열인 전주이씨 이원익 가문과 혼맥을 맺고 있기도 하다.

이담명의 사위 중 한 명인 목성겸은 숙종대 남인의 대표적인 인물인 목내선의 증손자이다. 목내선은 허목의 문인이자 허적의 우익으로[14)] 말해지며, 숙종대 남인 정권에서 그 역할은 새삼 강조할 필요가 없다. 목내선의 아들인 목임일은 남인 정권에서 대사헌을 역임하였으나 갑술환국 후 서인 정권 하에서 절도에 안치되기도 하였다. 목내선의 손자 목천임은 영조 초반 경종에 있었던 목호룡 고변사에 연루되어 이중환李重煥 등과 함께 처벌되기도 하였다. 이런 양상은 당시 남인 내에서 사천목씨 목내선 가문이 차지하는 위상을 대변하는 것으로 생각된다. 이밖에도 광주이씨는 역시 남인 내에서 중요한 정치적 위치를 점하고 있던 동복 오씨와도 혼맥을 맺고 있다. 이원록의 아들 이신명의 처가가 동복오씨 오시수 가문[15)]이고, 이원정과 이원록의 외가인 안동김씨 김시양 가문과도 인척을 맺고 있음이 확인이 된다.

---

12) 허적과 광주이씨와의 관련성은 비단 이 뿐만이 아니라 허적의 학통도 한강 학맥에 연결되고 있다(김학수. 2009. 앞의 논문. 80~81쪽).

13) 위 가계도는 『廣州李氏大同譜』(1988). 『璿源續譜(太宗大王子孫錄 敬寧君派)』(장서각 K2-1135). 『萬姓大同譜』를 참고하여 정리한 것이다.

14) 『숙종실록』 권2. 1년 1월 28일(정해).

15) 숙종 초 남인이 정국을 주도할 때 그 핵심에 三福이 있으며, 오시수는 삼복과 인척이다. 이하 주 40) 참조.

이렇게 본다면 광주이씨는 17세기 후반~18세기 전반 사이에 당시 근기 남인계의 핵심 가문인 안동김씨 김시양 가문, 전주이씨 이성구 가문을 비롯해 해주정씨 정중휘 가문, 사천목씨 목내선 가문, 동복 오씨 오시수 가문 등과 혼맥을 맺고 있다. 그리고 이들을 통해 여흥민씨 민희 가문, 전주이씨 이원익 가문, 남원윤씨 윤휴 등과 연결되었다. 이런 가세는 당시 남인 내에서 광주이씨 이원정 가문이 차지하는 위상을 반영하는 것이라 하겠다.

한편 이원정과 이담명의 문집에는 다수의 제문이나 만사 등이 수록되어 있다. 제문이나 만사는 지극히 개인적인 자료이기에 연구 자료로써 제한적이라는 한계는 있으나 양인의 인적 교류 범위를 파악하는 데 활용할 수 있지 않을까 한다. 이원정의 문집인 『귀암집』의 권1에는 이원정이 타인에게 제공한 만사挽詞 60편이 수록되었고, 권11에는 이원정 사후 타인에게서 받은 만사 112편이 수록되었다. 한편 이담명의 문집인 『정재집靜齋集』에는 이담명이 타인에게 제공한 만사 11편과 이담명 사후 타인으로부터 받은 만사나 제문 등 30여 편 수록되었다. 일단 양자와 관련해서 수수한 문서의 양에서 상당한 차이를 보이는 점이 주목된다. 이 점은 이담명의 사후 광주이씨 가문에 대한 집권세력의 지속적인 견제가 주요한 이유가 아닐까 판단된다. 반면 이원정의 생전이나 사후 시기에는 여전히 집권 남인에서 정치적 역할을 수행하고 있었기에 상대적으로 다량의 문자들이 판단된다.

이원정이 생전에 작성한 만사와 사후에 타인에게 받은 제문을 보면 상당수가 근기 지역 출신 인물에 해당되는 점이 주목된다. 이원정이 생전에 작성한 만사의 대상자는 평생우平生友라고 한 배세안裵世安이나 도신수都愼修를 비롯해 동향同鄉 인물인 송희宋曦, 사마시 동방同榜인 이광규李光圭, 이원정이 서울 동쪽에 새로 지은 집 근처의 이웃에 살던 이하신

李夏臣, 사생교의死生交誼하던 오정항吳挺恒, 삼세三世의 인연과 혼인 관계가 있던 이석규李碩揆 등 다양한 관계가 있던 인물들이다. 선군先君의 동방同榜인 강릉최씨 최문활崔文活에 대해서도 만사를 작성하였다.[16] 만사 작성 대상자들을 지역적으로 보면 나주나씨 나진羅袗과 같이 전라도 나주 출신 인물을 비롯해 전의이씨 이운근李雲根의 경우처럼 충청도 충주 출신 인물들이 포함되어 있다. 이밖에도 지역적으로 보면 경상도 대구 출신의 곽의창郭宜昌이나 도신수, 상주 출신의 유원지柳元之, 여효주呂孝周, 정도응鄭道應 등, 인동 출신의 장학張㬰과 장해나 칠곡 출신 등이 확인된다. 그러나 만사 작성 대상자의 상당수는 근기 지역 출신 인물들이다. 앞서 언급한 오정항이나 이석규를 비롯해 목성선睦性善, 복녕군福寧君 이욱李栯, 정석鄭晳 등이 이에 해당된다. 이원정과 근기 지역 인사들과의 관계를 확인할 수 있는 부분이다. 근기 지역 인사들과의 관계는 이원정 사후에 받은 제문에서 수적인 우세를 보여 약 50% 정도가 근기 지역에 집중된다. 경상도의 경우도 앞서 언급한 지역 이외에 안동 출신의 금섬琴暹, 김세흠金世欽, 김여건金汝鍵을 비롯해 영천의 송광벽宋光璧, 영해의 나학천羅學川이나 이현일李玄逸, 예천의 권두인權斗寅이나 김해일金海一 등과 같이 지역적으로 확대되고 있는 점이 주목된다. 이점은 광주이씨 가문의 차원에서 본다면 교류 범위가 확대되고 있는 점을 반영하는 것이다. 그러나 그 의미는 여기서 그치지 않고 석전 광주이씨의 학문적 연원인 한강 학맥의 지역적 확산으로 이해하는 것도 무리는 아닐 것이다.

석전 광주이씨의 17세기~18세기 초반 혼맥과 인적네트워크는 당시 영남 남인에서 드문 양상으로 판단되며, 후술하듯이 이원정과 이담명이

---

16) 이상 찬자인 이원정과 만사 대상자인 인물들과 관련성은 『歸巖集』 권1, 詩에 수록된 만사를 참고하였다.

영남의 사론을 주도할 수 있게 한 사회적 배경이라 하겠다. 더구나 17세기 전반 이황 사후에 뚜렷한 구심점을 찾고 있지 못한 안동권을 대신해서 한강을 포함한 한려학파寒旅學派가 퇴계 학맥을 주도할 수 있었던 것은[17] 이 같은 광주이씨의 인적네트워크가 일면 중요한 역할을 하였다고 보인다.

3. 정치적 동반자로서의 제휴

선조대 중반 이후 모습을 드러내기 시작한 남인 세력은 17세기 전반까지는 영남 남인이 중심이 되었다. 당시까지 영남 남인은 재경 관인과 재향 사림을 다수 확보한 상태였다. 반면 남인 중 근기 지역을 기반으로 하는 근기 남인은 아직 독자성을 드러내지 않았다. 그러나 인조반정 이후 서인의 장기 집권 과정에서 영남 남인이 거의 배제되면서, '영남' 세력은 근기 남인과의 제휴가 필요하게 되었다.[18] 인조반정 이후 근기 남인 계열의 이원익, 이수광 등이 재조在朝에서 활동하는 과정에서 정경세나 장현광 등이 입조한 것은 그 하나의 예라 하겠다. 인조반정 이후 재야세력이고 소수세력이었던 남인이 최종적으로 정치권력을 장악하기 위해서는 불가피한 일이었다. 이 글에서 대상으로 하는 광주이씨 이원정과 근기 남인과의 제휴는 그 한 사례라 하겠다.

이원정과 근기 남인의 제휴는 인조와 효종 연간 서인측에서 제기한 이이와 성혼의 문묘종사 저지를 위한 정치 운동 과정에서 이루어졌다.

---

17) 정순우. 2004. 「조선 후기 성주, 칠곡 지역 사족의 성립과정과 변화 양상」. 『남명학파와 영남우도의 사림』. 예문서원. 438쪽.

18) 이수건. 1990. 앞의 논문(일조각. 1995 재수록. 422~423쪽).

당시 이원정은 출사 이전으로 유생의 입장에서 이에 참여하였다. 인조 13년(1635) 5월 관학 유생 송시형宋時瑩 등 270여 명이 연명상소에서 이이와 성혼의 문묘종사를 제기한 바 있다.[19] 당시 송시형 등의 연명상소는 아마도 서인내 의견 수렴을 거쳐 제출된 것은 아닌 듯 하다. 해당 사실에 대해 "시형 등은 시세時勢도 헤아려보지 않고 노유老儒에게 자문도 구하지 않은 채 부질없이 소회를 개진하였다"라는 사론史論을 통해서 서인 내의 분위기를 짐작해볼 수 있다. 다만 이들의 상소는 성균관 유생 가운데 서인 자제들이 중심이 되어 관학 유생 합의하에 제출된 것이므로 집권세력과 무관하게 제출되었다고는 볼 수 없다. 인조반정 후 서서히 집권기반을 구축하는 와중에 서인들은 자신들의 학문적·정치적 정통성을 위해 선조대에 죄를 입었던 성혼이나 정철 등의 복관과 함께 자파 선사先師들의 문묘종사를 추진하였던 것이다.[20]

서인 측 송시형 등의 주장에 대해 남인 측에서는 채진후蔡振後를 소두로 하여 이를 반대하는 상소를 제출하였다.[21] 남인 측의 상소는 유생 채진후의 주도하에 오부학당 가운데 동학東學에 모여 이 사안에 대한 반대의견을 담은 소장을 올렸다. 연명상소에는 남인 유생 57여 명이 참여하였고, 배후에는 이민구李敏求가 있었던 것으로 알려졌다.[22] 상소에 참여한 남인 측 인원의 전모를 파악하기가 쉽지는 않지만 오정일吳挺一[23],

---

19) 『인조실록』 권31. 13년 5월 11일(경신).

20) 오수창. 1985. 「인조대 정치세력의 동향」. 『한국사론』 13. 서울대 국사학과(2003. 『개정판 조선시대 정치사의 재조명』. 태학사. 재수록. 127~130쪽).

21) 이 과정에 대해서는, 朴鼎賢. 『凝川日錄』7 乙亥年 5월조 및 許穆. 『記言』別集 卷18. 丘墓文. 『權師傅(蹟)墓碣銘』. 『燃藜室記述』別集 3卷 祀典典故 등을 참고하였다. 소두인 채진후는 영조말~정조대 남인의 영수인 채제공의 5대조이다(이근호. 2006. 「채제공의 가계에 대한 검토」. 『성호학보』 2. 성호학회 참조).

22) 趙翼. 『浦渚集』. 「浦渚年譜」 卷1. 毅宗皇帝8年.

23) 許穆. 『記言別集』 권16. 丘墓文. 「吳判書神道碑銘」.

권적權蹟[24], 심광수沈光洙[25] 등이 확인된다. 채진후 등은 이 상소에서 이이의 사직소와 선조가 성혼의 죄를 책한 전교를 들어 이들의 문묘종사가 부적합하다고 하였다. 즉 이이가 1568년(선조 1) 올린 사직소를 들어 이교異教에 물들었다고 하였으며, 성혼에 대해서는 임진왜란 때 선조가 몽진을 하는데도 달려오지 않았고 대가가 거처를 지나가는 날에도 배알하지 않았다는 점 등이었다.[26] 채진후 등의 상소에 대해 인조는 "문성공 이이 등의 종사를 청하는 것은 너무도 참람되고 외람되다."라는 비답을 내려 채진후 등의 입장을 옹호하는 듯한 입장을 보였다. 이런 인조의 입장은 서인세력의 확대와 독주를 견제하기 위한 인조의 의도에서 나온 것이었다.[27]

이이와 성혼의 문묘종사는 이후 인조 연간 조야에서 논란이 되며 양측의 공방이 계속되었다. 그리고 그 논의는 효종대로 이어졌다. 효종이 즉위하던 해인 즉위년(1649) 11월 서인 측 태학생 홍위洪葳 등 수 백명이 다시 이 문제를 제기하자, 다음 해인 효종 1년(1650) 2월 경상도 유생 유직柳稷 등 900여 명이 연명으로 반대하는 상소를 올렸다. 이원정은 이때 연명에 참여하였는데, 유직 등이 상소를 올리는 과정에서 이원정에게 색장色掌의 역할을 맡아주기를 바라는 의견이 있었다. 이와 관련해서 이담명은 그 과정을 기록으로 남겨놓았는데, 이에 따르면 유직이 상소를 올리던 때 영남 내의 사론은 이원정을 색장色掌으로 삼고자 했으나, 안동 진사 남형회南亨會가 이원정을 가리켜 "세상에 소용이 있는 원대한 그릇〔需世遠器〕"인데 이 일로 영고永錮할 수 없다며 자신이 색장의

24) 許穆. 『記言別集』 권18. 丘墓文. 「權師傅墓碣銘」.
25) 『燃藜室記述』. 別集 권3 祀典典故. 「李珥成渾從祀議」.
26) 『인조실록』 권31. 13년 5월 11일(경신).
27) 오수창. 앞의 논문(앞의 책 130쪽).

임무를 자임했다고 한다. 남형회는 결국 이 일로 성균관에서 삭적削籍됨은 물론 정거停擧되어 종신동안 폐고 되었다고 한다.[28] 남형회는 월천 조목의 문하 김중청金中淸의 문인으로, 김중청의 문집 『구전집』의 1차 편집을 했던 인물이다.[29] 남형회가 맡았던 색장의 역할은 아마도 제소製疏의 역할이었던 것으로 보인다.[30] 이런 사실은 당대 영남 사림 사회 내에서 차지하는 이원정의 위상을 그대로 드러낸다고 하겠다.

출사 이전부터 이원정은 도내 사림들의 신망을 배경으로 사림 사회에서 중요한 위치를 차지하였으며 출사 이후까지 이어졌다. 현종 8년(1667) 유학 황연黃壖이 상소하여 송준길宋浚吉과 송시열宋時烈을 거론하며 "중외가 다 귀의"하였으나 실시하는 일이 여망에 부응하지 않고 논의가 맞지 않으며 색목色目에 따라서 일처리를 한다며 양인을 비난하였다. 아울러 황연은 남인 계열의 인물인 조경趙絅이나 허목許穆, 윤휴尹鑴, 홍우원洪宇遠, 권시權諰 등이 세상에 버림받았음을 안타까워하였다.[31] 황연은 이 상소로 인해 정거停擧되었다. 황연은 영남인으로, 후에는 서울로 이사를 해서는 경화사족-남인계로 추정-들과 교류하며 "정승 자리를 차지하려고 도모했다"[32]고 까지 평가되는 인물이다. 당시 서인들 사이에서는 황연의 상소 배후로 이원정이 지목되었으며,[33] 이런 의식이 서인들이 편찬을 주관한 『현종개수실록』에 반영되어 "이원정의 패거리가 상이 사류들의 의논을 싫어하는 것을 보고 사이를 벌려놓고자 황연으로

28) 이담명. 『정재집』 권5. 「記聞見」.

29) 『(해제)구전집』(한국국학진흥원 유교넷, http://www.ugyo.net(20140529))

30) 『계암일록』에 따르면, 당시 소회에서 남형회가 지은 상소를 채택하였다고 한다. 남형회가 맡았던 역할은 제소의 임무였음을 알 수 있다(『계암일록』 1613년 11월 15일).

31) 『현종개수실록』 권16. 8년 2월 29일(갑술).

32) 宋時烈. 『宋子大全』 권2 詩. 七言絶句. 「示疇孫仍寄諸友」.

33) 이 점과 관련해서 이담명은 다음과 같이 기술하였다. "丁未春 邃躋嘉善階 時柳世哲·黃壖李碩馥等禮論疏連至 用事者意公指 積謗銷骨"(이담명. 『정재집』 권6. 行狀. 「先考行蹟」).

하여금 소를 올리게 하여 헛소리를 꾸며 상이 놀라 동요하게 하였으나 다행히 상이 통촉하여 엄한 말로 기각하였다"라고 기록되었다.

이원정은 이후 현종 15년(1674) 갑인예송 과정에서 서인 세력에게 결정적 타격을 가한 도신징都愼徵의 의례관련 상소에도 개입한 바 있다. 도신징의 의례 상소는 서인의 오례誤禮를 지적한 것으로 이 상소는 현종 말~숙종 초 서인에서 남인으로 당국자가 교체되는 결정적인 계기가 되었다. 도신징의 상소에 대해 당시 실록의 사관은, 도신징이 다른 일로 상소하려 서울로 들어왔다가 이원정을 만나게 되고, 당초 복제服制의 일로 남을 시켜 신소申訴하려 하던 이원정이 이를 도신징이 담당하도록 하였다고 이원정의 사주설로 기록하였다.[34] 그러나 이 시기 도신징의 상소를 이원정의 사주에 의한 것만으로는 볼 수 없다. 도신징의 경우 그 선대가 퇴계→한강으로 이어지는 학맥을 갖고 있으며, 그 역시 향촌에 있으면서 당시 남인을 대표하던 윤휴, 민희, 윤선도, 남천한, 이하진 등과 교류한 사실로 본다면 영남 사림사회에서 그가 차지하는 위상도 적지 않았다고 보인다.[35] 단, 실록의 기록을 통해서 비추어본다면 이원정의 역할도 일정 부분 있었던 것이라 하겠다.

도신징의 상소를 계기로 상복에 대한 논의가 본격화되었으며, 서인측 영의정 김수홍이 춘천에 부처되었고,[36] 판부사 송시열은 서울로 올라오던 중 죽산 경내에서 병이 위독하다는 이유로 머물렀다.[37] 그리고 복상卜相을 통해 허적이 영의정에 제수되었다.[38] 이어 윤선도의 손자인 윤이

34) 『숙종실록』 권3. 1년 3월 28일(병술).
35) 도신징에 대해서는, 이재. 2009.「조선후기 죽헌 도신징의 의례소와 국정변통론」.『조선후기 사림의 현실인식과 정국운영론』. 집문당을 참고함.
36) 『현종실록』 권22. 15년 7월 16일(무인).
37) 『현종실록』 권22. 15년 7월 25일(정해).
38) 『현종실록』 권22. 15년 7월 26일(무자).

후尹爾厚가 조부가 제출했다 폐기된 상소와 조부의 저작인 예설을 올렸다.[39] 결과적으로 도신징의 상소는 남인 세력의 정치적 입지를 강화시켜주는 역할을 하였고, 이를 계기로 이원정은 숙종 초반 남인의 맹주격인 상복三福과 체결되었다.[40] 숙종 초 정권을 장악한 남인은 위로는 삼복을 맹주盟主로 하여 허목과 윤휴, 허적 등을 영수로 운영되었으며, 이런 궁중과 부중의 세력을 중간에서 연결시키던 인물이 오정창吳挺昌이었다. 그리고 중간 그룹으로 오정위를 비롯해 오시수, 이무, 조사기, 이수경과 민희, 김휘, 민점, 목내선, 심재, 이관징, 이당규 등이 형성되었고, 전위 그룹으로는 장응일과 남천한, 이서우, 오시복, 유명천, 목창명, 유하익 등이 활동하였다.[41] 당시 이원정은 비록 "밖에 있지만 시의時議를 멀리서 주장하여 허목과 윤휴의 성원聲援" 역할을 자임하였던 것이다. 이러던 차에 삼복과의 밀착은 권력의 핵으로 들어가는 과정이라 하겠다.

숙종 즉위 후 정권을 주도하게 된 남인의 입장에서는 서인 세력의 일소가 필요하였다. 이에 부응하여 숙종 즉위년(1674) 9월 곽세건郭世楗의 상소가 제출되었다. 곽세건은 이미 효종의 천릉遷陵 문제가 제기되었을 때부터 두 차례 정도 상소를 제출하려고 하였으나 성사되지 못한 것으로 말해진다.[42] 그러다 숙종 즉위년에 비로소 상소가 입납入納되었는데, 이 상소에서는 예송 과정에서 제시된 송시열의 입장을 공격하며 송시열이 현종의 지문誌文을 작성하는 것은 옳지 못하다고 비난하였다. 곽세건이 앞서 제출하려고 했던 상소는 정확하지 않으나, 마지막 숙종 즉위년

39) 『현종실록』 권22. 15년 8월 4일(을미).
40) 『숙종실록』 권3. 1년 4월 10일(무술).
41) 『숙종실록』 권4. 1년 6월 4일(신유).
42) 曺兢燮. 『巖西集』 권30. 墓碣銘. 「通訓大夫行益山郡守郭公墓碣銘[癸亥]」. "時 有寧陵遷奉之事 國言方藉藉咎宋相 而未敢發 公於是 草疏數千言 極論山陵服制二事 時烈有專擅遂非之罪 而滿朝含默壅蔽 使殿下不悟 疏再上 政院却不納"

에 올린 상소에는 이원정이 개입한 것으로 말해진다.[43] 곽세건의 상소는 송시열을 정면적으로 공격한다는 면에서 주목되는 상소이다.

숙종 즉위 이후 남인들의 정치적 입장이 강화되고는 있으나 권력을 공고화하기 위해서는 해결해야할 산적한 사안이 있었다. 이와 관련해서 당시 실록에서는 모두 10가지를 나열하였는데, ① 자전慈殿의 뜻을 돌리기 어렵고, ② 청풍부원군淸風府院君은 제어하기 어렵고, ③ 좌상左相은 제거除去하기 어렵고, ④ 병조판서兵曹判書는 움직이기 어렵고, ⑤ 영상領相은 믿기 어렵고, ⑥ 소북小北은 단합團合하기 어렵고, ⑦ 태학太學은 뺏기 어렵고, ⑧ 두 민씨閔氏는 제거하기 어렵고, ⑨ 우尤, 즉 송시열宋時烈의 명성은 가리기 어렵고, ⑩ 문형文衡은 얻기 어렵다는 것이었다.[44] 이런 상황에서 송시열을 정면에서 공격하는 것은 앞서 제시한 ⑨번의 문제를 넘어서 서인들 전체를 공멸시킬 수 있는 문제 제기였다. 곽세건의 상소 이후에 결국 송시열의 파직과 유배, 고묘론으로 까지 이어지는 공세를 보면 남인 측 정치 공세의 지향이 어디에 있는 가를 알 수 있는 부분이다. 이원정의 경우 이런 점을 간파하고 곽세건을 통해서 그 시작을 열었다는 점에서 이후 남인 정권의 정착에 중요한 역할을 하고 있음을 알 수 있다. 이원정은 이밖에도 이웃 고을 사람인 노헌盧灦과 고을 사람인 이잠李潛의 상소에도 개입했던 것으로 말해진다.[45]

이원정의 역할은 비단 영남의 사론을 규합하는 데 그치지 않았다. 이원정은 조정의 여론을 움직이는 데도 중요한 위치에 있었다. 이와 관련해서는 윤휴가 숙종 5년(1679) 3월 이원정에게 보낸 서신에서 일면이 확인된다.

43) 『숙종실록』 권4. 1년 9월 23일(무신).
44) 위와 같음.
45) 『숙종실록』 권6. 3년 7월 26일(신축).

제가 성 밖에서 도망을 쳐 여기까지 오느라 미처 작별도 못하고 왔기에 지금 그쪽을 바라보고 한탄만 하고 있습니다. 요즘 대감 체후는 어떻습니까? 시사(時事)가 이렇게까지 되었으니 나라가 전복될 조짐이 이미 나타난 것입니다. 어떻게 해야 좋단 말입니까. 영상(領相) 집안일은 매우 불행한 일이었는데, 처음 듣고서는 놀라고 당혹도 했었으나 두 번째 영상 서한을 받고서는 그러한 사실도 없이 그러한 누명만 썼다는 것을 알았습니다. **세도가 번복되는 기미가 실로 이런 데서도 보이건만 제공들은 데면데면하면서 누구 하나 힘을 내어 주상께 말하는 자도 없습니다. 이때 대감이 분별 있는 한 말씀 올려서 주상의 마음을 깨치도록 해야 하지 않겠습니까.** 요즘 근거가 없는 말들이 길에 떠돌다가 그것이 금중(禁中)으로 흘러 들어가면 그때 가서 곁에서 슬쩍 한 마디 거들어가지고 사람을 중상모략하는 것이 바로 간교한 무리들이 써먹는 덫이고 세상이 이 때문에 위태위태한 것입니다. 대감께서도 아마 이미 알고 계시겠지요. 이만 줄이겠습니다.[46)]

위 서신에서 윤휴는 당시의 시사時事가 여의치 않음을 지적한 뒤에, 영의정 허적의 일을 언급하면서 허적과 서신 교환 끝에 누명을 썻다는 사실을 알게 되었다고 하였다. 따라서 이에 대한 적극적인 해명이 있어야 하지만 어느 누구도 언급하지 않으니, 이원정이 "분별있는 말씀"을 올려주기를 청하였다. 윤휴가 지적한 허적과 관련된 일은 숙종 5년(1679) 2월 남구만이 제기한 허적의 서자 허견許堅이 이동귀李東龜의 딸이자 서억만徐億萬의 아내인 이차옥李次玉을 빼앗은 일[47)]을 말하는 것으로 보인다.

당시 이 일은 사건이 발고된 지 약 10여일이 지난 3월 3일 판의금부사 오시수吳始壽가 주도한 심문 과정에서 포도청에서의 혹독한 형벌로

46) 尹鑴. 『白湖全書』 권15. 書. 「與李士徵 元禎」(기미년 3월).
47) 『숙종실록』 권8. 5년 2월 30일(을미).

거짓 자백을 했다고 하여 반옥反獄이 되었다.[48] 그럼에도 허적은 혐의를 받게 되었는데, 윤휴는 이로 인해 좌불안석이 된 허적을 거론하며 이를 신구하는 발언을 해줄 것을 요청한 것이다. 이원정은 당시 호조판서에 제수되어[49] 재직하고 있는 상태였는데, 윤휴가 이같은 부탁을 하고 있던 것이다. 단, 이원정이 윤휴의 청탁을 받고 상소나 차자, 혹은 면대 등을 통해서 이 사건을 언급하였는지는 확인되지 않는다. 이원정의 중앙 정치에서의 역할은 이외에도 중요 상소의 초고를 작성해주는 역할을 했던 것으로 보이는데, 이는 여론의 향배에 대한 방향타가 이원정에게서 나오는 것으로 볼 수 있겠다.[50] 이원정은 이밖에도 숙종 1년(1675) 7월 우승지 장응일張應一이 상소를 올려 역시 송시열을 비난한 바 있는데, 이 상소도 이원정이 개입하여 작성된 것으로 이해하였다.[51] 또한 대사헌 재직시에는 동료인 집의 이석관李碩寬, 장령 김성구金聲久, 유하겸兪夏謙과 지평 신학申學·배정휘裵正徽 등과 함께 당시 남인의 1차 제거 대상자인 송시열과 민정중·민유중·이숙·이익李翊·이선 등에 제거에도 주력하였다.

이상 이원정의 정치적 역할은 이후 아들인 이담명이 계승하여 조정의 주론자로 활동하였다.[52] 이담명은 조정내 중요 사안에 대한 여론을 좌지우지하는 것으로 보인다. 그 예가 숙종 15년(1689) 윤3월 28일에 전례 없는 판서 등의 연명상소이다. 숙종 15년 윤3월 28일 예조판서 민암을 비롯해 이조판서 심재, 호조판서 권대재, 병조판서 윤심 등 당시 조정의 남인 가운데 재상급 관료들 20명 이상이 연명상소를 올렸다.[53] 숙

48) 『숙종실록』 권5. 5년 3월 4일(기해). 같은 책 3월 9일(갑진), 같은 책 3월 10일(을사).
49) 『숙종실록』 권7. 4년 12월 25일(을축).
50) 『숙종실록』 권3. 1년 4월 9일(정유).
51) 『숙종실록』 권4. 1년 7월 5일(신묘).
52) 이하 이담명의 정치적 역할에 대해서는 이근호. 2011. 앞의 논문을 참고함.

종에 대해 "오늘 처분 내리신 것은 경중에 적당함을 잃었다"고 하여 남인들의 서운함을 전하는 것으로 시작된 상소는 주로 김수항과 송시열의 처벌에 대한 내용을 담고 있었다. 이 상소에서 민암 등은 김수항이 김익훈 등과 모의하여 화를 꾸민 것, 대신을 모함하여 죽인 것, 임금의 동정을 엿본 것 등의 죄가 있으므로 반드시 죽여야 한다고 주장하였다. 송시열이 전후에 죄를 범한 것은 장심將心, 곧 반역하는 마음이라고 하고, 송시열을 "악하기가 김안로와 같고, 죄가 정인홍과 같다"며 죽여야 한다고 하였다. 이어 "나라 사람들이 모두 죽여야 한다고 말하면 임금이라도 또한 굳이 이 말을 거부하지 못하는 것"이라며 다시 한 번 국왕을 핍박하였고, 결국 김수항이 사사되었다. 이에 대해 사관史官은 재상들의 연명상소는 조선조 이래 처음 있었던 일이라고 하면서, 이를 주도한 인물이 이담명이라고 하였다. 즉 이담명이 아버지의 원수를 갚기 위해 민암 등을 움직여 이같은 상소를 올리게 하였다는 것이다.

이 밖에도 같은 해 9월 1일에는 경상도 진사 이원백이 상소하여 민정중의 죄를 물었다.54) 이 상소에서 이원백은 당시 조정을 "겁이 많고 나약하여 차라리 임금을 배반할지언정 나라를 그르치는 간얼奸孼은 배반하지 않으려고 하고, 차라리 공론을 저버릴지언정 선비를 죽인 흉적은 저버리고자 아니 한다"고 비판하였다. 또한 나라 사람이 민정중이 있는 것만 알고 국가가 있음을 알지 못하여, 오랫동안 민정중이 상벌과 생살의 권한을 가지고 농단하였다고 하면서 그를 진나라 양후穰候와 한나라 양기梁冀에 빗대어 사사를 주장하였다. 그런데 이원백은 이담명의 "사주를 받은 자"였다.

---

53) 『숙종실록』 권20. 15년 윤3월 28일(을축).
54) 『숙종실록』 권21. 15년 9월 1일(갑오).

민정중의 처벌에 대해 당시 남인 안에서도 이견이 있었다.[55] 우참찬 민종도와 교리 유세명柳世鳴은 처벌에 대해 강경한 입장을 보인 반면, 민암과 판윤 이우정, 예조판서 유명천, 이조참판 권유를 비롯해 목내선 등은 저절로 목숨이 끊어지게 기다리자는 입장이었다. 그리고 이봉징, 정유악 등은 자신의 입장을 분명히 드러내 보이지 않은 상황이었다. 이담명은 민종도 등과 함께 민정중의 처벌에 대해 강경한 입장을 보였다. 그는 "민정중은 나라의 큰 악인이니 어찌 홀로 신의 사사로운 원수뿐이겠습니까? 김석주·김수항의 화도 오히려 특히 심함에 이르지 아니하였는데, 민정중이 오게 되면서는 한층 더하였고, 허적과 윤휴를 죽일 적에 김수항이 민정중의 말과 표정에 따라 하였으니, 민정중의 죄는 김수항보다 더 합니다."[56]라고 하였다. 이담명은 김수항의 죄보다 민정중의 죄가 더 크므로 당연히 사사하여야 한다는 입장을 보였다. 이처럼 재상의 연명상소나 이원백의 상소 등을 통해서 보듯이 당시 이담명은 남인의 공론을 주도하고 있었다. 굳이 말한다면 주론자의 위치에서 남인의 당론을 주도하였다는 것이다.[57]

4. 학문 및 현실 인식의 공유

석전 광주이씨의 학맥은 한강 정구를 연원으로 한다. 이원정에게 종조부가 되는 이윤우, 부친인 이도장이 모두 한강의 제자이다. 이런 상황

55) 『숙종실록』 권21. 15년 10월 22일(을유).
56) 위와 같음.
57) 이담명. 『정재집』 권8. 附錄 行狀. 이와 관련해서 갑술환국 이후 남인을 처벌하는 과정에서 이담명에 대해 지난 시기 "主張論議"하였다고 비난한 바 있다.

에서 이원정의 아들인 이담명[58]과 동생 이원록이 연천에 은거하던 허목許穆의 문하에 들어가 학문을 배웠다. 다만 현재로써 이담명 등이 허목의 문하에 출입하면서 이루어진 학문적 교류 양상이나 내용을 밝히는 데는 자료적 한계가 있다. 따라서 이 문제에 대한 검토는 현실 문제에 대한 인식의 공감대 형성이라는 차원을 통해서 살펴보고자 한다.

이를 해명하고자 할 때 주목되는 것이 당시 가장 심각한 민폐로 지적되는 양역良役 문제에 대한 것이다. 이담명은 양역 문제의 심각성에 대해, 양반층을 비롯해 서얼층이 양역 부담에서 제외된 상태에서 각 군문이 양역을 책정하다 보니 한 집의 응역자가 4~5인에 이르게 되었다고 하였다.[59] 이러한 원인 파악은 이담명만의 독특한 것은 아니며, 당시 양역 문제를 거론한 대부분의 논자들이 지적한 점이었다. 이 같은 양역 문제와 관련해서 많은 논자들이 대책을 언급하였는데,[60] 윤휴는 "균부평요均賦平徭"의 원칙 아래 호포론을 제시하였다. 호포론이란 인정人丁을 단위로 부과하던 양역을, 인정과 관련 없는 호戶에 부과하여 일정량의 포를 징수하자는 논의였다.

이담명의 스승인 허목은 윤휴가 제시한 호포론에 반대하였다. 허목은 호포론을 시행하게 되면 예의와 구법전장舊法典章이 문란해진다는 점과, 반대 여론이 너무 크고 거세다는 이유를 들어 반대하였다. 전자의 경우는 조정의 백관으로부터 일반 백성들에 이르기까지 호로 편성하여 포를 내게 하면 위계상의 문란이 생기게 되며, 이는 결국 주자학에서 말하는

58) 이런 연고로 숙종 초 허목이 연천에 은거할 때 국왕에게 동문들과 함께 그를 초치하라는 건의를 올리기도 하였다(『숙종실록』 권7, 4년 윤3월 5일(을사). 당시 이담명과 동문으로 조야에서 활동하던 인물은 대사간 權瑎, 정언 嚴緝, 교리 南益熏, 수찬 閔就道 등을 비롯해 유생인 趙九輅, 李潞, 李允修 등이 있었다.

59) 『승정원일기』 340책. 숙종 16년 3월 21일(임자).

60) 조선 후기 양역변통론에 대해서는 정만조. 1997. 「양역변통론의 추이」. 『한국사』 32. 국사편찬위원회에 정리된 바를 참고하였다.

명분과 강상의 문란으로 이어지게 된다는 이유에서 였다. 후자의 경우는 관인이나 유자를 비롯해 서얼에서 상승하여 양반 대열에 끼려고 하는 만과 출신자들, 업유나 업무의 사족 자손과 제학諸學의 생도나 교생 등 실로 지배계층 전체가 반대하는 호포론을 시행하기란 쉽지 않다는 것이었다.[61]

호포론에 대해서는 이원정과 이담명 모두 반대하였다. 이원정은 고금의 상황이 다르고 사족 자제를 단속하기 어렵다는 이유로 반대하였다.[62] 이담명은 조선에는 전세·대동·신역을 들어 조租·용庸·조調가 있는데 지금 만약 신역에 대신해 호포를 납부하도록 하면 용庸은 없어지게 되고 양조兩調만 있게 된다며 반대의견을 피력하였다. 이담명의 견해는 호포를 시행하게 되면 조선조 조세체계 근간인 조용조 체계가 붕괴되면서 양조兩調가 된다는 것이었다.[63] 호포론을 반대하는 이담명은 양역변통론으로 수포론收布論과 군액감축론軍額減縮論을 제기하였다.[64]

현실 문제 및 대책에 대한 인식의 공감대는 양측이 지향하는 국정 운영 방향성의 공통성에서 유래한다. 이원정과 이담명이 구상한 국정 운영의 방향성은 무엇일까? 석전 광주이씨의 학문적 경향은 "실용적 학풍"으로 정의된 바 있으며, 이는 한강학맥의 공통적인 특징인 것으로 말해진다. 이도장과 이원정 부자가 대를 이어 편찬한 『경산지』는 그러한 학풍의 산물이었다.[65] 이원정은 실용적 학풍을 바탕으로 "시의時宜"에

61) 許穆의 戶布論 반대 입장에 대해서는 김준석. 1987. 「허목의 예악관과 존군비신론」. 『동방학지』 54 · 55 · 56합. 연세대 국학연구원(2003. 『조선후기 정지사상사 연구』. 시식산업사. 재수록. 88~92쪽)을 참고하였다.

62) 『숙종실록』 권2. 1년 1월 24일(계미).

63) 이담명. 『정재집』 권8. 附錄 行狀. 戊午 2월조.

64) 『승정원일기』 340책. 숙종 16년 3월 21일(임자). 이에 대해서는 이근호. 2007. 앞의 논문을 참고함.

65) 김학수. 2009. 앞의 논문. 85~86쪽.

따르는 각종 제도의 변통을 주장한 바 있다.[66] 그는 모친의 상제를 마치고 중앙으로 복귀한 직후 대사간에 제수된 뒤에 제출한 응지상소應旨上疏에서 당시의 해결해야 할 과제로 약 10여 개 조목을 거론한 바 있다. 훈련별대와 정초청의 혁파 등을 비롯해 체찰부의 혁파, 둔전에 호조에서 세를 거두어 지급하는 문제, 궁가와 아문의 염분 등을 호조로 귀속시키는 문제, 포목의 품질을 5승 35척으로 규정하는 문제, 영남에 대동법을 시행하는 문제 등이다.

당대 다양한 방면의 현안에 대해서 진술한 것으로, 모친상으로 향촌에서 우거하는 동안 백성들이 자신에게 그 불편을 진달한 것을 상소로 제출한 것이었다.[67] 상소를 접수한 숙종은 이를 비변사에 내려 논의케 하였는데, 이에 대해 권대운은 영의정의 출사를 기다려 의정議定하겠다고 하면서, 이원정의 의견이 옳은 논의이고 좋은 의견이라고 하면서도 "대단변통大段變通"에 관계되거나 "창행신법創行新法"이라며 이의 정책화를 주저하였다.[68] 이에 이원정은 문제점을 개혁하지 않고 구차하게 인순因循한다면 민원民怨을 어느 때에 해결할 수 있겠는가 라며 강한 불만을 표시한 바 있다.

이원정의 상소에서 몇 가지 주목되는 부분이 있다. 상소에서는 먼저 군역의 문제를 해결하기 위해 훈련별대 및 정초청 등의 군영을 혁파하자고 하였다. 이들 두 군영은 현종대에 새롭게 만들어지거나 강화된 군영으로, 당시는 양역변통이 제기되던 시기였는데 오히려 새롭게 군영이 재편되면서 양역 문제를 심각하게 했던 것이다.[69] 이원정의 주장은 결

66) 이원정. 『귀암집』 권3. 疏. 「大司諫應旨疏」. "以之爲國則可以當遵守而遵守 當變通而變通 趣舍適其宜矣".
67) 『승정원일기』 260책. 숙종 3년 5월 21일(병신).
68) 위와 같음.
69) 이근호. 1998. 「숙종대 중앙군영의 변화와 수도방위체제의 성립」. 『조선후기 수도방위체

국 군비를 감축하자는 주장이었다.

이밖에 상소에서 주목되는 것은 둔전을 호조에서 세稅로 지급하자는 안과 사복시가 관장하는 제도諸島를 호조에 귀속시키자는 안, 궁방의 염분과 어량을 호조에 귀속시키자는 안 등이다. 둔전이나 궁방전 등에서 경작지배耕作之輩들이 모리謀利하는 행위를 근절하기 위한 것이다.[70] 여기서 주목되는 것은 호조의 권한을 강화하려는 모습이다. 17세기 이래로 궁방전과 둔전이 점차 확대되고 있었다. 이는 결국 국가수세지의 축소로 이어지며 국가 재정을 압박하는 요인의 하나였다. 이에 대해 절수의 혁파 등이 지속적으로 제기되었다. 궁방의 염분과 어량 문제도 절수를 제한하려는 노력이 지속되었으며,[71] 이원정의 주장은 이런 연장선상에서 제기된 것으로 보인다. 다만 이런 가운데 호조를 강조하고 있음은 재정이나 경제적 문제를 국가의 공적 기관 중심으로 정비하려는 것이었다. 한편 이원정이 제시한 제도 개혁의 방향성은 이후에도 유효하였다. 일례로 영조 연간 균역법이 제정되면서 궁방의 염분과 어량이 국가로 귀속되었다.

이와 함께 영남에 대동법을 시행하자는 주장도 주목된다. 광해군 즉위년(1608)부터 시행되기 시작한 대동법은 강원도와 충청도, 전라도 해읍 등으로 점차 실시 지역이 확대되고 있었다. 그러나 영남의 경우만은 미처 시행되지 못한 상태였다. 이원정은 이런 점을 의식하고 "영남 백성의 부역이 다른 도보다 배나 무겁다"라며 영남에 대동법 시행을 요청하였던 것이다. 그리고 결국 이원정의 건의가 받아들여져 숙종 5년

제』. 서울학연구소.

70) 『승정원일기』 261책. 숙종 3년 8월 3일(정미).

71) 김의환. 1998. 「17, 18세기 염세정책의 변동」. 『조선시대사학보』 6. 조선시대사학회 ; 이욱. 2002. 『조선후기 염세정책 연구』. 고려대 박사논문.

(1679) 1결 당 13두로 책정되어 시행이 결정되었다.[72] 대동법은 "토지 수익에 따른 균등과세"라는 거대한 담론을 실천으로 옮긴 정책으로,[73] 시행 과정에서 선혜청이라는 별도의 기구를 두어 시장의 관리와 물류의 재분배를 실현해가고자 하였다.[74]

이렇게 본다면 이원정이 추구하는 제도 개혁의 방향은 바로 국가의 집권성 강화로 이어진다. 이와 관련해서 숙종 3년(1677) 5월 좌의정 권대운과 우의정 허목 등이 입시한 자리에서 언급한 대화가 주목된다. 당시 허목은 근래 정법政法이 세워지지 않고 체통體統이 엄하지 않아 "천위天威의 엄중〔天威嚴重〕"함이 미치지 못하는 바가 있을 까 두렵다고 당시의 현실을 개탄하였다. 이어 허목은 조정에 있는 신료들이 군상君上이 경외敬畏함을 알면 자연스럽게 직사職事에 대해 마음가짐과 행동을 조심할 것이지만 구습에 따라 우물쭈물하며 점차 거리낌이 없어지면 "임금은 임금답지 못하고 신하는 신하답지 못하게〔君不君而臣不臣〕"[75]될 것 같아 두렵다고 하며 평소 강조하던 "군덕존엄君德尊嚴"을 다시 한 번 강조하였다. 허목의 이같은 주장은 그가 구상한 경세론經世論의 귀결로, 이른바 '존군비신尊君卑臣'론論 의 연장이었다.[76] 같은 자리에 참석하였던 이원정은 허목이 언급한 "천위天威의 엄중〔天威嚴重〕"을 "인군당자위중지설人君當自威重之說"로 표현하면서 허목의 견해에 동조하였으며, 국강國綱의 해이를 거론하면서 회천回天을 강조하였다. 이원정의 주장은 결국 허목의 입장인 '존군비신'론에 대해 동조하는 모습이라 하겠다. 군주권

72) 김문택. 2011. 「숙종 대 이원정의 정치활동과 피화」. 『조선 후기 당쟁과 광주이씨』. 지식산업사. 269~270쪽.

73) 이정철. 2010. 『대동법, 조선최고의 개혁』. 역사비평사.

74) 최주희. 2013. 『조선후기 선혜청의 운영과 중앙재정구조의 변화』. 고려대 박사논문.

75) 『승정원일기』 260책. 숙종 3년 5월 19일(갑오).

76) 허목의 존군비신론에 대해서는 김준석. 앞의 논문(앞의 책, 2003) 참조.

의 강화에 대한 입장은 비단 허목 이외에도 윤휴 등이 구상한 바이며,[77] 앞서 정구가 구상한 "군주의 위상을 높게 잡고 군주의 권한을 강조한"[78] 경세론의 방향성과도 일치한다. 이원정의 이같은 방향성은 아들에게도 영향을 주어, 이담명 역시도 궁방전 절수의 금지를 주장하기도 하였다.

국정 운영 방향성에 대한 공감대의 위에서 양측은 정책 집행이나 결정 과정에 협조하였다. 이원정이나 이담명은 정책 결정의 권한을 갖고 있는 허적이나 민희, 민종도 등에게 서신을 보내 민원을 해결하려고 하였다. 예를 들어 효종 10년(1659) 이원정은 허적에게 서신을 보내, 가산산성에 유치된 환곡으로 인해 민폐의 해결을 부탁하였고,[79] 숙종 17년(1691) 관찰사 민희에게 서신을 보내 민폐가 되는 작미선운군作米船運軍을 유포留布로 변통하자고 주장하였다.[80] 이담명 역시 병조판서 민종도에게 서신을 보내 진휼을 위해 대동미를 본읍에 유치하게 해줄 것 등을 청한 바도 있다.[81]

현실 인식의 공유 모습은 숙종 3년(1677) 겨울, 한창 남인들이 정권을 장악하고 국정을 주도하던 상황에게 윤휴→오시수에게 전달한 서신에서 확인된다.

> 대감도 기왕 호조를 맡았으니, 조세를 균등히 하고 백성들이 편안하도록 해야 할 일이 바로 우리 덕이(德而, 오시수-필자)의 책임 아니겠습니까. 국정에 도움을 주는 좋은 말을 많이 하여 이 전복되어 가는 나라

77) 정호훈. 2004. 『조선후기 정치사상 연구』. 혜안.
78) 김무진. 2012. 「한강 정구의 현실 인식과 경세관」. 『한국학논집』 48. 계명대 한국학연구원. 244쪽.
79) 이원정. 『귀암집』 권5. 書. 「與許尙書」.
80) 이원정. 『귀암집』 권5. 書. 「與閔方伯暐如」.
81) 이담명. 『정재집』 권4. 書. 「與民兵判」.

를 우리 서로 협력해서 붙잡아야 하지 않겠습니까. 사징(士徵-이원정의 자; 필자) 영공이 이 일에 협력할 뜻을 가지고 있으니, 만약 대감까지 주장을 하고 나선다면 귀신의 장난이 없는 한 우리 백성들을 도탄 속에서 건져낼 수 있을 것이고 나아가 나라에 보답해야 하는 우리들의 책임도 조금은 메울 수 있을 것입니다.[82]

위에서 윤휴는 호조판서 오시수에게 "조세를 균등히 하고 백성들이 편안하도록 해야 할 일"은 모두의 책임을 강조하고 있다. 그러면서 한편으로는 이원정이 협력할 뜻이 있음을 언급하며 함께 백성을 도탄에서 건지자고 제안하였다. 당시 이들이 협력하려고 하는 사안을 현재로써는 구체적으로 알 수는 없으나 윤휴, 오시수, 이원정 등이 상호 협력해야 함을 역설한 부분으로써 의미가 있는 자료라 하겠다.

양자간의 긴밀한 협조는 숙종 1년(1675) 6월 이원정의 요청으로 경상도관찰사 정중휘가 성주에 독용산성을 축성하는 결과를 가져왔다. 독용산성은 산의 형세가 험해서 병란을 피하기 좋은 곳이라고 한다. 다만 이곳이 보장처堡障處인가에 대해서는 회의적인 의견이 있었다. 그러나 이원정이 요청하고, 경상도 관찰사 정중휘鄭重徽와 순무사 권대재權大載 등이 국왕에게 요청하여 축성을 하게되었다. 당시 실록에서 서인측 사관은 백성들이 기근에 시달리고 있는데 무리하게 정중휘와 권대재가 축성을 요청하였다고 비판한 바 있다.[83] 그러나 정중휘의 주도하에 축성이 시되되어 결국 준공을 보게 되었다.[84] 이를 당시 사관은 역시 이원정 개인이 피난하기 위해서 축성한 것이라 비난하였다. 이러한 사관들의 비판과는 달리 독용산성에 대해서는 이미 서인이 정국을 주도하던

82) 윤휴. 『백호전서』 권16. 書. 「答吳德而 始壽」.
83) 『숙종실록』 권4. 1년 6월 6일(계해).
84) 『숙종실록』 권4. 1년 10월 11일(을축).

인조 17년(1639) 대구의 공산산성公山山城과 함께 수비하기가 좋다고 하여 많은 사람들이 축성을 원한다는 지적이 제기되었다.[85] 이 사실은 산성에 한정되지만 근기 남인과 광주이씨와 상보적인 견지에서 추진된 결과물이라는 점에서 주목된다.

5. 맺음말

이상에서 17세기 중반 이후 석전 광주이씨 이원정 가문과 근기 남인 사이의 인적 제휴 관계를 비롯해 정치적, 정책적 측면에서 상보적인 입장으로 제휴하였음을 살펴보았다. 석전 광주이씨의 사회적, 정치적 활동의 배경에는 한강 정구의 적전이라는 이윤우와 관계, 한강의 학맥을 잇는 허목과의 관계 및 안동김씨 김시양 가계, 전주이씨 이수광 가계, 사천목씨 목내선 가계를 비롯해 허적이나 윤휴 등 당대 남인계의 대표적인 가문들과 혼인 등이 주요한 배경이 되었다. 이원정 등은 이를 배경으로 출사 이전부터 사림 사회에서 신망을 받았고 출사 이후에는 영남의 사론을 주도하며, 현종 15년 갑인예송에서 서인 세력에게 결정적인 타격을 가한 도신징의 의례 관련 상소나 숙종 즉위 직후 송시열을 전면적으로 공격한 곽세건의 상소 제출 과정에 개입했던 것으로 보인다. 이원정은 또한 조정의 여론을 움직이는 데도 중요한 위치에서 활동하였는데, 윤휴는 이점을 의식해 남인이 정치적 위기 상황에 처했을 때 이원정에게 자파의 입장을 대변해 주기를 권고하기도 하였다. 당대 실록 기사에 나타나는 각종 비판 기사는 반대로 이들의 정치적 비중을 입

85) 『승정원일기』 69책. 인조 17년 6월 19일(을사).

증하는 사례이다. 이원정의 정치적 역할은 이후 아들인 이담명에게로 이어져, 이담명 역시 남인 정권하에서 조정의 주론자 역할을 담당하기도 하였다. 이원정이나 이담명 등은 집권 세력인 남인의 정국 운영의 방향성을 설정하는 데 주도적인 역할을 한 것으로 판단된다. 광주이씨와 근기 남인의 제휴 관계는 비단 정치권력의 획득이나 운영에 그치지 않고 국정 운영 방향성에 대한 공감대를 바탕으로 서신 교환 등을 통해 각종 정책 결정과 집행 등을 공유하였다.

지금까지 언급한 광주이씨의 경우 효종조 이래 숙종 전반기까지 남인 세력 내 중심적인 위치에서 활약하였다. 이는 구심점을 찾지 못하던 한강 학맥이 안동권에 대신해서 퇴계 학맥의 중심적인 위치로 부상하게 되는 것과 일맥상통한다. 물론 학파 내부의 문제 등이 종합적으로 고려되어야 하겠으나 일단 한강 학맥의 부상에는 광주이씨 이원정 가문의 역할이 중요한 배경이 되었다고 하겠다. 중앙 정치에서 이들은 정쟁의 최전선에서 활동했다. 이런 이유로 환국 뒤에는 반대 세력으로부터 철저하게 응징이 이루어져 피해가 막심하였다. 더 이상의 정치적 재기가 쉽지 않았다. 서인 세력에 의한 집요한 견제 때문이었을 것으로 추정된다. 광주이씨 이원정 가문의 정치적 위축은 점차 영남 사림 내에서 한강 학맥의 위상이 약화되는 것과도 맥락을 같이하는 것이 아닐까? 이런 점에서 이원정 가문의 활동은 가문적인 차원에서 그치는 것이 아니고 일시적이나마 한강 학맥 전체를 확산시키는 데 역할을 했다고 하겠다.

백불암 최흥원 가문의 학풍과 실천지향의 삶

장 윤 수

백불암 최흥원 가문의 학풍과 실천지향의 삶

장 윤 수

1. 머리말

낙동강은 영남문화권 형성에 있어서 중요한 역할을 한다. 이 강은 영남의 중앙부를 관통하면서 그 본류의 전후와 좌우에서 흘러내리는 여러 물줄기를 합류시켜 한 도道로서의 통일성과 일체감을 가져다주며 특색 있는 문화권을 형성하는 것이다.[1] 그러므로 낙동강은 영남인들에게 있어서 '우리 강'이라는 의식을 갖게 하였고, 영남의 문화는 낙동강을 기준으로 하여 '좌도左道'와 '우도右道'로 나뉘게 된다. 주지하다시피 퇴계退溪가 거처하였던 안동安東을 중심으로 한 경북북부 지역을 일러 '영남좌도'라 하고, 남명南冥이 생활하였던 서부경남 지역을 '영남우도'라고 한다. 낙동강을 중심으로 한 좌도와 우도 지역의 학문적 연원과 특징에 대해서는 그동안 학계에서 충분한 연구성과를 축적하였다. 그렇지만 좌

1) 이수건. 1995. 『영남학파의 형성과 전개』. 일조각. 17쪽 참조.

도와 우도의 '간間-지역'인 대구와 그 인근지역의 학풍에 대해서는 크게 주목해오지 않았다.

우리는 여기에서 백불암 최흥원(1705~1786) 가문의 학풍과 실천지향의 삶에 대해 살펴보고자 한다. 백불암은 18세기 대구지역을 대표하는 학자 중 한 사람이다. 백불암의 가문은 파조派祖로 설정된 최단崔鄲의 3세손인 최맹연崔孟淵(생몰년도 미상, 세종 때의 인물로 추정됨) 이후로 600년 가까이 대구에서 살아 왔다.[2] 백불암 가문은 기록을 통해 선조들의 행적을 충실하게 전하였고, 대암臺巖 최동집崔東集(1586~1661) 이후 주손胄孫인 백불암 최흥원과 지헌止軒 최효술崔孝述(1786~1870)을 비롯하여 많은 후손들이 문집을 남겼으며, 그리고 이들은 서로 간에 강렬한 가학적家學的 정체감을 형성하였다. 특히 이 가문은 대구지역의 지식인 사회와 밀접한 연관을 맺고 있었으며, 이 지역의 학문적 특징을 강하게 유지하였다. 이러한 이유들 때문에 백불암 가문의 학풍과 삶의 특징에 대한 연구는 대구지역의 학풍을 살피는 대표성을 충분히 띠게 된다. 그리고 이 연구는 종래 한국유학 연구에서 소외되었던 영역에 대한 것으로서 향후 연구의 외연外延을 확충하는 계기가 될 수 있을 것이다.

백불암에 대한 선행연구는 1980년대부터 주목된다. 1990년 이전의 연구성과는 주로 부인동夫仁洞 동약洞約에 대한 것이었으며, 1990년 이후에는 동족(씨족)마을의 특성과 백불암 고택이 지니는 풍수지리적 측면에 대한 연구가 주류를 이루었는데,[3] 2001년 경북대학교 퇴계연구소의 기획특집 학술대회에서 비로소 문학 · 역사 · 철학을 아우르는 다양한 연구가 이루어지게 된다.[4] 최근 연구성과로서 주목할 만한 것은 백불암

2) 최언돈. 2010.「百弗庵 崔興遠의 夫仁洞 및 漆溪[옻골] 經營 規範 연구」. 영남대학교 대학원 한국학과 박사학위논문. 22쪽 참조.
3) 최언돈.「百弗庵 崔興遠의 夫仁洞 및 漆溪[옻골] 經營 規範 연구」. 4~5쪽 참조.

의 후손[최언돈崔彦惇]에 의해 발표된 박사학위논문[백불암 최흥원의 부인동 및 칠계[옻골] 경영 규범 연구]이다. 이것은 백불암 가문의 규범規範이 갖는 특징에 대해 다양한 방면에서 접근한 연구성과이다.

필자는 이 글에서 우선 백불암 가문의 사상적 연원을 밝힌 후에 성리사상의 특징을 이기론理氣論과 경론敬論으로 나누어 검토하려 한다. 그리고 백불암 가문의 실천적 삶을 논하면서 효제孝悌의 실천과 유가적 이상사회 건설을 위한 향약鄕約의 시행으로 구분하여 살펴보고자 한다. 무엇보다도 대암, 백불암, 지헌의 문집을 중심으로 하여 원전 자료를 충실하게 검토하고, 이들의 삶과 사상을 연속적인 측면에서 고찰하는 질적 연구를 수행하고자 한다. 특히 문집과 일기자료를 통해 생생한 사례를 발굴하고, 이를 통해 백불암 집안의 학풍이 일관성 있게 유지되고 결국 이러한 학풍이 대구지역 성리학의 특징임을 확인해보고자 한다.

2. 백불암 최흥원 가문의 사상적 연원

'대구'는 신라 이래로 고려왕조에서 조선왕조로 교체될 당시까지도 지방행정의 말단체계인 '현縣'으로 존재했다. 그러나 조선 초기부터 경상도의 중심부에 위치한 지리적 조건으로 인하여 교통과 군사적인 요충지로 그 중요성이 점차 부각되면서 그 영역이 확대되기 시작하였다. 마침내 1601년(선조 34년) 경상감영이 자리 잡으면서부터 경상도의 행정·

4) 당시 학술대회에서 필자 또한 「百弗庵 崔興遠 성리학적 삶과 사유」라는 제목으로 발표를 하였으며, 발표문은 『한국의 철학』 29호. (2001. 경북대학교 퇴계연구소)에 게재되었다. 그리고 이 발표문의 내용을 확충하고 백불암의 대표 門人들을 보완하여 「百弗庵 崔興遠과 18세기 대구지역 성리학에 관한 연구」(2004. 『철학연구』 90집. 대한철학회)를 발표하였다.

사법 · 군사의 중심지 역할을 수행하였으며, 이후 대구는 경상도의 중심 위치를 확고히 유지하게 되었다.[5] 그런데 학문 방면에서는 그에 걸맞은 명성을 쌓지 못했다. 대구지역에 성리학적 학풍이 뚜렷하게 자리 잡게 된 것은 임진왜란이 계기가 되었다. 당시 대구지역 사림士林에 의해 의병義兵이 조직되고 임란壬亂 이후 이들을 중심으로 학파學派가 이루어지고 지역 학계의 중심역할을 하게 된다. 이러한 분위기에서 한강寒岡 정구鄭逑(1543~1620)의 등장은 주목할 만하다.

퇴계학과 남명학의 학통을 모두 계승한 한강 정구는 김굉필金宏弼의 외증손外曾孫이기도 하다. 한강은 대구지역의 제자인 낙재樂齋 서사원徐思遠(1550~1615), 모당慕堂 손처눌孫處訥(1553~1634) 등에게 부탁하여, 1597년 정유재란 때 왜병의 방화로 소실된 도동서원道東書院을 재건토록 하였다. 그는 70세 되던 해인 1612년(광해군 4년)에 팔거현八莒縣 노곡蘆谷에 이거하였으며,[6] 1614년(광해군 6년) 정월에 노곡의 정사가 불타자 다시 사빈泗濱으로 이거하여 그곳에서 거주하다가 임종을 맞게 된다.[7] 말년에 한강은 대구의 연경서원硏經書院을 중심으로 제자들을 양성하였고, 이러한 연유로 대구지역의 많은 학자들이 한강의 제자이거나 그와 관련된 인물들이며, 특히 대구지역의 서원에 향사享祀된 인물들의 상당수가 한강에게서 수학한 제자들이다.

대구지역을 대표하는 가문의 하나인 백불암 최흥원의 가문 또한 한강과 긴밀한 관련을 맺고 있다. 최흥원의 5대조인 대암 최동집이 바로 한강의 문인이다. 대암은 회재晦齋 이언적李彦迪의 손자인 무첨당無忝堂 이

---

5) 대구 · 경북역사연구회. 2001. 『역사 속의 대구, 대구사람들』. 도서출판 중심. 150-6 참조.

6) 『寒岡年譜』 卷1. 辛亥年(1611년. 광해군 4) 참조. 이 글에서 漢文 原文은 반드시 필요한 경우가 아니면 생략함.

7) 『寒岡年譜』 卷1. 甲寅年(1614년. 광해군 6) 참조.

의윤李宜潤의 사위이다(『臺巖集』 卷4. 附錄: 家狀). 그리고 그는 아버지 최계崔誡(1567~1622)의 명에 의해 형[최동률崔東律]과 함께 한강의 문하에 나아갔다. 대암은 초년에 영산靈山 유해兪諧에게 수학하기도 했는데, 유해 또한 한강의 문인이다(『臺巖集』 卷4. 附錄: 家狀).

대암이 한강을 사모한 마음은 각별하였다. 그는 시詩를 통해서도 "가슴 속에 돋아난 띠풀은 제거하기 쉽지 않으나, 스승 따르던 처음 뜻 소홀할까 두렵구나. 학업 꾸준하지 못하면 그 유익함 무엇인가, 거처를 이곳으로 옮기지 못한 것 한스럽구나(『臺巖集』 卷1. 詩1: 泗上吟)."라고 하며 스승 한강을 그리워하였다. 그는 한강의 도학道學과 행의行誼가 퇴계학의 적통을 계승한 것으로 평가하였으며,[8] 또한 여헌旅軒 장현광張顯光(1554~1637)이 한강의 문인이라는 입장을 분명하게 밝힘으로써 후일 논란이 되었던 '한려시비寒旅是非'에 있어서 한 준거를 제공하고 있다.[9] 대암은 연경서원을 중건하고 퇴계의 위패를 제향토록 하는 일에도 적극 동참하였다(『臺巖集』 序. 정종로鄭宗魯의 글). 한강이 연경서원과 선사재仙査齋를 왕래하며 『소학』, 『대학』과 주요 성리서책性理書册들을 강학할 때에 고을의 이름난 유생들이 많이 모였는데 이 자리에 대암도 참석하였다. 그는 참석자들 중에서 가장 나이가 어렸으나 강학 내용에 크게 잘못됨이 없었다(『臺巖集』 卷4. 附錄: 家狀). 이러한 사실들은 대암의 학문적 역량과 당시 대구 사림士林에서의 그의 위상을 짐작케 하는 사례이다.

---

8) "庚申年 正月에 寒岡先生이 갑자기 후학들을 버려두고 돌아가시니 애통하기 그지없구나. 선생의 道學과 行義는 陶山의 嫡統을 전한 것으로 우리 道內의 사림들에게 은혜가 되기는 마치 가뭄을 겪은 곡식이 단비를 맞은 것과 같았다. 아버지의 명으로 형과 더불어 선생의 문하에 절 드리고 가르침을 청한 것이 벌써 10여 년이 되었구나."(『臺巖集』 卷2. 記: 曆中謾錄)

9) "〈旅軒은〉 젊은 나이에 寒岡의 문하에 들어서, 진실에 더욱 힘썼도다."(『臺巖集』 卷3. 祭文: 祭旅軒張先生文 첫 번째)

임진왜란 이후 대구지역 성리학계 부흥의 중심에 선 대표인물이 바로 낙재 서사원과 모당 손처눌이다. 이들은 전란 후의 사회적 혼란을 극복하기 위해서 무엇보다 예교禮敎의 진흥이 중요한 과제라고 생각하였다. 그러한 맥락에서 예교를 직접 담당하게 될 대구향교의 재건이 과제가 되었고, 또한 예론禮論이 주목되고 당시 많은 예서禮書가 출간되었다. 대구지역 학자들은 낙재와 모당을 중심으로 하여 선사재에서 흥학興學을 결의하고 강회講會를 여는 등 활발한 학술활동을 펼쳤다. 그리고 연경서원의 원규院規를 마련하고 이곳을 대구 사림의 강학장소로 삼았다. 연경서원이 중건되자 한강은 이곳에 퇴계 이황의 위패를 봉안하는 봉안문奉安文을 짓고 연경서원의 중수重修가 완료되었음을 알리는 고유문告由文을 찬하기도 했다.[10] 어쨌든 임진왜란 직후 대구 사림士林에는 한강의 영향을 받은 제자들이 많이 포진되어 있었고, 그 중에서도 낙재와 모당이 중심이 되어 강학과 교제에 힘썼다. 그런데 지역 성리학계의 중심인물인 낙재와 모당 양인兩人의 관계는 당시까지만 하더라도 상당히 우호적이었으나, 성주星州 유생들의 '한강寒岡 고변告變 사건'과 정인홍鄭仁弘의 '회퇴변척晦退辨斥 사건' 이후 두 사람과 그 문인門人들 간에 미묘한 갈등이 생겨나게 된다.

1610년(광해군 2년)에 성주지역 유생이던 박이립朴而立을 중심으로 한 선비 5,6인이 주동이 되어 한강이 도道가 아닌 말을 했다고 고변告變했다.[11] 이 일로 인해 한강은 큰 곤욕을 치루고 결국 이것이 계기가 되어 대구의 인근지역인 노곡으로 이거하게 된다. 그런데 한강을 신원하는 과정에서 대구지역 사림의 동향은 미묘한 입장 차이를 보이게 된다. 모

10) 김형수. 2006.「17세기 初 대구사림의 형성과 분화」.『역사교육논집』36집. 역사교육학회. 283쪽 참조.

11)『光海君日記』卷31. 光海君 2年 7月 辛未 참조.

당은 시종일관 이러한 일의 배후에 정인홍이 있다고 보고서 한강을 신원하고 정인홍을 비판하는 일에 적극 참여하였다. 그렇지만 낙재는 한강의 어려운 처지를 근심하기는 했으나 정인홍을 비판하는 일에 적극적인 태도를 보이지 않았다.[12] 이러한 입장 차이는 정인홍의 회퇴변척晦退辨斥 사건에 이르러 보다 큰 차이로 드러난다. 정인홍이 스승 조식曺植을 기리고, 반면 회재와 퇴계를 비판하게 되자 모당은 '반反' 정인홍의 입장을 분명히 하였고, 정치적으로는 남인南人의 입장을 표방했다. 반면 낙재를 비롯한 이 지역의 일부 학자들은 여전히 정인홍의 비판에 대해 미온적이었으며 남명학에 대해서도 모당에 비해 상당히 긍정적인 시각을 지니고 있었다.

이러한 일들과 관련하여 모당의 입장을 분명하게 보여주는 글이 바로 '부정척사문扶正斥邪文'이다. 그는 이 글에서 정인홍을 중국 역사에 등장하는 간신배에 비유하면서 극렬하게 비판하였다.[13] 그리고 모당은 정인홍을 공격하기 위한 소회疏會가 안동에서 열리자 대구지역에서 뜻을 같이 하는 학자들을 규합하여 참석하였는데, 여기에는 대암 형제도 함께 동행하였다.[14] 모당은 초년初年에 퇴계의 학통을 계승한 계동溪東 전경창全慶昌(1532~1585)의 문하에서 학문을 시작하였다. 이러한 연유로 그는 한강의 학맥도 '퇴계학맥'이라고 보았고 또한 그 스스로를 퇴계학파

12) 『慕堂日記』. 庚戌年(1610년. 광해 2). 11月 16日. "樂齋哀憊太甚, 朋友之憂爲如何哉, 夜議及先生事, 相與咨嗟者不一." 참조.

13) 『慕堂集』 卷3. 雜著 : 扶正斥邪文 참조.

14) 1611년(辛亥年)에 鄭仁弘이 상소문을 올린 일을 공박하기 위해 道疏의 모임을 安東에서 개최하였는데, 이 모임에 최동률과 최동집이 慕堂과 함께 참석했다. 그런데 『臺巖集』(卷4, 附錄: 孫慕堂日記)에서는 『慕堂日記』를 인용하며 동률과 동집이 참석했다고 하는데, 『慕堂日記』의 해당 부분에서는 崔氏(崔誡)의 두 아들이 참석했다고 되어 있다. 당시 이들 두 형제 외에 從兄弟인 崔東岦도 함께 참석하였다(『慕堂日記』 辛亥年 5月11-5日 條). 이 외에도 『慕堂集』 卷6, 附錄 : '年譜' 辛亥年(1611년, 光海3) ;卷3, 詩 : '辛亥五月向花山疏會……'에 관련 기록이 수록되어 있다.

로 강하게 인식하였다. 반면 낙재는 정구와 정인홍이 다같이 남명 문인이라고 인식하였고, 또한 그 자신이 김우옹金宇顒과 정구를 통해 남명학통을 계승했다고 생각하였던 듯하다. 이러한 입장 차이에서 정인홍 비판과 관련하여 낙재와 모당 양인 간에 이견異見이 발생했다. 그런데 주목할 것은 대암 형제[15]가 처음에는 낙재와 모당 모두의 문하에 나아갔으나, 남명 후학이 중심이 된 대북大北 정권 시절 이후로는 거의 모당의 문하에만 나아가게 된다는 사실이다. 우선 낙재 문하에서 강학講學한 기록을 살펴보자.

[樂齋 문하에서의 강학기록]

1604년(선조 37) : 최동집이 朱子書를 배우다
(『樂齋年譜』 卷1. 甲辰年. 12月)

1606년(선조 39) : 최동률이 講義에 참석하다
(『樂齋年譜』 卷1. 丙午年. 5月)

대암 형제는 낙재의 문하에 먼저 나아갔다. 그런데 1608년에 광해군이 왕위에 오른 이후로는 이들이 낙재에게서 배운 기록이 보이지 않는 반면, 모당과의 강학기록은 자주 보인다.

[慕堂 문하에서의 강학기록]

1607년(선조 40) : 최동률이 『論語』를 강하다
(『永慕堂通講諸子錄』. '최동률' 條)

1611년(광해 3) : 최동률, 최동집이 『春秋』를 강하다
(『永慕堂通講諸子錄』. '최동률' '최동집' 條)

1615년(광해 7) : 최동률, 최동집, 최동직이 읽은 글을 강하다

---

15) 臺巖은 모두 3형제인데, 東嵂(1585년), 東𡼏(1586년 출생), 東崮(1602년 출생)이다. 이 중 樂齋의 문하에는 동률과 동집이 나아갔고, 慕堂의 문하에는 3형제가 모두 나아갔다.

(『永慕堂通講諸子錄』. ‘최동률’ ‘최동집’ ‘최동직’ 條)

1619년(광해 11) : 최동률이 『近思錄』을 강하다
(『永慕堂通講諸子錄』. ‘최동률’ 條)

1625년(인조 3) : 최동집, 최동직이 『心經』을 강하다
(『永慕堂通講諸子錄』. ‘최동집’ ‘최동직’ 條)

1630년(인조 8) : 최동직이 動鶴庵에서 강하다
(『永慕堂通講諸子錄』. ‘최동직’ 條)

1632년(인조 10) : 최동직이 『心經』을 강하다
(『永慕堂通講諸子錄』. ‘최동직’ 條)

이러한 변화와 관련하여 대암의 아버지인 최계崔誡의 행적을 살펴볼 필요가 있다. 최계는 임진왜란 당시 초유사招諭使였던 학봉 김성일로부터 대구의병가장大邱義兵假將에 임명되었으며, 당시에 낙재 서사원은 소모관召募官으로 임명되었다(『樂齋日氣』. 萬曆 20년 壬辰年(1592년) 7月19日 條). 이들은 팔공산 아래에서 의병을 일으켜 공을 세웠는데, 최계는 전쟁이 끝난 후 선무2등공신에 책봉되고 곧이어 만경현령萬頃縣令이 되었으나 1609년(己酉年)에 교체되었다. 그는 선정을 베풀었으나 광해군이 즉위(1608년)하여 대북 정권이 들어서게 되자 관직에서 교체되었던 것이다.[16] 이 일이 계기가 되어 최계와 그 아들 형제는 대북정권에 강한 불만을 갖게 되고, 이후 철저하게 남인계열에 학문적 · 정치적 접맥을 하게 된 것으로 추측된다.

---

16) 遞職의 이유는 그가 武科 출신이라는 것과 관계가 있을 것으로 짐작된다(정진영. 2001. 「백불암 최흥원의 학문과 향약」. (『한국의 철학』 29호. 경북대학교 퇴계연구소. 66쪽 참조). 崔誡는 遞職되어 고향에 돌아온 후 가문의 분위기를 武에서 文으로 바꾸려는 뜻을 가지고 자식들에게 엄하게 공부를 시켰다(『百弗庵集』 卷8. 碑碣: 六代祖考縣令府君墓碣. “己酉年(1609년)에 遞職되어 돌아와서는 〈家風을〉 武에서 文으로 바꾸려는 뜻을 가지고 여러 아들들을 엄격하게 공부시켰다.” 부분 참조).

백불암 가문의 문헌에는 북인 정권에 대한 불만을 여러 곳에서 피력하고 있다. 비슷한 기록이 많지만 가장 대표적인 내용 하나를 예로 들어보면, "최계가 서울에 있을 때에 두 아들(최동률, 최동집)의 명성이 높았는데, 당시 권력가이던 이이첨李爾瞻이 두 아들을 보고 싶다는 말을 전해왔다. 이에 최계는 아들들에게 병을 핑계하여 만남을 사양하고 곧바로 귀향토록 하였다(『百弗庵集』 卷8. 碑碣: 六代祖考縣令府君墓碣)."는 기록이다. 그런데 『대암집臺巖集』에서는 "〈대암이〉 성균관에 유학할 때에 이이첨李爾瞻이 교유하자고 요청했으나 이를 뿌리치고 고향으로 돌아왔다(『臺巖集』 卷4. 附錄: 聾淵遺墟碑銘)."라고 기록되어 있다. 권력가의 교제 제의를 거절한 주체가 누구인가 하는 문제가 있지만, 어쨌든 대북 정권의 전횡에 반발하여 권세가를 멀리 한 것은 아버지와 아들의 뜻이 같았음을 알 수 있다.

최계와 대암 이후 후손들은 줄곧 퇴계를 존숭하고 그 학문을 사숙私淑하였으며, 대산大山 이상정李象靖(1711~1781)과 정재定齋 유치명柳致明(1777~1861)을 비롯한 경북 북부지역 퇴계학파의 주요학자들과 긴밀한 교류를 한다. 가장 대표적인 것이 대암의 6세손인 백불암 최흥원의 경우이다. 백불암은 스스로가 말하듯이 그의 학문이 자득自得의 공功이 크지만,[17] 그러나 분명한 사실은 그가 퇴계 이황을 존숭했으며 퇴계학을 따르고자 노력했다는 점, 그리고 퇴계학의 적전자嫡傳者로 평가받던 이상정과의 '긴밀한' 관계 등을 유추해 볼 때 그를 퇴계학파의 학자로 평가함에 크게 무리가 없을 것이다. 백불암 집안과 대산 집안의 긴밀한 교류는 대를 이어가며 지속된다. 백불암은 아들과 손자를 대산의 문하생으로 보내고, 대산 또한 자신의 아들을 백불암의 문인으로 보낸다. 그

17) 『百弗庵言行錄』 卷1. 年譜: 英宗大王元年乙巳(1726年) 3月 條.

리고 백불암의 후손들도 그 학문의 연원이 퇴계학에 닿아있다. 대표적인 경우가 백불암의 증손인 지헌 최효술이다. 그의 학문은 증조부인 백불암과 외조부 입재立齋 정종로鄭宗魯(1738~1816)로부터 연원하는데, 백불암과 입재의 학문이 모두 퇴계학에 근원을 두고 있기 때문에(『止軒集』 卷14. 附錄: 墓表) 결국 지헌의 학문연원도 퇴계학에 있다고 할 것이다.

이처럼 백불암 가문의 학자들은 직접 퇴계학파와 사제師弟의 연緣을 맺기도 하고, 백불암 자신의 경우처럼 특별한 사승 관계없이 개인적으로 퇴계학을 사숙한 경우도 있다. 그렇지만 이들은 대암 이후 그의 9세손인 지헌에 이르기까지 200년이 넘는 기간 동안 수미일관하게 퇴계를 존숭하고 그 학문을 계승하고자 노력하였다. 그렇지만 이들은 퇴계 사후死後 경북북부지역의 일부 학자들이 보여주는 고식적인 폐단[18]을 벗어나 실천 수양 위주의 건강한 학문 세계를 구축하였다는 점에서 보다 적극적인 평가를 얻을 수 있다.

3. 백불암 최흥원 가문의 성리사상

1) '理' 위주의 상호보완적 理氣論

조선시대 성리사상과 관련해서 오늘날 학계의 주목을 받는 부분은 이기론理氣論과 심성론心性論에 관한 이론적 내용들이다. 그렇기 때문에 이론적 부분, 특히 이기론理氣論에 대한 글이 많지 않은 학자들에 대해서는 인색하게 평가를 하는 경향이 강하다. 그런데 대구지역의 성리학자

18) 맹목적인 스승 추종, 居敬보다는 窮理에의 지나친 傾度 그리고 理氣論에 있어서 理에 대한 지나친 편중 등을 예로 들 수 있다.

들에게는 이기론의 논변이 많지 않다. 이 점은 백불암 가문의 경우에도 마찬가지다. 백불암 가문에서 순수하게 성리학적 이론에 관해 전문적인 저술을 남긴 학자는 거의 없다. 그렇지만 이들의 독서목록에 성리이론서가 포함되어 있고, 문집 곳곳에 상당한 수준의 성리이론이 포함되어 있다.

백불암은 22세(1726) 때에 신계新溪 이석李晳이 『태극도太極圖』, 『통서通書』, 『서명西銘』 등의 책을 읽어보기를 권하자, 이를 손수 베껴 쓰고 문을 닫아걸고 오로지 연구에만 전념한 적이 있다. 그는 후일 다른 사람들에게 자신의 공부에 대해 이렇게 피력한 적이 있다. "내가 처음 공부를 하면서 의심이 나고 어려운 곳에 부딪치게 되면 다른 사람들에게 질문을 하고 싶었으나, 이윽고 깊이 연구하고 완미玩味를 오래도록 하게 되면 문리文理가 저절로 통해지는 것을 깨닫게 되었다. 이로부터 스스로 생각해서 이루고자 하였고, 오히려 다른 사람들의 지시를 받을까 그것이 두려웠다."[19] 이 말을 통해 우리는 백불암 사상의 자득지미自得之味를 충분히 짐작할 수 있다.

백불암의 성리이론은 『백불암문집百弗庵文集』을 통해서는 거의 찾아볼 수 없으며, 다만 『백불암언행록百弗庵言行錄』에 기록된 제자들의 증언을 통해 그 개략적인 면모를 확인해 볼 수 있다. 필자는 선행연구에서 백불암의 이기론理氣論을 평하여 주리主理의 입장을 확고히 견지하면서도 이기理氣 관계를 상호보합적相互補合的인 관계로 이해한 합리적 이론이라고 주장한 바 있다.[20] 이제 선행연구에서 언급한 백불암 이기론의 특징을 간략하게 살펴보고, 이러한 주장을 보강하기 위해 그의 증손인 지헌

19) 『百弗庵言行錄』 卷1. 年譜: 英宗大王元年乙巳(1726年) 3月 條 참조.
20) 졸고. 「百弗庵 崔興遠과 18세기 대구지역 성리학에 관한 연구」. 345-7쪽 참조.

止軒의 이기론을 추가적으로 고찰하도록 한다. 그리고 이러한 작업을 통해 백불암과 지헌 두 사람의 이기론적 성리사상이 '이理중심의 호보론互補論'이라는 사실을 다시 한 번 강조하고자 한다.

먼저 이기선후론理氣先後論과 이기동정론理氣動靜論에 대한 백불암의 주요 이론을 살펴보자.

> 理와 氣의 先後 관계에 대해 〈백불암선생께〉 질문했더니, 답하기를 "朱子가 가로되, '본래 先後를 말할 수 없다. 그러나 그 所從來를 미루어 본다면 먼저 理가 있었다고 해야 할 것이다. 그렇지만 또한 〈氣와〉 별도로 理가 있는 것이 아니라, 기氣 가운데 존재하며, 氣가 없으면 理도 붙어 있을 곳이 없다'라고 하였으니, 이 한 조목을 마땅히 침잠해서 음미해야 할 것이다."라고 하였다. 또 "理는 행위가 없고 氣는 행위가 있다는 말은 어떤 것입니까?"하고 질문하였더니, 답하기를 "일찍이 大山 李象靖을 만났더니 가로되, '理는 活物이다. 비록 氣를 타고 動하고 靜하지만 그것이 발휘되는 오묘함은 곧 지극히 神妙한 작용일 따름이니, 행함이 없으면서도 행하고 主宰하지 않으면서도 主宰한다'라고 하니, 이것이 정확한 議論이다."라고 하였다(『百弗庵言行錄』 卷4. 講辨: 朴鼎洛).[21]

백불암은 또한 천지만물의 모든 변화가 리理의 오묘한 작용임을 더욱 강조하여 이렇게 말한다.

> "理가 氣를 떠나지 못한다고 하니, 까마득한 하늘 텅 빈 곳 어디에 理가 붙어 있겠습니까? 器物이나 用具같은 것에 이르러서는 그 자체가 사람이 만든 物品인데 또한 天理가 있겠습니까?"라고 〈백불암선생께〉 질문하였더니, 답하기를 "天地는 虛를 德으로 삼으니 지극히 善한 것은

---

21) 이 글에서 인용하는 『臺巖集』. 『百弗庵言行錄』. 『百弗庵集』. 『止軒集』의 원문 번역은 모두 '경주최씨칠계파종중'에서 간행한 국역문집을 참고하였다. 다만 의미가 분명하게 전달되지 않거나 문맥이 부자연스런 일부 문장의 경우에는 필자가 고쳐 번역하였다.

虛이고, 地上의 것은 모두 天氣일 따름이다. 그 天地 사이에 만물을 덮고 실으며 五氣가 순조롭게 펴지고 사계절이 교대로 운행되는 모든 것이 理의 오묘한 작용이다. 사람이 그 가운데 있으면서 氣를 호흡함이 물고기가 물에서 그 물을 삼키고 뱉는 것과 같으니, 어찌 까마득한 하늘에 氣가 이지러짐이 있어서 理가 붙을 곳이 없다고 할 수 있겠는가? 器物 · 用具 등과 같은 사물도 造化에 참여하고 돕는 한 부분이니, 만약 이치에 합당함이 이와 같지 않다면 사람이 어찌 만들어 낼 수 있겠는가"라고 하고, 또 말하시기를 "반드시 器物과 用具가 각각 그 適宜함을 알아야 비로소 '理'字의 의미를 알게 될 것이다."라고 하였다.(『百弗庵言行錄』 卷4. 講辨: 朴鼎洛)

그리고 백불암은 만물의 동일성은 이理의 개념으로 설명하고, 차별성은 기氣의 개념으로 설명하였다.

"사물에 대한 理의 관계를 냇물에 비친 달로 비유함이 있습니다. 그러나 모든 냇물에 비친 달은 다 같은 달인데 人性에는 같지 않음이 있으니 왜 그러합니까?"라고 〈백불암선생께〉 질문하였더니, 답하기를 "理가 어찌 같지 않은 적이 있었던가? 다만 氣에 차이가 있을 따름이다. 先儒는 냇물에 비친 달의 비유가 여전히 부족하다고 생각하였다. 그러나 이제 또한 달빛으로 비유하자면, 맑은 냇물과 흐린 냇물에 따라 비치는 바가 같지 아니하니, 다만 물로 인하여 그러한 것이다. 그러므로 물이 흐린 것을 맑게 하면 달빛이 저절로 완전하게 되니, 사람이 克己復禮를 하면 理가 저절로 완전해지는 것과 같다."라고 하였다(『百弗庵言行錄』 卷4. 講辨: 崔興東).

바로 위 인용문만 보면, 백불암의 이기理氣 관계를 '이체기용理體氣用'의 관계로 이해해도 좋을 듯하다. 그러나 백불암은 이기론을 이체기용으로 일방적으로 고정할 수 없다고 보고, 이理 또한 체體와 용用의 양면성을 갖고 있으며, 당연히 기氣도 체와 용의 측면을 갖는다고 보았다.

體와 用은 동일한 근원이다. 어떤 사람들은 朱子가 '理는 體이고 象은 用이다'라고 한 뜻풀이를 바꾸어서 '理는 體이고 氣는 用'이라고 한다. 그러나 理와 氣는 서로 좇아 體가 되고 서로 의지해서 用이 되니, 곧 주자朱子가 '象은 用'이라고 했을 때의 象도 또한 理로써 말한 것이니, 萬象의 이치가 이미 沖漠한 가운데 갖추어져 있기 때문이다(『百弗庵言行錄』 卷4. 講辨: 崔興璧).

> "사람이 모두 한 氣를 받고 태어났는데, 氣質에 서로 같지 않은 점이 있는 것은 왜 그렇습니까?"라고 〈백불암선생께〉 질문하였더니, 답하기를 "氣가 이미 陰陽으로 나뉘게 되면 그 氣에 淸·濁·剛·柔의 구분이 없을 수 없고, 陰陽이 五行으로 나뉘게 되면 生·克·旺·衰의 차이가 없을 수 없다. 대개 사람의 天稟에 木의 기氣가 적으면 慈愛로움이 부족하고, 金의 氣가 적으면 剛斷이 부족하다. 이로 미루어 본다면 氣質에 있어서 다양한 차이가 있는 것이 어찌 의심스럽겠는가."라고 하였다(『百弗庵言行錄』 卷4. 講辨: 崔興璧).

이理에도 체용體用이 있다는 백불암의 이론은 상당히 특색 있는 주장인데, 이러한 주장은 사실 퇴계의 이론에서도 확인할 수 있다.

주자는 일찍이 인간은 본질적으로 이理가 기氣를 통해 실현된 것이지만 현실에서는 기氣의 특수성에 제한될 수밖에 없으며, 양자 사이의 괴리는 기氣가 이理를 실현하는 본모습으로의 복귀를 통해 해결되어야 한다고 보았다. 즉 이理가 본령이고 주재이나 기氣의 특수성에 제한될 수밖에 없으므로 이를 잘 극복해야 한다는 것이다.[22] 그런데 이理가 기氣의 제한을 극복하고 자신의 본래의 모습을 회복하기 위해서는 단순히 소극적인 조리條理 정도의 의미만으로는 부족하다. 퇴계는 이理도 스스

22) 정도원. 2011. 『퇴계 이황과 16세기 유학』. (문사철출판사) 188쪽 참조.

로 움직일 수 있는 능력을 가진다고 말함으로써 주자의 이론과는 상당한 차이를 드러내게 되었다. 그는 이理의 능력을 강조하기 위해 이理에 적극적으로 운동의 능력까지 부여하였다. 그렇지만 주자가 이미 '이理는 활동능력이 없다'고 말한 바 있기 때문에, 이것에 위배되지 않으면서도 이理의 운동성을 주장할 수 있는 방안이 있어야 했다.23) 퇴계가 강조한 이理의 체용론體用論은 바로 이러한 배경에서 생겨났다. 퇴계는 이理를 체體·용用으로 나누어서 앞서의 문제를 해결하고자 했다. 그는 이理(태극太極)에 체體와 용用이 있어서 체體의 면으로는 무작위하지만, 용用의 면으로는 동정動靜 등의 작위성을 갖는다고 주장한다.24) 바로 이러한 논리로 퇴계는 이理(태극太極)의 동動을 말하면서도 그것이 '이理' 무작위無作爲의 전제와 상충되지 않는다고 확신한 듯하다.

위에서 보듯이 백불암의 이기론은 퇴계의 전통을 따라 이理 위주의 입장을 확고히 하면서도 이理와 기氣의 상호보합적인 관계를 특히 강조한다. 그렇다면 이러한 백불암의 성리사상은 후손들의 성리사상과 일관성을 가지는가? 이 점을 해명하기 위해 이제 백불암의 증손인 지헌의 이기론을 검토해보도록 하자. 지헌의 이기론은 문집文集의 '서書'와 '잡저雜著(사단칠정四端七情)'에서 주로 보이는데, 백불암에 비해서 좀더 전문적이고 체계적인 논의가 이루어진다. 그렇지만 지헌의 이기론적 논의에서도 가장 부각되는 것은 이理 위주의 입장과 이기理氣의 상호보완적 관계론이다.

지헌은 우선 태극太極에 이理만 있는 것이 아니라 기氣도 함께 있음을 주장하면서, 일음일양一陰一陽 자체를 기氣라 하고, 그렇게 하는 바의 원

23) 안종수. 2011. 『한국철학사상의 이해』. 개정판(소강출판사) 243-7쪽 참조.
24) 윤사순. 1980. 『退溪哲學의 硏究』. (고려대학교출판부) 227쪽 참조.

인[소이所以]을 이理라고 구분하였다.

[問] 주자는 말하기를, 태극은 다만 한 개의 '理'字라 하는데, 그렇다면 氣는 일찍이 거기에 붙지 않는 것입니까?

[答] 태극은 움직여서 陽을 낳고 고요하여 陰을 낳으니, 능히 움직이고 고요하게 하는 것은 理인데, 움직여서 고요하게 되는 것은 氣가 아니겠는가? 理는 원래 氣에 걸려 있으므로, 있으면 〈理와 氣가〉 함께 있으니 어찌 理만 있고, 氣만 없다고 의심할 수 있겠는가(『止軒集』 卷5. 書: 答柳舜汝(祥坤)問目)?

또한 지헌은 이기理氣가 '서로 섞이지도 않고'(不相雜) '서로 떨어지지도 않는'(不相離) 관계임을 주장하면서도 우리 마음이 발하여 착한 것이 되는 것은 이理 때문이라고 보고, 이理는 공公이고 기氣는 사私이며, 이理는 착하지 않음이 없으나 기氣는 혹 착하지 않기도 하다고 주장하며, 이러한 기미[기機]를 잘 살피는 것이 초학자 공부의 가장 긴요한 비결이라고 강조한다.

> 理와 氣는 서로 섞이지도 않고, 서로 떨어지지도 않아 서로를 필요로 해서 바탕[體]으로 삼고, 서로를 기다려서[待] 쓰임[用]이 된다. 바야흐로 그것이 발하지 않을 때에는 氣가 작용하지 않으며, 그것이 이미 발할 때에는 氣가 문득 작용하게 되나 그러나 그 착한 것이 되는 것은 理가 위주이다(『止軒集』 卷3. 書: 與柳誠伯(致明) 두 번째 편지).

> 理와 氣가 비록 서로 떨어지지 않으나 또한 서로 섞이지도 않으니 理는 公이고 氣는 私이며, 理는 착하지 않음이 없으며 氣는 혹 착하지 않은 것이 있다. 그러므로 先儒들이 〈이 두 가지를〉 갈라내어 홀로 理만 말하여 上帝가 사람들에게 착한 마음과 성품을 내려 준 이치를 밝혔다. 오직 公과 私의 차이가 처음 싹이 틀 때에 조짐을 보이고 宗과 孽의 구분이 처음 움직일 때 관계되어 그 기미를 잘 살피고 그 시초를 삼

가며, 단서를 알아서 그 착함을 채워야 된다. 이것이 초학자들의 공부에 있어서 가장 긴요한 비결이다. (『止軒集』 卷7. 雜著: 四端七情)

그러기에 그는 "마음은 理와 氣 둘을 합한 것이지만, '德을 밝힌다'는 것은 반드시 理를 주로 해서 말한 것이다."(卷3. 書: 與柳誠伯(致明) 두 번째 편지)라고 하였다. 그는 기본적으로 이理와 기氣가 합해서 마음이 된다는 점을 고려하여 이理와 기氣의 상호보완성을 강조하면서도 인의예지仁義禮智의 사단四端이 이理가 발한 것임을 분명히 하고 있다.

혹은 그 나누는 것이 너무 심한 것을 염려하여 '發'자를 온전히 氣에 속하게 하나 그런 仁義禮智의 단서가 어찌 理가 발한 것이라고 말하지 않겠는가? 대개 理와 氣가 합한 것이 마음이 되는 고로 통합해서 말한다면 아직 발하지 않은 것은 큰 근본[大本]이 되고, 이미 발한 것은 큰 작용[大用]이 되어 四端은 七情 속에 있게 된다. 그렇지만 나누어서 말한다면 四端은 理에서 나오는데, 그 理가 나올 때 힘을 빌려서 나오는 것이 氣이나 주안점은 理에 있다. 반면 七情은 氣에서 나오는데, 그것을 타고 행하는 것은 理이나 주장하는 바는 氣에 있다. 그러므로 어찌 〈理와 氣 두 가지를〉 뒤섞어서 말할 수 있겠는가? 氣가 理를 따르는 것은 곧 七情의 氣이며, 理가 氣를 타는 것은 곧 四端의 理이다. 서로 묘하게 합하고 함께 어울려서 잠시도 떨어지지 않고, 그 느낀 바에 따라서 서로 바탕이 되고 타기도 한다. 처음에는 머리를 나란히 하고서 함께 나오는 것이 아니며, 또 각각 한쪽을 차지하는 것도 아니며, 다만 그 중에서 理를 주장으로 하고 氣를 주장으로 하는 분간이 있을 뿐이다. 이 때문에 先儒가 '종합적으로 이야기하는 곳'[渾淪說]도 있고, '나누어서 말하는 곳'[分開說]도 있다. 종합적으로 이야기해야 할 곳에서는 종합적으로 보고, 나누어 보아야 하는 곳에서는 나누어서 보는 것이 허점을 없애고 결점과 실수를 없애는 일이 될 것이다(『止軒集』 卷7. 雜著: 四端七情).

위에서 지헌은 "仁義禮智의 단서가 어찌 理가 발한 것이라고 말하지 않겠는가?"라고 하면서 이理의 능동성을 주장하는데, 이것은 바로 退溪學團의 가장 큰 이론적 특징이다. 그런데 그는 다른 한 편으로는 "四端은 七情 속에 있으며"라고 하였다. 이 말은 얼핏 보면 사단四端을 칠정七情 속에 분속시키는 것으로서 퇴계학파의 주지主旨에 정면으로 위배되는 것처럼 보인다. 비록 혼륜설渾淪說과 분개설分開說의 양면성을 강조하면서 언급된 말이기는 하나, 지헌의 사단칠정론四端七情論과 관련하여 주의해 보아야 할 부분이다. 지헌의 성리사상이 경북 북부지역 퇴계후학들의 이론과 차별성을 가질 수 있는 가능성의 하나로 주목하고자 한다.

2) '敬畏'의 의미를 강조하는 敬論

대구지역의 성리학은 성리학적 논변을 기준으로 하여 대표로 내세울 만한 인물이 적기는 하지만 다른 지역에 비해 성리학적 실천성을 빼어나게 유지한다. 유학은 이론과 실천의 합일을 목표로 하는데, 대구지역의 성리학과 백불암 가문의 성리학은 이론적 측면보다는 실천수양의 측면에서 특히 부각되는 점이 많다.

우선 백불암의 독서록讀書錄을 살펴보면 성리서性理書가 대단히 중요한 비중을 차지하는데, 그 중에서도 특히 『심경心經』과 『소학小學』이 강조된다. 이 점은 백불암의 후손들에게서도 동일하게 드러난다. 백불암의 조카이자 문인이기도 한 칠실漆室 최화진崔華鎭도 『소학』과 『심경』을 늘 가까이에 두었으며,(『止軒集』 卷13. 遺事: 재종조칠실선생유사再從祖漆室先生遺事) 그리고 김희주金熙周, 이병운李秉運과 함께 '영하삼걸嶺下三傑'로 일컬어진 백불암의 손자 최식崔湜 또한 천연두를 피해 멀리 우거할 때에도 『심경』 등 몇 가지 책을 가지고 갔다고 한다(『止軒集』 卷14. 行錄: 先考通德郎府君行錄). 최식의 아들이자 백불암의 증손인 지헌 또한 일생토록 『소학』과 『심경』을 소중히 여겼다(『止軒集』 卷15. 附錄: 行狀). 이러한 사실을 통해 백불암 가문의 학자들은 지속적으로 『소학』과 『심경』을 중요시했음을 알 수 있다.

일찍이 백불암은 학문하는 차례를 논하여 말하기를, "옛 사람들이 학문을 함에 있어서 『소학』으로부터 먼저 함양성취涵養成就하였으며, 그런 다음 『대학』의 격물치지格物致知에서부터 공부해갔다. 그러나 요즘 사람들은 이러한 『소학』 공부는 하지 않고, 다만 격물치지를 먼저 하여 망망탕탕茫茫蕩蕩하기만 하고 실제로 의거할 바가 없다. '경敬' 한 글자는 우리가 깊이 연구하고 본받아야 할 바이다(『百弗庵言行錄』 卷3. 言行總錄)."라고 하였다. 즉 그는 학문이 『소학』으로부터 시작되어야 함을 강조한 것이다. 소산小山 이광정李光靖은 백불암의 「행장行狀」에서 그의 학문을 평하여, "책을 읽음에 실천을 귀하게 여겨 다만 섭렵하기만 하는 것을 일삼지 않았고, 반드시 『소학』으로부터 학문에 들어가는 첫 길로 삼았다(『百弗庵言行錄』 卷2. 行狀)."라고 하였다. 또한 백불암은 『소학』에 못지않게 『심경』을 강조하였다. 그는 아들 최주진崔周鎭이 『심경』을 보고 베끼는 것을 매우 기쁘게 여겼다고 하며,[25] 또한 늘그막의 공부가 이 책보다 더 긴요한 것이 없다고 하였다.[26] 그리고 70세 되던 해에 『심경』을 강론하며 말하기를, "퇴계선생은 『심경』을 부모처럼 아끼고 신명神明처럼 공경하라고 했으니, 이 말은 진실로 거짓됨이 없다. 마음에 근심 있는 자가 이 책을 읽으면 마음을 다스리는데 유익할 뿐만 아니라, 병을 다스리는 데도 도움이 된다(『百弗庵言行錄』 卷1. 年譜: 五十年甲午, 9月 條)."라고 하였다.

---

25) 『百弗庵集』 卷6. 書: 答兒, "昨得安報 ……"로 시작되는 편지 참조.
26) 『百弗庵集』 卷3. 書: 答李景文(辛巳) 참조.

『소학』과 『심경』은 모두 실천 수양을 강조하는 서책들인데, 공통점은 경敬의 공부법이 강조된다는 사실이다. 경敬은 학문과 생활전반에 걸쳐 유학이 강조하는 실천윤리의 개념이다. 경敬은 특히 성리학이 발전했던 조선시대에 이르러 학문과 생활전반에 걸친 실천정신으로 강조되었다.[27]

무엇보다도 퇴계와 그 후학들에게 있어서 경敬은 실천수양의 공부법일 뿐만 아니라 학파적 표지標識를 구성하는 주요 요소이기도 하다. 그런데 백불암 가문에서도 경敬이 크게 강조된다. 우선 백불암의 제자들은 스승의 학문을 평하여, "그 학문이 敬을 터전으로 이치를 궁구하여 平易한 가운데서 그 오묘한 要諦를 터득하였다(『百弗庵言行錄』 卷4. 學問: 崔鼎鎭)."라고 하였다. 즉 백불암 학문의 시초와 근간이 경敬임을 말해주는 것이다. 어떤 제자가 "한 마디 말이 평생토록 애송할 만한 것이 있습니까?"라고 질문하자, "『丹書』에서 말하기를, '敬이 나태함을 이기는 자는 吉하고, 나태함이 敬을 이기는 자는 凶하다'고 했으니, 공부의 進退 幾微는 오로지 敬과 나태함의 사이에 있다(『百弗庵言行錄』 卷4. 存省: 崔宇鎭)."라고 대답하였으며, 또한 "마음은 萬事의 根幹이 되고 敬은 한 마음의 주인이 되니, 마음이 아니면 만사를 관리할 수 없고 敬이 아니면 한 마음을 主宰할 수 없다(『百弗庵言行錄』 卷4. 存省: 李經祿)."라고 하였다. 이처럼 백불암은 지나칠 정도로 경敬을 강조하고 평생토록 지경持敬의 삶을 살고자 하였다.

일찍이 퇴계는 주자의 이론에 따라 경敬의 의미를 규정하는 요소로 네 개의 조목을 말하였다. 주자가 말하는 네 개의 조목이란 정이程頤(1033~1107)의 '주일무적主一無適' 및 '정제엄숙整齊嚴肅'설과 사량좌謝良佐

27) 김종문 · 장윤수. 1996. 『한국전통철학사상』. (부산: 소강출판사). 159-60쪽 참조.

(1050~1103)가 말한 '상성성常惺惺'설과 그리고 윤돈尹焞(1071~1142)의 '기심수렴불용일물氣心收斂不容一物'설이 바로 그것이다. 그런데 백불암은 경敬의 의미로서 '경외敬畏(외경畏敬)'의 의미를 강조하였다.

> 先儒들이 敬을 말한 것이 일정하지 않은데 오직 '畏'字가 그 의미에 가깝다는 학설이 사람들을 가장 쉽게 깨우치게 한다. 깊은 못에 이르거나 얇은 얼음을 건널 때는 그 마음이 두렵고 조심스러워져서 다른 어떤 사물도 엿볼 수가 없으니, 이런 경지에서라면 '敬'字의 의미를 제대로 인식할 수 있을 것이다(『百弗庵言行錄』 卷4. 存省: 曺翰邦).

그런데 백불암 후손인 지헌 또한 경敬의 의미를 '경외敬畏(외경畏敬)'로 풀이하였다. 그는 자신의 평생 이력이 '구懼'자 한 글자에 있다고 말하며 심지어 두려워하다는 '구懼'자로 편액을 만들어 당호堂號로 삼고자 하였다.

> 일을 처리하고 물건을 다룰 때는 늘 두려워하고 조심하는 마음씨를 스스로 가졌으며, 일찍이 말하기를 "나는 평생 이력을 모두 두려워할 '懼'字 한 글자를 좇아 지내왔으니, '懼'字로서 내 집에 扁額을 만들어 달고자 했다(『止軒集』 卷15. 附錄: 行狀)."

그래서 대산의 현손玄孫인 긍암肯庵 이돈우李敦禹(1807~1884)는 지헌의 삶을 평하며, "평생토록 편하게 앉은 적이 적었으며, 때로 혹 기운이 줄어 몸이 피곤하면 비록 베개를 의지해서 잠시 눈을 붙였다가 깨어나긴 하지만, 엄숙하고 경외하는 뜻이 늘 한가로이 있을 때에도 드러났다(『止軒集』 卷15. 附錄: 行狀)."라고 하였다.

그런데 '경敬'자字의 의미를 '두려워하다'는 뜻으로 해석한 것은 주자에게서도 찾아볼 수 있다. 주자는 경敬을 "聖門의 강령이며 存養에 있어서 가장 긴요한 방법이다(『朱子語類』 卷12).”[28]라고 하였다. 주자에 의해 경敬은 가장 보편적인 수양방법론이 되었다. 주자는 정이程頤를 비롯한 앞 시대 학자들의 경敬에 대한 이론을 수렴하게 되나, 이와는 별도로 ‘두려움’의 의미를 강조하였다.

> 敬에는 어떤 의미가 있는가? 다만 ‘畏’자와 비슷하다고 할 수 있는데, 이것은 홀로 우뚝하게 앉아서 귀가 있어도 듣지 않고 눈이 있어도 보지 않으며 온전하게 일을 살피지 않는 것을 말하는 것이 아니다. 단지 몸과 마음을 모으고 純一하게 정돈하여 함부로 방종하지 않도록 하는 것이 바로 敬을 보는 것이다(『朱子語類』 卷12).[29]

> 敬이란 萬事를 그냥 내버려두는 것을 말하는 것이 아니다. 〈마음을〉 오로지 한 가지로 하여 삼가고 두려워하며 제 멋대로 放縱하지 않는 것이다(『朱子語類』 卷12).[30]

중국의 고전에서 사용된 경敬이라는 글자는 그 자체로 이미 ‘경신敬慎’과 ‘경근敬謹’의 뜻을 지니며, 향후 ‘경덕敬德’의 뜻까지 포괄하는 도덕적 개념으로 발전하게 된다. 그래서 퇴계 또한 「진성학십도차進聖學十圖箚」에서 경敬에 대해 언급하며 “畏敬을 일상의 삶에서 떨어지지 않게 하면 中和位育의 功을 이룰 수 있다(『退溪集』 卷7. 箚: 進聖學十圖箚).”[31]라고 하였다.

그런데 조금 색다른 주장이기는 하지만 이러한 사유방식에서 우리는 성리학의 ‘종교적’ 의미를 연상할 수 있다. 주자와 퇴계는 이理의 형이상

---

28) “聖門之綱領, 存養之要法.”

29) “敬有甚事. 只如畏字相似, 不是塊然兀坐, 耳無聞, 目不見, 全不省事之謂. 只收斂身心, 整齊純一, 不恁地放縱, 便見敬.”

30) “敬不是萬事休置之謂, 只是隨事專一, 謹畏不放逸耳.”

31) “畏敬不離乎日用, 而中和位育之功可致.”

학을 지지하면서도 종교적 초월성을 지닌 천天의 관념을 완전히 방기放棄하지는 않았다. 다만 그들에게 있어서 종교적 초월성은 철학적 확신으로서가 아니라 일종의 '종교적 감수성'으로서 머물렀다고 할 수 있다.[32] 특히 퇴계는 중국 신유학자들에 의해 종교적 성격이 퇴색되고 형이상학적 원리성의 의미가 강화된 이理의 개념에다 '능동성'을 부여하였다. 그는 이理의 능동성의 의미를 원리적 · 이법적인 측면에서 주로 이해했지만, 만년晩年에 이르러 고봉高峯 기대승奇大升의 지적을 받고『대학강의大學講義』를 비롯한 고전을 다시 확인한 결과 이理 개념의 '종교적' 초월성과 실재성의 측면을 확신하게 된 것이다. 여기에 이르러 퇴계학의 중심개념인 경敬은 단순히 마음을 집중한다는 소극적 의미를 넘어서 '경천敬天'의 의미로까지 지평을 확장해 나간다.[33] 경敬을 '외경畏敬'의 의미로 해석하는 백불암 가문의 전통 또한 바로 이러한 맥락에서 해석해 볼 수 있다.

4. 백불암 최흥원 가문의 실천적 삶

1) 孝悌의 실천과 親親愛

'자아自我' 개념은 서양 전통철학에서 발전되어 왔는데, 최근에는 동양철학에서도 자아의 문제를 재조명하고 있다. 유가철학의 입장에서 자아론을 해석할 때 가장 두드러지는 견해가 바로 '공동체적 자아론'이다.

32) 찰스 푸. 1997.「朱子學 계승자로서의 退溪哲學의 독창성」.『퇴계학연구논총』 제9권. 경북대학교 퇴계연구소. 112쪽 참조.
33) 졸고. 2012.「퇴계철학에 있어서 理의 능동성 이론과 그 연원」.『퇴계학과 유교문화』 51호. 경북대학교 퇴계연구소. 25-6쪽 참조.

서양철학에서는 개인을 강조하는 자유주의와 공동체를 강조하는 공동체주의 철학이 서로 대립하며 발전해왔는데, 공동체주의자들은 자유주의 진영에서 말하는 '추상적 인간' 혹은 '무연고적 자아'란 존재하지 않으며 진정한 자아와 자유는 공동체의 맥락에서만 의미를 갖는다고 주장한다.[34)]

이들의 이러한 관점은 기본적으로 유교의 입장과 맥을 같이 한다. 자아는 철저한 자기극복을 통해 자기완성을 이루기는 하지만, 고립된 분자로서의 개인의 의미가 아니다. 유교에서 말하는 자아는 어디까지나 공동체를 전제로 한, 공동체의 일부로서 그리고 공동체에 대한 책임을 자각하는 자아이다.

유교에서는 특히 공동체 중에서도 '가家'를 강조하는데, '가家'는 '자기존재'의 근원일 뿐만 아니라 모든 공동체의 기초라고 보았다. 즉 유교에서 '가家'는 '개인'과 '개인'의 관계가 처음으로 이루어지는 장場인 동시에 '자기 완성'을 위한 여정이 시작되는 최초의 장인 것이다.[35)] 그러므로 '가家'의 강화는 자아의 매몰이나 상실이 아니라 오히려 자아확립의 의미가 된다. 이러한 가족 이념에서 가장 강조되는 덕목이 바로 '효孝'이다.

유교에서 효孝는 모든 덕의 근본이다. 그러므로 『효경』에서 "효는 덕의 근본이고, 가르침이 생겨나는 바이다(『孝經』. 「開宗明誼章」)."라고 하였다. 또한 효가 덕의 근본이 되는 이유를 설명하며, "어버이를 사랑하는 자는 감히 남을 미워하지 않으며, 어버이를 공경하는 자는 남을 업신여기지 않는다. 사랑과 공경을 다해 어버이를 섬기면 덕의 가르침이 백성들에게 더해져서 천하의 儀法이 된다(『孝經』. 「天子章」)."라고

34) 이동철 외 엮음. 2005. 『21세기의 동양철학』. 을유문화사. 265-6쪽 참조.
35) 이승연. 2000. 「個와 家」. 『동양사회사상』 3집. 동양사회사상학회. 179쪽 참조.

하였다. 즉 부모께 효도하는 자는 다른 사람을 사랑하고 존중할 줄도 안다는 말이다. 맹자孟子는 여기서 한 걸음 더 나아가 "어버이에게 〈기쁨을〉 얻지 못하면 사람 노릇을 할 수 없고 어버이에게 〈道를〉 따르게 하지 못하면 자식 노릇을 제대로 할 수 없다."(『孟子』. 「離婁上」)고 하였다. 즉 부모께 효도하지 않는 사람은 사람 구실도 제대로 하지 못한다는 말이다.

백불암 가문은 무엇보다 효제孝悌의 실천으로 유명하다. 효제를 중시하고 이를 삶속에서 직접 실천하는 것은 백불암 가문의 가학家學의 전통으로 계승되었다. 이러한 점은 지헌의 외조부인 입재 정종로와 지헌의 장인인 만각재晩覺齋 이동급李東汲(1738~1811)의 평가에서도 분명하게 드러난다.

> 〈止軒은〉 立齋의 문하를 오가면서 공부했는데, 입재가 〈止軒을〉 애지중지하면서 말하기를 "사람들이 감발해서 효과를 이루는 것은 가정에서 보고 듣는 것보다 더 나은 것이 없다."하여 일찍이 백불암 선생이 실천하던 내용으로 가르쳤는데, 지헌이 이를 한마음으로 받들어서 혹시라도 어기는 적이 없었으니, 입재가 嚞窩 崔興璧(1749~1812)에게 서신을 보내어 말하기를 "아무개(지헌)의 행동거지와 식견이 넉넉히 家學을 계승할 만하다."고 하기도 했다. 丁卯年(1807)에 晩覺齋 李東汲의 집으로 장가를 드니 만각재가 말하기를 "내 일찍이 백불암을 스승으로 모셨는데, 지금 자네의 행동거지를 보니 반드시 집안의 명성을 이을 만하다."라고 하였다(『止軒集』 卷15. 附錄: 行狀).

그래서 이돈우李敦禹는 "지헌의 학문은 안으로는 가정에서 몸소 실행하는 법도[訣]에서 발단했다(『止軒集』 卷15. 附錄: 행장行狀)."라고 하였다. 지헌 이외에도 백불암 가문의 사람들은 누구라 할 것 없이 지성으로 효행과 우애를 실천했는데, 이러한 사실들이 그들의 행적을 소개한 각종 기록 속에 충분하게 드러난다. 무엇보다 백불암 자신은 사후死後 3년 만인 정조 13년(1789년) 6월에 국가에서 효행孝行으로써 정문旌門을 명命할 정도로 빼어난 효자였다. 그래서 후인들은 "선생의 학문은 그 처음 근원이 효도에 있었다(『百弗庵言行錄』 卷4. 學問: 柳汇)."라고 하였다. 앞서 필자는 선행연구에서 백불암의 효에 대해 충분히 언급한 바 있기에[36] 여기서는 백불암을 제외한 다른 사람들의 '효'에 대해 간단하게 살펴보도록 하겠다.

崔慶涵(백불암의 증조부) : 天分이 매우 특이해서 효성과 우애로 행실이 돈독했다(『止軒集』 卷14. 行錄: 六代祖考宣敎郎府君行錄).

崔壽學(백불암의 조부) : 부모를 섬김에는 맛좋은 음식을 장만하여 봉양했으며, 어른이 돌아가심에는 마음을 삼가고 조상을 추모함에도 정성과 예를 다했으며, 여자 형제가 아홉 명이 있었는데 이들을 대하는 데에 마음을 다했으며, 무릇 인척이나 친구들에게도 어려운 일과 질병이 있으면 돕는 일에 정성이 부족할까 염려하곤 하였다(『止軒集』 卷14. 行錄: 五代祖考監察府君行錄).

崔湜(백불암의 손자) : 어머니가 병환이 있을 때에 調攝하고 간호하는 방법을 때에 맞추어서 적당하게 해드렸으며, …… 약을 쓰는데도 반드시 몸소 달여서 먼저 맛을 보았다. 乙卯年(1795년)에 병세가 매우 심해 무릇 5개월 동안 밤낮으로 옷도 안벗고 눈도 붙이지 않았으며, 어머니의 숨이 끊어지게 됨에 손가락을 찔러 피를 내어 입에 넣어드려 보름동안 연명하게 하였다. …… 일찍이 병환 중에 잉어를 찾으셨으나 때가 맞지 않았기에 〈상인이〉 가격을 배나 올리니 '얼음 속 고기'[氷魚]가 계속 들어왔다. 비록 싫어서 물리칠 때라도 이미 가지고 온 물건은 반드시 값을 쳐주었다. 母夫人이 오얏열매를 좋아하시기에 일찍이 손수 여러 포기를

36) 졸고, 「百弗庵 崔興遠과 18세기 대구지역 성리학에 관한 연구」, 348쪽 참조.

재배하여 드렸으나 어머니가 돌아가신 乙卯年 이후에는 차마 오얏열매를 먹지 못했다.(『止軒集』 卷14. 行錄: 先考通德郎府君行錄)

崔孝述(백불암의 증손자) : 癸丑年(1853년)에 어머니 상을 당하니 모친 향년이 94세였고, 선생 또한 거의 70세가 다 될 무렵이었지만, 마치 어린아이처럼 슬피 사모했으며, 상례를 부친상과 같이 하였다. …… 평소 부모님 모실 때에는 매달 초하룻날에 반드시 절을 하고 오래 사시기를 축원하였다. …… 母夫人이 자주 다른 사람들에게 말하기를, "아들도 또한 늙었는데 나를 이렇게까지 섬기니 마음이 매우 불편하다."라고 하였다. …… 어버이 계실 때 한 번도 멀리 여행하지 않았다. …… 집을 나설 때는 여러 가지 약품들을 한 봉지씩 나누어 묶어서 한글로 기록하여 아내에게 부탁하여 증세에 따라 투약하도록 하였으며, 매번 말하기를, "부모 섬기는 사람은 醫術에 대해 몰라서는 안된다."라고 하였다(『止軒集』 卷15. 附錄: 行狀).

崔興庚(최동집의 형인 최동률의 후손) : 효도와 우애가 돈독하여 한 고을의 모범이 되었다(『止軒集』 卷12. 行狀: 西山崔公行狀).

崔興建(백불암의 동생) : 어린아이 때부터 부모 사랑하고 형을 존중하는 도리를 알았으며, 맛있는 음식이 생기면 반드시 어버이께 먼저 드리고 다음으로 형제가 나누었다. 그 어머니가 말하기를, "어린아이로서 어머니 공경하는 것이 마치 엄한 아버지처럼 여기는 것은 유독 내 아이 형제들이라."라고 했다. 백불암도 말하기를, "어려서부터 형을 공경하는 것은 오직 내 아우가 그렇다."라고 하였다. 그는 일찍이 둘째형(崔興漸)과 함께 땅에 엎어졌다가 일어서자마자 "형님 다친 데는 없습니까?"라고 하니, 둘째형이 말하기를 "너의 발에 흐르는 피가 안보이느냐."라고 했다(『止軒集』 卷13. 遺事: 從曾祖陸窩公遺事).

그런데 우리가 이때까지 살펴본 사례는 주로 「행장行狀」과 「행록行錄」의 형태로 전해지는 기록을 통해서이다. 일반적으로 볼 때 이러한 기록들은 지나치게 미화될 가능성이 높다. 백불암 가문의 사람들이 정말 그토록 절실하게 효를 실천하고, 이를 가문의 전통으로 삼았단 말인가? 이러한 사실을 확인하기 위해 이제 백불암과 지헌의 경우를 직접적인 생활기록들을 통해 살펴보도록 하자. 백불암의 『역중일기曆中日記』 중에서 기미년己未年(1739년)의 몇 가지 기록과 지헌의 문집에 수록된 서신 몇 편을 인용해 보도록 하자.

> 어머니께서 가슴과 배가 막혀 때때로 아파하시니 치료를 늦출 수가 없다. 그렇지만 설날은 監營 藥局에서 약을 짓는 것이 매우 어려울 것 같아 어쩔 수 없이 다음날로 미루게 되니 심히 고민스럽구나(『曆中日記』. 己未年. 1739년. 1月 1日).[37]

> 어머니께서 병환으로 한결같이 大便이 건조하여 식후에 또 약 1첩을 드리고 아울러 뜸을 떴는데 애가 타고 심히 애가 타구나(『曆中日記』. 己未年. 1739. 1月 4日).

> 어머니 건강은 다행히 더 심하지는 않으나 가슴과 배 사이에 아픈 증세가 여전하니 애가 타고 애가 탄다(『曆中日記』. 己未年. 1739. 2月 6日).

> 어머니께서 평안치 않으시고 눈병이 여전하니 애가 타고 애가 탄다(『曆中日記』. 己未年. 1739. 5月 21日).

> 어머니의 병환이 더하지 않으니 지극히 다행스럽고도 지극히 다행스럽다(『曆中日記』. 己未年. 1739. 12月 26日).

백불암은 성인이 된 후 거의 평생 일기를 썼다. 그가 처음 책력冊曆을

37) 이 글에서 인용한 『曆中日記』의 번역은 百弗庵 門中에서 제공한 抄譯 자료를 필자가 부분적으로 수정한 것이다. 귀중한 자료를 제공해 준 門中에 감사하는 바이다.

모은 것은 정미년丁未年(1727년)이지만 지금 전하는 사본寫本은 정사년丁巳年(1737년)부터 매일 기록되고 있다. 그런데 1737년부터 모친이 작고하던 1765년까지의 일기에서 거의 매일 어머니의 병환을 염려하고 구체적으로 어떻게 병구완을 했는지가 소상하게 기록되어 있다. 위에서 인용한 일기는 그 중 일부이다. 부친父親의 병환 중에 대편大便을 맛보아가며 탕제湯劑를 조절했다는 백불암의 일화[38]는 위 기록을 통해 꾸민 이야기가 아님을 알 수 있다. 이것은 바로 정성을 다해 효를 실천한 백불암의 생활 자체였다. 이러한 삶은 그 후손들에게도 그대로 이어졌다. 백불암의 증손인 지헌 최효술의 삶 또한 그의 선조의 모습과 너무나 유사하다. 지헌은 "孝가 모든 행위의 근원이며, 온갖 착한 것의 근본이다(『止軒集』 卷8. 雜著: 中庸疑義)."라고 하였다. 그의 서신書信 몇 구절을 살펴보도록 하자.

> 노모께서 올해 연세가 92세가 되어 원기가 쇠해서 부양해 드릴 방법이 없으니 새해를 맞아 두려움이 기쁨보다 더합니다(『止軒集』 卷2. 書: 與姜判書時永).

> 노모의 근력이 예전보다 점점 못해지시니 자식으로서 두려운 마음이 아침저녁 잠시도 마음 놓을 수가 없습니다(『止軒集』 卷2. 書: 答內叔漁樵齋鄭公).

> 어머니의 연세가 점점 높아져서 편한 날은 적고 편찮은 날은 많으며, 아랫마을에 천연두의 경고가 돌아 바야흐로 엄중히 경계하는 중에 있으니 제 마음이 타고 걱정됨을 어찌 다 말씀드릴 수 있겠습니까(『止軒集』 卷2. 書: 上漁樵齋)?

---

38) 『百弗庵言行錄』 卷1. 年譜: 十一年乙卯. 7月 條 참조.

어버이 연세가 점점 높아져서 편안한 날이 적고, 더하여 천연두의 두려움이 가까이 오니 애타는 마음을 어찌 다 말씀드리겠습니까(『止軒集』 卷2. 書: 與李俛齋秉運)?

어버이 병환이 여러 달에 걸쳐 아직도 평상 상태로 회복되지 않으시고, 기피하는 천연두가 사방에서 다가오니 깊이 마음 태우고 답답해하고 있습니다(『止軒集』 卷3. 書: 與蔡景沃沁).

백불암 가문의 효제孝悌의 적용 대상은 직계 가족에게만 국한되지 않고 유교의 친친애親親愛의 이념에 따라 친척들에게까지 확장된다. 대암 최동집은 맏형수를 정중하게 모셨고, 아비 잃은 조카를 마치 자신의 아들같이 돌보고 그들에게 밭과 집을 사주고 자립하도록 도와주었으며(『臺巖集』 190쪽. 부록: 가장), 최동률의 후손인 최수갑崔壽甲은 여러 종족과 함께 선대의 제전祭田을 마련하여 후손들이 화목할 수 있도록 규정規定을 만들었다(『止軒集』 卷13. 行狀: 月厓崔公行狀). 그리고 백불암의 조카이자 제자이기도 한 칠실漆室 최화진崔華鎭은 맏형수가 병이 들어 병상에 있게 되자 정성껏 병구완을 하고 조카 여러 남매를 양육하여 가정을 이루게 하였다. 그리고 장조카에게 맏형이 남긴 글을 손수 책으로 엮어주어서 그 유지를 잇게 하였으며, 그의 집과 토지를 마련해 준 뒤에야 비로소 자기 집을 지었다(『止軒集』 卷13. 遺事: 再從祖漆室先生遺事). 백불암의 손자인 최식은 고모와 여러 누이를 해마다 문후하였고, 시집간 누이가 노년에 남편을 잃고 그 자식이 아직 어려 생활이 어렵게 되자 10년이 넘게 그들과 더불어 함께 생활하며 외로운 생질들을 양육하고 나중에는 재물을 마련해서 가정을 이루게 하였다(『止軒集』 卷14. 行錄: 先考通德郎府君行錄).

백불암 가문의 이러한 행위는 모두 인仁의 본성에 바탕한다. 유교에서 인仁은 가장 중요한 덕목인 동시에 유교적 인간이 지향하는 공동체적 자아상의 본성이기도 하다. 인仁은 도덕적 실체이며, 동시에 만물이 모두 하나임을 확인하는 공동체적 자아의 본성이기도 하다. 그리고 인仁은 그 자체로 의미를 갖는 형이상학적 실체라기보다는 '관계' 속에서 자신의 정체성을 드러내는 '관계의 윤리'이다. 만물을 낳고 기르는 것이 천지의 본성이자 인仁이다. 마찬가지로 인간 또한 공동체(가정과 사회)를 이루어 그 안에서 한 가족처럼 서로 사랑하고 돕는 것이 인간의 본성 즉 인간다움이고 인仁이다. 유학자들이 말하는 인仁은 '가家'를 기반으로 하고 효제孝悌를 중심내용으로 하고 있다. 그러므로 이들이 주장하는 인仁은 부자父子와 형제兄弟의 육친애肉親愛를 중심으로 하고 거기서부터 타인과 만물에 대한 사랑을 동심원적同心圓的으로 넓혀 나간다.[39] 바로 이 점에서 인仁은 곧 효제孝悌로 해석될 수 있으며, 백불암 가문의 효제의 실천을 인仁의 실천으로 이해할 수 있다.

2) 유가적儒家的 이상사회 건설을 위한 향약鄕約 시행

백불암 가문의 효제孝悌와 친친애親親愛의 실천은 향촌 사회로 확장되는데, 향약鄕約(동약洞約)의 시행이 바로 그것이다. 주지하다시피 향약은 1076년, 중국 섬서성陝西省의 학자인 여대균呂大鈞 · 대충大忠 · 대방大防 · 대림大臨 4형제가 향약을 조직하고 그 규약을 기술한 것이 시초이다. 원래 『향약鄕約』 1권, 『향의鄕儀』 1권으로 책을 이루었으나, 후일 주자가 이를 수정하여 『주자증손여씨향약朱子增損呂氏鄕約』을 완성했는데, 주된 강목은 '좋은 일은 서로 권장한다[덕업상권德業相勸]', '잘못은 서로 꾸짖는다[과실상규過失相規]', '사람을 사귈 때는 서로 예의를 지킨다[예속상교

39) 김석근 외 옮김. 2011. 溝口雄三 외 『中國思想文化事典』.(책과 함께). 209쪽 참조.

禮俗相交]', '어려움을 당하면 서로 돕는다[환난상휼患難相恤]' 등으로서 유가적 이상사회 건설을 꿈꾸는 향촌사회의 실천규약들이다.

백불암 가문을 대상으로 하는 선행연구에서 가장 초기적인 연구는 부인동夫仁洞 동약洞約에 대한 역사학계의 성과들이다. 백불암은 효제孝悌를 중심으로 한 궁행실천躬行實踐의 삶을 살아간 학자였는데, 그는 이러한 삶을 자신의 향촌 사회에도 실현하고자 애를 썼다. 백불암이 구체화하고 이후 100년이 넘도록 실시되어 온 부인동 동약은 다음 두 가지 점에서 의의가 있다. 우선, 조선조에 시행된 대부분의 향약이 그 조목만 전해질 뿐 실제 시행 기록이 자세하지 않은데 반해, 부인동 동약은 선공고先公庫와 휼빈고恤貧庫라는 구체적인 제도와 결부되어 실제로 시행된 기록들이 풍부하다. 그 다음으로 부인동 동약은 백불암 당대뿐만 아니라, 후손들을 이어가며 100년이 넘도록 시행되어 그 연구사적 의의가 크다.[40] 부인동 동약은 시행 당시에 이미 향약의 좋은 사례로 지목되며 지방관으로부터 칭찬을 받고 부세賦稅의 감면조치를 받기도 했으며, 심지어는 사창법社倉法의 시행에 대해 조정에서 임금과 신하가 논의하는 과정에서 좋은 사례로 거론되기도 하였다.[41]

그런데 역사학계의 연구들은 기본적으로 동계洞契와 동약洞約을 사족士族의 촌락지배를 위한 장치로 보고, 따라서 동계의 근본 목적이 이소능장以少凌長, 계급능이階級凌夷, 이천능귀以賤凌貴에 대한 보다 적극적인 대응, 즉 상하 신분질서의 확립에 있다고 본다. 그리고 이것에 대한 동민洞民의 저항을 결국 사족의 촌락지배가 해체되어가는 과정으로 해석하며,[42] 부인동 동약도 이러한 관점에서 바라보고 있다. 실제로 백불암 사

---

40) 정진영. 1982. 「조선 후기 향약의 一 研究: 夫仁洞 洞約을 중심으로」. 『민족문화논총』 2·3합집. 영남대학교민족문화연구소에 관련 논의가 자세히 수록되어 있다.

41) 『朝鮮王朝實錄』. 正祖 48卷. 22年(1798年 戊午) 6月3日(乙未) 첫 번째 기사 참조.

후 그의 손자 최식에 의해 동약이 운영되면서 공전公田에 대한 분쟁이 일어나게 되고, 이로 인한 갈등이 결국 소송으로까지 이어지게 된다. 그렇지만 우리는 여기에서 백불암 가문이 주체가 되어 시행하였던 향약(동약)의 의의를 유가적 도덕사회 건설이라는 본래 의미에서 해석해보고자 한다. 그리고 한 걸음 더 나아가 이러한 치용致用의 학문 경향이 대구와 그 주변지역의 특색 있는 학풍이라고 본다.

처음 향약을 실행한 여씨呂氏 4형제는 모두 관중關中(섬서성陝西省) 출신이고, 이 지역 출신 저명한 학자인 장재張載(1020~1077)의 제자들이다. 그런데 당시 중국의 지식인들은 관중지역의 학자들이 실용과 실천의 학문에 치중했다고 여겼는데, 이 점은 장재가 이정二程에게 보낸 답신에서 잘 드러난다.

> 당신[二程]들이 나에게 말하기를, "關中의 선비들은 학문을 하면 정치에 이르게 되고, 정치를 논하면 禮樂과 兵刑의 學에 이르게 되나니 무릇 善學이라고 할 만하다."라고 하였다. 진실로 그러한 것 같다. 關中의 선비들은 뜻은 크되 명예를 위하지 않으며 또한 학문을 하되 실용을 귀하게 여긴다(『二程粹言』 卷1. 「論學篇」).

즉 낙양洛陽 출신 이정二程은 장재를 비롯한 관중지역의 학자들이 실용과 실천의 학문에 치중한다고 평가했던 것이다. 이러한 전통으로 인해 장재는 '이학理學'에 비해 보다 현실적이고 실천적인 경향을 갖는 '기학氣學'에 주목했으며, 장재의 제자인 여씨呂氏 형제 또한 농촌사회의 실천적 자치규약인 향약을 만들어 보급했던 것이다. 그런데 대구와 인근지역의 유학자들 상당수가 장재張載의 기학氣學에 관심을 두고,[43] 그리

42) 정진영. 1988. 『조선시대 향촌사회사』. 한길사. 381, 399쪽.
43) 졸고. 2008. 「조선 중기 고령유학의 특징: 회통성, 개방성, 실천성을 중심으로 하여」. 『동양

고 여씨 형제의 향약을 지역사회에 실현하고자 애썼다. 이러한 사실들을 통해 우리는 관중의 실학적 경향이 대구지역 유학의 특색과 상당부분 일치한다는 점을 의미 있게 살펴볼 수 있다. 주목되는 몇 가지 사례를 확인해 보자.

향약의 시행과 관련하여 고령지역의 유학자 김수옹金守雍(1513~1559)이 우선 주목된다. 그는 『소학』을 읽으며 쇄소응대灑掃應對의 가르침으로 향촌사회의 질서를 유지하려 했으며, 『남전여씨향약지의藍田呂氏鄕約之義』라는 10여 조의 향약을 제정하여 상호부조를 통해 향풍鄕風을 쇄신하고자 하였다.[44] 그리고 이러한 향약의 전통은 조선 후기시대 이 지역의 학자 오경정吳慶鼎에게서도 확인된다. 그는 죽유竹牖 오운吳澐(1540~1617)의 후손으로서 1822년에 '매촌동약梅村洞約'을 제정하여 동민의 경제적 안정을 도모하였다. 특히 이 동약에는 부세賦稅의 공동납부와 환난에 대한 상호부조가 자세하게 기록되어 있어서 실용성에 바탕한 이 지역의 실천정신이 구체적으로 드러나고 있다. '매촌동약'은 이전의 향약에 비해 교화와 관련한 내용은 소략해지고 일상생활에 직접 도움을 주는 방향으로 개선된 내용을 포함하고 있다.[45]

그런데 부인동 동약은 백불암이 처음 설립한 것은 아니다. 백불암의 5대조인 최동집도 "扶仁洞民과[46] 더불어 契를 만들어 規約을 세우고 그들에게 孝悌忠信을 가르쳐서 수 백 년이 지나도록 그 순후한 풍속이 남아 있었다(『臺巖集』. 卷4. 附錄: 家狀)." 즉 부인동의 부재지주不在地主였

사회사상』 18집. 190-4쪽 참조.

44) 정우락. 2008.「江岸學을 통해 본 고령유학과 그 특징」.『고령문화사대계』 2(사상편). 대가야박물관 · 경북대퇴계연구소. 233-4쪽 참조.

45) 우인수.「고령 매촌동약의 특징과 동민의 결속」.『고령문화사대계』 1(역사편). 대가야박물관·경북대퇴계연구소. 49쪽 참조.

46) 百弗庵 시대에는 '夫仁洞'이라 하였음.

던 백불암은 동민들과 상의하여 전해 내려오던 동계洞契를 중수한 것이다. 이것은 단순한 구규舊規의 복구만이 아니라 선공고先公庫와 휼빈고恤貧庫를 설치하여 선공고에서는 전세田稅를 대납하였고, 휼빈고를 통해서는 땅이 없는 농민들에게 토지를 지급하는 한층 발전된 동약이었다.[47] 백불암이 주도한 부인동 동약 또한 여씨향약을 기초로 하고 있지만 시대적 요구를 담아낸 흔적이 뚜렷하다. 백불암이 남긴 『역중일기曆中日記』에는 처음 동약을 시행하던 장면이 생생하게 기록되어 있다.

> 일찍이 아침을 먹고 洞舍에 나와서 동네사람들로 하여금 東·西로 나누어 뜰 밑에 앉게 하였다. 먼저 書記를 정해서 『藍田呂氏鄕約』을 베끼게 한 후 이를 대략 수정하여 洞約으로 삼았다. 일가 사람 崔慶淳을 洞約直으로 세우고 하인 중에서 裵自雲을 洞約所 里正으로 삼았으며 朴信特을 洞約所 典穀으로 임명하였다. 그런 후에 約條를 諺文으로 해석하게 하여 하인들에게 그 내용을 설명해주고 '옛 것을 개혁하고 새 것을 따르라[革舊從新]'는 뜻을 거듭 깨우쳐주니 마을사람들이 모두 엎드려서 들은 후에 "감히 시키는 대로 하겠습니다."라고 대답하였다. 날이 저물게 되어 행사를 마쳤는데, 書記는 朴鳳來이다(『曆中日記』. 己未年. 1739년. 2月 26日).

최소한 100년이 넘게 유지되어 온 백불암 가문의 동약을 조선 후기의 역사 발전단계나 사회경제사적 변천과정에서 고찰할 때 계층 간의 갈등이나 충돌이 크게 주목될 수밖에 없다. 그렇지만 우리는 향약의 시행을 단순히 계층 간의 갈등만으로 해석해서는 곤란하다. 근대적인 의식을 갖고서 적嫡·서庶의 신분차별이나 남男·녀女의 차별 같은 문제를 재단하게 될 때 비판에서 자유로울 수 있는 전통사상은 거의 없다. 백불암 가문의 향약 시행 이면에 적어도 유가적 도덕사회 건설이라는 이념이

---

47) 정진영, 『조선시대 향촌사회사』, 456쪽 참조.

작동하고 있다는 점을 고려해야 한다. 백불암의 『역중일기』에는 수시로 규약을 맺은 동민洞民의 도덕적 문제를 거론하고 있다.

> 約正(夫仁洞 鄕約 직책)으로 있는 李楚行이 찾아와서 만나보았다. 그가 이전에 庶叔을 욕보인 일이 있어 매우 나무라고 돌려보냈다(『曆中日記』. 丁巳年. 1737년. 閏9月 25日).

> 里正 裵自雲이 동네 안에 孝子, 烈女 및 불효한 사람들과 화목하지 못한 사람들을 각각 기록하여 만들어서 올렸다. 이들을 洞約에 따라서 상과 벌을 주고 이어서 洞約 여덟 조를 읽고 난 뒤에 술을 돌리고 행사를 마쳤다(『曆中日記』. 辛酉年. 1741년. 9月 9日).

> 식사 후에 講會를 여니 동네사람 林鳳來의 외숙모가 진정서를 올리고 그의 조카 金萬甲의 불효하고 불순한 죄를 고하였다. 이것은 倫理綱常에 관계되는 것인지라 사유를 갖추어 관청에 보고하고 아울러 洞約册을 함께 바쳤다(『曆中日記』. 庚午年. 1750년. 10月 14日).

백불암은 동약의 집행을 맡은 집사들에게 특히 모범된 처신을 바랐다. 그는 다른 사람의 앞에 서는 이들이 무엇보다도 수신修身이 되어야 한다고 보았으며, 그러한 바탕 위에서 다른 사람들을 통솔할 수 있기를 바랐다.

> 夫仁洞約 里正 朴世龍이 부랑하고 패악함으로 李今世로 바꾸고 그로 하여금 洞約을 살피도록 하고 〈다른 사람과〉 더불어 恤貧庫를 설치하는 일을 시켰다. 그런데 그 위의 자리에는 내 몸을 바르게 하여 이끌어 거느릴 사람이 없으니 어찌하리오 어찌하리오(『曆中日記』. 己丑年. 1769년. 閏5月 15日).

백불암의 이러한 생각을 그의 증손인 지헌 최효술이 계승하고 있다.

일찍이 어사 박규수가 지헌을 칭찬하는 글을 임금께 올렸는데, "幼學 최효술은 일찍이 과거공부를 포기하고 경학을 공부하여 신기하거나 특이한 議論은 없으나 독실하게 실천한 행적은 있습니다. 그의 증조부 故翊贊 興遠은 향촌에 살면서 향약을 만들어서 실행한 경륜이 있었으며, 효술은 先代의 기업을 이어받고 지켰으며 옛 규범을 잘 따라 행하였기에 촌민들이 많이 의지하였습니다(『止軒集』 卷15. 附錄: 行狀)."라고 하였다. 한 마디로 지헌의 학문적 이론은 특이한 점이 없으나, 행실에 있어서는 독실하게 실천한 바가 있다는 것이다. 지헌도 백불암과 마찬가지로 향약 설정의 근본 의도를 '도덕적 교화'에 두었다.

지헌 당시에도 부인동에 선·악을 기록한 장부와 상벌을 가리는 규정이 있었는데, 어느 날 동유사洞有司가 찾아와 착한 일을 기록한 장부에 등재된 두 사람과 악한 장부에 기록된 한 사람을 적절하게 처리해 달라고 하니, 지헌이 말하기를 "착한 일을 한 두 사람에게는 술과 고기를 주어 선행을 드러내는 뜻을 보이라. 그리고 악한 일을 한 사람은 당연히 처벌해야 하지만 그 사람이 착한 두 사람의 이야기를 듣고 반드시 스스로 부끄러워하여 뉘우치게 될 것이니 〈별도로 벌을 주지 말아라.〉 만일 그러고도 끝내 고치지 않는다면 그 뒤에 처벌해도 늦지 않을 것이다."라고 하였다(『止軒集』 卷15. 附錄: 行狀). 이러한 일화는 지헌이 의도하는 향약(동약)의 궁극적 의도가 악인을 계도하여 선으로 이끌며 유가적 이상사회를 이루는 데 있음을 여실히 보여주고 있다.

백불암의 『역중일기』에는 소를 잡고 잔치를 하며 마을사람 모두가 더불어 즐기는 장면이 나온다. 그는 온 마을 사람들이 함께 기뻐하고 잔치를 하면서 이것이야말로 동약洞約을 함께하는 효과라고 만족스러워하였다. 백불암이 진심으로 의도하는 향약(동약)의 목적이 어디에 있는지를 분명하게 보여준다.

동네 어른과 젊은이들이 모두 모여서 강의를 하고 마친 후에 先公庫 곡물을 정리하였다. 그러고 나서 관청에 부탁하여 소 한 마리를 잡고 하루 잔치를 베풀었으며 또 얼마간의 술과 음식이 있어 동네사람 모두가 마음껏 취하고 배부르게 되니 이것이 바로 '동약의 효과[洞約之效]' 이구나(『曆中日記』. 乙亥年. 1755년. 11月 9日).

5. 맺음말

백불암이 남긴 서신書信을 보면 특히 예禮에 관한 언급이 많다. 그가 살던 시대 배경이 '예학적禮學的 성리학의 시대' 끝부분이었기 때문이다. 백불암은 천성적으로 논쟁을 싫어하였지만 유독 예禮에 관해서는 자신의 의견을 비교적 소상하게 밝히고 심지어 타인의 견해를 반박하기까지 하였다. 당시의 예론은 상당수가 실천적 지반을 상실하고 그야말로 '예'의 형식이 인간의 실질을 구속하는 본말전도本末顚倒의 상황에 이르렀다. 그렇지만 백불암의 경우는 달랐다.[48] 그는 '예'의 본질을 실천성에서 찾았다.

백불암은 어머니의 장지葬地를 정하는 과정에서 마을 사람들과 송사訟事가 일어나게 되자, "사람을 상하게 하면서까지 그 땅에 장례를 치르는 것은 돌아가신 분을 편하게 모시는 도리가 아니다."라고 하면서 처음 정한 장지를 버리고 다른 곳에 묘소를 정하였다(『百弗庵言行錄』 卷1. 年譜: 英宗大王四十二年丙戌(1766年) 正月 條). 이 예화는 백불암이 무엇보다 인간을 소중히 여긴 인도주의적人道主義的 사상가였음을 분명하게 말해준다. 또한 그의 예론이 이론만을 위한 이론이 아니라 진정

48) 졸고. 「百弗庵 崔興遠과 18세기 대구지역 성리학에 관한 연구」. 349-50쪽 참조.

남을 배려하고 더불어 살아가는 지혜에 바탕한 실천적 예론이었음을 알려준다.

백불암의 이러한 정신은 후손들에게도 그대로 계승된다. 후손들은 인간애人間愛 뿐만 아니라, 동물과 심지어는 식물에까지 인仁의 정신을 실천하였다. 그들의 이러한 삶은 생명존중 의식으로 발전되어 백불암 가문의 가풍家風으로 전해진다. 대표적인 사례를 살펴보도록 하자.

> 백불암의 손자인 崔湜 : 생명을 좋아하는 마음이 微物에까지 미쳐서 봄에는 닭이나 오리의 알 또는 팥과 콩의 이삭을 먹지 않았으며, 집에서 기른 개를 먹지 않았고 집에서 기른 소를 도살장으로 보내지 않았으며, 매를 피해서 날아온 꿩을 풀어주었다(『止軒集』 卷14. 行錄: 先考通德郎府君行錄).

> 백불암의 증손이자 崔湜의 아들인 止軒 崔孝述 : 사물을 접할 때에는 오직 仁愛를 근본으로 삼았기 때문에 일찍이 집에서 기른 짐승을 잡아서 사용한 적이 없었고, 또 집에서 기른 소를 도살장에 보내지 않았다. 동네 어귀에 못이 있었는데 큰 가뭄이 들어 사람들이 이 물을 끌어 논에 대려고 하니, 지헌이 말하기를 "고기가 죽게 되었다. 그 안에 다시 작은 연못을 파서 물고기가 살도록 해라."라고 하였다(『止軒集』 卷15. 附錄: 行狀).

유학이 종교인가, 아닌가 하는 논쟁은 이미 학계에서 진부한 주제로 여겨진다. 종교에 대한 정의를 어떻게 하느냐에 따라 대답이 달라지겠지만, 굳이 유학을 종교라 한다면 '도덕적 종교'라고 할 수 있을 것이다. 그렇다면 도덕적 종교가 지향하는 삶은 어떠한 삶인가?

백불암의 평생 지기知己였던 대산 이상정은 일찍이 죽음을 앞두고 문하의 제자들에게 마지막 전하는 말로 "여러분들이 착실하게 공부하기를 바랄 뿐이다. 유학의 일은 다만 평범한 것인데, 그 평범한 가운데 오묘한 이치가 있다(『樊巖集』 卷51. 墓碣銘: 通政大夫禮曹參議大山李公).” 라고 하였다. 부모님을 기쁘게 해드리고, 형제들과 우애 있게 지내며 이웃들과 화목하게 살아가는 우리의 평범한 일상이 그 어떤 거대 이념보다 더 중요하다. 백불암 가문의 효제孝悌와 친친애親親愛의 삶은 바로 이러한 측면에서 유학적 이상을 실현하기 위해 노력한 가장 좋은 범본範本이라 할 수 있다.

조선후기 영천지역 사림과 임고서원

김 학 수

조선후기 영천지역 사림과 임고서원

김 학 수

1. 머리말

이 땅에 서원이 출현한 역사적 시간은 16세기 중엽이고, 이 시기는 퇴율退栗을 정점으로 주자학朱子學이 이론적 심화를 거듭하던 때였다. 절을 허물고, 또는 절 터에 세워진 서원은 유불교체라는 거스를 수 없는 이념적 변화상을 시각적으로 확인시켜주면서 유학의 토착화를 갈망했던 조선이라는 나라의 차선의 교학기구로서 그 입지를 단단히 굳혔다.

이런 흐름을 주도한 사람은 이황李滉(1501-1570)이었다. 당초 문과를 거쳐 관료로서 발신했던 그는 문장과 행정 그리고 정치를 아는 사람이었다. 그가 주자학에 심취하여 괄목할만한 연구 업적을 쌓으며 조선 학계의 혜성으로 등장한 것은 나이 마흔 이후였다. 온 세상을 주자학적 가치에 충실한 사회로 만들고자 했던 이황에게는 일의 골수를 꿰뚫어 보는 혜안이 있었다. 이른바 '서원보급운동'은 그가 추구했던 가장 정치적인 슬로건이었고, 그 이면에는 지배층의 체질을 바꾸려는 야심이 개제되어 있었다. 같은 사림이라도 세족들이 전통적 권위의 관학을 소홀히 하지 않았음에 비해 이황으로 신흥 사림들은 사학인 서원을 통해 학문적 보금자리를 틀고자 했다. 이것은 곧 학문권력 탄생의 서막이었고, 공고히 구축된 학문권력은 정치권력까지도 넘볼 수 있는 힘을 가질 수 있었다. 이 점에서 '서원보급운동'은 '존현사업' 또는 '교육사업'인 동시에 학문권력을 추구한 정치사업이었던 것이다.

이 글의 주인공인 임고서원 역시 이황의 기획과 조율 속에 탄생할 수 있었고, 고종조에 훼철되기까지 영천지역, 나아가 영남사림의 학문·정치·사회·문화적 거점으로서 기능해 왔다. 제향 인물인 정몽주鄭夢周(1337-1392)의 도학상의 지위, 영남학파의 종사 이황이 관여했다는 창원의 공공성은 임고서원의 권위를 곧추세우기에 충분했고, 뚜렷한 석학이나 달관의 배출없이도 임고서원이 영남사림의 '공론네트워크'의 일원으로 포함될 수 있는 배경이 되었다.

이런 중요성에도 불구하고 임고서원에 대한 연구는 턱없이 적다. 사회경제적 측면에서 임고서원의 자료를 분석한 이수환의 연구는 임고서원을 학문적 논의의 장으로 이끌어 낸 노작이고,[1] 영천지역 사족동향의 틀 속에서 임고서원의 연혁과 역할을 다룬 김문택의 논고는 임고서원의 존재양태를 이해하는 데 크게 기여했다.[2] 인조연간 장현광의 제향논쟁을 다룬 김학수의 논고는 임고서원 역사에서 가장 민감한 사안을 건드린 것으로서 17세기 초중반 임고서원의 학파적 역학관계를 파악하는 데 일정한 도움이 되었다.[3]

이 글은 일련의 연구 성과에 대한 보론에 지나지 않지만 한 두가지

---

1) 李樹煥. 2001. 『朝鮮後期書院硏究』. 一潮閣.
2) 김문택. 1998. 「朝鮮後期 永川地方의 士族動向과 臨皐書院」. 『朝鮮時代의 社會와 思想』. 조선사회연구회.
3) 김학수. 2005. 「17세기 초반 永川儒林의 學脈과 張顯光의 臨皐書院 祭享論爭」. 『朝鮮時代史學報』 35. 조선시대사학회.

새로운 해석 또는 사실을 보태는 것에서 집필의 의의를 찾고자 한다. 새로운 해석은 창원創院과 중창重刱의 의미를 원유들의 학통구조와 관련지어 보다 분명하게 규정하는 데에서 구하고자 하며, 새로운 사실은 사회문화적 기능을 통해 밝히고자 한다. 누가 언제 왜 심원尋院했는가는 사림사회에 차지하는 서원 위상을 가늠하는 핵심 잣대가 되고, 어떤 학통의 사람들이 어떤 방식에 따라 학습했고, 또 어떤 학술문화적 사업을 기획, 추진했는가는 서원의 존재성과 직결되는 문제이다. 아울러 포은 본손 및 포은을 제향하는 여타 서원과의 소통성은 임고서원의 사회문화적 영향력의 범주 설정, 나아가 '동일군락' 내에서의 기능성을 평가하는 좌표가 될 수 있기 때문이다.

2. 창원과 중창의 문화사

1) 창건과 퇴계학退溪學의 적용

임고서원은 '포은정신'의 발양發揚을 지향했던 사림의 교학기구였다. 도학의 종사宗師로서, 또 충절의 전범典範으로서 사림의 절대적인 추앙을 받았던 정몽주의 역사적 위상을 고려할 때, 영천에 그의 제향처가 건립된 것은 지역적 연고성을 강조했던 서원의 속성 때문이었을 뿐 그에 대한 기림이 고을 단위에 한정됨을 뜻하는 것은 결코 아니었다.

여느 서원과 마찬가지로 임고서원 역시 존현과 교학이라는 양대 기능을 갖고 있었다. 여기서의 어진이는 사림의 가치와 정서에 부합하는 '현자賢者', 교학은 사림의 학문, 즉 도학道學을 뜻했다. 이를 좀 더 적극적으로 해석하면, 임고서원은 정몽주에게서 발원하여 '사림4현'[金宏弼·

鄭汝昌·趙光祖·李彦迪]을 거쳐 이황에게로 이어지는 도학의 구심점이자 퇴계학 확산의 주요 거점의 하나로서 출현했다. 결국 임고서원은 사림이 팽창하고 도학이 강조되던 16세기의 시대적 산물로서 이황의 기획과 조율에 의해 역사의 전면에 등장했던 것이다.

이황은 사림의 교학기구로서의 서원의 가치와 효용성을 누구보다 빨리 인지했고, 그 일환에서 '서원보급운동'을 강도 높게 추진했다.[4] 이황에게 있어 서원은 주자학[혹은 退溪學]이 주입·순환되는 혈관인 동시에 사림들의 정치사회적 이해를 대변하는 합법적 장치였기 때문이었다.

이황은 '바다처럼 넓은海濶' 학덕의 소유자였지만 그 성품은 매우 주도면밀했다. 1550년(명종5) 백운동서원[소수서원]의 사액운동은 앞으로 건립될 모든 서원의 '장구지책長久之策'을 마련하는 취지에서 기획된 것이었고, 그런 만큼 사전 준비도 치밀했다. 즉, 이황은 '사액'이라는 국가 행정행위를 통해 서원의 공공성을 보장받으려 했고, 이를 위해 감사⇒대신⇒국왕으로 이어지는 보고체계를 엄수했던 것이다.

> 군수 이황李滉이 더욱 심력을 다하면서 '일이 왕명王命을 거치지 않고 이름이 국승國乘에 기재되지 않으면 사방의 관청觀聽을 용동시키고 대중의 의혹을 풀어 일국의 모범이 되게 할 수 없고 끝내는 쇠퇴하게 될 것이다.'고 여겨 곧 방백方伯에게 알리고 조정에 상문上聞함으로써 광채를 더욱 빛나게 하고 규모를 더욱 원대하게 하였다.[5]

이런 노력의 결과 1550년 2월 이기·심연원·상진 등 3정승이 백운동서원의 사액을 건의하는 한편 서적·토시·노비의 하사를 특별히 요청하여 명종의 허락을 얻었고,[6] 1552년에도 『강목綱目』, 『사문유취事文

4) 鄭萬祚. 1997. 『朝鮮時代 書院硏究』. 集文堂.
5) 『명종실록』 권13. 명종 7년 3월 28일(경술).

類聚』 등의 서적이 하사되는 특전이 이어졌다.[7)]

백운동서원의 사액은 '서원문화'의 확산과 정착에 있어 시금석과 같은 사건이었고, 이를 계기로 서원보급운동도 탄력을 받게 되었다. 이런 분위기에 고무된 이황은 전국적으로 확산되어 있던 문인집단과의 공조체계를 바탕으로 서원 건립에 박차를 가했다. 임고臨皐·문헌文憲·영봉迎鳳:川谷·구산丘山:五峯·남계藍溪·이산伊山·서악西岳·주암晝巖:硏經 서원 등은 이런 맥락에서 건립되었고, 이황은 이들 서원을 '서원10영書院十詠'이라는 문학작품에 담아 특별히 기념했다.[8)]

1553년에 이루어진 임고서원의 건립 또한 이황과 그 문인들의 공조체계가 빚어낸 결실이었다. 당시만 해도 퇴계학파는 형성 단계에 있었고, 영천은 그 외곽 지대에 속했다. 『陶山及門諸賢錄』에서 확인되는 영천 출신의 퇴계문인은 김응생金應生·김몽구金夢龜·서인원徐仁元·정윤량鄭允良·노수盧遂 등 5인이다.[9)] 물론 수치상으로는 안동(42명), 예안(42), 예천(8명), 영주(13명) 다음으로 영천이 높은 비중을 차지하고는 있지만[10)] 퇴계학파 내에서의 학문적 비중이나 위상은 높지 않았던 것이 사실이다.

영천지역 퇴계문인 가운데 학문적으로 이황과 긴밀한 관계를 유지하며 사설의 계승과 실천에 노력한 사람은 김응생·정윤량·노수였는데, 임고서원의 창건 주체도 바로 이들이었다.

---

6) 『명종실록』 권10, 명종 5년 2월 11일(병오).
7) 『명종실록』 권13, 명종 7년 4월 25일(정축).
8) 李滉, 『退溪集』 卷4, 〈書院十詠〉.
9) 金應生은 「陶山及門諸賢錄」 뿐만 아니라 이황의 상례시 문인들의 輓詞와 祭文을 수록한 『陶山輓祭錄』(退溪先生輓祭錄)에도 이름이 올라 있다.
10) 李樹健, 1998, 『嶺南學派의 形成과 展開』, 一潮閣.

> 가정 계축년(1553)에 진사 노수盧遂, 생원 김응생金應生, 향노 정윤량鄭允良, 생원 정거鄭琚 등이 선비들을 이끌고 부래산浮來山에 서원을 건립할 것을 논의했다. 이 해에 역사를 시작하여 을묘년(1555)에 준공했다.[11]

특히, 김응생과 정윤량은 임고서원 건립 이전인 1552년 자양서당紫陽書堂을 세워 지역의 문풍을 진작시키는데 크게 기여하였는데, 자양서당의 건립정신은 황준량黃俊良이 찬한 기문에 잘 표현되어 있다.[12)]

임고서원에 대한 이황의 관심과 애착은 각별했고, 그런 마음은 서책을 증정하는 과정에서 남김없이 드러났다. 1554년 초여름 노수盧遂가 서울로 이황을 찾아 왔다. 서원에 비치할 서적을 구하러 천리원행을 마다치 않은 것이었다. 노수의 정성에 이황은 감동을 받았지만 자신 역시 서울에 우거하던 터라 마땅히 줄만한 책이 없었다. 그 때 이황의 눈에 들어온 것은 얼마 전 임금으로부터 하사받은 성리학性理學 분야 서적들이었고, 주저없이 이 책들을 노수에게 건넸다. 주위에서는 군왕의 하사품을 남에게 주는 것은 옳지 않다는 핀잔도 있었지만 속론俗論에 구애받을 이황이 아니었다. 선현의 정신을 기리며 학문에 힘을 쓰는 선비들보다 더 책이 필요한 사람이 어디 있으며, 또 이보다 더 명분이 뚜렷한 증여가 어디 있는냐는 것이 이황의 지론이었다. 그의 이런 생각은 문장화되어 노수에게 쥐어졌고,[13)] 이 글은 임고서원의 진장珍藏이자 사림사회의 미담으로서 두고두고 회자되었다.

임고서원에 대한 이황의 애착은 여기서 그치지 않았다. 서원 운영 기본 지침인 원규院規도 그가 제정한 것이었고,[14)] 봉안문, 상향축문 등 예

11) 『臨皐書院誌』 「考往錄」 〈嘉靖癸丑〉.
12) 黃俊良. 『錦溪集』 卷8 外集. 〈紫陽書堂記〉.
13) 李滉. 『退溪集』 卷43. 〈內賜性理群書 付盧上舍遂俾藏圃隱書院識〉.

식문자도 그가 도맡아 찬술했다. 노수·김응생·정윤량 등이 부탁한 봉안문에서는 임고서원이 '포은정신'을 계승하는 교학의 도량임을 천명하였고, 상향축문에서는 정몽주의 도학과 충절을 극도로 칭송하였다.[15] 특히, 봉안문에서는 노수·김응생·정윤량의 이름을 일일이 거론하며 서원 건립에 헌신한 제자들의 공로를 특서하는 세심함도 잊지 않았다.[16] 아울러 이황은 서적이 새로이 출판되면 임고서원 몫을 반드시 챙겼지만[17] 때로는 충고와 고언도 아끼지 않았다.

노수·정윤량 등은 서원 건립에 고무된 나머지 낙성식을 아주 성대하게 치룬 것 같다. 이런 저런 경로를 통해 당시로서는 귀한 음식인 유과油果·밀과蜜果가 잔치상에 올랐다는 소식을 들은 이황의 마음은 편치가 않았다. 평소 부화함을 경계했던 이황에게 있어 선비들의 장수유식藏修遊息의 공간인 서원과 '화려한 잔치'는 너무나 동떨어진 발상이었다.[18] 일정한 규제와 간섭이 필요하다고 생각한 이황은 1561년(명종16) 조카 이완李完에게 편지를 보내 노수·정윤량에게 자신의 뜻을 전할 것을 지시했던 것이다. 이것은 일종의 우려의식이었고, 창립 초기부터 사치스럽다는 비난이 따라서는 서원이 추구하는 본질적인 목표를 달성할 수

---

14) 李滉.『退溪全書』「陶山門賢錄 」卷4.〈鄭允良〉"院中規模節目 一遵先生所命 自此士風丕變"

15) 鄭夢周.『圃隱集』附錄.〈臨皐書院春秋享祝文[退溪]〉"學造天人 忠貫日月 光前啓後 永世無斁"

16) 李滉.『退溪集』卷45.〈臨皐書院成 祭鄭文忠公文曰遂應生〉"允良諸議 于胥斯原 出財敦事 鄉閭列邑 莫不助施"

17) 李滉.『退溪集』卷21.〈答李剛而乙卯〉;『退溪集』續集 卷4.〈與李剛而〉"又恐竹溪書院不可無此書 近永川又創圃隱書院 朝廷賜額臨皐 若此兩院 各印寄一件 以幸後學 亦一佳事 若難傳則寄某 皆必傳也"

18) 이황은 소수서원 향례에도 밀과 대신 鹿醢를 쓰지 말 것을 규정한 바 있다(李滉.『退溪集』續集 卷8.〈安文成公享圖配位同〉"謹按 竹溪志本圖 右二豆用軟蜜果 周氏之意 豈不以文成諸公東人也 循國俗而祭用蜜果 固爲無妨也耶 雖然 東人既祭於學 則所當倣古而行 豈可以蜜果褻味 用之於學中乎 且果而盛于豆 尤非所宜 故今去蜜果 代以鹿醢 左一籩亦對此而去果 代以魚鱐 則左右籩豆 醢菹兩兩相對 無參差矣 若鹿醢魚鱐有未備 則寧以芹菹代鹿醢 而仍以果代魚鱐 庶不失禮之本意 蜜果恐不可用也 嘉靖己酉秋 郡守李滉識").

없다는 데 우려의 본질이 있었다.

> 듣자하니, 임고서원이 이미 낙성되었다고 하는데, 멀리서나마 축하할 일이다. 다만 그 잔치가 너무 사치스러워 유과油果·밀과蜜果를 쓰기까지 했으니, 이는 참으로 배움의 장소에서는 마땅치가 않다. 노군盧君(盧遂)과 정군鄭君(鄭允良)은 어찌 이토록 생각이 없단 말인가. 만약 두 사람을 보거든 조용히 바로잡아 주도록 해라.[19)]

한편 임고서원은 청액운동에 있어서도 이황이 설정해 놓은 소수서원의 예를 준용했다. 영천군수(李義) ⇒ 경상감사(鄭彦慤) ⇒ 조정으로 이어지는 공식적 보고체계를 엄수하면서도 인맥적 자원을 십분 활용했다. 1554년 6월 장계를 통해 임고서원의 건립 사실을 보고하고 사액을 요청한 감사 정언각鄭彦慤은 정몽주의 외6세손이었다.

〈그림1〉 영일정씨와 해주정씨의 혼맥도: 정충석의 가계

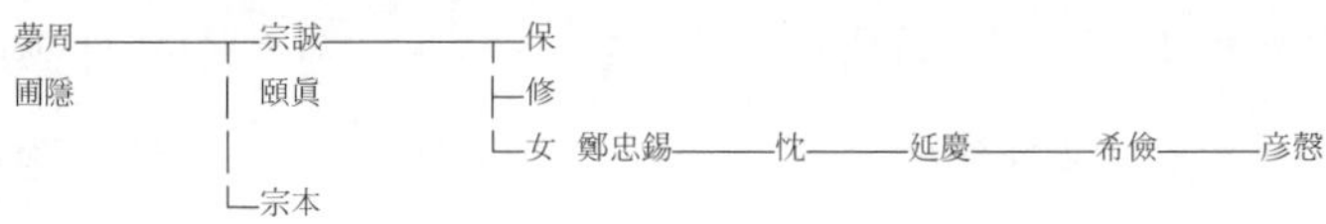

> 경상도 관찰사 정언각鄭彦慤이 장계狀啓하기를, "신은 지난해 9월 명을 받고 내려와 순행차 영천永川에 도착하니 한고을의 부로父老와 유생儒生들이 모두 모여 신에게 고하기를 '고을 북쪽 10리쯤에 부래산浮來山이 있는데 그 산밑에 있는 고허古墟는 바로 문충공文忠公 정몽주鄭夢周가 생장하고 공부한 곳이다. 가묘家廟를 세우고 서원書院을 지어 풍속을 돈독하게 하고 후생後生을 격려하려고 소원해온 지 오래되었는데, 이제

19) 李滉. 『退溪集』 卷40. 〈答完姪丙辰〉 "聞臨皐已落成 遙賀 但其宴太侈 至用油蜜果 此甚不宜於學中 盧鄭兩君 何不思之甚耶 如見兩君 須密規之 凡事務從簡約 圖爲久遠可行之計 至幸至幸"

감사가 내려 왔으니 어찌 이 일의 성취를 꾀하지 않겠는가.'하였습니다. …금년 3월에 신이 다시 순행하여 군에 이르니 품관品官과 유생들이 모두 힘을 내어 가묘를 완성시키고 서원을 짓고 있는 중이었는데 군수 이의李義가 첩정牒呈하기를 '문충공 정몽주 가묘와 서원을 건립하는 유사有司인 생원生員 김응생金應生, 유학幼學 정원량鄭元良, 진사進士 노수盧遂 등이, 가묘의 춘추 제향春秋 祭享과 유생들을 먹일 미면(米)과 읽을 서책 및 지공支供할 노비奴婢 등의 출처가 없으니 소수 서원의 예에 따라 전해 보내서 시행하게 해달라고 정장하였다.'라고 했습니다."하였다.[20]

뿐만 아니라 정언각은 소수서원의 예에 따라 노비와 전답田畓의 지급을 요청하는[21] 등 임고서원의 재정 확충에도 크게 기여하였다. 서원 보급에 대한 이황의 애착⇒노수·김응생·정윤량 등 퇴계문인들의 사론師論의 적극적 수용과 실천⇒수령·방백의 지원과 협조⇒서원에 대한 조정의 우호적 반응으로 이어지는 일련의 과정을 거치면서 임고서원은 건립, 사액될 수 있었던 것이다. 정몽주라는 제향 인물의 도학상의 지위, 퇴계학파의 종사宗師 이황의 지속적인 관심과 지원은 임고서원이 영천사림의 학문적 구심점을 넘어 '포은주향처'로서 확고한 위상을 점하는 계기가 되었다. 이 과정에서 영천의 학술문화적 입지는 상승하였고, 퇴계학파의 주변지라는 종전의 인식도 점차 탈색되어 갔다.

2) 중건과 여헌학旅軒學의 확산

1592년에 발생한 임진왜란은 임고서원의 역사에 있어 커다란 시련이 되었다. 왜군의 북상로에 위치했던 영천은 전란의 소용돌이로부터 결코

---

20) 『명종실록』 권16. 명종 9년 6월 14일(계미).
21) 『명종실록』 권16. 명종 9년 6월 15일(갑신).

안전할 수 없었고, 이 과정에서 서원이 전소되는 곡절을 겪었다. 전란 속에서도 '포은영정'을 안전하게 보존할 수 있었던 것은 그마나 다행이었고,[22] 그 근저에는 영천사림들의 각별했던 '존현의식'이 깔려 있었다.

서원의 창건이 이황의 주선과 지휘 속에 퇴계문인을 중심으로 이루어졌다면 1602년에 착수된 중건사업은 장현광의 자문 속에 한강·여헌·지산문인을 중심으로 추진되었다.

> 서원을 도일동道一洞으로 옮겨 세웠는데, 곧 향노鄕老 이안국李安國의 집터이다. 이안국은 효자 이감李敢의 6세손인데, 여러 유생들이 원기院基를 옮기려한다는 것을 알고 두 말 없이 승낙을 하자 모든 사람들이 열복했다.[23]

즉, 임고서원은 중건을 계기로 부래산[古川]에서 도일동[良巷]으로 터를 옮겼음을 알 수 있는데, 당시 원장은 박점朴點(寒岡門人), 유사는 김취려金就礪(芝山·旅軒門人), 영조유사營造有司를 맡은 이희백李喜白(芝山門人)·정담鄭湛(芝山·寒岡門人)·이효남李孝男·손우남孫宇男(芝山·旅軒門人)·정사진鄭四震(芝山·寒岡·旅軒門人)이었다.

원임의 사승관계를 고려할 때, 표면적으로는 지산·한강·여헌문인의 공조상이 뚜렷하지만 실제로는 여헌문인들의 역할이 가장 컸다. 예컨대, 이희백은 지산문인이었지만 장현광과의 관계 또한 막역했고,[24]

---

22) 포은영정은 임란 발발 초기 李顯男이 院吏와 협모하여 사당에 묻어다가 왜군의 분탕질이 심해지자 자양 聖穴寺로 이봉했고, 1593년에는 향교의 위판과 함께 趙宗岱의 溪亭으로 다시 이봉했다. 그 후 1597년 정유재란이 발생하자 지금의 자양면 소재 경주김씨의 집성촌 獐項里[魯巷]의 석굴로 옮겼다가 이듬해인 1598년에는 벽진이씨의 세거지 圓覺의 촌사로 이봉하는 등 그 수호와 이봉의 역사가 순탄치 않았다. 임란 종식 직후인 1600년부터 서원이 중창되던 1602년까지 향사가 진행될 수 있었던 것도 영정이 안전하게 보존되었기 때문이다(『臨皐書院誌』「考往錄」〈壬辰〉, 〈癸巳〉, 〈丁酉〉, 〈戊戌〉, 〈庚子〉 참조).

23) 『臨皐書院誌』「考往錄」〈壬辰〉"移創書院于道一洞 卽鄕老李安國家基也 李卽孝子李公敢六代孫 而聞諸儒欲移院基 一言立諾 人皆悅服"

손우남과 정사진은 장현광이 '입암4우立巖四友'로 지칭했던 애제자들이었다. 임고서원 중건과 관련하여 조호익曺好益 · 정구鄭逑에 비해 장현광의 역할이 두드러진 것은 16세기 후반부터 영천지역에 장현광의 문인집단이 강력하게 구축되어 있었고, 또 이들이 지역의 사론을 장악하고 있었기 때문이었다.

장현광이 영천과 인연을 맺은 것은 피난살이가 한창이던 1596년(선조29) 여름이었다.[25] 문인 정사진鄭四震 형제가 입암에 터를 잡고는 그에게 함께 살자고 정중하게 요청해 온 것이다. 사실 정사진은 그의 문인이기 전에 척분이 깊은 사람이었다. 장현광에게는 채응곤蔡應鯤에게 시집간 누나가 있었는데, 정사진은 채응곤의 시양자였다. 당시 정사진의 본가는 영천 우항愚巷에 있었고, 장현광의 누나를 모시고 살았다. 이에 장현광은 누나를 문안하기 위해 영천을 자주 왕래했고, 이 과정에서 정사진도 자연스럽게 그의 문인이 되었다.

장현광이 입암에 입거하게 된 직접적인 계기는 임진왜란이었다. 원래 입암은 1593년(선조26) 권극립權克立, 손우남孫宇男이 피난처로 물색한 천혜의 벽오지였다.[26] 이후 두 사람은 1595년 정사상 · 사진 형제와 더불어 '입암결사立巖結社'를[27] 맺는 한편 정사진을 통해 1596년 마침 청송에 우거하던 장현광에게 동거를 요청했던 것이다. 입암이 지닌 장수유

---

24) 張顯光. 『旅軒集』 續集 卷4. 〈鶴眠亭記〉. 장현광은 영천 立巖을 왕래하는 과정에서 이희백의 거주지 圓覺을 자주 들렀던 것 같다. 이 과정에서 그는 자신의 아버지를 비롯하여 백부와 숙부를 지성으로 섬기는 이희백의 정성에 감동하여 정자 이름을 지어준 바 있는데, 이 글은 그 記文이다.

25) 장현광의 입암 입거의 배경과 과정. 강학활동에 대해서는 김학수. 2009. 「여헌학파의 형성과 전개」. 『여헌 장현광 연구』. 태학사. 145-150쪽 참조.

26) 權周郁編. 『永嘉世稿』 卷3. 「東峰年譜」 〈癸巳〉(1593) "與生員孫宇男尋立巖 立巖古無居人 山深地僻 又有泉石之勝 故仍卜築"

27) 孫宇男. 『綸庵逸集』 卷1. 「年譜」 〈乙未〉(1595) "與鄭愚軒四象守菴四震兄弟 爲立巖結社之約"

식처藏修遊息處로서의 탁월한 입지에 매력을 느낀[28] 장현광은 동거를 약속하였고,[29] 마침내 1597년 솔가하여 입거하게 된다. 장현광은 권극립, 손우남, 정사상, 정사진 네 사람을 4우四友로 칭하며 그 누구보다 각별하게 대했고, 이들도 장현광을 헌신적으로 보좌하며 사우관계를 돈독하게 다져나갔다.

〈표1〉 장현광의 입암사우立巖四友

성　명	본관	호	여타 사승	비 고
權克立(1558~1611)	안동	東峯	周博門人	鄭四象의 고모부
鄭四象(1563~1623)	영일	愚軒	寒岡・芝山門人	
孫宇男(1564~1623)	일직	綸庵	芝山門人	
鄭四震(1567~1616)	영일	守菴	芝山門人	鄭四象의 아우

장현광을 맞아들였던 이들 4우는 본디 혈연・학연으로 맺어진 가까운 사람들이었다. 장현광과 정사진의 관계는 앞에서 소개한 바와 같고, 정사상은 정사진의 형이었으며, 권극립은 이들 형제의 고모부였다. 손우남은 이들과 인척관계는 없었지만 권극립과는 학연에 따른 친교가 깊었다.

장현광은 이 곳 입암에서 사우와 더불어 학문을 토론하고 도의를 강마하는 것이[30] 일상의 가장 큰 즐거움이 되었다. 이런 가운데 1599년(선조32) 입암정사立巖精舍가 건립됨으로써[31] 강학의 기반도 조금씩 모

28) 張顯光.『旅軒集』卷9.〈立巖記〉"自壬辰倭賊之起 永陽士人三四人 結志入棲于此谷 三四士人 卽吾友權君强哉・孫君吉甫・鄭君汝燮・君燮兄弟也 四友見余極言巖之奇 余從四友者 前年始來賞焉 果驗四友之言 不爲虛美矣"

29) 孫宇男.『綸庵逸集』卷1.「年譜」〈丙申〉"張先生命取水磨白片石 題長少姓名 擬作淸遊之契 指立巖而誓約 藏之巖隙 爲他日考焉"

30) 權周郁編.『永嘉世稿』卷3.「東峰年譜」〈丁酉〉(1597)"旅軒挈家來寓 與先生及愚軒守菴綸庵 日夕講磨道義 常以四友稱焉"

31) 鄭四震.『守菴集』卷3.「年譜」〈己亥〉(1599)"秋鳩財構小亭於起予巖下…張先生亦往來遊息

양새를 갖추어갔다. 입암정사는 본당인 일제당日躋堂을 중심으로 동협실인 우란재友蘭齋, 서협실인 열송재悅松齋의 총칭이다. 당실의 이름에서도 우의가 느껴지는데, 권극립과 정사상의 거처가 우란재, 손우남과 정사진의 거처가 열송재였다.

장현광에게 있어 입암은 수신修身과 양성養性이라는 유학의 본령에 충실하는 순수 학문의 공간에 다름 아니었고, 그런 의미는 '입암정사기立巖精舍記'에 고스란히 담겼다.

> 오직 한 가지 일이 있으니, 세상의 분화紛華함을 등지고 말로末路의 부귀영화에 치달림을 천하게 여겨, 책을 읽고 이치를 궁구하는 것이 우리의 급선무임을 알고 몸을 닦고 성性을 기르는 것이 우리의 본업임을 아는 자들이 여기에 머물며 학문을 닦는다면 바름을 길러 성인이 되는 공부가 산 아래의 물에 형상할 수 있고, 옛 성인들의 훌륭한 말씀과 행실을 많이 쌓는 것이 산 가운데의 하늘에 법받을 수 있을 것이다.[32]

입암정사 주변의 아름다운 산수는 그의 시심詩心을 한없이 자극했다. 『여헌집』 〈입암13영立巖十三詠〉[33]에 보이는 입암촌立巖村, 만욱재晩勖齋, 사사헌四事軒, 수약료守約寮, 계구대戒懼臺, 학욕담鶴浴潭, 피세대避世臺, 인학산引鶴山, 상천봉象天峯, 산지령産芝嶺, 구인봉九仞峯, 도덕방道德坊, 경운야耕雲野는 자신과 아침 저녁으로 호흡했던 주변의 경치와 풍물을 노래한 것이었다.

遂命名堂齋 堂曰日躋 東夾曰友蘭 西夾曰悅松"

32) 張顯光. 『旅軒集』 卷9. 〈立巖精舍記〉 "唯有一事焉 背世上之紛華 賤末路之奔馳 知讀書窮理之爲吾急務 識修身養性之爲吾本業者 於此焉藏以修之 則養正作聖之功 可象於山下之泉 前言往行之畜 可法於山中之天"

33) 張顯光. 『旅軒集』 卷1. 〈立巖十三詠〉.

장현광의 입암 입거와 강학은 영천유림의 학풍 진작과 여헌학파의 형성에 커다란 영향을 미쳤다. 4우 가운데 權克立을 제외한 손우남·정사상·정사진이 그의 문인이었고, 이들을 정점으로 영천지역에는 여헌학파가 급속도로 확산되어 갔다. 권극립의 경우만 하더라도 아들[權㠿], 손자[尙敏·好敏·晉敏], 사위[李塾·黃中信·金慶長], 외손자[李鐵堅·鄭好仁·鄭好問·黃金閏] 등 일가족 11인이 여헌문인이 되었다. 이런 추세는 여타 사우들도 예외가 아니어서 정사상의 두 아들[鄭壁·鄭垄], 정사진의 세 아들[鄭壓·鄭壆·鄭敞(敞+土)]및 두 사위[朴頤慶·崔東亮], 손우남의 두 아들[孫沆·孫瀣]도 영천지역을 대표하는 여헌문인이 되었다. 이들은 여헌학파의 주축인 동시에 영천의 으뜸 서원인 임고서원의 운영 주체이기도 했다.

인근 사림들의 내학활동의 증가는 강학공간의 증축으로 이어져 1604년(선조37)에는 입암정사 인근에 만활당萬活堂이 건립되었고[34], 1621년(광해군13)에는 이마저도 협소하여 그 남쪽에 경제당敬躋堂이 추가로 건립되었다.[35] 경제당에는 수약재守約齋, 만욱재晩勖齋가 딸려 있었는데, 1673년 9월 7일 그가 고종한 곳이 바로 만욱재였다.

이런 토대 위에서 장현광은 정사진 등 입암사우를 통해 새로운 원기의 선정 과정이나 위치 등을 상세하게 알고 있었고,[36] '묘우상량문廟宇上

---

34) 鄭四震.『守菴集』卷3.「年譜」〈甲辰〉(1606) "爲張先生營構數楹於吐月峯下 張先生有卜隣之志 先生爲營草屋於吐月峯下 與日躋堂相對 張先生名其堂曰萬活堂"; 張顯光.『旅軒集』卷1.〈萬活堂賦幷序〉.

35) 孫宇男.『綸菴逸集』「年譜」〈辛酉〉(1621) "刱建講舍于萬活堂之南 日躋堂狹隘 難於群居肆業 故與鄉中士友 議建此堂 以爲會講之所 至是張先生來臨 名堂曰敬躋 東齋曰守約 西齋曰晩勖"

36) 張顯光.『旅軒集』卷4.〈與鄭君燮〉"且聞臨皐院宇之移卜 旣定于吉地 不勝喜賀 此郡中諸丈諸益尙賢衛道之誠耳 豈疎遠賤末者所得與其盛擧者哉"; 張顯光.『旅軒集』續集 卷2.〈與權強哉孫吉甫鄭汝燮君燮〉"臨皐移占事 鄙人亦參聞於亦顔之稟質矣 但所不親見形勢 雖明者難決彼此之優劣 不知何如"

樑文', '홍문당상량문興文堂上樑文', '이묘시봉안문移廟時奉安文' 등 주요 예식 문자를 전담하여 찬술했다.37) 이처럼 장현광이 서원 창건시 이황이 했던 것과 거의 동일한 역할을 수행할 수 있었던 것은 입암사우를 중심으로 굳건하게 형성되어 있었던 문인집단의 존재와 무관할 수 없었다. 장현광의 문인록인 『여헌선생급문록旅軒先生及門錄』에 따르면, 영천지역 여헌문인은 약 60명인데[☞〈별표1〉 참조], 영천이 인동·선산지역과 더불어 여헌학파의 '3대거점으로' 인식되는 배경도 여기에 있다.

〈표2〉 임고서원 원장의 사승 -선조 ~ 현종조[〈고왕록〉 기준]

순번	성명	연도	사우관계 사승 및 교유	비고	유사진
1	李喜白	1592	芝山門人·旅軒交遊 [旅軒門人 李磊의 父]	-임란시 포은영정 이봉	孫宇男(芝門·旅門)
		1600		-영정봉안, 향사 재개	
2	朴 點	1602	寒岡門人	-서원 중창[道一洞으로 이건]	金就礪(芝門·旅門), 李喜白, 鄭湛, 李孝男, 孫宇男, 鄭四震(岡門·芝門·旅門)
3	鄭四象	1604	寒岡·旅軒·芝山門人 [芝山姪壻]	-전답 등 재정 정비	
4	鄭 湛	1610	寒岡·芝山門人	-홍문당 건립	孫宇男(芝門·旅門), 李得鳳
5	成 立	1612	寒岡交遊 [旅軒門人 以諒의 父]	-묘우 이건[改創]	金就礪((芝門·旅門)
6	柳根謝	1614	芝山門人	-庖廚(3間) 건립	
7	朴 點	1617	見上	-재사 건립[改造]	孫鏊(旅門)
8	全三省	1619	芝山門人[高弟]	-포은영정 이모[忠烈書院 봉안용] -유사청 건립	李時華, 鄭好仁(旅門)
9	孫宇男	1620	芝山·旅軒門人 [旅軒의 立巖四友]	-고왕록 등 서원 문적 정비 -정준이 영정 이모본을 모셔감	黃中信(岡門·旅門), 李喜榮

37) 張顯光. 『旅軒集』 卷10. 〈臨皐書院廟宇上樑文〉. 〈臨皐興文堂上樑文〉; 卷11. 〈臨皐書院移廟奉安祭文〉.

순번	성명	연도	사우관계 사승 및 교유	비고	유사진
10	鄭四勿	1621	寒岡 · 芝山 · 旅軒門人 [旅軒並享論 주도]	-여헌 심원[배행 유생 40명] -홍문당 및 서재 단청	鄭전(旅門), 朴文孝(岡門), 李煜
11	成　立	1623	見上	-3헌관 제복 마련	李好榮, 李如海
12	未　詳	1638		-위전 정비	曺輈(旅門), 鄭垕(旅門)
13	曺　輈	1640	旅軒門人 [芝山 從孫]	-일성군 묘표 건립	金培(旅門)
14	成以諒	1641	旅軒門人	-장응일이 여헌 영정 이모차 방문	李是稷, 徐强信
15	鄭四勿	1642	見上	-여헌 병향 -병배논쟁 시작	鄭思賢, 崔友摯
16	鄭好義	1643	慕堂 · 芝山門人 [旅軒配享論 주도]	-조정에서 여헌의 배향을 지시	李星發, 全尙垛
17	成以寬	1650	旅軒門人 以諒의 인척	-서책 및 위전 정비	朴慜, 徐行達
		1654		-정간이 포은영정 이봉차 방문	朴燾, 鄭時相
18	曺承孝	1656	芝山門人 曺瓊의 子	-파손된 비각문을 정비	黃鐻, 李廷蓂
19	鄭　垐	1659	旅軒門人	-일성군 묘갈 개건	李亨節, 朴慜
20	成　瞰	1661	[鄭四象의 子]	-주자어류 구입	鄭時垣, 李命稷
21	朴昌宇	1662	[朴暾의 姪]	-맹자를 인쇄하여 소장함 -정운익이 포은집 중간본을 인송	孫㛢
22	鄭思賢	1663	[鄭湛의 孫子]	-주역 등을 입암서원에 보냄	鄭慶鍾, 鄭時衎
23	鄭時欽	1665		-노비 매입	李命稷, 崔柱元

임고서원 중창 및 운영에 미친 여헌학파의 영향력은 원임院任들의 인적 구성에서도 확인해 볼 수 있다. 「임고서원고왕록」에 기준할 때, 선조 연간에서 현종조까지 원장을 수행한 사람은 총 23명이다. 이 가운데 절반 가량이 여헌문인이거나 종유從遊 · 교유인交遊人들이었고, 이런 경향은 유사진有司陣에서도 일관되게 나타나고 있다.

임고서원의 공식 중건 연도는 1602년(선조35)이지만 묘우 · 강당 · 동서재 및 기타 부속 건물을 아우르는 규모의 중창이 완료되기까지는 전후 약 20년이라는 장구한 세월이 소요되었다. 물론 묘우가 완성된 것은 1602년이고, 이 해 가을에 부래산에서 '포은영정'을 이봉하여 부래산 시대를 닫고 도일동 시대를 연 것은 사실이다. 하지만 이 묘우조차도 1612년 이건이 추진되어 이듬해인 1613년에 낙성되었고, 새로이 신주神主를 만든 것도 이때였다.

유생들의 거접공간인 동서재가 건립된 것은 1605년(선조38)이었고, 본당인 홍문당은 1610년(광해군2)에 역사를 시작하여 1611년에 낙성을 보았다. 앞에서 언급한 장현광의 '홍문당상량문'도 이때 지은 것이다. 이후 1614년(광해군6)에는 포주(庖廚: 3간), 1616년에는 고사(庫舍: 6간)를 건립했고, 1617년에는 동서재의 개창에 착수하여 1618년 유사청과 함께 낙성을 보았다. 중창을 마무리하기까지 20년이 소요된 근본적 원인은 임란 이후 물력의 조달이 원활치 않은 데에서 기인한 것으로 보인다. 이런 난황에도 불구하고 영천사림들은 서원 중건이라는 대대적인 역사를 마무리하였고, 1620년(광해군12)에는 「원중규범院中規範」, 「고왕록考往錄」, 「등록謄錄」, 「잡록雜錄」 등 원장 문적까지 대대적으로 정비함으로써 임고서원은 창건 당시의 규모와 위상을 당당하게 회복하게 된다.

3. 임고서원의 사회문화적 구실

1) 존현尊賢과 위도衛道의 공간

(1) 명사名士의 심원과 사림명소士林名所로의 대두

1554년 소수서원에 이어 두 번째로 사액된 임고서원은 16세기 중반의 사림사회를 대표하는 존현 및 교육기관으로서 화려하게 출범했다.

당시만 해도 서원은 출범기였기 때문에 임고서원은 그 희소성과 더불어 도학의 종사 정몽주의 주향처라는 위상을 바탕으로 점차 존현의 명소로 부각되어 갔다. 묘우인 문충사文忠祠에 이황 친필의 편액이 걸렸을 때[38] 서원은 또 하나의 볼거리를 갖추게 되었고, 서원 인근 우항리에 위치한 효자비[39] 또한 선비들의 심방을 재촉하기에 충분했다.

그리하여 임고서원에는 이황을 비롯한 영남·기호지방의 명사들의 발길이 그칠새가 없었다. 이황이 문인 구봉령具鳳齡을 대동하고 임고서원과 효자리를 몸소 심방, 배알한 것을[40] 시작으로 권동보權東輔(1517-1591), 김언기金彦璣(1520-1588), 조목趙穆(1524-1606) 등 퇴계문하의 우뚝한 인물들이 줄지어 심원했다.[41] 황준량黃俊良(1517-1563)은 낙성을 축하는 시를 보내 왔고,[42] 안동출신의 퇴계문인 권호문權好文(1532-1587)은 1555년(명종10) 임고서원을 봉심한 뒤 존현의 마음을 곡진한 시어로 표현했다.[43]

---

38) 鄭逑.『寒岡集』卷3.〈答臨皐書院儒生〉"旣曰文忠公廟 則此是廟號 何必別立祠名 況曾經李先生親筆 恐不得更議"

39) 우항리 소재 정몽주의 효자비는 1389년 군수 鄭宥가 건립한 것인데, 이후 어느 시기부터 그 존재가 잊혀졌던 것 같다. 1486년(성종17) 경상감사 孫順孝가 경내를 순행하던 중에 찾아내어 復立한 다음 비각을 세우고 그 기둥에 "文丞相忠義伯 兩先生肝膽相照 忘一身立人極 千萬世景仰無已 惟利所存 古今奔走 淸霜白雪 松柏蒼蒼 構屋一間 將以蔽風 公靈安兮 我心安兮"이라는 글을 새겼다.(鄭惟一.『文峯集』卷5.〈閑中筆談〉"成化丙午 孫七休舜孝觀察嶺南 巡到永陽 夢見公 旣寤 卽命駕訪公舊居 無基址可尋 惟見一碑頹然草莽間 公下馬再拜 卽命構屋一間 以庇風雨…人始知有鄭文忠之碑矣"). 참고로 1831년에 발간된『永川郡邑誌』「古蹟」〈孝子里〉에는 손순효가 현몽으로 비를 찾은 연도를 1487년으로 기록하고 있다.

40) 具鳳齡.『栢潭集』卷10.〈遺語〉"圃隱先生孝子里碑屋銘云 °文丞相忠義伯兩先生肝膽相照 忘一身立人紀 千萬世景仰無已 惟利所在 古今奔走 淸霜白雪 松栢蒼蒼云云 監司孫舜孝所著也 先生遊臨皐見之曰 小子識之"

41) 현재 임고서원에는 총 6책의 심원록이 전해지고 있다. 특히, 창원 초기인 1553년에서 광해연간까지 심원한 인사 386명의 명단을 수록한 제1책과 1625년에서 1675년까지 심원한 552명의 명단을 수록한 제2책은 본고 작성에 필수적인 자료이지만 아직 열람하지 못했다. 權東輔, 金彦璣, 趙穆 등의 심원 사실은「臨皐書院槪要」(1999. 임고서원성역화사업추진위원회) 87~89쪽에 수록된「尋院錄」해제를 참조하였다.

42) 黃俊良.『錦溪集』卷1.〈次臨皐書院落成宴韻〉.

임고서원을 향한 존현적 행보는 비단 퇴계학파에 국한되는 것은 결코 아니었다. 사림의 심원 행렬은 남명학파와 기호학파를 망라하여 이루어졌는데, 이는 사림의 학파와 당파를 초월하여 사림의 절대적 추앙을 받았던 정몽주의 도학상의 지위에 기초하였다. 남명학파의 경우 조식曺植의 고제였던 노진盧禛(1518-1578)이 직접 서원을 심방, 정몽주의 사당인 문충사에 치제했다. 이 제문에서 노진은 정몽주의 충효대절과 이학理學 원조로서의 학문적 업적을 숭고한 마음으로 기렸다.[44)]

임고서원을 심방한 기호학파의 대표적 인사는 중봉 조헌趙憲(1544-1592)이었다. 그가 서원을 방문한 것은 1590년 12월로서 임진왜란으로 서원이 전소되기 약 1년 6개월 전이었다. 이 해 12월 중하순에 영천을 찾은 그는 명원루明遠樓에 게시된 정몽주의 시판을 차운하며 경모의 마음을 일으켰고, 20일 부래산에 와서는 '포은영정'을 참배하고 백이·숙제에 비견되는 정몽주의 절개를 다시 한번 되뇌였다.[45)] 22일 문충사文忠祠를 공식 배알한 조헌은 극도의 존경의 마음을 제문에 담았다.[46)] 배알 뒤에는 후학·소자의 자격으로 정몽주의 순충대절과 백세 종사로서의 학문을 가슴 깊이 새기며[47)] 우항리로 가서 효자비를 답사함으로써[48)] 정몽주를 대상으로 하는 '존현걸음'을 마무리하게 된다.

---

43) 權好文.『松巖集』「年譜」〈乙卯〉"往臨皐書院 謁鄭文忠公廟 <u>院在永川郡北阿川里";</u>『松巖集』卷1.〈訪臨皐書院憶鄭文忠公〉"千載先生舊宅墟 草萊無處子孫居 德音當日能光國 蹤跡來今競式廬 建廟尊賢眞盛意 開堂聚士豈虛譽 浮來山下雙溪水"

44) 盧禛.『玉溪集』卷2.〈祭永川臨皐書院文〉"惟公忠孝大節 理學元祖 日月東震 綱常萬古 流風百世 與我好德 作院建宇 昭祀無斁 禛幸以外裔 叨按南極 今過祀下 祗謁遺像 恭藏菲具 庶承肸蠁". 노진은 정몽주의 외손으로서 공무차 영천을 지나다 임고서원에 들러 치제한 것이다.

45) 趙憲.『重峯集』卷2.〈樓題 仰覩文忠公所作一律一絶 手澤如昨 風流宛然 終宵有感 因記排律二十韻 以寓平生景慕之意 因以二十日 往拜于臨皐書院先生眞像 二十日〉.

46) 趙憲.『重峯集』卷13.〈臨皐書院祭圃隱先生文庚寅十二月二十日〉.

47) 趙憲.『重峯集』卷2.〈拜謁後 題于書院〉"純忠大節冠當時 吏議如何敢置疑 南服卉裳西感帝 民登壽域士知詩 誠通金石三韓寶 學究天人百世師 小子摳衣來俯仰 宛然親覩虎龍姿"

48) 趙憲.『重峯集』卷2.〈愚巷里前 歷覩先生孝子碑〉.

이런 흐름 속에서 임고서원은 남계·송양·천곡·문헌·쌍봉·도봉·도산·여강·이산·구산·연경서원 등과 함께 16세기를 대표하는 서원으로 인식되어 갔고,[49] 숭양·오천·충렬서원 등과 함께 정몽주의 주향처로서의 입지를[50] 더욱 확고하게 다녀나가게 된다.

(2) 관인층官人層의 심원과 경제적 지원

존현의식에 바탕한 심원 행렬은 사림층에 국한되지 않고 관인층으로까지 확대되어 갔다. 특히 관찰사와 수령으로 대표되는 관인층의 심원은 현안 문제의 해결 및 경제적 지원이라는 현실적인 이익이 수반된다는 점에서 특별한 의미가 있었다. 도동·옥산·도산·여강서원 등 영남의 주요 서원들과 마찬가지로 임고서원도 감사, 수령의 중점 순방 대상으로 인식되었고, 이런 흐름은 17세기는 물론 19세기 후반에 이르기까지 그대로 유지되었다.

1600년(선조33) 체찰사 자격으로 심원했던 이원익李元翼(1547-1634)은 중진급 관료로서는 부래산 구기를 찾은 거의 마지막 인물이었다. 당시는 전란으로 소실된 구기에 가까스로 초우草宇를 지어 영정을 봉안하고 막 향사를 재개하던 시점이었다. 전란의 여파는 서원 재정에도 영향을 미쳐 대부분의 위전位田이 제 기능을 하지 못하고 있었다. 이에 원유들이 제반 고충을 토로하자 이원익은 직권으로서 공문[關字]을 발송하여 위전을 추심함은 물론 세금을 감면하는 조처를 단행했다.[51] 위전 회복

49) 李廷馨.『知退堂集』卷10.〈東閣雜記坤 ○ 本朝璿源寶錄〉“永川曰臨皐 咸陽曰藍溪 松都曰崧陽 星州曰川谷 海州曰文憲 綾城曰雙峯 楊州曰道峯 禮安曰陶山 安東曰樹谷 榮川曰伊山 江陵曰丘山 大丘曰畫巖 或以儒先所居 或以其往來之地 竝立廟宇以祀之”

50) 李廷龜.『月沙集』卷37.〈龍仁圃隱先生書院記〉.

51)『臨皐書院誌』「考往錄」〈庚子〉.

을 골자로 하는 이원익의 행정 조처는 임고서원 재정사에 남을 거적이었다.

이런 흐름 속에서 1602년에는 순찰사 이시발李時發(1569-1626)이 내원하여 쌀을 비롯한 각종 물품을 지원하였다.[52] 이런 지원이 이 해에 시작된 서원 중창에 상당한 조력이 되었음은 의심의 여지가 없다. 특히 이시발은 1603년 서원 중창 사실을 조정에 보고하여 재사액되는 길을 열어주었다. 그리고 1605년(선조38)에는 순찰사 유영순柳永詢(1552-미상)이 내원하여 하루를 묵고 간 적이 있었다. 후술하겠지만, 이것이 계기가 되어 유영순은 이듬해인 1606년에는 『포은집』 간역을 적극 지원하게 된다. 사실 유영순은 존현의식이 남달라 감사 또는 수령 재직시에 누구보다 원우 지원에 앞장선 사람이었다. 예컨대, 1606년에 건립된 진주 덕천서원의 수업재修業齋도 그가 주관한 것이었는데, 임고서원에 대한 지원도 이런 맥락에서 이해할 필요가 있다.[53]

서원에 대한 관심과 지원은 영천군수도 예외가 아니었다. 특히, 1606년에 부임한 황여일黃汝一(1556-1622)의 열성은 자못 각별했다. 평해 출신인 황여일은 내암·한강문하에서 수학했고, 정구·장현광과 교유가 깊었던 박성朴惺과는 사돈간이었다. 이처럼 그는 관인이기 이전에 학통상으로 17세기 영남학계에서 매우 중요한 위치를 점한 인물이었던 것이다.

황여일의 영천 군수 부임과 잦은 심원은 임고서원의 운영에도 커다란 변화를 주었다. 우선 그는 부임 즉시 존현의 기치 아래 '효자비각'을 중

52) 『臨皐書院誌』「考往錄」〈壬寅〉.

53) 韓國精神文化硏究院編. 『古文書集成』25-德川書院篇. 〈德川書院誌〉"三十四年丙午 觀察使柳永詢營建修業齋 九月 又與兵使金太虛來損以 米二十碩租五十碩環山一里爲取息之地以備院中需用"

수한 다음 수호 인력 4명을 배속시켰고, 1607년에는 감사 유영순과 함께 『포은집』 간행을 적극 도왔으며, 1608년에는 유분鍮盆 1좌를 증정키도 했다. 특히 1609년에는 공노비 7구를 지급하는 실로 파격적인 조처를 내렸는데,[54] 그의 조처가 '존현의식' 또는 '후학의식'에 기초하였음은 두 말할 나위가 없다.

관인층의 심원 · 알묘 및 지원 추세는 이후에도 변함없이 유지되었다. 1611년에는 군수 윤방尹昉(1563-1640)이 흥문당의 낙성에 즈음하여 곡식과 목재를 내렸고,[55] 1617년 재사 개건시에는 순찰사 윤훤尹暄(1573-1627)이 정철正鐵 100근을 지급했다. 서울 출신으로 우계牛溪 성혼成渾의 문인이었던 윤훤은 지역과 학파를 초월하여 정구와도 깊이 교유하였다. 이런 맥락에서 그는 칠곡의 사양정사를 왕래하며 정구와 잦은 만남을 가졌고,[56] 동년 7월 정구가 동래로 온천을 떠났을 때는 직권으로 여행에 따른 제반 편의를 제공함은[57] 물론 정구 일행이 경산의 소유정小有亭에 이르렀을 때는 몸소 영접키도 했던 것이다. 공교롭게도 재사 개건시의 원장 박점은 윤훤이 존경했던 정구의 문인이었다.

그리고 1621년(광해군13)에는 독운어사督運御使 정세미鄭世美, 1624년(인조2)에는 상국 민성징閔聖徵, 1625년에는 감사 이민구李敏求, 1627년에는 상국 김시양金時讓 등 저명한 관료들이 연이어 알묘했다. 이 과정에서 민성징閔聖徵은 쌀 3석, 이민구李敏求는 『시전詩傳』 등 서책, 김시양金時讓은 종이와 먹을 지원하여 서원의 재정 확충을 도왔다. 특히, 1649년

---

54) 『臨皐書院誌』「考往錄」〈己酉〉. 그러나 이 조처는 후임 군수 李民宬 재직시에 원상복구되고 만다(後郡守李民宬 報使還除之).

55) 『臨皐書院誌』「考往錄」〈辛亥〉"冬興文堂落成 後郡守尹昉租十石木一同太五石題給"

56) 張興孝. 『敬堂集』卷1. 〈南行錄〉"十三日乙亥晴 與表兄午戾泗水上 寒岡先生方與監司尹暄對坐 俟于外次 賓退乃展刺"

57) 鄭逑. 『寒岡全書』「蓬山浴行錄」〈7月29日〉"新安踏溪驛卒賫監司關來 盖一路先生支應事也"

(인조27)에는 감사 김시양과 이만李櫏의 도움으로 재정을 크게 확충하는 개가를 올리기도 했다.[58)]

「고왕록」에 따르면, 관인층 중에서도 영천군수는 해직 또는 사직시에 물력을 지원하는 것이 관례화되어 있었다. 대표적인 사례로는 박안효朴安孝(1630), 김지복金知復(1632), 이중일李重鎰(1633), 심지원沈之源(1634), 한덕급韓德及(1634), 이석망李碩望(1644)을 들 수 있다. 그러나 때로는 군수가 재정적 재량권을 통제키도 했는데, 1650년 영천군수 신량申湸이 서원 소속 하전 10명을 충군한 것이 그 단적인 사례이다.[59)]

감사 및 수령 등 관인층의 심원·알묘와 경제적 지원은 공무 수행의 한 형태로 파악할 수 있는 여지도 있다. 그러나 이들 관인층의 관심과 지원이 모든 서원에 보편적으로 적용되었다고 보기는 어렵다. 비록 그것이 공무적 성격을 가지고 있다 하더라도 그 대상은 선별적일 수 밖에 없었는데, 영천의 경우 임고서원이 단연 우선 순위에 놓였음은 재론의 여지가 없다. 그러한 순위를 결정짓는 으뜸 기준은 역시 제향인의 역사적 위상, 서원의 사액 여부 등일 것이다. 이 점에서 임고서원은 이학의 조종 정몽주의 주향처이자 소수서원 다음의 두 번째 사액서원이라는 특별함을 지니고 있었고, 그만큼 관인층의 심원 및 경제적 지원 행위도 빈번했다. 관인층의 심원이 정몽주를 향한 '존현예법尊賢禮法'이었다면 재정적 지원은 정몽주를 위한 '존현행정尊賢行政'이었던 것이다.

58) 『臨皐書院誌』「考往錄」〈己丑〉.

59) 『臨皐書院誌』「考往錄」〈庚寅〉"申侯亮 以十名下典 充定編伍"

2) 학술과 문화의 공간

(1) 강회講會를 통한 유풍의 진작: 지산芝山 · 한강寒岡 · 여헌학旅軒學의 교차

건립과 동시에 임고서원에 부여된 가장 중요한 기능은 강학으로 대표되는 학문 활동이었다. 그러나 아쉽게도 임진왜란으로 문적이 일실되면서 창원(1553)에서 중건(1602)에 이르는 약 50년 동안의 양상은 살펴볼 길이 없다. 그러나 임고서원은 1602년 도일동에 중창된 이후부터는 영천 사림의 학문적 구심점으로서의 본연의 역할을 충실히 수행하게 된다.

당시 영천지역의 학풍을 이끈 양대 석학은 조호익曺好益(1545-1609)과 장현광張顯光(1554-1637)이었다. 1599년 영천의 도촌道村으로 이거한[60] 조호익은 1609년(광해군1) 사망할 때까지 약 10년 동안 학문과 저술, 그리고 후학 양성에 매진한 결과 영천 · 경주 · 성주 · 현풍 등지에서 94명에 이르는 문인을 배출하였다. 그리고 장현광은 정유재란을 전후한 시기부터 1637년 입암에서 사망하기까지 약 40년을 영천을 왕래하는 과정에서 영천에서만 무려 60명에 달하는 문인을 배출하였다. 〈표2〉에 나타난 임고서원 원장의 대부분도 지산 · 여헌문인들이었는데, 바로 이들이 임고서원 학문 활동의 주체들이었던 것이다.

여기에 대구 출신의 한강문인 서사원徐思遠 · 손처눌孫處訥이 영천을 자주 왕래하며 학문적 분위기를 더욱 고조시켰고,[61] 이들을 매개로 상당

---

60) 이로부터 4년이 지난 1603년에는 다시 芝山村으로 이거하여 拙修堂, 翫餘齋, 忘懷亭 등을 지어 본격적인 강학에 들어갔다.

61) 徐思遠은 1603년 9월 영천으로 와서 紫陽, 立巖 등을 거쳐 경주 옥산서원을 심원한 다음 동월 27일 새로 건립한 임고서원 문충사를 알묘하고 포은영정을 참배한 바 있었다. 그의 영천 · 경주행에 同參 · 會話했던 영천 · 경주인사는, 孫宇男, 鄭世雅, 鄭四象, 鄭四勿, 鄭四震, 李孝男, 朴點, 朴曾孝, 李汝伯, 李喜白, 金就礪, 鄭四岳, 權克立, 孫得宗, 李元凱, 徐光胤, 李宜潛, 權應生, 李君賓, 孫克會, 李宜澍, 李宏, 鄭克後, 李安國, 李友說, 鄭曉佐 등이다(徐思

수의 영천 사림들이 한강문하를 출입하게 되면서 임고서원은 지산·여헌·한강학의 거점으로 부상하게 된다. 특히 영천의 세족 정세아 가문과 세의가 깊었던 손처눌은 임란 직후부터 영천을 자주 왕래하며 조호익·장현광과 학문을 토론하는 일이 잦았다. 1603년에는 조호익을 방문하여 사흘간 학문을 토론했고,[62] 1612년(광해군4)에는 임고서원에서 대규모의 강회를 열었다. 이 모임에는 정사상·정사진권극립·손우남 등 장현광의 입암사우를 비롯한 유생 20여명이 참여하여 성회를 이루었다.[63] 뿐만 아니라 그는 1616년 정사진의 문상차 영천에 와서는 임고서원에서 장현광과 상례변절喪禮變節을 강론하는 등 의욕적인 학문활동을 펼쳤다.[64] 이 과정에서 그는 상당수의 문인을 규합하였는데, 그 대표적인 인사로는 손우남孫宇男, 정호인鄭好仁, 정사상鄭四象, 정극후鄭克後, 황중신黃中信, 정호례鄭好禮, 정호신鄭好信, 정호문鄭好問, 손항孫沆 등을 들 수 있다.[65] 특히, 9세에 조부 정세아鄭世雅의 명으로 모당문하에 입문한 정호인은 후일 손처눌의 묘갈명을 짓게 된다.[66]

손처눌은 한강고제라는 점에서 임고서원을 중심으로 전개했던 그의 강학활동은 영천 사림의 한강문하 편입에 일정한 영향을 미쳤다. 정구는 비록 임고서원을 심원한 적은 없었지만 원향 예식과 관련하여 임고

遠『樂齋集』卷7.〈東遊日錄〉“二十七日 將行 汝變固請朝飯 誠意可見 余以早朝謁廟事 馳到臨皐書院 入拜文忠公廟 千載遺像 至今凜然 令人不覺其盡敬 獨恨夫吾生旣晩 未得其親炙也 此院新成 惟廟宇甚精 而齋堂未成”).

62) 孫處訥.『慕堂集』卷6.「年譜」〈癸卯〉“四月往永川 訪芝山曺公好益于芝村新齋 …講討三日而返”

63) 孫處訥.『慕堂集』卷6.「年譜」〈壬子〉“往臨皐謁圃隱鄭先生祠…時鄭四象鄭四震權克立孫宇男及居接儒生二十餘人 講質所業”

64) 孫處訥.『慕堂集』卷6.「年譜」〈丙辰〉“往永川 哭鄭洗馬殯 與旅軒張公論喪禮變節于臨皐書院”

65) 孫處訥.『慕堂集』卷6.「年譜」〈乙巳〉‘通講諸子錄’;〈乙卯〉‘通講諸子錄’.

66) 鄭好仁.『暘溪集』卷1.〈慕堂孫先生墓碣銘幷序〉; 附錄「年譜」〈乙巳〉“冬承王考湖叟先生命就學于慕堂先生孫公之門”

원유들의 자문에 응하기도 했고,[67] 1607년 안동부사 재직시에는 벼루세트를 보내며 학업을 면려했다.[68]

〈표3〉 영천지역 한강문인

순번	성명	본관	호	경력	기타 사승	비고
1	鄭　湛	迎日	復齋	都事	芝山門人	壬亂倡義
2	朴　點	密陽	養浩堂			臨皐院長
3	鄭四象	迎日	愚軒		旅軒・芝山門人	立巖四友, 曺好益 姪壻
4	鄭四勿	迎日	昆峯		旅軒・芝山門人	臨皐院長
5	朴文孝	密陽	稼亭			朴點 子
6	黃中信	平海	魯庵	生員	旅軒門人	胡亂倡義
7	徐强仁	達城	月巖		旅軒門人	
8	朴　暾	密陽	吾卒子		芝山門人	並配論爭時 配論 주도

이런 가운데 1617년 9월에 이루어진 정구(1543-1620)와 임고 원유들의 회합은 영천지역 한강학파의 확산에 중요한 영향을 미치게 된다. 동래에서 온천을 마치고 귀가길에 오른 정구는 양산-경주-영천-하양-경산을 거쳐 사양으로 가는 여정을 택했다. 9월 2일 문인 정담鄭湛의 집인 도천재道川齋의 극복당克復堂에서[69] 하루를 묵은 정구 일행이 영천에 이른 것은 9월 3일 정오 무렵이었다. 천변에는 이미 수십명의 유생들이 장막을 치고 기다리고 있었는데, 이 모든 준비는 원장 박점을 중심으로 임고서원에서 주관한 것이었다.[70] 이에 정구는 이 날의 회화를 '이수동화록二水同話錄'으로 명하였고, 정담・박사신朴士愼・박점朴點・박돈朴暾・

67) 鄭逑. 『寒岡集』 卷3. 〈答臨皐書院儒生〉.
68) 『臨皐書院誌』 「考往錄」〈丁未〉 "寒岡先生時爲安東府使 送祝硯具匣一坐"
69) 鄭逑. 『寒岡全書』 「檜淵及門錄」 卷1. 〈鄭湛〉 "築室于道川上 齋曰道川 堂曰克復"
70) 鄭逑. 『寒岡全書』 「蓬山浴行錄」 〈9月3日〉 "臨皐山長朴點獻酒酌及諸友午飯之具 自臨皐辦來云"

정사물鄭四勿 · 김취려金就礪 등 총 51명이 제명되었다.[71)]

'이수동화록' 제명자 가운데 영천 유림은 성립成立 · 손항孫沆 · 서강인徐强仁 · 박현朴晛 · 박돈朴暾 · 손우남孫宇男 · 정사상鄭四象 · 황중신黃中信 · 정사물鄭四勿 · 정벽鄭壁 · 정담鄭湛 · 박사신朴士愼 · 박점朴點 · 손해孫瀣 · 박문효朴文孝 · 성이직成以直 · 이용빈李用賓 · 김취려金就礪 · 손흥운孫興雲 · 박찬朴日粲 · 성이량成以諒 · 조전曹輤 · 성이관成以寬 · 권봉權崶 · 최경제崔經濟 · 조방曹舫 등 총 26명이었다. 이 중 한강문인은 박돈 · 박문효 · 박점 · 서강인 · 정담 · 정사물 · 정사상 · 황중신 등 8명인데, 나머지 18명은 비록 정구의 문인록인 「회연급문록檜淵及門錄」에 이름이 올라 있지 않지만 사실상 사제에 준하는 관계를 유지했다고 할 수 있다.

물론 정구와 영천 유림들은 이수에서 회합만 가졌을 뿐 강학 등 학문활동은 이루어지지 않았지만 정구의 영접을 임고서원에서 담당했고, 이 행사를 주관했던 원장 박점이 한강문인이란 점은 임고서원과 한강학파와의 관계성을 이해하는데 크게 참조가 된다. 아울러 8명의 한강문인 가운데 서강인을 제외한 전원이 임고서원 원임[원장 · 유사]를 수행한 사실 또한 주목할만한 대목이다. 1620년 정구가 사망했을 때 임고서원에서 손우남 · 전삼성 · 정사물 · 정극후 · 전유성 · 이협 · 이희영 · 손항 · 권봉 · 정호인 등으로 구성된 문상단을 파견하고, 1622년 대상시에 치전致奠한 것도 이런 맥락에서 이해할 필요가 있는 것이다.[72)]

---

71) 이윤우 등 정구의 수행 문인들을 제외한 숫자가 51명이다. 이 가운데 孫處約 · 都汝兪 등 몇 사람을 제외하면 모두 영천 출신이다. 이들은 정구 · 조호익 · 장현광의 문인이거나 종유 관계에 있던 사람들이다. 17세기 초반 영천지역의 학맥에 대해서는 김학수, 「17세기 초반 永川儒林의 學脈과 張顯光의 臨皐書院 祭享論爭」(『朝鮮時代史學報』 35, 조선시대사학회, 2005) 참조.

72) 『臨皐書院誌』 「考往錄」〈庚申〉, 〈壬戌〉.

〈그림2〉 17세기 초반 영남학파와 임고서원

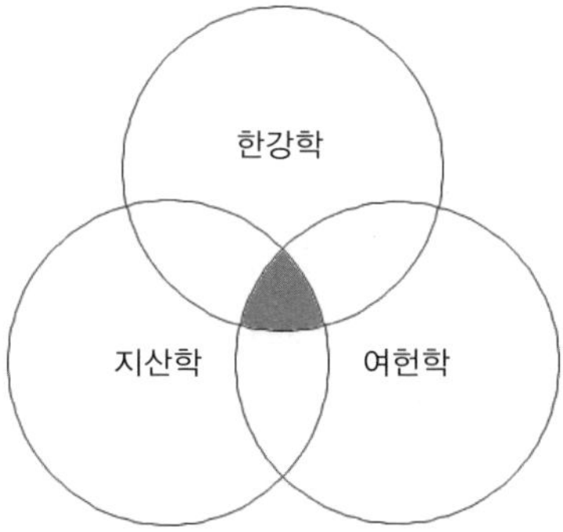

조호익과 정구가 각기 1609년과 1620년에 사망하면서 임고서원에 대한 장현광의 영향력은 더욱 증대되었다. 1621년 장현광이 입암으로 가기 위해 3일간 임고서원에서 유숙한 적이 있었는데, 이때 그를 배행한 유생이 무려 40명이었다고 한다.[73] 뿐만 아니라 장현광은 1629년 7월 개모한 '포은영정'의 봉안례에 직접 참여한[74] 다음 그 유명한 '포은선생의 화상을 뵙고 지은 사(謁圃隱先生畫像詞)'를 지었다.

> 지금 천지간에 서서 삼재에 참여하여 둥근 머리와 네모진 발을 간직하고 있는 우리들이 집안에서 부자간의 사랑을 다하고, 나라에서 군신간의 의리를 다하는 것이 그 누구의 은혜이던가. 이 모두 선생의 한 몸이 천고의 뒤와 만고의 앞에 있었던 때문이 아니겠는가. 돌아보건대, 나는 남은 교화 가운데의 후학으로서 선생의 모습 한번 뵙기를 원하였다가 이제 비로소 소원을 이루게 되었네.[75]

73) 『臨皐書院誌』「考往錄」〈辛酉〉"四月初十日 旅軒張先生來臨于院 從後儒生四十人 留三日 入于立巖"

74) 『臨皐書院誌』「考往錄」〈己巳〉"七月初三日 奉安新畵像于廟宇 行再拜禮 時 旅軒先生亦到院 瞻拜"

75) 성백효 역. 국역『여헌집』Ⅰ. 2쪽. 〈포은선생의 화상을 뵙고 지은 사(謁圃隱先生畵像詞)〉

임고 원유들은 조호익 · 장현광 · 정구와의 사우관계에 바탕하여 학문을 심화시키는 한편으로 자체적인 강회를 조직, 운영하며 사풍을 진작시키는데 주력했다. 임고 원유들의 학습 형태는 '통독회通讀會'에 잘 나타나 있다. 통독회가 언제부터 운영되었는지는 자세하지 않다. 다만 통독회의 취지가 임란 이후 투박해진 사습을 바로 잡는데 있었고 보면 서원이 중건되던 1602년(선조35)을 전후한 시기에 구체화 되었을 가능성이 크다. 현존하는 자료 가운데 통독회의 구체적인 모습을 살필 수 있는 가장 이른 것은 1610년 경에 작성된 「임고서원통강록臨皐書院通講錄」이다. 이 문서에 따르면, 통독회는 향약과 강회를 절충한 형태였고, 모든 원유들을 대상으로 하되 30세 이하 유생은 상 · 중 · 하 세 등급으로 구분하여 학업 수행 및 진취도를 엄격히 점검했다. 예컨대, 매 월 단위로 상급은 2권, 중급은 1권, 하급은 반 권을 송강誦講해야 하며, 불통일 경우 20세 이상은 면책面責, 그 이하는 회초리를 맞게 되어 있었다.[76] 규정의 엄격성은 유생들의 관부 및 저자 출입을 엄금한 것에서도 확인할 수 있다. 이 통독회의 구성원은 이희백을 비롯하여 정담 · 박점 · 권극립 · 성립, 최정남 · 유근회 · 이국빈 · 정사상 · 정창 · 손경남 등 총 51명인데, 이들이 바로 임고서원의 학풍을 주도한 세력들이다.

그러면 임고서원 통강회를 이끈 강장講長은 누구였고, 교과목은 어떻게 설정되었을까. 1613년에 작성된 「통강도서通講圖書」에 따르면, 정담 · 박사신 · 박점 · 유근회 · 이국빈 · 전이성 · 박민효 · 박순효 · 이시정 등이 강장의 역할을 수행했고, 대상 서적은 사서四書, 『심경心經』 등 경전류, 잠명箴銘 및 출사표出師表 등 문장류에까지 망라되어 있었다. 임고

76) 「臨皐書院通講錄」〈條約〉"三十歲以下 分上中下 每月一會誦講 不通則二十歲以上面責 以下楚撻事 上二卷中一卷下半卷"

서원의 강회 전통은 적어도 17세기 중반까지는 꾸준히 지속되었는데, 이런 정황은 1630~40년 경에 작성된 「임고서원강유지학별록臨皐書院講儒志學別錄」을 통해 확인할 수 있다.[77] 여기에는 정사물을 수제로 박돈, 성이직, 박현 등 총 62명의 유생들이 참강하였는데, 지산 · 한강 · 여헌문인들이 주축을 이루고 있었다.

강회 등 학문 활동과 관련하여 간과할 수 없는 것은 책의 '증정문화'이다. 임고서원 장서량은 「서책록書册錄」을 분석하면 알 수 있겠지만 이들 장서가 어떤 경로를 통해 축적되었는지를 아는 것도 매우 중요하다. 전통시대의 서책이 구입, 반질, 중여, 자체 출판 등을 통해 비축되었다는 것은 상식에 속하는 일일 수도 있다. 임고서원의 경우도 이런 일반론에서 크게 벗어나지 않는다. 다만 한가지 유념할 것은 서원 소장 서책류의 상당수가 증정을 통해 축적되었다는 점이다. 책의 용도야 물론 교육용이겠지만 책을 증정하는 뜻과 취지는 정몽주에 대한 '존현의식'에 초점이 있었고, 이런 흐름을 주도한 것은 감사 등 관인층이었다.

「고왕록」에 따르면, 관인층의 서책 증정은 1625년(인조3) 경상감사 이민구가 『시전詩傳』 및 『서전書傳』을 지급한 것이 첫 번째 사례였다. 비록 책은 아니지만 1626년 영해부사 고용후, 1627년 김시양이 먹을 증정한 것도 존현과 홍학이라는 취지에서는 일맥상통하는 것이었다. 그리고 1649년(인조27)에는 정승 이만이 『주문작해朱文酌海』, 『소학小學』, 『사략史略』을 보내왔는데, 특히 정경세鄭經世의 저술인 『주문작해』는 이보다 한 해 전인 1648년에 간행된 당시로서는 최신간 학술서적이었다.[78]

---

77) 『碧珍世稿』 「通仕郞公遺稿」(李如海著). 〈臨皐書院講儒志學別錄〉.

78) 정경세는 일찍부터 주서에 관심을 가져 유성룡과 반복 토론한 결과를 종합하여 1622년 『朱文酌海』를 편찬하였는데, 이황의 『주자서절요』가 주자의 언어를 취한 것에 비해 『주문

한편 임고서원에서는 중요 학술서적은 예산을 편성하여 구입하거나 자체 출판을 하기도 했는데, 1661년(현종2) 『주자어류朱子語類』의 구입은 그 단적인 예가 된다. 성리학 연구의 필독서인 『주자어류』는 송나라 때 여정덕黎靖德이 주자와 그 문인들과의 문답을 집성하여 간행한 것으로 50여 책이나 되는 거질이다. 우리 나라에서는 1575년(선조8)에 처음 간행되었고, 임진왜란 때 타버린 것을 인조 때 영남감영에서 다시 간행했는데, 임고서원 구입본은 후자로 추정된다. 책수를 고려할 때, 『주자어류』의 구입비는 엄청났을 것으로 보이지만 임고서원에서는 중요 서책 구입에 물력을 아끼지 않았던 것이다. 여기서 우리는 교육과 학문이라는 서원 본연의 기능에 충실코자 했던 임고 원유들의 열정을 읽을 수 있다.

또한 임고서원은 인근 서원에 서책을 지원하는 일에도 소홀하지 않았다. 1663년(현종4)에는 공론에 따라 『주역周易』, 『서전書傳』, 『성리대전性理大全』, 『좌전左傳』 등을 입암서원立巖書院에 보낸 적이 있었다. 이것이 증정인지 이관移管인지는 분명치 않다. 그러나 그것이 증정이든 아니면 이관이든 이를 통해 임고서원이 영천의 수원이자 학문적 구심점으로서의 역할을 충실히 수행했음은 분명하게 확인할 수 있다. 아울러 입암서원은 장현광의 제향처라는 점에서 이러한 지원 활동은 여헌학파의 연대 측면에서 해석할 여지도 있다.

작해』는 문자를 취함에 주안점이 있었던 것이다(『愚伏集』 卷9. 〈答西厓先生〉. 〈上西厓先生〉; 『愚伏別集』 卷4, 「年譜」 〈甲辰〉). 숙종 연간 송시열은 이황의 『朱書書節要』와 정경세의 『朱文酌海』한 책으로 편정한 『節酌通編』을 편찬했다. 『節酌通編』의 편찬은 李滉⇒鄭經世⇒宋時烈로 이어지는 일련의 계승의식과 전혀 무관하지 않는데, 이 책이 1714년 대구에서 간행되었을 때 李栽·申益愰 등 갈암문인들이 비상한 관심을 보인 이유도 여기에 있었다. (『克齋集』 卷3. 〈答李密庵 甲午〉 "近有節酌通編者 刊於達城 或言出於懷川宋氏 然卻可置案上一部也 所欲仰扣者何限 泓穎不能盡人意").

(2) 서적의 편찬과 간행 : 『포은집圃隱集』을 중심으로

학술문화 공간으로서의 임고서원의 역할이 잘 드러나는 부분은 서적의 편찬과 간행이다. 이는 임고서원이 학술공간답게 서적을 편찬할 수 있는 지적 능력과 당시로서는 하이테크에 속하는 출판인프라를 구축하고 있었음을 뜻한다. 이황의 대표적 저술의 하나로서 1561년(명종16) 성주에서 간행된 『주자서절요朱子書節要』도 임고서원 활자로 간행한 것이다. 『주자서절요』가 성주에서 간행된 것은 퇴계문인이자 발문의 찬자이기도 했던 황준량(1517-1563)이 당시 성주목사로 재직하고 있었기 때문이었다. 황준량이 '회암서절요발晦菴書節要跋'에서 '임고서원에서 활자活字를 빌리고, 상국 홍담洪曇의 경제적 지원을 받아 간신히 간역을 마쳤다'[79]고 명기한 것에서 보듯 1561년 『주자서절요』의 간행에는 임고서원의 역할이 절대적이었다. 바로 이런 기반 위에서 임고서원은 3종의 『포은집』을 간행, 보급하며 포은 주향처로서의 위상을 제고할 수 있었던 것이다.

선행 연구에 따르면, 『포은집』은 1439년(세종21)에 초간된 이후 근세(1914년)까지 대략 15차례 간행되었다. 이 가운데 1584년(선조17) 간행본[영천구각본]과 1607년 간행본[永川重刊本]이 바로 임고서원에서 주관한 사업이었다.

1584년 간행본은 선조의 명으로 이루어진 일종의 국책사업이었다. 1584년 가을 선조는 예각으로 하여금 『포은집』을 인출하라는 특명을 내렸고, 이에 앞서 막 부제학으로 삼은 유성룡에게 교정토록 하고 발문까지 쓸 것을 명했다.[80] 이에 유성룡은 '신계본新溪本'을 저본으로 하여

---

79) 黃俊良. 『錦溪集』 卷4. 〈晦菴書節要跋〉 "俊良輒不自揆 深懼巾衍一本 易致漫滅 <u>借活字於臨皐書院</u> 又得洪使相曇助錢一半 僅得卒事"

80) 柳成龍. 『西厓集』 卷18. 〈圃隱集跋〉(乙酉) "萬曆甲申秋 主上殿下命芸閣印先生文集 先命臣

〈표4〉『포은집』 간행 현황[81]

순번	연도	주관자	간행처	비고	판본명칭
1	1439(세종21)	鄭宗誠		失傳	初刊本
2	1533(중종28)	鄭世臣	新溪	現存 最古本	新溪本
3	16세기 초중반 [명종~선조조]		開城	韓濩의 글씨 失傳	開城本
4	16세기 중반 [선조조]		校書館		館本
5	1584(선조17)	宣祖命/柳成龍 校正	臨皐書院	跋文[柳成龍] 失傳	永川舊刻本 藝閣本
6	1607(선조40)	臨皐書院	臨皐書院	永川舊刻本+圃隱 畵像	永川舊刻本
7		臨皐書院	臨皐書院	跋文[曺好益]	永川重刊本
8	1608(선조41)	鄭應聖	黃州兵營		黃州兵營本
9	1659(효종10)	鄭雲翼 · 鄭維城 · 鄭元徵	奉化	序文[宋時烈]	奉化本
10	1677(숙종03)			永川舊刻本+奉化本 新增附錄을 添附	丁巳重刊本
11	1719(숙종45)	鄭纘輝		續集	
12	1769(영조45)	鄭觀濟	崧陽書院		崧陽本
13	1900(고종37)	鄭煥翼 · 鄭世基 · 鄭然徽		續集(重刊)	開城新本
14	1903(고종40)	士林	玉山齋[晉州]		玉山齋本
15	1914(갑인년)	崧陽書院	崧陽書院		崧陽重刊本

'개성본開城本' 및 '관본館本'을 참고하여 교정작업을 수행했다. '영천구각본'은 바로 이 수정본을 입고 원유들이 입수하여 간행한 것이었고,[82]

校正訛舛 且跋其後"

81) 金圻彬. 『圃隱集』 解題. 民族文化推進會. 참조.

82) 柳成龍. 『西厓集』 卷11. 〈答金希玉玏〉(丙午) "往年謬承撰跋之命 始取三本 參互校正 謬誤處甚多 更取史傳行狀及當時文集陶隱三峯諸人稱述圃隱處 有所改正 而於年譜所改尤多 幷製拙跋以進 而未及印出於書局之前 永川書院先取而刻之"

판각板刻 또한 서원에 보관하였으나 임란의 와중에서 소실되고 말았다. 그나마 원장院藏 간본 1질이 보존된 것은 천운이라 할 수 있었는데, 1607년의 '영천중간본永川重刊本'은 이것이 불씨가 되어 지펴진 사업이었다.

「고왕록」에 따르면, 임고서원에서 『포은집』 중간 작업에 착수한 것은 1606년이었고, 주관자는 당시 유사였던 정사물[寒岡 · 芝山 · 旅軒門人]이었다.[83] 원장본院藏本(1584년본)을 저본으로 함은 물론 온 고을을 수탐하여 구본까지 찾아내어 간역의 완결성을 기했던 정사물 등 원유들의 노력은 관변의 호응과 협조를 이끌어내는 데 성공했다.

영천군수 황여일黃汝一은 판각 작업을 시작할 수 있는 단초를 만들어주었고, 경상감사 유영순柳永詢은 직권으로 판각작업의 일부를 경주로까지 분담시키는 등 적극 지원했다. 이런 과정을 거쳐 1607년(선조40) 판각이 완료되자 정사물이 '퇴문6철退門六哲'의 한 사람이자 자신의 스승이기도 했던 조호익으로부터 발문을 받아 간행 작업을 마무리했던 것이다.

> 서원書院의 제생諸生들이 어느 날 나를 찾아와서는 말하기를, "우리 포은 선생의 시집은 널리 전해져서 신계본新溪本과 개성본開城本 및 관각본館刻本이 있습니다. 그러나 이들 세 본은 서로 간에 득실得失이 있으며, 실려 있는 연보年譜도 모두 소략하고 착오가 있습니다. 그러므로 고故 상신相臣 서애西厓 유공 성룡柳公成龍이 성상의 분부를 받들어 교정校正하고 교감校勘하여, 정확한 근거에 의거해 글자를 바로잡아 사적事蹟을 자못 정밀하게 한 다음, 본군本郡에서 중간하였습니다. 그런데 임진년에 섬오랑캐들이 쳐들어오는 변란이 일어나 모두 다 불에 타 재가 되었고, 오직 서원書院에 소장되어 있던 한 질帙만이 제생들이 등에 지고

---

83) 『臨皐書院誌』 「考往錄」〈丙午〉 "刊先生文集年譜 有司鄭四勿幹事焉"

달아나 산골짜기 속에 숨어 있어서 보존될 수가 있었습니다. 그러나 이 나마도 역시 없어져서 빠진 부분이 있었습니다. 이에 선비들의 집에서 두루 찾아내어 구본舊本 하나를 얻어 빠진 부분을 보충한 다음에야 비로소 완본完本이 되었습니다. 저희들이 이 시집을 오랜 후대에까지 전할 생각을 하여, 방백方伯으로 있는 유공柳公에게 간행하기를 청하였더니, 유공이 저희들의 뜻을 몹시 가상하게 여기었습니다. 그런데 마침 우리 군의 군수인 황후黃侯께서 새로 부임하였기에, 이 일을 의논한 결과 의견이 일치되었습니다. 이에 드디어 공인工人들을 모아서 각판刻板하였습니다. 그러자 방백이 또 한 고을의 힘만으로는 일을 마치기가 쉽지 않을 것을 염려하여, 경주慶州 고을로 하여금 그 일을 나누어서 하게 하였는데, 몇 달이 지나지 않아서 공역이 끝났습니다. 그러니 선생께서도 그 끝에 한마디 말을 기록해 주시기 바랍니다." 하였다.[84]

이후 더 이상 임고서원에서 『포은집』을 간행한 적은 없었지만[85] '영천구각본'(1584)과 '영천중간본'(1607)의 존재는 임고서원이 지니고 출판 역량, 존현의식, 포은주향처로서의 책무의식이 결합된 결과에 다름 아니었다. '영천중간본'(1607)의 목판은 임고서원 장판으로 보존되어 오다가 1677년(숙종3) 영천군수 이만봉李萬封에 의해 일대 보수가 이루어졌다. 정각사에서 이루어진 보수 공사는 각수 10명이 동원되어 5개월 동안 진행한 대대적인 역사였다. 이런 노력의 경과 이만봉은 '선현을 흠

84) 曺好益. 『芝山集』 卷5. 〈圃隱先生詩集重刊跋〉.

85) 1607년 '영천중간본' 이후 임고서원에서 공식적으로 『포은집』을 간행한 바는 없다. 그러나 1753년 鄭重器와 鄭幹이 임고서원에서 『圃隱續集』을 讎校 · 刪定하여 개간을 준비한 적이 있는 것으로 보아 정몽주의 문집 간행에 꾸준히 관심을 기울였음은 분명하다. 정중기 · 정간이 교정한 『포은속집』은 정몽주의 11세손 鄭纘輝(尤庵門人)가 1719년에 간행한 것이며, 이를 저본으로 하여 1769년 鄭觀濟(정찬휘의 再從孫)가 崧陽書院에서 간행한 것이 이른바 '崧陽本'이다(『臨皐書院誌』 「考往錄」 〈癸酉〉 "三月 先生續集 본孫翊贊纘輝之所裒聚者 而曾持來于本院 梅山鳴皐兩鄭公 入院讎校刪定 成一卷册 仍議士林別辦別庫齋 以爲待時開刊之計"). 그렇다면 정중기 · 정간의 교정본이 어떤 사정으로 인해 임고서원에서 간행되지 못하고 개성 숭양서원에서 간행되었을 가능성이 매우 크다. 이에 대해서는 추가적인 검토가 요구된다.

모하고, 후학에게 은혜를 내린 사람'으로 평가되어 그 치적이 『임고서원지』에 특서되었다.[86]

출판으로 상징되는 학술문화거점으로서의 역할은 여기서 그치지 않았다. 비록 간행이 이루어지지는 않았지만 1639년(인조17) 장현광의 『여헌집旅軒集』, 조호익의 『지산집芝山集』의 등사작업이 임고서원에서 이루어진 것도 이런 맥락에서 이해할 필요가 있고, 1662년(현종3) 『맹자』의 출간,[87] 1698년(숙종24) '대우수전大禹手篆' 및 '미수기문眉叟記文'의 개간은[88] 임고서원이 17세기 후반까지도 본연의 기능을 충실히 수행하고 있었음을 잘 보여 준다.

(3) 유림아회儒林雅會를 통한 예속禮俗의 강화

서원은 기본적으로 존현과 학문의 공간이었지만 때로는 아회로 상징되는 문화의 공간이기도 했다. 그러나 거기에도 법도는 있었다. 어떤 경우에도 여자나 잡인이 서원을 출입할 수는 없었고, 아무리 기념할만한 일이 있어도 원내에서 술을 빚지 못했다. 이것은 이황의 언명으로서 영남 서원에서는 철칙으로 받아들여졌다. 이황의 주선과 지휘 속에 창립된 임고서원은 더욱 이 규정으로부터 자유스러울 수 없었다.

그러나 유림에서 기념 또는 축하할 일이 있으면 임고 원유들은 기꺼이 회동했고, 서로 기쁨을 함께 하며 고사를 만들어 갔다. 1723년(경종3) 10월에 있었던 김수경金守慶의 '수연'은 임고서원 역사에서 가장 성대하고 뜻 깊은 '유림아회'로 꼽히며, 이 행사의 전말은 임고서원 소장의

---

86) 『臨皐書院誌』「考往錄」〈丁巳〉"八月 李候萬封 以先生文集板本刓缺 極力幹事 措備板子資送刻手十名于鼎角寺 五閱月 至戊午正月 工訖 實出於欽慕先賢 可惠後學之誠也"
87) 『臨皐書院誌』「考往錄」〈壬寅〉"春 孟子大文一件印藏"
88) 『臨皐書院誌』「考往錄」〈戊寅〉"二月 大禹手篆及眉叟記文開刊"

'가산옹김공수연록佳山翁金公壽筵錄'[89]에 자세하게 기록되어 있다.

김수경은 서원 개창의 주역 김응생의 재종현손이자 1602년 서원 중창시 유사를 수행했던 지산·여헌문인 김취려金就礪(1572~1630)의 손자였다. 여헌문인이었던 아버지 김각金㷾 또한 임고 원장을 지내는 등 이 가계는 임고서원과 매우 긴밀한 관계에 있었다. 그 역시 비록 출사하지는 못했지만 학식과 덕망이 있어 여러 차례 임고서원 원임을 역임했고, 1703년에는 원장직을 수행한 바 있었다.

이 수연은 당시 85세 생일을 맞은 김수경과 시임時任 원장 박안세朴安世를 송축하는 잔치였는데, 서원의 입장에서 본다면 사림의 종사宗師와 달존達尊에 대한 예우 차원에서 마련한 매우 이례적이고 뜻 깊은 자리였다. 이 수연이 임고 유림의 승사이자 고사로서 두고두고 회자된[90] 이유도 여기에 있었다. 수연 당일에는 이목 등 원유 127명이 참여하여 일대 성회를 이루었고,[91] 조정, 영천군, 순영 및 향중에서는 각종 물품을 내려 수연을 더욱 빛내 주었다. 특히, 영천향교 및 임고·도잠·입안서원에서는 주찬을 각설하는 등 그 정성이 각별했다.

김수경의 수연은 자연스럽게 시회로 이어져 주옥같은 시들이 창수화답되었는데, 박안세의 수연부壽宴賦를 비롯하여 진사 정석임鄭碩臨 등의 차운次韻이 현전하고 있다.

김수경의 수연은 교육기관에서 벌인 방탕한 놀이가 아니었다. 이것은 임고 원유들이 원로를 예우하며 상호 친목과 결속을 도모하는 학문적

---

89) 이 문서는 金守慶의 문집 『佳山逸稿』 에 전재되어 있고, 본고도 『佳山逸稿』를 참고하였다.

90) 金守慶. 『佳山逸稿』 卷上. 〈佳山金公壽筵記〉 "公諱守慶…享年八十有五 爲斯文之宗師 及其晬辰 本院士林爲公及時院長朴安世 設壽宴于院宇 歲在景廟朝癸卯之冬十月也 朴公因作壽筵記 備述其儒林尊賢達道之義 自本官供給朝家賜物…自巡營亦爲之賜物以助壽宴之資 實一世儒林勝事也"

91) 金守慶. 『佳山逸稿』 卷下. 〈壽筵會員錄〉.

〈표5〉 1723년 김수경 수연시 부조 현황

구분	부조 내역	비고
朝家[朝廷]	白米(1石)/大口(2尾)/碧魚(1冬音)/淸酒(1壺)	
巡營[監營]	白米(1石)/닭(2尾)	
永川郡(守)	白米(2石)/꿩(1尾/碧魚(1冬音)/明魚(1級)/生參魚(3尾)/乾大口(1尾)/닭(2尾)/燒酒(2되)	
鄕中扶助處	영천향교/임고서원/도잠서원/입암서원 및 18개인(문중) 등	

연대의 방식이었고, 장유의 질서와 예법을 따르며 지역의 건전한 유풍을 진작하는 데 궁극적인 지향이 있었던 것이다.

3) 소통과 연대의 공간 : 포은가문 및 충렬서원과의 관계를 중심으로

임고서원은 '포은주향처'로서의 위상을 반영하듯 숭양·충렬서원 등 정몽주를 제향하는 여타 원우와의 소통과 협력체계의 정점에 존재하였고, 나아가 정몽주의 본손들과 영천을 연결시켜주는 중요한 고리로 기능하였다. 이정구의 표현대로 임고서원은, 영일의 오천, 개성의 숭양, 용인의 충렬서원과 더불어 정몽주를 제향하는 '4대서원'의 하나였는데,[92] 창원의 역사나 연고성을 고려할 때, 수원으로 규정해도 결코 무리가 아니었다.

이런 맥락에서 임고서원에는 정몽주의 내외 자손들의 알묘·치제 행렬이 답지했다. 내외 자손 가운데 영남 열읍의 지방관으로 부임한 사람은 거의 예외없이 알묘·치제했고, 종통 계열의 본손들은 수시로 왕래

92) 李廷龜. 『月沙集』 卷37. 〈龍仁圃隱先生書院記〉 "先生書院 在松都者 以故宅也 在烏川者 以貫鄕也 在臨皐者 以舊居也 獨於墓下闕焉"

하며 임고서원과의 협력체계를 공고히 하였다. 위에서 언급한 경상감사 또는 고관들, 영천군수를 비롯한 인근 수령들의 상당수도 혈통상 내외 자손의 범주에 드는 사람이 많았다. 예컨대, 1621년(광해군13) 독운어사로서 알묘했던 정세미, 1624년(인조2) 알묘하여 쌀 3석을 지원한 민성징(1624), 1634년(인조12) 영천군수 재직시 알묘하고 노비를 지원한 심지원, 1656년 경주목사로서 물력을 지원한 이천기(1656), 1660년(현종1) 영천군수로서 묘향廟享에 참여하여 '3대가시집三大家詩集'을 증정한 성진병成震丙 등이 곧 정몽주의 외손들이었다.

〈그림3〉 영일정씨 포은가문 가계도(略)

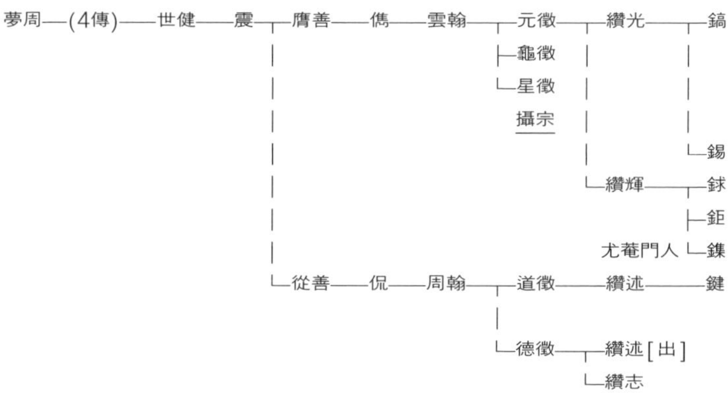

「고왕록」에 따르면, 정몽주의 본손으로서 심원한 사람은 7세손 정종선鄭從善(1615), 8세손 정준鄭儁(1620, 1624), 9세손 안음현감 정운한鄭雲翰(1632), 장기현감 정사한鄭思翰(1651), 8세손 정간鄭侃(1654), 정운익鄭雲翼 · 정원징鄭元徵(1662) 등이 있다. 이들의 심원은 통상적이면서도 정례적인 '추모걸음'에 더해 '포은영정'의 이봉, 효자비각의 보수와 정비,

일성군日城君에 대한 성묘와 치제 등 그 취지와 목적이 다양했다.

1620년(광해군12) 정준이 내원한 것도 이모한 '포은영정'을 모셔가기 위해서였다. 당초 '포은영정'은 1619년 순찰사 박경신이 화공을 보내 이모본을 제작한 바 있었다.[93] 본디 충렬서원 봉안용으로 만들어진 이 이모본은 박경신의 체직으로 인해 즉시 이봉되지 못하고 한동안 사우 안에 임시로 봉안되었다. 이로부터 1년 뒤인 1620년 정준이 공무(頒赦差使員) 수행차 남행했고, 영정을 모셔가기 위해 중로에 내원한 것이었다. 이와 관련하여 전 감사 박경신朴慶新의 연통과 기별이 있었던 것으로 보아 박경신의 동의하에 '이모본'(1619년)의 용도가 충렬서원 봉안용에서 포은종가 사우 봉안용으로 바뀌었음을 알 수 있다.[94]

'포은영정'의 이봉에 따른 임고 원유들의 예법은 각별했다. 정준이 이모본을 모시고 출발하던 당일에는 손우남 · 정사물 · 정사악 · 전유성 · 정벽 · 정전 · 박순효 · 정호의 등 8명의 유생들이 신녕까지 배행하여 하루를 동숙하였고, 익일에는 정중한 예법으로 전별하는 성의를 보였다.[95]

한편 임고서원은 충렬서원 등 여타 포은 제향 서원의 경제적 지원 요청이나 제반 업무 협조 요청에도 적극 호응하였다. 병자호란 직후인 1637년(인조15) 7월 전란의 여파로 재정이 어려워진 충렬서원에서 원조를 요청했을 때는 목면木棉을 보내는 등 지원을 아끼지 않았고,[96] 1654

---

93) 『臨皐書院誌』 「考往錄」〈己未〉 "(巡察使朴慶新)夏遣畵工 權贋摹出先生影幀 將以奉安于龍仁忠烈書院也 未久 方伯遞去 未及移安 姑奉置于廟中"

94) 『臨皐書院誌』 「考往錄」〈庚申〉 "先生宗孫濟用監奉事鄭儁 以頒赦差使員 因公來 爲奉安先生摹寫畵像于宗家祠宇故也 前巡察使朴公慶新 亦以書及之"

95) 『臨皐書院誌』 「考往錄」〈庚申〉 "同月二十八日離發 乘馹登程 孫宇男鄭四勿鄭四象全有性鄭壁鄭壂朴舜孝鄭好義等八人 陪宿于新寧 翌朝餞別 乃還"

96) 『臨皐書院誌』 「考往錄」〈丁丑〉 "七月 忠烈書院儒生修書以亂後無以供粢盛來通 自院送助木棉"

년(효종5) '포은영정' 구본을 이봉하는 일로 후손 정간鄭侃이 내원했을 때는[97] 예를 갖추어 적극 협조했다.

'포은영정' 가운데 가장 표준이 되는 것은 임고서원 봉안본이다. 이른바 영정 '구본'은 바로 이를 지칭하는 것인데, 1620년 정준이 이봉해 간 것도 이것을 이모한 것이었다. 그런데 임고서원에서는 1629년(인조7) 영천군수 박안효, 원유 정사물 · 정벽의 주관하에 서울 출신의 화사 김식(金埴)을 초빙하여 화상을 개모하였고, 이 해 7월 장현광의 입회하에 봉안례를 거행한 바 있었다.[98] 이런 과정을 거치면서 '구본'은 그대로 존치되어 오다가 이 때에 와서 충렬서원 이봉이 논의되었던 것 같고, 정몽주의 8세손 정간이 본손인 동시에 충렬 원유 자격으로 파견된 것이다.

1654년(효종5) 2월 2일에 있었던 포은영정 구본의 이봉은 실로 엄숙하게 진행되었다. 영천군수 이구李昫는 성심을 다해 이봉 설비를 제공하는 한편으로 직접 영정을 참배하였고, 원유들은 정극후鄭克後 등을 중심으로 영천 객사에서 고유제를 올리는[99] 가운데 2월 3일 정간 일행이 출발할 때는 성이관成以寬 · 정호의鄭好義 등 원유 20여 명이 신녕까지 배행, 전송했다.[100] 바로 이런 일련의 과정을 거치면서 임고서원과 포은

97) 『臨皐書院誌』「考往錄」〈甲午〉"先生後孫鄭侃 以舊影幀移奉事 持忠烈通文到院"

98) 『臨皐書院誌』「考往錄」〈己巳〉"畵像舊本 歲月已久 將至漫漶 士林與郡守朴侯安孝 共議改摹 以圖永久 別定都有司鄭四勿有司鄭壁等 稟于旅軒張先生 以六月四日丁巳 行告由祭 請京居進士金埴移摹焉 凡裝完諸具 郡守盡誠措辦 郡守卽外裔也 時院長黃中信有司徐强禮鄭壁…七月初三日 奉安新畵像于廟宇 行再拜禮 時 旅軒先生亦到院瞻拜"

99) 鄭克後. 『雙峯集』卷4. 〈圃隱先生畫像 自臨皐移奉忠烈時告文〉"惟我先生 挺生玆鄕 遠紹濂閩 吾道其昌 一國宗師 廟貌有侐 遺像凜然 立儒敦薄 惟彼龍仁 體魄所藏 慕切羹墻 建祠于傍 錫名忠烈 尤有耿光 願妥傳神 尙今未遑 念玆肖影 昔嘗移摸 今奉舊本 應彼所須 所在瞻仰 睟盎如新 陟降眷顧"

100) 『臨皐書院誌』「考往錄」〈甲午〉"時郡守李侯昫盡誠心治器械 親臨瞻拜而還 二月初二日 士林前期致齊 行告由祭 午後奉行本郡客舍 留宿 翌日 成以寬鄭好義等卄餘人 陪之新寧乃還"

본손 및 충렬서원과의 유대도 더욱 강화될 수 있었는데, 그런 정황은 1662년 정운익鄭雲翼이 『포은집』 중간본을 보내오고,[101] 1753년(영조 29) 정중기鄭重器, 정간鄭幹이 『포은속집』을 수교讎校한 것에서 분명하게 확인할 수 있다.

임고서원과 포은 본손 및 충렬서원과의 유대를 가장 극명하게 보여준 것은 1642~43년에 발생한 장현광의 병배논쟁이었다.[102] 병배논쟁은 장현광을 임고서원에 추향함에 있어 그 위차를 병향으로 할것인지 아니면 배향으로 할 것인지에 대한 다툼이었다. 학통상으로는 정사물鄭四勿, 김각金塙, 장학張㶅 등 여헌문인[병향론]과 박돈朴暾, 정호의鄭好義 등 지산문인[배향론]의 대립이었다. 논쟁 초기에는 영천지역에서의 수적인 우세에 더해 인동·성주권 사림의 지원을 받은 여헌문인들의 주장이 대세를 이루었다. 그러나 박돈 등이 충렬서원과 숭양서원崧陽書院에 협조를 요청하여[103] 호응을 이끌어 냄으로써[104] 상황은 점차 반전되어 갔다. 여기에 더해 1643년(인조21) 4월 24일에는 정몽주의 8세손 정준鄭儁이 상소하여 위차의 이정釐正을 촉구하고,[105] 동년 5월 15일에는 태학·숭양서원·충렬서원으로부터 배향론을 지지하는 통문이 답지함으로써[106] 상황은 완전히 역전되었다. 정준의 상소를 접수한 예조에서는 '서원 향례享禮의 위차는 조정에서 정하는 것이 아니고 사림의 공론에 달려 있지만 임고서원에 장현광을 병향한 것은 잘못되었으므로 배향으로 바로잡는

---

101) 『臨皐書院誌』 「考往錄」〈壬寅〉 "鄭雲翼重刊圃隱集 印送一件于書院"

102) 김학수. 「17세기 초반 永川儒林의 學脈과 張顯光의 臨皐書院 祭享論爭」. 『朝鮮時代史學報』 35. 조선시대사학회. 2005.

103) 『臨皐書院並配錄』(筆寫本. 個人所藏) 〈永川士林通龍門書院文〉 및〈答通〉. 〈永川權對崔友稷等十九人追送龍門通文〉 및 〈答通〉.

104) 鄭好義. 『常華集』 卷2. 〈臨皐書院追享旅軒張先生事實〉.

105) 『인조실록』 권44. 인조 21년 4월 24일(정해).

106) 朴暾. 『吾卒子實紀』 卷1. 〈成均館答通文〉. 〈崇陽書院答通文〉.

것이 옳다'는 요지로 회계하여 인조의 재가를 받았다.[107] 이런 과정을 거치면서 병배논쟁은 마침내 배향론의 승리로 귀결되었는데, 임고서원[배향론자]-영일정씨 포은가문-충렬서원-숭양서원의 연대가 배향을 결정짓는 원동력이 되었음은 주지의 사실이다.

4. 맺음말

위에서 언급한 내용들을 요약하면 아래와 같다.

① 임고서원은 이황의 '서원보급운동'의 일환에서 건립된 대표적 서원의 하나로서 봉안문 등 각종 예식 문자의 찬술, 성리학 서적류의 증정, 호사스런 낙성식에 대한 질책 등은 특별한 관심의 표현이었다. 창원 과정에서 드러난 노수 · 김응생 · 정윤량의 역할은 종전까지 영남학계에서 뚜렷한 구심점을 확보하지 못했던 영천지역이 퇴계학파의 본류로 편입되는 결정적인 계기가 되었다.

② 1602년에 이루어진 중건은 퇴계학파의 차세대 집단에 의해 주도되었으며, 그 중에서도 영천지역에 대한 학문적 영향력이 강했던 장현광과 그 문인들의 역할이 두드러졌다. 중건 과정에서 드러난 장현광의 역할는 창원시 이황의 그것과 방불했고, 이는 후일 장현광이 임고서원에 추향되는 배경이 되었다.

③ 정몽주의 도학상의 지위, 이황의 열성적인 지원에 힘입어 임고서원은 창원과 동시에 존현과 위도의 대표적 공간으로 인식될 수 있었고, 이황을 비롯하여 조헌趙憲, 구봉령具鳳齡, 권동보權東輔, 김언기金彦璣, 조

107) 『인조실록』 권44. 인조 21년 4월 24일(정해).

목趙穆 등 영남 · 기호학파 명사들의 심원을 통해 임고서원은 남계 · 숭양 · 천곡 · 문헌 · 쌍봉 · 도봉 · 도산 · 여강 · 이산 · 구산 · 연경서원 등과 함께 16세기를 대표하는 서원이자 사림 굴지의 명소로 부각될 수 있었다. 특히 임고서원은 숭양 · 오천 · 충렬서원 등과 함께 정몽주의 주향하는 '4대서원'의 하나로서 그 위상이 굳건하였는데, 이는 후일 임고서원이 전국적인 소통체계를 확보하는 발판이 되었다.

④ 17세기 초반 임고서원의 학풍은 한강 · 지산 · 여헌학이 교차 · 혼합하는 융화 · 회통적 양상을 띠고 있었고, 이러한 다양성은 1642년 장현광의 임고서원 병배논쟁 이전까지는 순탄하게 유지되었다. 그리고 임고 원유들은 서원 본연의 취지와 기능에 매우 충실하여 강회를 통해 끊임없이 유풍을 진작시켜 나갔는데, 그런 양상은 '통독회'의 존재에서 분명하게 확인할 수 있었다. 아울러 임고 원유들은 포은주향처로서의 책무의식에 투철하여 1607년에는 정사물 등의 주관하에 간행한 『포은집』을 간행하였는데, 이는 임고서원의 지적 역량과 출판인쇄문화의 선진성을 제고하는 획기적인 업적으로 평가할 수 있었다.

⑤ 임고서원은 숭양 · 오천 · 충렬서원 등 정몽주의 주향하는 '4대서원' 중에서도 그 위상이 매우 높았고, '포은영정'의 이모와 이봉, 포은자손들의 심원과 치제, 병배논쟁에서 드러난 소통과 연대상은 조선후기 사림의 존재양태를 지나치게 당쟁적 관점에서 바라보는 종전의 시각을 바로잡을 수 있는 근거가 될 수 있을 것 같다.

연경서원의 경영과 유현들

구 본 욱

연경서원의 경영과 유현들

구 본 욱

1. 머리말

연경서원은 조선조 대구지역의 대표적인 서원이었다. 이 서원은 조선 중기에 창건되어 대구지역의 학문과 문화의 산실이 되었다. 다시 말하면 이 서원은 대구지역 유학의 르네상스시기를 열게 하였던 서원이다. 이 서원에서 행한 강학과 제향 등은 당시에 활약하였던 유현들의 문집이나 일기 등에 그대로 남아있다. 필자는 지난 2012년에 이 서원의 복원을 위한 세미나에 참여하여 이 서원에 관한 논문을 발표하였다.[1] 그리고 같은 해에 이 서원에서 실시한 강학(통강)을 기록한 통강록을 정자正字로 옮겨 발표하였다.[2] 이 통강록은 대구의 옻골 경주최씨 백불암百弗庵 최흥원崔興遠 종가에 400년간 소장된 자료로 달필達筆의 행초서行草書로 기록된 것이다.

1) 구본욱. 2012. 「연경서원의 경영과 조선 중기 대구지역의 유학」. 『퇴계학 논집』 11. 영남퇴계학회.
2) 구본욱. 2012. 「大邱儒賢 通講錄의 正字化와 해제」. 『퇴계학 논집』 11. 영남퇴계학회.

통강록에는 125명의 유현이 수록되어 있다. 그리고 이들이 강학한 장소는 대구의 강학소였던 연경서원, 선사재, 향교, 달성이었는데 여기에 참가한 분들은 대구의 전 유림들이 망라되어 있다. 그래서 필자는 이 통강록을 『대구유현통강록大邱儒賢通講錄』으로 명명하였다.

그리고 필자는 2011년 1월에 구향회에서 발행한 『대구유현록大邱儒賢錄』을 편집한 바 있다.[3] 이 책에는 임진란을 전후한 16~7세기에 대구지역에서 활동한 유현 62명의 행장行狀, 가장家狀, 묘갈명 등을 번역 수록하였다. 이곳에 수록된 대부분의 분들은 연경서원에서 통강을 하였던 분들이다.

이 글에서는 위의 두 책을 바탕으로 연경서원의 건립과 강학, 제향 등을 알아보고 이 서원에서 활동한 대표적인 유림들의 행적을 간략하게 알아보고자 한다.

2. 연경서원의 창건과 경영

1) 창건과 중건

연경서원研經書院은 1563년(명종 18)에 대구지역의 유림에 의하여 건립되었다. 이 서원의 명칭은 이 서원이 소재하였던 동명洞名인 연경研經[4]에서 취하였다. 이숙량이 지은 〈연경서원 기문〉에 의하면 당시에 "횡당

---

3) 구향회 편. 2011. 『大邱儒賢錄』. 대보사. 邱鄕會는 대구지역의 鄕案에 등재되어 있는 24개 문중의 모임이다.

4) 研經里은 대구의 북쪽 팔공산 아래에 있는 마을인데 조선시대에는 大丘府 東下面에 소속되기도 하였고, 解西村面에 소속되기도 하였다. 지금은 그 遺址가 있는 곳의 洞名이 대구 동구 지묘동이다.

黌堂[5]에서 공부하던 지역의 선비들이 처음으로 서원 건립을 제창하였다."[6]고 하였다. 이때에는 풍기군수 주세붕이 백운동 서원을 창건한지 20년이 되는 해이다. 그리고 당시에 해주의 문헌서원, 성주의 영봉서원, 영천의 임고서원, 경주의 서악서원이 이미 건립되어 운영되고 있었다. 연경서원 또한 이 서원의 건립에 영향을 받았다.

이 서원의 건립을 주도하였던 분은 매암梅巖 이숙량李叔樑과 계동溪東 전경창全經昌이다. 그리고 이 서원의 건립에 필요한 물력은 대구지역의 유림가儒林家에서 제공하였다. 이때 지역의 유림 가家에서는 능력에 따라 돈과 곡식, 베[布] 등을 분담하여 출연하였다. 대구부사는 서원의 부지를 공유지와 교환하여 주었고 건물의 기와를 제공해 주었다.

위에서 살펴본 바에 의하면 연경서원의 건립은 민간에서 주도하고 관官에서 지원하는 형태로 건립된 것을 알 수 있다. 이것은 당시의 많은 서원들이 관에서 주도하여 건립된 것과는 차이가 있는 것이다. 그리고 연경서원은 건립당시에 사당이 없는 서원이었다. 사당은 1613년(광해군 5, 계축癸丑)에 이르러 건립되었다. 이것은 연경서원이 선현을 추숭追崇하는 제향祭享보다는 강학講學에 중점을 두어 건립되었다는 것을 말해주고 있다.

이 서원의 건립을 주도하였던 이숙량과 전경창은 퇴계의 문인이다. 이숙량은 영천이씨로 농암 이현보의 아들이다. 본래 안동에 세거하였는데 중년에 대구로 이사하였다. 그가 대구로 이거移居하게 된 것은 그의 백형伯兄의 형수 임씨任氏의 친정이 무태[7]에 있어서 어릴 때부터 왕래하

5) '횡당'은 일반적으로 서당을 이르는 말인데, 손처눌의 문집(『모당집』)에 수록되어 있는 〈與黌舍文會溪樂座次書〉 등을 볼 때 당시에 향교 외에 별도의 지역에 유림들이 공부하는 강학소로 '횡당'이 있었던 것으로 보인다.

6) 이숙량. 『매암집』. 권2 記. 〈연경서원기〉.

7) 무태는 연경서원이 있는 연경리의 서남쪽에 있는 마을인데, 규장각의 『대구장적』에 의하면

면서 연경의 화암畫巖의 경치가 빼어난 것을 사랑하여 이곳으로 이주하였다. 전경창은 옥산(경산)전씨로 고려조부터 경산과 대구지역에 세거한 대구의 유림이었다. 종래에는 이 서원의 기문을 지은 이숙량이 서원 건립을 주도하였다는 것만 알려져 왔으나 필자가 〈괴헌 곽재겸이 계동에게 한 제문〉을 통하여 이때 전경창이 함께 한 것을 밝혀내었다.[8)]

이 서원은 퇴계선생의 서원 10영詠에 포함되어 있는 9개의 서원 가운데 하나이다. 연경서원이 완공되자 이숙량은 퇴계선생께 기문을 요청하였는데 선생께서는 매암이 기록한 것을 기문으로 하게 하시고 자신은 화암서원畫巖書院(연경서원) 시詩와 발문跋文[화암서원기후畫巖書院記後]을 지어 보내었다. 퇴계선생께서는 이 시와 발문을 통하여 연경서원뿐만이 아니라 당시의 서원이 나아가야 할 방향을 제시하고자 하였다. 퇴계 선생의 '화암서원' 시는 다음과 같다.[9)]

畫巖形勝畫難成	화암의 빼어난 모습 그림으로 그리기 어려운데
立院相招誦六經	서원을 건립하여 함께 모여 六經을 공부하네.
從此佇聞明道術	이를 좇아 道術을 밝혔다는 소식듣기를 기다리노니
可無呼寐得群醒	몽매한 뭇 사람을 불러 일으켜 깨우침이 없겠는가.

위의 시에서 퇴계는 '몽매한 뭇 사람들을 불러 일으켜 깨우침이 없겠는가.'라고 말하고 있는데 이 시구詩句는 퇴계가 서원 교육을 통하여 성취하고자 하는 목적을 제시한 글귀이다. 여기서 퇴계가 '몽매한 사람'이라고 말하는 의미는 당시의 과거 공부에 빠져 유학의 바탕인 내면적인

조선조에는 大丘府 東下面 無怠里이다. 英祖 年間에 東邊里와 西邊里로 分洞되었다. 지금의 대구 북구 동변동과 서변동이다.

8) 구본욱. 2011. 「대구지역에 성리학을 연 계동 전경창」. 『조선사 연구』 20. 조선사 연구회. 15~16쪽.

9) 이황. 『퇴계집』. 권4 시. 〈書院十詠 畫巖書院 大丘〉.

수양을 추구하지 않는 사람이다. 다시 말하면 위인지학爲人之學만 추구하고 위기지학爲己之學을 추구하지 않는 사람을 말한다.

연경서원은 1563년(명종 18, 계해) 가을에 공사를 시작하여 이듬해 1564년(갑자) 3월에 상량을 하고 1565년(을축) 10월에 낙성하였다. 서원의 건물은 40여 칸[間]이었다. 중앙에 정당正堂인 인지당仁智堂이 정남향으로 있고 좌우에는 동東·서재西齋가 있었는데 동재는 보인재輔仁齋, 서재는 시습재時習齋이다. 서원의 남쪽 문은 초현문招賢門이고 초현문의 서쪽에 동몽재童蒙齋가 있다. 동몽재 내에 양정당養正堂이 있다. 그 외에 애련당愛蓮堂과 유정柳亭 및 각종 부속 건물이 있었다.

연경서원은 창건 27년 후 1592년(선조 25)에 일어난 임진왜란으로 인하여 소실되었다. 종전 후 1602년(선조 35) 4월에 중건을 논의하여 7월에 완공하였다. 이때 중건한 것은 임진란 이전에 서원의 한 건물이었던 애련당이었다.

낙재樂齋 서사원徐思遠(1550~1615)은 애련당을 중건한 후에 서원을 찾아 다음과 같은 시를 지었다.10)

我從伊水掛蒲帆	내가 伊水(伊川)에서 부들 같은 돛을 달고 배를 타고 올라 와
繫纜花田入畫巖	畫田潭에 닻줄을 매고 畫巖精舍로 들어 왔네.
堂爲愛蓮先小築	堂은 愛蓮인데 먼저 작은 집을 지었는데
齋因鞠草未全芟	齋에는 무성한 잡초로 인하여 아직 다 베지 못하였네.
招賢養正留名切	招賢門과 養正堂의 이름은 간절하나 짓지를 못하였고
呼寐醒群媿質凡	몽매한 뭇사람을 깨우려니 평범한 자질이 부끄럽네.
白首重遊多感慨	늘그막에 거듭 찾으니 감개가 무량한데
願將餘日付書函	원컨대 장차 한가한 날에 書函(書册) 보내리라.

10) 서사원. 『낙재집』. 권2 시. 〈泊舟入畫巖精舍〉.

낙재는 위의 시 전구轉句에서 '몽매한 뭇사람을 깨우려니 평범한 자질이 부끄럽네.'라고 말하고 있는데, 이 시구詩句에서 퇴계가 제시한 연경서원의 교육목표를 계승하여 실천하고자 하는 그의 의지가 담겨 있는 것을 볼 수 있다.

1613년(광해군 5)에 사당을 건립하였으며 1635년(인조 13)에 향현사鄕賢祠를 건립하였다. 사당을 건립한 수년 후 남쪽 계곡 가에 문루門樓인 관서루觀逝樓를 지었다. 1645년(인조 23)에 정당正堂인 인지당을 중건하였다. 1744년(영조 50) 여름 6월에 수재水災를 만나 사당을 동쪽으로 40보步되는 지점으로 이건하고 동·서재 즉 보인재와 시습재 2칸을 각각 지었다. 그리고 양정헌養正軒, 육수청育秀廳, 주방廚房, 고구庫廐(창고와 마굿간)도 건립하고 이듬해 1775년(영조 51) 4월에 낙성하였다.[11] 이로서 연경서원은 창건 당시의 모습을 회복하게 되었다. 이후 조선말에 이르기까지 여러 차례 보수와 중수 거치면서 대구향교와 더불어 대구지역 유학의 중심지가 되었다. 1871년(고종 8, 신미) 대원군의 서원철폐로 인하여 훼철되었다.

2) 강학과 통강

연경서원은 창건된 후 대구지역 유림의 주요한 강학의 장소가 되었다. 이숙량과 전경창은 이 서원에서 강학을 하였는데 이것은 곽재겸이 전경창에게 한 제문에서 확인할 수 있다. 곽재겸은 〈전계동에게 드리는 제문〉에서 "그윽한 곳에 홀연히 서원을 건립하니 갑사년 봄이었네. 이를 경영하여 또한 많은 가르침을 베풀었네. 이전에 없었던 것을 창건하니 현송絃誦할 곳이 있었네. 화암畫巖의 봄이 깊고 옥계玉溪의 가을이 깊

11) 대구부 편.『대구읍지』.「학교·연경서원」.〈通判 李商進 記文, 禹命休 跋文〉. 1832년경 刊.

어갈 때 학도들과 함께 유람하며 시詩를 읊고 즐거워하였네. 부지런히 학문을 논하며 정성스럽게 권면하고 장려하였네."[12]라고 하였다.

여기에서 전경창에게 강학을 받았던 분은 곽재겸을 비롯한 서사원, 류요신, 손처눌, 정광천, 이주, 전춘년全春年(1552~1592), 여의백呂毅伯 등이다. 이것은 이들이 이 서원과 화암畫巖에서 머물며 지은 시문詩文에서 확인할 수 있다. 필자는 이 서원을 창건하고 몸소 강학을 하였던, 즉 전경창全慶昌(1532~1585), 채응린蔡應麟(1529~1584), 정사철鄭師哲(1530~1593) 3인을 대구유학의 제1세대라 하였고,[13] 이 분들로부터 강학을 받았던 곽재겸郭再謙(1547~1616), 서사원徐思遠(1550~1615), 류요신柳堯臣(1550~1618), 손처눌孫處訥(1553~1634), 정광천鄭光天(1553~1694), 이주李輈(1556~1604) 등 6사람을 제2세대라고 하였다. 그리고 제2세대로부터 강학을 받았던 사람을 제3세대라고 하였는데, 제3세대는 137명에 이른다. 제3세대의 명단은 다음과 같다.[14]

> 손처약孫處約, 서사술徐思述, 이경배李景培, 도경익都慶益, 어운한魚雲翰, 류소조柳紹祖, 우순필禹舜弼, 손기업孫起業, 여응주呂應周, 서승후徐承後, 나응숙羅應淑, 이운근李雲根, 이응기李應祺, 이원생李元生, 류시번柳時藩, 진엽

---

12) 전경창.『계동집』. 권2 부록.〈祭文(參奉 郭再謙 朴夢祥)〉. "顧我弊邑, 藏修無地. 爰倡立院, 大用姓李. 公惟讚之, 共濟其美. 于以卜築, 智玅水濱. 渠渠忽起, 歲甲子春. 終是經營, 亦多施措. 創其無前, 絃誦有所. 畫巖春深, 玉溪秋老. 時從學徒, 遊詠蹁躚. 言論亹亹, 勉勵惓惓."; 곽재겸.『괴헌집』. 권1 제문.〈祭全溪東文〉.

13) 우리나라에 유학(성리학)은 고려 말에 수용되었는데 대구의 유학 역시 문평공文平公 전백영全伯英(1345~1412)과 다의당多義堂 채귀하蔡貴河에서 시작되었다. 문평공은 조선의 개국에 참여하여 예조판서를 역임하였으며, 다의당은 고려의 사직이 다하자 두문동으로 들어간 72현의 한분이다. 조선 초기에 서거정徐居正과 양희지楊熙止(1439~1504), 도하都夏(1418~1479) 등이 조정에 출사였으나 후인들에게 크게 영향을 미치지는 못하였다. 전백영과 채귀하는 각각 전경창과 채응린의 5대조와 7대조이다. 이 두 분은 이들에게 정신적으로 크게 영향을 주었다. 따라서 전백영과 채귀하는 대구유학의 비조鼻祖라고 할 수 있다.

14) 구본욱. 2012.「연경서원의 경영과 조선 중기 대구지역의 유학」.『퇴계학 논집』11. 영남퇴계학회. 209쪽.

陳曄, 전한全僩, 배경가裵褧可, 서사선徐思建, 도성유都聖兪, 양우형楊遇亨, 민충국閔忠國, 류사온柳思溫, 도응유都應兪, 도여유都汝兪, 채선견蔡先見, 정변문鄭變文, 장이원蔣以愿, 임함任諴, 배종서裵宗緖, 성람成攬, 구신립丘信立, 곽용郭涌, 민겸閔謙, 서사선徐思選, 도언유都彦兪, 진현陳晛, 임성任誠, 이회근李晦根, 최동립崔東岦, 여극홍呂克弘, 이경욱李景旭, 한경기韓景祺, 최동률崔東嵂, 서신徐愼, 이지영李之英, 정일신鄭日新, 허사중許士中, 박충남朴忠男, 한경조韓景祚, 배윤서裵胤緖, 배정기裵正己, 조함曺諴, 허정추許廷樞, 홍이성洪頤性, 안여택安汝宅, 김경록金景祿, 정수鄭鐩, 이강李剛, 류종언柳宗彦, 최동집崔東集, 홍이정洪頤正, 채모蔡模, 최기崔璣, 박홍남朴興男, 도호都鎬, 이정운李廷運, 이홍중李弘中, 류종경柳宗慶, 이지화李之華, 채정蔡楨, 정광형鄭光亨, 이덕용李德容, 이이립李以立, 우곤해禹鯤海, 배영거裵暎琚, 은상경殷尙敬, 배사담裵士曇, 손설孫渫, 여홍주呂興周, 배진국裵鎭國, 채몽연蔡夢硯, 곽순郭淳, 류종침柳宗忱, 이상진李尙眞, 신명휴申命休, 이익李瀷, 채무蔡戊, 최식崔湜, 배상례裵尙禮, 이탁李濯, 반준潘濬, 김윤승金允升, 박종우朴宗祐, 채무蔡楙, 이자신李自新, 박윤제朴允悌, 양사지楊四知, 양사유楊四喩, 도경유都慶兪, 이종량李宗樑, 도호룡都虎龍, 은상민殷尙敏, 한홍운韓興運, 서시립徐時立, 이성李宬, 홍달승洪達承, 배진유裵振維, 배상지裵尙智, 배강로鄭江老, 김선경金善慶, 이덕량李德量, 배영규裵暎珪, 전홍업全弘業, 이준남李俊男, 김종립金宗立, 구회신具懷愼, 이종문李宗文, 손린孫遴, 정용鄭鏞, 이윤우李潤雨, 채선길蔡先吉, 우배선禹拜善, 박종남朴宗男, 도신수都愼修, 도신여都愼與, 채선수蔡先修, 정수鄭錘, 정기鄭錡, 정횡鄭鋐, 우달해禹達海, 이상진李尙晋, 이휴운李休運, 김극명金克銘, 이홍우李興雨, 최철崔喆

임진왜란 후 연경서원을 중건한 사람들은 이숙량과 전경창, 채응린, 정사철 등에게 수업을 받았던 대구유학의 제2세대들이다. 이들은 서원을 중건하여 제1세대의 강학을 계승하여 통강通講을 시행하였다. 통강이란 유학의 독특한 공부 방법으로 경전經典이나 시문詩文 등의 일정 분량(대체로 권卷을 단위로 함)을 스스로 공부한 후 스승의 앞에서 암송[강講]을 한 후 지도와 평가를 받는 것이다.

연경서원은 1602년(선조 25)에 중건된 후 1605년(선조 38) 이전까지는 부정기적으로 강학을 실시하였다. 그러나 1605년 10월에 이르러 서사원, 손처눌, 곽재겸, 류요신, 류시번, 류사온, 채몽연, 손린 등이 회합하여 매월 초하루나 보름에 통강을 하기로 하고 규칙을 제정하였다. 그리고 통강의 장소로는 선사재仙査齋와 연경서원 등에서 번갈아 가면서 실시하기로 하였다. 그러므로 연경서원에서 실시한 통강은 대구지역 유림들이 행한 통강의 연장선상에 보아야 한다. 필자는 2012년에 당시의 통강록을 정자로 옮겨 발표하였다. 아래 표는 1605년 10월에서 1613년 10월까지 실시한 통강을 연도, 일자, 장소, 인원 등을 나타낸 것이다.[15)]

위의 표는 7년 동안 실시한 30회의 통강을 정리한 것이다. 위 표에서 1608년 2월부터 1611년 10월까지 통강록이 없는데 이것은 1608년 1월

서기(연)	왕 호	월 일	강학장소	참여인원(員)	비 고
1605	선조 38 (을사)	11. 18	선 사 재	49	
1606	선조 39 (병오)	1. 20	선 사 재	34	
		2. 25	선 사 재	36	
		3. 25	선 사 재	43	
		4. 25	연경서원	44	통판 趙靖 參講
		5. 25	연경서원	45	
		6. 25	선 사 재	30	
		7. 25	연경서원	33	
		9. 1	선 사 재	55	관찰사 柳永詢, 판관 金憲 참강
		10. 15	연경서원	29	
		11. 15	선 사 재	36	
		12. 15	선 사 재	19	

15) 구본욱. 2012. 「大邱儒賢 通講錄의 正字化와 해제」. 『퇴계학 논집』 11. 영남퇴계학회. 308~309쪽.

1607	선조 40 (정미)	1. (17)	(선사재)	(19)	『모당일기』 참고
		4. 15	연경서원	23	
		5. 15	선 사 재	24	
		윤 6. 16	연경서원	31	府使 鄭經世 참강
		7. 16	선 사 재	26	
		8. 20	달 성	32	
		9. 16	연경서원	36	
		10. 16	선 사 재	30	
		11. 16	연경서원	26	부사 정경세 참강
		12. 15	미 상	(13)	통강록의 인원을 합산한 것임
1608	선조 41 (무신)	1. 16	대구향교	28	부사 정경세 참강
1611	광해군 3 (신해)	11. 1	선 사 재	24	
		12. 1	선 사 재	23	
1612	광해군 4 (임자)	1. 5	선 사 재	16	
		2. 5	연경서원	14	
		미상	미 상	17	통강록의 인원을 합산한 것임
1613	광해군 5 (계축)	8. 11	선 사 재	31	부사 金允安 참강
		10. 1	연경서원	34	

에 선조가 승하였기 때문에 통강을 상기喪期 동안 중단하였기 때문이다.[16] 또 1610년부터 1611년 10월까지는 한강선생이 박이립朴而立으로부터 무고誣告를 당하여 변무소를 올리는 등의 일로 통강을 할 겨를이 없었다. 1611년 11월부터 통강을 다시 시작하여 1613년 10월까지 시행하였다. 1613년 11월부터는 서사원의 병으로 인하여 통강을 시행하지 못하였다. 1615년 서사원이 타계한 후에서 손처눌이 연경서원과 영모당

16) 곽재겸, 『괴헌집』, 〈연보〉 62세.

永慕堂에서 1634년까지 시행하였다. 이로서 1605년부터 손처눌이 타계한 1634년까지 대구지역에서는 30년간 통강을 실시하였다.

연경서원의 통강은 송나라의 여씨향약의 규정에 의거하여 실시하였는데 먼저 공자와 송나라 6군자의 화상에 배례를 한 후 강당에 올라 스승에게 배례를 한 후 3면(동, 서, 남)으로 나누어 서로 읍揖하고 스승에게 나아가 차례로 강講(암송)을 하였다.17)

통강록에 보이는 교재를 살펴보면 『소학』, 『대학』, 『논어』, 『맹자』, 『맹자대문孟子大文』, 『중용』, 『시경』, 『서경』, 『주역』, 『춘추』 등으로 유학의 기본 경전은 모두 강講을 한 것을 알 수 있다. 그 외에 『심경心經』, 『근사록近思錄』, 『통감通鑑』, 『고문진보古文眞寶』, 『가례家禮』, 『문장궤범文章軌範』, 『훈몽절구訓蒙絶句』, 〈한문韓文(한유韓愈의 글)〉, 〈문산책文山策〉도 강講을 하였다. 성리학과 관계되는 서적으로는 주렴계의 「태극도설太極圖說」과 『주자서절요朱子書切要』(주서朱書)를 강講하였고, 주자의 시문으로는 〈재거감흥齋居感興(20수)〉, 〈무이도가武夷櫂歌(구곡도가九曲櫂歌)〉, 〈백록동부白鹿洞賦〉를 강講하였다. 또 소강절의 〈안락음安樂吟〉과 귀산양씨龜山楊氏의 〈차일부재득시학자此日不再得示學者〉도 강講을 하였다.

그리고 잠箴, 명銘, 찬贊도 강講을 하였는데 〈숙흥야매잠夙興夜寐箴〉, 〈경재잠敬齋箴〉, 〈동서명東西銘〉, 〈육군자화상찬六君子畫像贊〉, 〈취성정화병찬聚星亭畫屛贊〉, 〈심경찬心經贊〉, 〈역원상찬易原象贊〉, 〈역술지찬易述旨贊〉, 〈역계류찬易稽類贊〉이다. 그리고 회재 이언적의 〈원조오잠元朝五箴〉도 강講을 하였다. 제술製述은 시詩, 부賦, 의疑, 책策, 논論으로 나누어 실시하였는데 별도로 〈시 방당일감개詩 方塘一鑑開〉, 〈시 한인유관수詩 閑人有官守〉, 〈시 구서극기자詩 劬書劇嗜炙〉, 〈위단고삼왕 시爲壇告三王 詩〉, 〈구곡 시九曲 詩〉,

17) 손처눌. 『모당집』. 권6 부록. 〈연보〉 53세.

〈백구 시白駒 詩〉, 〈광풍 시光風 詩〉, 〈연경 시燕京 詩〉, 〈백탑교관소정기 시白塔橋觀騷程記 詩〉, 〈부 효제위인지본賦 孝悌爲仁之本〉, 〈부 구서극기자賦 劬書劇嗜炙〉, 〈부 산경賦 山徑〉, 〈부 봉상우인賦 鳳翔于仞〉, 〈위단고삼왕 부爲壇告三王 賦〉, 〈견득사의 부見得思義 賦〉, 〈구곡 부九曲(도圖) 賦〉, 〈백구 부白駒 賦〉, 〈음농 부吟弄 賦〉, 〈선양 부善養 賦〉, 〈형자보치지법 부刑者輔治之法 賦〉를 시제試製로 실시하였다.

통강의 평가[고강考講]는 순통純通, 통通, 순약純略, 약略, 순조純粗, 조粗, 불不의 7단계로 하였다. 주서朱書는 일순一巡에서 십순十巡, 시詩·부賦·의疑·책策·논論의 제술은 일도一度에서 십도十度로 평가하였다. 시제試製는 대체로 삼상三上, 삼중三中, 삼하三下, 이중二中, 이하二下로 평가하였다.[18]

3) 봉안과 제향

앞에서 언급한 바와 같이 연경서원은 창건당시에 선현을 배향한 사당이 있지 아니하였다. 연경서원에 사당을 건립하여 퇴계선생을 봉안한 것은 1613년(광해군 5) 11월이다. 이 서원의 사당건립을 논의한 것은 1609년(광해군 1, 기유己酉)부터이다. 그러나 사당 건립의 위치에 대하여 의견이 분분하였다. 동년 2월 20일에 한강선생께서 외선조의 묘소에 성묘를 하기 위하여 팔거八莒[19]의 대곡을 방문하였는데 이때 서사원, 손처눌, 곽재겸 등이 선생을 찾아뵙고 연경서원을 방문하여 줄 것을 요청하였다. 그래서 한강선생은 이날 저녁이 되어 서원에 이르렀다. 이튿날 아침에 비가 내렸는데 선생께서는 서원의 원생院生들에게 『심경心經』의 수장首章을 강의하고, 손처눌 등의 문의로 서원 뒤 언덕에 올라 사당을

---

18) 구본욱. 2012.「大邱儒賢 通講錄의 正字化와 해제」.『퇴계학 논집』11. 영남퇴계학회. 311쪽.
19) 지금의 칠곡인데 당시에는 성주에 속하였다.

지을 터를 확정하여 주었다.

이에 사당의 건립을 시작하였는데 중간에 가뭄 등으로 인하여 사당을 완공하는데 4년이 소요되었다. 1609년(광해군 1) 4월 26일에 이르러 기와를 올리기 시작하였는데[20] 1613년(광해군 5) 11월 19일에 이르러 건물에 각종 편액을 달아 완공하였다. 이때의 상황을 손처눌은 다음과 같이 말하고 있다.[21]

> (1613년 11월) 19일 서원에 있었다. 종일 (칭찬하고) 나무라며 감독하였다. 현판을 새기는 工人의 솜씨가 뛰어났다. 그래서 기뻤다. 「기문」과 「발문」을 새겨서 편액하였다. 「애련당기」는 故 李上舍 叔樑이 지은 것으로 서사원(字는 行甫)이 글씨를 썼다. 「발문」은 退溪 李先生이 지은 것인데 判尹 金尙容(1561~1637)이 글씨를 썼다. '연경서원'과 '시습재', '양정헌' 등 무려 10여 개의 편액은 亡友 都慶兪(字는 子謙)이 模寫하여 보관해 둔 것이니 하늘이 숨기고 귀신이 보호한 것이리라. 새겨서 모두 달았다.

1613년 겨울 동짓달(11월) 하순에 퇴계선생을 봉안하였다. 퇴계선생은 연경서원을 지었을 때 건물의 명칭, 편액 등을 직접 짓고 써서 내렸다. 한강이 지은 〈퇴계선생 봉안문〉을 살펴보면 "퇴계선생은 정자와 주자의 성리학을 체계화하고 우리나라에서 유학을 집대성하여 후학들에게 학문의 지침을 제시한 것에서 봉안한 이유를 찾고 있다."[22]

퇴계선생을 봉안한 9년 후 1622년(광해군 14) 3월에 한강선생(1543~

---

20) 손처눌. 『모당일기』. 기유(1609) 4월 26일.

21) 손처눌. 『모당일기』. 계축(1613) 11월 19일. "十九日在院. 終日施罰監事. 位版工善手. 是則可喜. 記及跋文刻懸. 愛蓮堂記, 則故李上舍(叔樑)之所製, 而徐行甫書之. 跋則退溪李先生之所作, 而判尹金尙容書之. 硏經書院, 及時習齋, 養正軒, 凡十額字, 得於亡友都子謙(慶兪), 模而藏之, 是則天秘而鬼護也. 傳(篆)刻悉懸."

22) 정구. 『한강집』. 권11 축문. 〈硏經書院 奉安 退溪先生文〉.

1620)을 배향하였다. 서사원, 손처눌 등 대구의 유림들은 전경창, 채응린, 정시철이 타계한 후 한강선생께 집지하여 가르침을 받았다.

모당 손처눌은 한강선생을 배향할 때 〈퇴계선생에게 고유하는 축문〉에서 한강을 배향한 이유를 "퇴계선생의 적통嫡統으로 선생의 가르침을 바르게 실천하였기 때문이라고 하였다."[23] 그리고 〈봉안문〉에서는 "기유년(1609)에 서원을 방문하여 사당의 터를 잡아주신 것과 『심경心經』을 강의하신 것을 열거하고 있으며, 또 선생을 배향하는 데 많은 선비들의 의논이 합일되었다."[24]고 말하였다.

1706년(숙종 32)에는 우복愚伏 정경세鄭經世(1563~1633)를 배향하였다. 정경세는 1607년(선조 40)에 대구부사로 부임하여 1년간 재임하였는데 향교와 연경서원 등지에서 몸소 강학에 참여하면서 강학을 장려한 공적이 있었다.

귀암歸巖 이원정李元禎(1622~1680)이 정경세를 배향할 때의 지은 〈고유축문〉에 의하면 "사론士論이 이미 협의가 되었고 왕명이 또한 베풀어졌다."[25]라고 하였다. 여기에서 '왕명이 베풀어졌다.'라고 한 것은 연경서원의 사액이 내려진 것을 말하는 것으로 보인다.[26] 그리고 〈봉안문〉에 의하면 "정경세는 퇴계의 적전嫡傳의 한분인 서애 유성룡의 문인으로 그가 퇴계학을 잘 계승하였다는 것과 1608년(광해군 즉위년, 무신戊申)에 임금께서 구언求言할 때 만언소萬言疏를 올린 것도 언급하고 있다."[27]

23) 손처눌. 『모당집』. 권5 축문. 〈研經書院 告退溪先生文〉.

24) 손처눌. 『모당집』. 권5 축문. 〈研經書院 寒岡先生 奉安文〉.

25) 이원정. 『귀암집』. 권7 축문. 〈研經書院 愚伏鄭先生 配享時 祝文(爲士林作)〉. "伏以 祔以後賢, 祀典所載. 文肅鄭公, 今當陞配. 士論既協, 王命又宣. 涓吉瓣香, 告在事先.(右告由文)."

26) 연경서원의 사액은 1659년(효종 10, 기해) 윤 3월 28일에 내려졌다.

27) 이원정. 『귀암집』. 권7 축문. 〈研經書院 愚伏鄭先生 配享時 祝文(爲士林作)〉. "伏以 猗歟退陶, 集成于東. 有得其宗, 文穆文忠. 文忠正脈, 又傳而公. … 屬歲戊申, 進規新政. … .(右

정경세가 연경서원에 배향된 연도(1706)는 정경세의 연보에 근거하는데 이 〈고유축문〉과 〈봉안문〉을 지은 이원정의 졸년이 1680년(숙종 6)이다. 이것으로 보아 이원정이 축문과 봉안문을 지은 시기에 정경세가 봉안된 것은 아닌 것을 알 수 있다. 이원정은 숙종조에 이조판서로 있었는데 경신환국庚申換局(숙종 6, 1680)으로 남인들이 몰락할 때 귀양을 가다가 다시 소환되어 장살杖殺되었다. 이것으로 보아 정경세는 숙종조에 남인들이 정권을 장악하였을 때 남인들의 세력 확장을 위하여 봉안하려고 한 것을 알 수 있다. 그러나 이원정의 타계로 이루어지지 못하다가 1706년(숙종 32)에 봉안된 것을 알 수 있다.

1635년(인조 13)에는 향현사를 건립하여 계동 전경창을 봉안하였으며, 1707년(숙종 33)에는 이숙량을 봉안하였다. 이 두 분은 연경서원을 건립한 공적과 대구지역의 유학에 기여한 것으로 인하여 봉안되었다.

연경서원은 사당을 건립하여 퇴계선생을 봉안한 후 매년 춘추로 2차례 제향을 올렸다. 향사의 일자는 음력 2월과 8월 중정일中丁日이다. 한강선생이 지은 퇴계선생의 〈춘추향사문春秋享祀文〉은 다음과 같다.[28]

學主敬義　학문은 경과 의를 위주로 하였으며
道承洛閩　도는 낙민(정자와 주자)을 이으셨습니다.
集成我東　우리 동방에서 집대성 하셔서
垂敎後人　후인에게 가르침을 드리워 주셨습니다.
屬茲仲春(秋) 이에 중춘(중추)을 맞이하여
涓吉中丁　중정일로 날을 받아서
謹奉精禋　삼가 정성스럽게 제향을 받드오니
昭格明靈　밝으신 영령께서는 밝게 이르시기 바라옵니다.

告愚伏先生)."

28) 정구, 『한강집』, 권11 祝文, 〈硏經書院 春秋享祀文〉.

위의 상향축문 역시 퇴계가 정주程朱의 학문을 계승하여 집대성한 분으로 후학들에게 가르침을 주신 것을 말하고 있다.

연경서원에서 봄 가을 중정일中丁日에 향사를 드린 것은 대구향교의 향사일이 2월 8월 초정일初丁日이기 때문에 겹치지 않게 하기 위한 것으로 보인다.

대구의 달성군 가창면 행정에 살았던 각암覺庵 전유경全有慶(1605~1643)은 연경서원의 춘향春享에 참례參禮하고 난 후 다음과 같은 시를 지었다.[29]

院宇構成已有年	사당을 지은 지 이미 여러 해가 되었는데
揭虔俎豆享先賢	공경히 선현께 제향을 드리네.
文章知是皆餘地	문장과 지혜가 이 모두 땅과 같이 넓고
道德亶宜擬貫天	도덕은 진실로 비유하자면 하늘을 꿰뚫었네.
智水仁山流峙際	지수가 흐르고 인산을 오를 때
光風霽月往來前	광풍과 제월이 눈앞에 왕래하는 것 같구나.
坐筵清灑無塵累	자리에 앉으니 맑고 깨끗하여 티끌이 없으니
養得吾人氣浩然	우리들에게 호연지기가 배양되는 것 같구나.

위의 시는 전유경의 생졸을 고려해 보면 사당이 창건된 20여년 후에 지어진 시로 보인다. 위의 시에서 전유경은 퇴계선생의 학문을 매우 흠모하고 있는 것을 알 수 있다. 전구轉句에서 '지수가 흐르고 인산을 오를 때'라고 말한 것은 이 서원의 정당正堂이 인지당仁智堂으로 편액되어 있기 때문에 이렇게 말한 것이다. 인지당은 『논어』에 나오는 "지자知者 요수樂水 인자仁者 요산樂山"[30]에서 취한 말이다.

29) 전유경. 『각암집』. 권1 시. 〈硏經書院 春享後 與諸友共賦〉.
30) 『논어』. 권6 雍也. 21장.

3. 연경서원의 유현들

연경서원은 앞에서 제시한 통강을 통하여 많은 인재들이 양성되었다. 이러한 통강은 대구유학의 1세대가 창건을 하고, 2세대의 헌신적인 노력이 있었기 때문에 가능하였다. 필자는 앞에서 대구유학의 제1세대로 전경창, 채응린, 정사철 3사람, 2세대로는 서사원, 손처눌, 곽재겸, 류요신, 정광천, 이주 6사람을 열거하였다. 필자는 위 9분을 조선 중기 대구지역 유학의 9현인賢人(대구大邱 9현賢)이라 칭하고자 한다. 이 글에서는 대구 9현의 생애와 학문, 강학 및 관력, 임진란시 행적, 저술 등에 대하여 간략히 서술해보고자 한다.

1) 계동 전경창(1532~1585)

전경창全慶昌은 1532년(중종 27) 대구의 수성현 파잠巴岑(지금의 파동)에서 태어났다. 그의 자字는 계하季賀이고 호號는 계동溪東으로 본관은 옥산(경산)이다. 그의 5대조는 조선의 개국에 참여하여 태종조에 경상, 경기 양도兩道 관찰사와 예조판서를 역임한 문평공文平公 전백영全伯英(1345~1412)이다.

전경창은 5세에 부친께서 별세(40세)하시고 모친 김해송씨의 엄한 가르침을 받았다. 어릴 때 백부 전린全璘(1489~1561)에게 가르침을 받았으며 후에 도산으로 가서 퇴계선생께 학업을 하였다.

그는 『심경』과 『근사록』을 들고 가야산에 들어가 공부하였는데 그의 문인 손처눌은 이때의 모습을 다음과 같이 말하고 있다.[31]

---

31) 전경창. 『계동집』. 권2 부록. 〈行錄(손처눌 撰)〉. "必晨興盥櫛, 終日危坐, 俯讀仰思, 沈潛反覆, 究極歸趣, 期於自得."

새벽에 일어나 세수하고 빗질한 뒤, 종일토록 단정히 앉아 머리 숙여 읽고 우러러 생각하며 沈潛反覆하여 돌아가는 취지를 연구하여 스스로 해득하기를 기약하였다.

전경창은 『소학』을 대단히 중시하여 "『소학』 1책은 고인古人이 사람이 되게 하는 본보기(표준)이다."[32]라고 말하였다. 그리고 『역전易傳』으로써 경전의 공부를 마무리하게 하였다. 또 그는 『역학도설易學圖說』과 퇴계의 『계몽전의啓蒙傳疑』를 손수 필사하여 깊은 이치를 탐색하였다.

24세(명종 10, 1555)에 진사시에 합격하였다. 35세에는 손처눌과 이주가 계동정사溪東精舍에서 공부하였다. 그는 위기지학爲己之學을 추구하였는데 서사원에게 "우리 유가儒家의 사업은 과거에 있는 것이 아니고 존심양성存心養性에 있다."[33]라고 하고 『심경』 1부를 주었다.[34] 또 곽재겸에게는 『근사록』 1부를 주면서 "이 책은 진실로 그대가 공부할 책이다."[35]라고 말하였다.

전경창은 '근근성실勤謹誠實' 네 글자를 좌우명으로 삼았다. 그리고 가헌家憲과 가령家令을 제정하여 집안을 바르게 하였다. 전경창이 대구 유림에 크게 기여한 것은 그가 32세(명종 18, 1563) 때에 매암梅巖 이숙량李叔樑과 함께 연경서원硏經書院을 창건한 일이다. 그는 이 서원에서 대구 유림의 2세대를 양성함으로써 대구유학의 르네상스시대를 열게 하였다.

고종 때에 임재臨齋 서찬규徐贊奎(1825~1905)는 "우리 대구지역의 유학(성리학)은 계동선생으로부터 시작되어 발전하였다"라고 하고, 그를 "대구지역의 주무숙周茂叔(무숙茂叔은 염계廉溪 주돈이周敦頤의 자字, 1017~

32) 전경창. 『계동집』. 권2 부록. 〈행록〉. "小學一書, 乃古人所以做人底樣子."
33) 전경창. 『계동집』. 권2 부록. 〈행록〉. "吾儒事業, 不在科擧, 而在於存心養性也."
34) 서사원. 『낙재집』. 〈연보〉 17세.
35) 곽재겸. 『괴헌집』. 〈연보〉 20세.

1073)이라"[36]고 하였다. 주무숙은 북송의 성리학을 연 사람이다. 위의 글에서 서찬규는 주무숙이 북송의 성리학을 열었듯이 대구지역의 성리학은 전경창이 열었다는 것을 말하고 있다.

42세(선조 6년, 1573)에 문과에 합격하여 출사出仕하였는데 그의 우인友人 정사철은 전경창의 출사에 대하여 '학우내사學優乃仕'[37]라고 하였다. 학우내사學優乃仕는 『논어』에 나오는 '학우즉사學優則仕'[38]와 같은 말로 학문이 넉넉하여 자연히 벼슬길에 나가게 되었다는 것이다. 전경창은 조정에서 외직으로 영변통판을 역임하기도 하였으나 주로 문필을 담당하는 예조에서 근무하였다. 그가 대간직臺諫職인 사간원司諫院 정언正言과 사헌부司憲府 지평持平으로 있을 때 활약한 것은 『선조실록』에 수록되어 있다.

그가 관직에 있을 때 이룬 가장 큰 업적은 병조좌랑으로 있을 때 선조宣祖께 상소하여 종래에 일반사신이 겸하였던 종계변무宗系辨誣에 전임사신을 파견하게 한 일이다. 그의 건의로 인하여 이 일이 성취되어 1589년(선조 22)에 윤근수尹根壽가 성절사로 명나라 신종황제로부터 정정된 책을 받아오게 됨으로써 마무리하게 되었다. 이때에는 전경창이 타계한지 4년이 되는 해였다. 종계변무는 조선이 개국된 이래 200여년 동안 해결하지 못한 것을 전경창의 건의로 인하여 결실을 보게 된 것이다. 이 일로 그는 원종공신原從功臣에 책훈되고 홍문관 응교應教에 추증되었다.

1585년(선조 18) 10월 9일에 한양의 여저旅邸에서 병으로 타계하였는데 향년 54세였다. 이듬해 1586년 2월 20일에 대구 수성 파잠리 무동

---

36) 서찬규. 『임재집』. 권14 跋. 〈玉山全氏族譜 跋〉. "吾鄕儒術, 肇自溪東先生, 駸駸葭灰管動, 先生倡學之功, 迺吾鄕之周茂叔也. 光霽之想, 至今不泐."

37) 정사철. 『임하실기』. 권1 제문. 〈祭全溪東文〉.

38) 『논어』. 권19. 子張. 13장. "子夏曰, 仕而優則學, 學而優則仕."

선영하先塋下에 안장되었다. 전경창이 한양의 관직생활과 고향에서 행한 인품과 덕행은 당시 조정의 관리 약포藥圃 정탁鄭琢, 아계鵝溪 이산해李山海 등과 고향의 우인友人, 문인門人들이 한 〈만사〉 33수와 〈제문〉 14편에 잘 나타나 있다.[39)]

한강선생은 "전계하全季賀는 나의 벗이다. 화락하고 단아하며 늦도록 학문을 좋아하였으나 애석하게도 그 수명이 그릇에 차지 못하였고 포상이 그 공로에 차지 못하였다."[40)]라고 하였다. 1635년(인조 13)에 연경서원 향현사鄕賢祠에 제향祭享되었다. 『계동집』이 있다.

2) 송담 채응린(1529~1584)

채응린蔡應麟은 1529년(중종 24)에 대구의 후동後洞(지금의 경상감영 뒤편)에서 태어났다. 그의 자字는 군서君瑞이고 호號는 송담松潭이며 본관은 인천이다. 부친은 참봉 채홍蔡泓이고 모친은 영천이씨로 병조참판 청백리 괘편당掛鞭堂 이영李榮(1494~1563)의 따님이다.

그의 7대조는 고려 말 두문동 72현의 한 분인 다의당多義堂 채귀하蔡貴河이다. 채귀하는 호조전서로 포은 정몽주와 함께 조정에 종사하였는데,[41)] 고려의 사직이 종말을 고하자 두문동으로 들어간 72현의 한분이다.

채응린은 이영李榮의 외손으로 그는 중년에 팔공산 자락의 동구 미대동美垈洞으로 이거하였다. 27세(명종 10, 1555)에 진사시에 1등으로 합격하였다. 그러나 그는 을사사화乙巳士禍로 인하여 출사를 하지 아니하

39) 구본욱. 2012. 「계동 전경창의 연보작성을 위한 시론」. 『대구사학』 107. 대구사학회. 36~38쪽.
40) 전경창. 『계동집』. 권2 부록. 〈行狀〉.
41) 채귀하. 『다의당실기』. 권1 書. 〈寄諸子〉.

고 육경六經을 연구하며 위기지학爲己之學에 전념하였다.[42] 52세(선조 13, 1580)에 괴헌 곽재겸(34세), 연정 류요신(31세)과 더불어 청량산에 들어가 퇴계선생의 유적을 돌아보고 도산서원의 사당을 배알하였다.[43] 채응린은 계동 전경창에게 집지執摯를 하였다. 계동은 향리의 우인友人으로 그와는 사마시 동방同榜으로 3살 아래였다. 물론 여기에서 채응린이 전경창에게 집지를 하였다는 것은 하나의 형식이나, 이것은 그가 퇴계의 학문을 흠모하여 퇴계의 문인이었던 전경창에게 집지하여 자신의 학문적 연원이 퇴계에 있음을 밝히고자 한 것이다.

33세(명종 6, 1561)에 금호강변 왕옥산王屋山에 압로정狎鷺亭과 소유정小有亭을 건립하여 강학하였다. 그의 고제자高弟子로는 서사원을 들 수 있다. 서사원은 17세(명종 21, 1566)에 부친 연정蓮亭 서형徐泂(1524~1575)의 명으로 압로정으로 와서 공부하였다.[44] 채응린은 이후 20여 년간 팔공산과 금호강을 오가며 강학講學과 유식遊息을 하다가 1584년(선조 17) 56세의 나이로 압로정에서 타계하였다. 그가 타계한지 8년 후에 임진왜란(선조 25, 1592)이 일어났는데, 이때 압로정과 소유정이 불에 타 그가 저술한 시문이 모두 화마火魔 속의 잿더미가 되고 말았다. 그래서 그의 실기에는 그가 지은 시 5수만이 전하고 있다.

소유정은 임진란이 종결된 후 1609년(광해군 1) 겨울에 아들 선길先吉(자字는 길중吉仲)과 그 형제들이 중건하였는데, 이후 대구지역 뿐만이 아니라 영남지역 제1의 정자가 되었다. 이 정자는 1588년(선조 21) 10월 5일에 대구부사 초간草澗 권문해權文海(1534~1591)가 방문한 이래 임진란 후 경상도 관찰사 11명, 대구부사 12명, 경상도 도사, 종사관, 어

42) 채응린. 『송담실기』. 권2 부록. 〈行狀〉.
43) 곽재겸. 『괴헌집』. 〈연보〉 34세.
44) 서사원. 『낙재연보』. 권1. 17세.

사御使, 조도사調度使 12명을 비롯한 많은 관리와 유림들이 방문하였으며 제영題詠이 100여 수首에 이른다.[45)]

채응린의 학문은 서사원에게 전승되어 연경서원硏經書院과 선사재仙査齋 등의 강학을 통하여 대구지역 유학의 르네상스시대를 여는 토대가 되었다. 그의 아들 금탄琴灘 채선길蔡先吉(1569~1646), 양전헌兩傳軒 채선견蔡先見(1574~1644)은 연경서원의 강학에 참여하였다. 채응린의 묘소는 대구 동구 팔공산 내동에 있다. 1784년(정조 8)에 곽재겸과 함께 유호서원柳湖書院에 제향되었다가, 1824년(순조 24)에 왕옥산 기슭에 서산서원西山書院이 건립되면서 이배移配하였다. 『송담실기』가 있다.

3) 임하 정사철(1530~1593)

정사철鄭師哲은 1530년(중종 25)에 대구 하빈현(지금의 달성군 하빈면) 동곡桐谷에서 태어났다. 자字는 계명季明이고 호號는 임하林下로 본관은 동래이다. 부친은 어모장군 정세검鄭世儉이고 모친은 진산진씨이다.

5세에 부친께서 타계하여 모친의 엄한 가르침을 받아 성장하였다. 26세(명종 10, 1555)에 부친의 묘소가 있는 연화산 아래에 분암墳菴을 짓고 연정蓮亭 서형徐泂(1524~1575)·남간南澗 서식徐湜(1530~1592) 형제, 채응린과 강학을 하였다. 또 계동 전경창이 방문하여 「서명西銘」과 『주서朱書』를 강학하였다.[46)] 39세에 연화산 아래 연화동에 초당을 짓고 처음으로 임하초당林下草堂이라고 편액扁額하였다. 이로 인하여 자호自號를 임하林下라 하였다.

---

45) 구본욱. 2012. 「팔공산과 금호강을 왕래하며 강학한 송담 채응린」. 『조선사 연구』 21. 조선사 연구회. 48쪽.

46) 정사철. 『林下文集』. 〈연보 32세〉. 정사철의 실기는 초간본(1887)에는 문집이라고 하였는데, 〈연보〉 등을 수정하여 중간(1935)하였을 때에는 실기라고 하였음.

41세(선조 3, 1570)에 생원시에 합격하였다. 42세 가을에 한강寒岡 정구鄭逑(1543~1620)가 임하초당林下草堂을 방문하였다. 임하는 한강이 13살 아래임에도 도의道義로 사귀었다. 정사철은 정구와 교유하고 난 이후에 구업舊業(과거)을 버리고 위기지학爲己之學에 전념하게 되었다.

57세(선조 19, 1586)에 낙동강가 아금암牙琴巖으로 이거하였다. 이듬해 58세 가을에는 고운 최치원이 머문 바 있던 옛 선사암仙槎庵 터에 서당을 지었는데 이 서당이 선사서당仙査書堂 또는 선사서재仙査書齋(선사재)이다.[47] 선사재는 임진란으로 소실되었는데 종전 후 서사원이 중건하여 강학함으로써 대구지역의 주요한 강학소가 되었다. 그는 평생 여러 곳에 서당을 지어 강학하였는데, 이 강학에 참여하였던 사람은 곽재겸郭再謙, 손처눌孫處訥·손처약孫處約 형제, 서사원徐思遠, 도원결都元結, 아암牙巖 윤인협尹仁浹, 이주李輈, 투암投巖 채몽연蔡夢硯, 송재松齋 주신언朱愼言, 행정杏亭 정여강鄭汝康·양졸재養拙齋 정수鄭錘 부자, 죽오竹塢 곽대덕郭大德, 사월당沙月堂 류시번柳時藩, 귀정龜亭 류사온柳思溫 등이다.

60세(선조 22, 1589) 봄에 선사서당에서 『주자서절요朱子書切要』를 강론하고 금호강의 지암枝巖 아래에서 뱃놀이를 하였는데, 이때 정사철은 오매정五梅亭 손처약孫處約(1556~ ?)의 시에 다음과 같은 화답시를 지었다.

人生能幾何　인생을 얼마나 살겠는가?
已矣年將暮　이미 나이가 장차 저물려 하는구나.
莫恨迷前途　앞길이 혼미하다고 한하지 말라.
分明有正路　분명히 바른 길이 있느니라.

醉裏又逢君　취한 속에 또 그대들을 만나니

---

47) 정사철, 『임하실기』, 〈연보〉 58세.

却忘西日暮　도리어 해가 서쪽으로 저물려하는 것을 잊었노라.
分明天上月　분명히 하늘 위에는 밝은 달이 떠 있으니
應照東歸路　응당히 동쪽으로 돌아가는 길을 비추어 주리라.[48)]

위의 시에서 정사철은 후생들에게 유학의 바른 길[정로正路]을 제시하고자 한 것을 알 수 있다.

63세(선조 25, 1592) 4월에 왜란이 일어났는데 7월 6일에 팔공산 부인사에서 대구지역의 의병 즉 공산의진군公山義陣軍이 결성되었다. 이때 정사철은 의병대장으로 추대되었으며, 아들 광천은 하빈현河濱縣 남면장南面將이 되었다.[49)] 공산의진군은 각 지역에서 활약하였으나 관군이 패배하고 전세가 불리하여 정사철·광천 부자는 부득이 피난을 가지 않을 수 없었다. 정사철은 처음에 고령지역으로 피난하였다가 거창으로 다시 옮겼다. 이듬해 64세 3월 14일에 여병癘病(돌림병)으로 타계하였다. 묘소는 대구 달성군 다사면 연화산에 있다. 그의 손자 정기鄭錡(1574~1642), 정수鄭鐩(1586~1632)는 연경서원 강학에 참여하였다.

한강선생은 "임하장林下丈은 나의 벗이니라. 그 의덕懿德과 숙행淑行을 진실로 민물泯沒시킬 수 없다. 내가 그 전기를 쓸 것이다."[50)]라고 하였다. 1786년(정조 10)에 금암서원琴巖書院에 제향되었다. 35년 후 1799년(순조 23)에 아들 낙애 정광천을 종향從享하였다. 『임하실기』가 있다.

4) 낙재 서사원(1550~1615)

서사원徐思遠은 1550년에 팔거八莒(지금의 칠곡)의 외가에서 태어났

48) 정사철. 『임하실기』. 권1 시. 〈與諸益, 登枝巖, 松下, 和孫秀才韻. 二絶.〉.
49) 서사원. 『낙재일기』. 임진(1592) 7월 6일 鄕兵將 有司 分定記.
50) 정사철. 『임하실기』. 권2 부록. 〈행장(채몽연 撰)〉.

다. 그의 자字는 행보行甫이고 호는 낙재樂齋로 본관은 달성이다. 그의 부친은 경산전교 서흡徐洽이고 모친은 인천이씨이다. 7세에 백부 진사 서형徐泂의 후사가 되었다.

17세(명종 21, 1566)에 송담 채응린의 문하에 나아가 공부하였으며 후에 한강선생에게 집지하였다. 26세에 향시에 장원을 하였으며 30세에 이천정사伊川精舍를 지었다. 41세에 존재存齋 곽준郭䞭과 더불어 안동의 도산으로 가서 퇴계선생의 사당에 참배하였다. 이듬해 연경서원에서 퇴계선생의 시에 차운을 하였다. 그의 시는 다음과 같다.[51)]

道德吾東集大成	우리 동방에 도덕을 집대성 하셨는데
須知功力在窮經	모름지기 그 공력은 경전을 궁구한데 있음을 알 수 있네.
慇懃題跋留詩意	은근히 지은 발문에 시의 뜻이 머물러 있는데
醉夢昏昏儻有醒	꿈속에 취한 듯 어둡고 어두운 무리들을 깨어나게 하네.

43세(선조 25, 1592)에 임진왜란이 일어나자 팔공산에서 창의倡義하였다. 7월 6일에 부인사에서 향회鄕會를 열어 대구지역의 의병을 결성하였다. 그는 대구읍내 7개의 리里와 해안, 수성, 하빈 3개에 현縣을 20개 지역으로 분할하여 향병장鄕兵將, 유사有司 그리고 의병대장義兵大將을 두어 대구의 전 지역에 의병을 조직하였다.

처음에는 정사철을 의병대장으로 추대하였는데, 정사철이 종환腫患으로 의병대장의 임무를 수행할 수 없게 되자 서사원이 승계하였다.[52)] 그는 〈초집향병문初集鄕兵文〉을 지어 인근의 고을에 돌렸으며 동화사의 관

51) 서사원. 『낙재집』. 권1 시. 〈敬次退溪先生晝巖韻〉.
52) 서사원. 『낙재일기』. 임진(1592) 7월 18일.

군과 협력하여 왜적과 전투를 하였다. 그러나 8월에 승중손承重孫으로 조모상을 당하여 임무를 수행하지 못하였다.

46세(선조 28, 1595)에 청안현감清安縣監에 임명되었는데 그는 "국가가 환란에 처하였는데 은거만 할 수 없다."[53]라고 하고 한양으로 가서 사은謝恩하고 임지에 부임하였다. 그는 부임하여 전쟁으로 인하여 폐허가 된 학교를 다시 세우고 강학을 열어 민심을 안정시키고 백성들이 돌아와 생업에 종사하게 하게 하였다. 또 정유년(1597)에는 모속차사원募粟差使員으로 청도의 오례산성으로 군량을 운반하였다.

임진란이 종결되자 이듬해 50세(선조 32, 1599)에 고향으로 돌아와 하빈의 이천伊川에 집을 짓고 미락재彌樂齋라 하였다. 미락재는 '주자朱子가 동안同安에서 돌아와 그 도道(유학儒學)를 더욱 즐겼다는 뜻'에서 취한 것이다. 그 뒤에 '미彌'자를 버리고 다만 낙재樂齋라 하고 자호自號로 삼았다.

52세(선조 34, 1601)에 선사재를 중건하여 강학의 장소로 삼았다. 1605년에 달성達城으로 이건하였던 향교를 다시 교동으로 이건하였는데, 이때 그는 〈성묘부천고유문聖廟復遷告由文〉을 지었다. 같은 해 겨울에 손처눌, 곽재겸, 류요신 등과 월강月講의 규칙을 정하고 연경서원과 선사재 등에서 통강을 실시하였다. 이 통강은 그가 타계하기 2년 전인 1613년까지 지속되었는데 대구지역의 많은 인재들이 여기에서 나왔다. 그는 『주자서』와 『퇴계집』을 즐겨 읽었다.

65세(광해군 6, 1614)에 한강선생이 노곡에서 사양泗陽으로 이거하였는데 그는 선생이 사는 곳과 가까움을 기쁘게 여겨 종년에 이르도록 왕래하였다.

53) 서사원, 『낙재연보』, 46세.

1615년(광해군 7) 4월 9일에 타계하니 향년은 66세였다. 처음에는 이천의 선영하先塋下에 묘소를 드렸다가 수환水患이 있어 그해 9월에 파산으로 이장하였다. 1639년(인조 17)에 이강서원伊江書院에 봉안되었다. 『낙재집』 『낙재일기』가 있다.

5) 모당 손처눌(1553~1634)

손처눌孫處訥은 1553년(명종 8) 대구의 수성현(현재의 상동)에서 태어났다. 그의 자는 기도幾道이고 호는 모당慕堂이며 본관은 일직이다. 조부 손치운孫致雲은 효행으로 천거되어 영동永同과 비안比安 두 고을의 현감을 역임하였다. 부친은 선무랑宣務郎 손수孫遂이고 모친은 한산이씨이다.

14세에 부친의 명으로 계동 전경창의 문하에 나아가 공부하였다. 15세에 향시鄕試에 합격하였으며, 21세에 또 향시에 합격하였으나 한성시(대과)에 낙방하였다. 이때 손처눌은 한 수의 시를 지었는데 이 시에 "본디 득실得失이란 인력으로 어쩔 수 없는 것, 얻었다고 어찌 기뻐하며 잃었다고 어찌 슬퍼하랴."[54]라는 글귀가 있었다. 이때 계동이 급제신은及第新恩으로 고향에 와서 이 글귀를 보고 그의 부친에게 모당을 과거로서 기약하기 말 것을 당부하였다. 이후에 그는 과거를 포기하고 위기지학爲己之學에 전념하였다.

40세(선조 25, 1592)에 임진왜란이 일어나자 최정산으로 피난을 하였는데 선조가 행재소에서 내린 교서를 보고 아우와 함께 창의를 결심하였다. 7월 6일에 이르러 팔공산 부인사에서 향회鄕會를 열어 대구지역의 의병을 결성하였는데 이때 손처눌은 수성현 4면面의 대장을 맡았다. 8월 29일에 서사원이 승중손承重孫으로 조모상을 당하자 손처눌은 의병대

54) 손처눌. 『모당집』. 권6 부록. 〈연보〉 21세. "由來得失莫之爲, 得豈欣欣失豈悲."

장직을 승계하게 되었다. 그는 난중亂中에 양친을 여의었는데 종전 후 부모님의 산소 아래 집을 지어 영모당永慕堂이라 이름하고 난중에 상장喪葬의 예를 다하지 못한 것을 한으로 여겨 종신토록 시묘살이하는 뜻을 붙였다. 이로서 사람들이 모당선생慕堂先生이라고 하였다.

48세(선조 33, 1600) 1월 1일에 처음으로 일기를 쓰기 시작하여 종년에 이르기까지 썼는데, 이 일기는 조선 중기 대구지역의 유림과 유학을 볼 수 있는 귀중한 자료이다. 52세에 이르러 한강선생에게 집지하고 평생토록 왕래하며 가르침을 받았다.[55)]

53세(선조 38, 1605)에는 서사원, 곽재겸, 류요신, 채몽연 등과 더불어 통강通講의 규정을 정하여 향내의 유림들과 통강을 하였는데, 이 통강은 연경서원과 선사재仙査齋, 영모당永慕堂 등에서 30년간 행하였다. 이로서 대구지역 유학의 르네상스시대를 열게 되었다. 이 통강에서 손처눌은 서사원과 함께 강장講長이 되어 문생들을 지도하였다. 1615년 서사원이 타계하자 장소를 영모당으로 옮겨 종년에 이르기까지 홀로 20년간 통강을 실시하였다. 손처눌이 영모당에서 행한 통강을 기록한『영모당永慕堂 통강제자록通講諸子錄』에는 202명이 수록되어 있는데, 이중에서 문과에 급제한 이가 16명, 사마시에 합격한 이가 16명, 무과에 2명으로 모두 34명이다. 또 서원에 배향된 이가 15명, 사당에 배향된 이가 3명으로 모두 18명이다.[56)]

82세(인조 12, 1634) 6월 초하루에 자신의 죽음을 예감하고 선대의 묘소에 성묘를 하고 제생諸生들과 강학을 하고 "이런 좋은 일을 이제 다

55) 손처눌.『모당일기』. 갑진(1604) 2월 7일. "驚蟄雨午霽. 謁先祠. 讀淵源錄. 與從叔氏及希魯將向寒崗, 以雨未果. 每每巧違, 尙今未獲拜, 誠不及古人立雪負笈之人矣."

56) 김건래. 2003.「孫處訥 硏究」.『慕堂 孫處訥 先生의 生涯와 學問』. 청호서원. 210~211쪽 참조.

시 하기 어렵겠다. 원컨대 제군은 각자 부지런히 힘써라."라고 하였다. 그리고 자만自輓 1수를 쓰고 15일에 아침에 일찍 일어나 의관을 바르게 하고 자리 곁에 붙인 잠계箴戒의 글을 읽고 방을 쓸게 한 뒤, 다시 자리와 이불을 바르게 하고 누워서 조용히 눈을 감았다. 대구 수성 황청동(황금동) 선영하先塋下에 안장하였다. 1694년(숙종 20)에 청호서원青湖書院에 봉안되었다. 『모당집』과 『모당일기』가 있다.

6) 괴헌 곽재겸(1547~1615)

곽재겸郭再謙은 1547년(명종 2)에 달성군 현풍의 솔례리率禮里에서 태어났다. 그의 자字는 익보益甫이고 호號는 괴헌槐軒으로 본관은 현풍이다. 부친은 곽초郭超이고 모친은 전주이씨이다. 곽재우는 그의 종제이다. 그는 괘편당 이영李榮의 손서孫壻로 봉사손奉祀孫으로 현풍에서 대구의 도동 이영의 옛집으로 이거하였다.

20세(명종 21, 1566)에 계동 전경창께 나아가 뵈었는데 계동께서 『근사록近思錄』한 부를 주며 말하기를 "이 책은 진실로 그대가 공부할 책이다."라고 하였다. 30세(선조 9, 1576)에 회연서당檜淵書堂으로 가서 한강선생을 찾아 뵙고 『중용中庸』, 『대학大學』을 강론하였는데 한강선생이 감탄하며 "나의 이로운 벗[익우益友]이다."라고 말하였다. 한강선생은 그를 죽마고우竹馬故友로 대하였지마는 곽재겸은 제자의 예를 행하였다. 34세에 송담 채응린을 모시고 류요신과 함께 도산서원으로 가서 퇴계선생 사당에 참배하였다.[57]

46세(선조 25, 1592)에 임진왜란이 일어나자 팔공산에서 창의하였는데 그는 해안현 5면面 도대장都大將을 맡았다. 초유사招諭使 김성일金誠一

57) 곽재겸. 『괴헌집』. 〈연보〉. 34세조.

이 동화사에 도착하자 찾아 뵙고 병사兵事와 장정의 모집, 양식을 모으는 것에 대하여 말하였다. 그는 금호강 북쪽의 요충지에 여러 가지의 방략方略을 마련하였는데 이로 인하여 적이 감히 가벼이 침범하지 못하였다. 곽재겸은 임진란의 공적으로 절충장군折衝將軍 용양위부호군龍驤衛副護軍에 제수되었다.

59세(선조 38, 1605) 겨울에 서사원, 손처눌, 류요신 등과 더불어 통강의 규정을 마련하고 강학하였다. 이 강학은 연경서원과 선사재 등에서 행하였다.

1613년(광해군 5)에 풍비風痺의 병을 얻어 2년 후 1615년 5월 29일에 타계하시니 향년 69세였다. 임종에 임하여 한강선생께서 문병을 왔는데 그의 손을 잡고 "우리의 도道가 외롭다."라고 하셨다. 대구의 북쪽 팔공산의 둔기동에 안장安葬하였다. 1784년(정조 8)에 채응린과 함께 유호서원柳湖書院에 봉안되었다. 문집으로 『괴헌집』이 있다.

7) 연정 류요신(1550~1618)

류요신柳堯臣은 1550년(명종 5) 대구의 해안현 삼태동三台洞(지금의 도동)에서 태어났다. 그의 자字는 성유聖兪이고 호는 연정蓮亭으로 본관은 문화이다. 조부 류보柳葆는 참봉이고 부친 류연양柳延陽은 침랑寢郞이다. 그의 외조부는 회재晦齋 이언적과 〈태극무극논변太極無極論辨〉을 한 망기당忘機堂 조한보曺漢輔이다.

28세(선조 10, 1577)에 곽재겸이 현풍 솔례에서 해안의 하향리(지금의 도동) 처조부妻祖父 이영李榮의 옛집으로 이거하였는데, 류요신은 그의 아들 시번時藩(1569~1640)을 보내 가르침을 받게 하였다. 류시번은 후에 황청동 영모당永慕堂으로 가서 손처눌에게 수업을 받았다.

31세(선조 13, 1580)에 송담 채응린을 모시고 괴헌 곽재겸과 함께 청량산을 유람하고 도산으로 가서 퇴계선생의 사당에 참배하고 돌아왔다. 37세에 동면同面의 신기동으로 이거하여 못을 파서 연蓮을 심고 정자를 지어 애련정愛蓮亭이라 하였으니[58] 북송北宋 주렴계周濂溪의 애련설愛蓮說에서 취한 것이다. 그의 자호 연정蓮亭 또한 여기에서 유래하였다.

43세(선조 25, 1592)에 임진왜란이 일어나자 팔공산에서 창의하였는데 그는 해안현의 북촌 의병장을 맡아 왜적과 싸웠다. 그는 임진란 때 왜적을 막은 공적으로 통정대부에 제수除授되었다.

50세(선조 32, 1599)에는 향리의 사우들과 함께 임진란으로 소실된 향교를 달성(지금의 달성공원)으로 이건移建하였다. 56세 겨울에 서사원, 곽재겸, 손처눌 등과 논의하여 월강月講의 규정을 정하였다. 그리고 연경서원과 선사재, 대구향교, 달성에서 지역의 인사들과 통강을 실시하였다. 이 통강에 류요신은 그의 아들 시번時藩과 손자 종언宗彥, 종경宗慶과 함께 3대가 참여하였다.[59]

류요신은 퇴계학을 추구하였는데 이것은 그가 67세 9월에 아들에게 주려는 유서遺書를 가지고 손처눌에게 문의한 것에서 알 수 있다. 이때 류요신은 퇴계선생이 〈권경수에게 답한 편지〉로서 그 증거로 삼으려고 하였다.[60]

1618년(광해군 10) 12월 18일에 타계하니 향연 69세였다. 칠곡 인동 유학산에 안장하였다. 팔공산 산하 오암사梧巖祠에 제향되었다.

58) 류시번. 『사월당집』. 〈연보〉 18세.

59) 구본욱. 2012. 「大邱儒賢 通講錄의 正字化와 해제」. 『퇴계학 논집』 11. 영남퇴계학회. 315. 320. 321. 323쪽.

60) 손처눌. 『모당집』. 권7부록. 〈연보 下〉 64세.

8) 낙애 정광천(1553~1594)

정광천鄭光天은 1553년(명종 8) 대구의 하빈현 동곡에서 태어났다. 그의 자字는 자회子晦이고 호號는 낙애洛涯로 본관은 동래이다. 부친은 임하 정사철이고 모친은 성주이씨이다. 그는 부친께 공부하여 가학家學을 계승하였으며 계동 전경창을 사숙私淑하였다. 그는 계동이 타계하였을 때 장문長文의 만사輓詞를 지어 추모하였다. 그 일부를 살펴보면 다음과 같다.[61]

> (前略) 저 소자로 말하자면, 비록 기운을 탁하게 타고났으나, 오히려 불초하다고 여기지 않으시고, 매양 자상하게 배움을 권면하셨습니다. 아! 나의 정성이 깊지 못하여, 경전을 가지고 배움을 청하지 못하였습니다. … 나라에 부름을 받아 가신 후로, 항상 그 淸德을 사모하였습니다. 고향으로 내려오신다는 말씀을 듣고는, 수레가 오기를 손꼽아 기다렸습니다. 장차 돌아오시면 의지하여 질문을 하면서, 시골에 居하며 杖屨를 받들려고 하였더니, 홀연히 訃音이 여기에 이르니, 저가 놀라 슬픔을 감추지 못하였습니다. 천리 먼 곳에서 오시는 儀形(運柩)을 생각하며, 북풍을 향하여 통곡을 하였습니다. 끝나버렸습니다. 나라를 경영하시던 큰 뜻은, 장차 九原(泉裏, 무덤) 속에 묻혀 버릴 것입니다. …

위의 글에 의하면 정광천은 전경창을 공경하며 매우 사모하였음을 알 수 있다.

정광천은 또 회연으로 한강선생을 찾아뵙고 문인이 되었는데 그는 37세(선조 22, 1589)에 부친을 모시고 회연서당檜淵書堂을 찾아 다음과 같은 시를 지었다.[62]

---

61) 전경창. 『계동집』. 권2 부록. 〈정광천의 만사〉.
62) 정광천. 『낙애집』. 권1 시. 〈회연서당〉.

天爲先生破所慳　하늘이 감추어둔 곳을 선생이 찾아내시어
碧溪茅屋兩三間　푸른 시내 가에 초가집 두 세간을 지어셨네.
淹留更做淸沂會　맑은 沂水의 모임을 오래도록 거듭 지으니
得得吟風弄月還　得意하고 득의하여 달밤에 시를 읊조리며 돌아오네.

위의 시에 의하면 이때 정광천은 한강선생의 가르침을 받고 매우 흡족하였던 것을 알 수 있다.

34세(선조 19, 1586)에 부친을 모시고 아금암牙琴巖으로 이거하였는데 아금암은 낙동강 가에 있는 바위이다. 그는 이곳에 집을 짓고 거처하며 부친을 모셨다. 이듬해 부친께서 선사에 서당을 짓고 강학하였는데 그는 이곳에서 대구지역의 우인들과 더불어 강학하였다.

40세(선조 25, 1592)에 임진왜란이 일어나자 팔공산 부인사에서 대구지역의 의병이 결성되었는데, 이때 그는 하빈현 남면南面의 의병장이 되었다. 그러나 왜적이 낙동강에 이르자 그는 부친을 모시고 피난을 하였는데 부친께서는 이듬해 피난지 거창에서 여병으로 타계하였다. 그는 고향으로 돌아와 다시 군무軍務에 종사하는 등의 활동을 하였으나 1594년(선조 27) 3월 25일에 병으로 하빈에서 타계하였으니 42세였다. 대구 달성군 다사면 연화산 선영하先塋下에 안장하였다.

정광천은 문학적이 자질이 뛰어나 그의 문집에는 많은 시가 수록되어 있는데 모두 임진란 이전의 작품이다. 그의 문집에 수록되어 있는 시로 인하여 서사원과 여매촌呂梅村 등이 연경서원에서 강학하며 유遊하였던 것을 알 수 있다. 1799년(순조 23)에 금암서원琴巖書院에 배향되었다. 『낙애집』과 『낙애일기』가 있다.

9) 태암 이주(1556~1604)

이주李輈는 1556년(명종 11)에 대구의 수성 파잠(파동)에서 출생하였다. 11세에 부친의 명으로 계동 전경창의 문하에 나아가 공부하였다. 15세에 대구의 북쪽 무태리로 이거하였다. 그는 금호강 북쪽에 환성정喚惺亭을 건립하였다.63)

33세(선조 22, 1588) 때 연경서원의 화암畫巖에서 노닐면서 퇴계선생이 지은 시를 차운次韻하였는데 그 시는 다음과 같다.64)

奇巖如畫自天成	기암이 그린 듯 천연으로 이루어졌으니
削立層空幾劫經	하늘 향해 깎아지른 듯 서서 몇 겁의 세월 지냈는가?
憶昔退陶夫子訓	옛적 퇴계선생의 가르침을 생각하니
剩教醉夢各醒醒	취하고 꿈꾸는 사람들 일깨우기에 충분하네.

34세(선조 23, 1589)에는 회연으로 한강선생을 찾아뵙고 문인이 되었다. 이듬해에 서사원과 함께 안동의 청량산을 유람하기로 하였으나 몸이 아파 함께 가지 못하였다.

37세(선조 25, 1592)에 임진란이 일어나자 팔공산으로 피난하였는데 5월 28일에 처음으로 창의倡義의 논의를 발하였다. 7월 6일에 부인사에서 대구지역의 향회鄕會를 열어 의병대장義兵大將과 각 지역의 향병장鄕兵將, 유사有司를 선정하였는데 그는 이때 공사원公事員을 맡았다.65)

임진란이 종결되자 44세(선조 33, 1599)에 대구향교를 달성으로 이건할 때 〈이건移建 상량문上樑文〉을 지었다. 46세에는 손처눌, 서사원, 곽

63) 구본욱. 2013.「태암 이주의 환성정에 관한 고찰」.『조선사 연구』22. 109쪽.
64) 이주.『태암집』. 권1 시.〈敬次退溪先生畫巖韻〉.
65) 이주.『태암집』. 권3 부록.〈연보〉37세;『낙재일기』. 임진(1592) 7월 6일.

재겸, 류요신, 채몽연 등과 더불어 연경서원을 중건하였다. 그 이듬해 낙성식에서 관찰사 이시발李時發(1569~1626)은 서원의 벽에 중수의 사실을 다음과 같이 기록하였다.

> 이 서원은 가정 갑자년에 창건되어 강학한지 거의 30여 년이 되었는데 불행히 임진왜란의 병화에 불 타버렸다. 邑의 老儒 李輈公이 諸生과 더불어 연당의 옛터에 몇 칸의 집짓기를 도모하였는데, 지금 이미 낙성의 고유를 하였다. 장차 이로 인하여 옛날의 담장과 서원이 복구되어 斯文이 日新되기를 기약하노라. 훗날에 이 서원을 찾는 사람들이 興廢의 고사를 알지 못할까 염려하여 삼가 쓴다.[66)]

1604년(선조 37) 2월 27일에 타계하니 향년 49세였다. 묘소는 대구 북쪽 연경동 청석골에 있다. 1806년(순조 6)에 서계서원西溪書院에 배향되었다. 문집으로 『태암집』이 있다.

4. 맺음말

지금까지 연경서원의 창건과 중건, 강학과 통강, 선현先賢의 배향과 제향 등을 알아보고, 연경서원에서 활약한 대구유학의 제1, 2세대 9분의 생애, 학문, 제향 등에 대하여 알아보았다. 이 9분을 필자는 대구 9현賢이라고 칭하였다.

---

66) 국역『苔巖先生文集』. 권4 부록. 〈題研經書院壁〉. 喚惺亭. 2007. 226~227쪽. "書院創于嘉靖甲子, 藏焉修焉, 殆三十年, 不幸爲壬辰兵火所焚. 邑之老儒李公輈, 與諸生謨構數椽于蓮堂之舊址, 今已告成. 將因此而復昔日之宮墻也, 院之復舊, 其斯文鼎新之期乎. 懼後之尋斯院者, 不知廢興之故,謹志之."

조선 중기 대구지역의 유학은 퇴계학이었다. 퇴계학은 대구유학의 제1세대에 의하여 전파되었으며, 그 주요장소는 연경서원이었다. 연경서원은 통강을 통하여 그 어느 지역보다 활성화되었으며 대구지역 전 유림들의 서원이었다. 영조英祖 50년(1774, 갑오甲午)에 수해水害로 인하여 사당을 동쪽으로 50보 옮기고 정당正堂인 인지당仁智堂과 동재東齋인 보인재輔仁齋, 서재西齋인 시습재時習齋를 중건함으로 서원의 옛 모습을 회복하였다. 이때 경상도 전 지역의 수령과 향교 및 서원, 사祠에서 부조扶助를 하였는데, 이것으로 보아 연경서원은 조선 후기를 거치면서 경상도 수부首府의 서원으로 자리매김한 것을 알 수 있다.

연경서원은 대구유학의 제1, 2, 3세대들과 그 후예들에 의하여 운영되었으며 조선말에 이르기까지 대구지역의 학술과 문화를 주도하였다.

이 글에서 언급하였던 전경창, 채응린, 정사철, 서사원, 손처눌, 곽재겸, 류요신, 정광천 이주는 대구유학의 제1, 2세대로 모두 학문과 덕행이 있었다. 전경창은 대구지역 유학의 기반을 조성하였을 뿐만이 아니라 조정에 출사하여 종계변무를 해결하게 하였으며, 손처눌과 이주를 배출하였다. 채응린은 생원으로 을사사화로 인하여 조정에 출사를 하지 않고 강학에 전념하였는데 그의 학문은 서사원에게 계승되어 대구지역의 유학을 활성화하는 데 크게 기여하였다. 정사철 역시 생원으로 평생 강학을 업業으로 삼았는데 임진란 때 팔공산의 의병대장으로 추대되는 등 대구지역의 유학을 발전시키는 데 크게 기여하였다. 서사원과 손처눌은 연경서원의 강학을 주도하였으며, 곽재겸, 류요신, 이주 등은 충실한 조력자였다. 이들 2세대의 헌신적인 노력으로 대구지역은 유학의 고장이 되었다.

도동서원과 한강학의 전개

김 기 주

도동서원과 한강학의 전개

김 기 주

1. 머리말

이질적인 것들이 만나지 않으면 변화도 없다. 새로운 것, 혹은 변화의 에너지(energy)는 흔히 이질적인 것들의 만남과 상호작용으로부터 생겨난다. 같은 것, 동질적인 것들의 만남에서는 충돌도 없지만 새로운 것도 생겨나기 힘들다. 음전하와 양전하의 이질적인 구름이 만날 때 엄청난 에너지를 가진 번개와 천둥이 발생하는 것은 그 좋은 예다. 이것은 새로운 것 혹은 에너지란 이질적인 것, 상이한 것이 서로 만날 때 생겨난다는 것을 잘 보여준다.

개인의 삶을 포함해서 인간이 만들어 온 문화 혹은 역사의 전개와 흐름도 동일한 이치를 품고 있다. 이질적인 것들의 상호작용을 통해 삶의 에너지가 공급되었고, 새로운 것들이 생겨났으며, 변혁이 일어났던 것이다. 혹 충돌과 상호작용의 과정에서 비극적인 사태가 없었던 것은 아니지만, 반면에 이질적인 것들과의 충돌이 없는 사회는 변혁이 일어날 수 없었고, 최종적으로 그 자신을 유지할 힘마저 잃음으로써 더 큰 비극을 초래하기도 하였다. 이렇듯 인간 삶과 그 역사 문화의 전개 속에서 상호 이질적인 것들의 만남과 상호작용은 중요한 의미를 가진다.

그런데 지리적으로 이질적인 것들이 만나 상대적으로 쉽게 상호작용이 일어나는 지역이 있다. 그런 곳을 흔히 문화적 완충지대 혹은 문화의 용광로라 부르기도 한다. '변화는 변방으로부터'라는 말이 함축하듯, 이질적인 것들이 뒤섞이는 곳에서 새로운 것이 등장하기 때문이다. 조선성리학의 전개라는 측면에서 보자면, 이 글에서 살펴보고자 하는 도동서원이 위치해 있는 현풍을 중심으로 하는 낙동강 중류 지역은 바로 이런 유형의 지역 가운데 하나로 꼽을 수 있다. 낙동강 상류와 낙동강 하류의 상이한 성리학적 시각 혹은 전통이 바로 이곳에서 서로 만나고 있는 것이다. '낙중학' 혹은 '강안학'에 대한 논의 역시 바로 이런 낙동강 중류 지역의 문화적 특징에 대한 성찰에서 시작되었다고 생각된다.

이러한 '낙중학'과 관련된 논의에서 보자면, 영남 성리학의 흐름에 대해, 인물로는 퇴계退溪 이황李滉(1501~1570), 지역으로는 예안을 중심으로 하는 낙동강 상류, 곧 낙상의 흐름과 인물로는 남명南冥 조식曺植(1501~1572), 지역으로는 김해나 산청을 중심으로 하는 낙동강 하류, 곧 낙하의 흐름으로 크게 구분하는 이분적 구도에서 벗어나, '낙중학'이라는 용어를 통해 제3의 낙동강 중류지역 성리학의 전개에 대한 새로운 접근을 시도하고 있는 것이다. 아직 충분히 성숙되거나 완비되었다고 할 수 없다는 점에서 여전히 논의의 여지는 많고, 그런 의미에서 이 글 역시 낙중학에 대한 전체 퍼즐을 맞춰 가는 하나의 조각이기도 하다. 하지만 이 글이 직접적으로 낙중학의 특징이나 성격을 논하기 위한 것은 아니다. 다만 낙중학의 주요 요소인 한강학의 전개와 도동서원의 상관성을 제한적으로 밝힘으로써 낙중학의 일면에 대한 이해를 목표로 하고 있을 뿐이다.

우리의 이러한 목표가 정당성을 가질 수 있는 것은 조선시대의 서원이 단순히 교육기관의 역할만을 수행하지 않았다는 점 때문이다. 1543년 당시 풍기군수로 있던 신재愼齋 주세붕周世鵬(1495~1554)이 백운동서원白雲洞書院을 건립한 이래 각 지역에 서원이 건립되기 시작하면서, 서원이 순수하게 교육적 기능만을 수행하지는 않았던 것이다. 서원은 지역의 고등 교육기관, 출판사 및 도서관이라는 교육과 관련된 긍정적인 역할 이외에도 수많은 부작용을 불러일으킨 향촌 유림의 지역운영 혹은 지배 기반으로 작용하였고, 중앙 정계와 연결고리를 형성하며 학파와 정파 활동의 지역 거점 역할까지 수행하였다.[1] 특히 서원이 학문 혹은 학파 활동과 밀접하게 관련되어 있었다는 사실에서 보자면, 도동서원의 설립과 운영 과정에 대한 이해를 통해 낙동강 중류 지역의 학문적 활동과 전개양상, 곧 낙중학의 전개과정을 읽어낼 수 있는 것이다.

이렇듯 이 글의 목적은 한강학을 중심으로 한 낙중학의 전개에 있어서 도동서원의 역할을 이해하는 것에 한정하고 있다.[2] 먼저 도동서원의 중건에서 드러나는 한강寒岡 정구鄭逑(1543~1620)의 역할을 통해 한강학의 전개에 있어서 도동서원 중건이 가진 의미를 이해해보고, 이어서 한훤당寒暄堂 김굉필金宏弼(1454~1504)과의 관련성 속에서 도동서원의 좌표와 역할을 확인해 보고자 한다. 그리고 마지막으로 도동서원의 몇 가지 문건들에 대한 분석을 통해 그와 같은 목표가 실질적으로 어떻게 달성되고 또 변형되었는지를 확인해 볼 것이다. 그리고 이러한 낙중

1) 김기주. 2013. 「남명학파의 서원과 남명학파의 전개」. 『남도문화연구』 제24집. 7-8쪽.

2) 지금까지의 도동서원에 관한 본격적인 연구 성과는 이수환의 「도동서원의 연혁과 소장자료의 검토」가 거의 유일하고, 유인호 · 하헌정의 「도동서원의 배치형태와 공간구성에 관한 연구」(2008. 『韓國産業應用學會論文誌』 第11卷 第3號.) 등과 같은 도동서원의 건축물에 관한 연구 논문이 있다. 도동서원에서 전해지고 있는 문헌들을 영남대학교 민족문화연구소에서 『도동서원지』로 묶어 출간하였지만, 전체 문헌 가운데 일부가 수록되어 있을 뿐이다.

학의 전개에 있어서 도동서원의 역할에 대한 이해는 한강학, 혹은 낙중학의 또 다른 모습이나 특징에 대한 이해로 우리를 이끌 것이라 생각한다.

2. 정구의 '영남맹주의식'과 도동서원

낙중학의 전개에 있어서 도동서원의 역할을 이해하기 위해서는 무엇보다 누구에 의해 어떻게 서원이 세워지게 되었는지, 서원의 창건과 중건 과정에 대한 이해가 필요하다고 판단된다. 그 과정을 돌아봄으로써, 서원의 건립이나 중건이 어떤 맥락에서 추진되었는지를 헤아려 볼 수 있을 것이기 때문이다. 이 점은 지역에 있어서 도동서원의 역할을 이해하는 주요한 출발점이 될 수 있다고 생각된다.

'도동道東' 곧 '도가 서쪽의 중국이 아니라 동쪽인 우리에게 있다'는 뜻의 이름을 가진 도동서원은 낙동강이 굽어서 흐르는 현풍의 대니산 자락에 위치해 있다. 현풍은 낙동강 중류에 위치하며 삼국시대부터 군사 교통의 요충지로 주목받았던 지역이다. 신라시대에는 추양화현推良火縣으로 불렸는데, 경덕왕 때에 현효玄驍로 이름을 고쳐 화왕군火王郡, 창녕의 영현領縣이 되었다. 고려 초기에 현재의 이름인 현풍으로 바뀐 후, 현종 9년에 밀성군密城郡(현재의 밀양)에 예속되었다. 그 후 공양왕 2년에 감무가 설치된 후 속현에서 주현으로 승격되었고, 아울러 밀양의 구지산부곡仇知山部曲을 예속시킴으로써 그 세력이 확장되었다. 조선시대에도 세곡을 운반하던 낙동강 수로의 중심에 있었고, 육상으로는 창녕·대구·고령 등지와 연결되는 교통의 중심지였다. 문화적으로도 낙동강의 동쪽과 서쪽, 낙동강 상류와 하류의 문화가 자연스럽게 만나던 곳이기도 하다.

이곳에 도동서원이라는 이름의 서원이 세워진 것은 선조 37년인 1604년의 일이다. 그렇다고 이 도동서원의 역사가 여기에서 시작된 것은 아니다. 전신이라고 할 수 있는 쌍계서원雙溪書院의 설립에서 보자면 서원의 역사는 다시 1568년까지 거슬러 올라간다. 쌍계서원은 본래 현풍의 동쪽인 비슬산 자락에 건립되었지만 임진왜란으로 서원이 폐허가 된 후, 1604년 현재의 자리로 위치를 옮겨 중건된 후, 1607년 사액되면서 이름이 도동으로 최종 확정되었다.

도동서원의 전신인 쌍계서원의 건립과정은 알려진 바가 없다. 그렇지만 임진왜란 후에 진행된 도동서원의 중건은 그 과정을 기록한 문서「도동서원중창사적道東書院重刱事蹟」을 통해 소략하게나마 이해할 수 있다. 이 기록에 따르면, 현풍 사림에서 서원 중건 논의가 처음 시작되면서, 곧 경상도 감사에게 편지를 보내 예전 쌍계서원 건립 당시 여러 가지로 후원한 예를 들면서 필요한 자원의 지원을 요청하였다. 이러한 지역 유생들의 요청에 응해서, 감사는 양식과 목재·철물·선박 등의 지원 외에 목수를 비롯한 장인들을 지원하였고, 여기에 더해 기타 사안에 대해서는 현감이 필요한 지원을 하도록 조처하였다. 이러한 과정에서 보자면 도동서원의 중건은 지역의 사림과 제향자인 김굉필의 친·외손, 경상감사 및 현감을 비롯한 관의 적극적인 협조를 통해 이루어졌다. 당시 다른 서원이 세워지는 과정과 마찬가지로 형식적인 측면에서 도동서원의 중건은 지역 사림이 중심이 되고, 여기에 관의 협조와 후원에 의해 이루어진 것으로 이해되는 것이다.

하지만 이것은 표면적인 이해일 뿐이다. 보다 깊이 중건 과정을 살펴보게 되면, 특별한 한 인물의 활동이 돋보이는데, 그 인물이 바로 정구이다. 서원의 중건과정에서 정구의 활동은 특별히 두드러진다.[3] 그는 중건 초기 서원의 중건에 깊이 간여하며 「백록동규白鹿洞規」를 토대로 삼아 「도동원규道東院規」를 제정하였다. 뿐만 아니라 1604년(선조 37)에 서원 중건을 관장할 원장으로 성재省齋 곽근郭赾을 천거하였고, 도동서원이 사액되던 해인 1607년(선조 40)에는 안동부사로 있으면서 당시 퇴계학파의 중심인물이었던 대구부사 우복愚伏 정경세鄭經世(1563~1633), 합천군수 감호鑑湖 여대노呂大老(1552~1619)와 함께 「중건구조통문重建求助通文」을 내기도 하는 등 도동서원 중건을 실질적으로 주도하였다.[4] 이러한 그의 노력에서 보자면, 만약 그가 없었다면, 오늘의 도동서원은 최소한 지금의 모습으로 존재하지는 못했을 것이라고 짐작할 수 있다. 그렇다면 이와 같이 폐허가 된 서원을 중건하기 위한 정구의 노력을 어떤 측면에서 이해할 수 있을까? '영남맹주의식嶺南盟主意識'으로 요약될 수 있는 그의 학문적 지향을 통해 접근해 보자.[5]

---

3) 홍원식은 「영남 유학과 낙중학」(『한국학논집』 제40집) 19쪽에서 "그(정구)는 김굉필이 포함된 오현문묘종사와 도동서원 건립에 앞장서면서 낙중 유학계를 결속시키고 선도하였다."고 설명하는데, 이점에서 보자면, 도동서원의 건립은 낙중 유학계를 결속시키기 위한 정구의 노력이라고 이해된다.

4) 도동서원의 전신인 쌍계서원이 세워지던 때에 26세였던 정구가 어떤 역할을 수행하였는지 분명하게 확인되지 않는다. 하지만 성주의 천곡서원을 세우는 과정에 개입한 것과 38세에 창녕현감으로 첫출사하기 이전 이미 김굉필의 『연보』와 『사우문인록』 등을 편찬한 사실에 근거해 보자면, 이미 쌍계서원의 건립 과정에서도 그는 분명 일정한 역할을 수행하였을 것으로 짐작된다.

5) 도학자가 도학을 창달하기 위해 서원을 세우는 것은 당연하다. 정구가 도동서원을 세운 것도 그러한 사실과 결코 무관하지 않을 것이다. 하지만 정구가 다른 서원이 아닌 왜 하필 도동서원의 창건에 온 힘을 쏟았는지 물을 때, 단순히 도학을 창달하기 위함이라는 대답은 그것이 너무나 당연하고 원론적인 설득력만을 가질 뿐이라고 생각된다. 집안에 있어서는 그와 진외증조부인 정여창과의 관련성, 그리고 학문적으로는 조식이나 이황과의 관련성은 당시 영남에서 정구의 위치를 충분히 부각시켜 줄 배경이 되었다고 판단된다. 아울러 그와 같은 관련성 속에서 드러나는 그의 지향을 '영남맹주의식'이라 표현할 때, 그것이 그의 의도를 불순한 것으로 왜곡시키기 보다는, 가문 혹은 학문적 자부심과 책임의식을 충실하게 드러내 보여주는 것이라고 이해된다.

정구는 친가로 조선의 개국공신인 6대조 복재復齋 정총鄭摠(1358~1397)으로 이어지고, 진외가陳外家로는 사림파의 중심인물인 진외증조부 김굉필로 이어지는 탄탄한 가문적 배경을 가지고 있었다.[6] 뿐만 아니라 학문적인 측면에 있어서도 그는 당시 영남지역의 양대 학자였던 예안의 이황과 산청의 조식 양 문하를 모두 계승하고 있다는 뚜렷한 의식을 보여주었다. 그리고 이러한 의식은 그의 학문이 점차 체계화되고 완성되는 과정을 거치며 더욱 자신감을 가지고 드러났다. 그것은 1603년(선조 36) 동강東岡 김우옹金宇顒(1540~1603)이 사망했을 때, 정구가 지은 「동강만사東岡輓詞」에서 이황을 '정맥正脈', 조식을 '고풍高風'으로 평하는 '정맥고풍론正脈高風論'으로 표현되었고,[7] 이것은 다시 '영남맹주의식'으로 구체화되어 드러났다.[8]

그런데 그의 '영남맹주의식'과 그것의 구체적 실천은 도동서원 중건, 안동부사 부임, 봉산욕행이라는 3가지 사건 혹은 행사를 통해 드러나고 있다. 그 가운데 첫 번째인 도동서원의 중건은 바로 그의 '영남맹주의식'을 실천하는 첫 걸음이기도 하였다. 도동서원의 중건이 발론된 1604년을 전후한 시기는 그가 1580년 창녕현감을 시작으로 동복현감(1584), 함안군수(1587), 강릉부사(1594), 통천군수(1591), 강원감사(1596), 성천부사(1598) 등의 지방관을 거친 후, 60세를 전후하여 1601년 영월군수,

---

6) 김굉필은 정구의 할머니 서흥김씨의 아버지이고, 조부 鄭應祥의 장인으로, 정구의 아버지 鄭思中의 외조부이자, 정구의 陳外曾祖父가 된다.

7) 鄭逑. 『寒岡集』. 「輓金東岡二首」. "退陶正脈終天慕, 山海高風特地欽."

8) '영남맹주의식'이라는 용어는 김학수의 「정구의 학자 관료적 삶과 안동부사 재임」(『영남학』 제17호) 81쪽과 「조선중기 한강학파의 등장과 전개」(『한국학논집』 제40집) 118쪽 등에 나타나고 있는데, 이러한 측면에서 보자면 그의 '정맥고풍론'은 鄭仁弘(來庵, 1535~1623)이 이해한 것처럼 이황에 대한 적전의식을 강조하는 것이라기보다는, 이황과 조식 양 문하에 대한 계승의식의 표현으로 이해될 수 있을 것이다. 鄭仁弘의 이해는 『來庵集』. 「南冥曺先生神道碑銘」에서 확인된다.

1602년 충주목사, 1603년 홍주목사, 1606년 광주목사 등의 벼슬을 고사하면서까지 학문에 힘씀으로써 영남의 학계에서 자신의 존재를 부각시켜 나가고 있던 시기였다. 이때를 전후하여 『오선생예설분류五先生禮說分類』와 『심경발휘心經發揮』 등의 저술이 연이어 탈고되며 학문적인 깊이를 더하고 있었고, 또한 한강정사에서 모당慕堂 손처눌孫處訥(1553~1634)과 회합하여 '오현문묘종사五賢文廟從祀'에 대해 논의하기도 하였다.[9)]

다시 말해서 도동서원의 중건이 발론된 때인 1604년을 전후한 시기, 정구는 영남지역에서 정치적인 측면뿐만 아니라, 학문적으로도 상당한 영향력을 행사할 수 있는 위치에 있었다. 그리고 이것은 당시의 역사적 상황 속에서 나날이 더욱 강화되고 있었다. 그것은 이 시기 학문적으로 영향력을 크게 행사하던 이황과 조식의 직전제자들이 대부분 세상을 뜨거나 이미 연로하여 활동할 수 있는 상황이 아니었고, 또 동인과 서인 혹은 남인과 북인 등의 당쟁이 격화되면서 정치적으로도 특정 인물을 중심으로 한 남인세력의 결집이 요구되고 있었기 때문이다. 이러한 시대적 상황 속에서 먼저 영남 지역에서 자신의 존재를 부각시켜 나가는 첫 걸음을 그는 도동서원의 중건이라는 방식으로 내딛게 되었던 것이다.[10)] 그리고 그렇게 세워진 도동서원은 그의 영남맹주의식을 실천하기 위한 낙중지역의 주요한 지역적 기반이 되어주었다.

두 번째 사건은 안동부사로 부임한 일이다. 그는 도동서원이 사액되던 1607년에 그동안 벼슬을 사양하던 태도를 바꿔 안동부사로 부임함으로써 퇴계학파의 본거지인 안동과 예안, 봉화를 비롯한 경상북도 북부

9) 김학수. 2010. 「조선중기 한강학파의 등장과 전개」. 『한국학논집』 제40집. 117쪽 참조.
10) 김학수의 「조선중기 한강학파의 등장과 전개」(『한국학논집』 제40집) 126쪽에서 대구의 "연경서원이 중수된 1602년 이후부터 강학 및 주유 등을 통해 대구지역 사림들에 대한 학문적 영향력을 한층 강화시켜 온 것은 사실"이라고 지적한다. 이것은 1604년 도동서원의 중건을 통한 낙중지역의 영향력 확대를 도모하는 정구의 모습과 일치하고 있다.

지역까지 자신의 학문적 영향력을 확대하는 계기로 삼았다. 본래 정구가 이황의 문하에 처음으로 입문한 것은 21세 때인 1563년(명종 18)의 일이었다. 이후에 그는 이황에게 『심경心經』이나 『심경부주心經附註』의 내용에 대해 질문하고, 영봉서원의 명칭을 천곡서원으로 수정하는 과정에서 가르침을 청하는 등 서신 왕래를 통해 사제관계를 이어나갔다. 하지만 1570년 이황이 사망했을 때, 그는 병으로 조문하지 못하였고, 『퇴계집退溪集』의 간행을 비롯한 여러 사업에서 문인의 신분으로 적극적으로 참여하여 자신의 목소리를 낼 수 없었다. 그것은 그가 조식의 상례를 사실상 주관했고, 『남명집南冥集』의 간행과정에 자신의 목소리를 냈던 것과는 상당히 대조된다.[11] 그런데 그는 1607년 겨우 11개월의 짧은 안동부사 재임기간을 통해 자신이 이황의 고제, 적전임을 천명하게 됨으로써, 17세기 이후 그는 마침내 월천月川 조목趙穆(1524~1606)·학봉鶴峯 김성일金誠一(1538~1593)·서애西厓 류성룡柳成龍(1542~1607)과 함께 '계문사고제溪門四高弟'의 한 사람으로 자리매김될 수 있었던 것이다.

세 번째 사건은 다름 아닌 봉산욕행蓬山浴行이다.[12] 1617년 그의 나이 72세 때에, 그는 거처하던 달성 하빈에서 출발하여 현풍·고령·창녕·함안·영산·밀양·김해·양산을 거쳐 동래 온정에 도착한 뒤 이곳에서 30일 동안 체류한 후, 다시 통도사·청도·경주·영천·하양·경산을 거쳐 하빈으로 돌아오는 총 45일간의 봉산욕행 길에 올랐는데, 이 역시 앞선 안동부사직의 수락과 유사한 목적을 가진 행사로 이해할 수 있다. 현풍에서 온정으로, 온정에서 다시 하빈으로의 여정동안 그는 도동서원과 임고서원 등의 주요 서원을 참배하였고, 그 지역 문인과의 모

11) 김학수. 2010. 「정구의 학자 관료적 삶과 안동부사 재임」. 『영남학』 제17호. 85쪽 참조.
12) 蓬山은 동래의 옛 지명으로, 이 45일 간의 봉산욕행에서 만난 선비들이 약 300명이고, 그 가운데 정구의 문인이 80여 명이다.

임을 주관하였다. 영남의 남동지역에서 문인의 결속을 통해 활동 기반과 활동 영역을 확장하는 기회가 되었던 것이다.

이와 같이 도동서원 중건, 안동부사 부임, 봉산욕행이라는 3가지 사건을 서로 연결시켜 놓고 정구의 행보를 이해할 때, 1604년 도동서원의 중건이 그에게 있어서나 낙중 지역의 학문 전개에 있어서 중요한 맥을 형성하고 있는 하나의 사건이었다는 점이 밝혀진다. 그에게 있어서 도동서원의 중건은 '영남맹주의식'의 표현이자 그것을 강화하는 첫 걸음이자 첫 단추였던 것이다. 그리고 이것은 안동부사직의 수행과 봉산욕행으로 이어짐으로써 도동서원의 중건으로부터 구체화된 그의 지향이 낙중지역뿐만 아니라, 안동과 예안을 중심으로 하는 낙상지역, 그리고 청도·밀양·김해에 이르는 낙하지역까지 이를 수 있었던 것이다. 그리고 그 속에서 도동서원의 중건은 그의 학문적 자신감을 처음으로 드러낸 사건인 동시에, 바로 도동서원을 통해서 그의 영남맹주의식 혹은 좁게는 정구 자신의 한강학, 넓게는 낙중학을 확장할 수 있는 지역적 기반과 토대를 마련하게 되었다고 판단된다.

또한 그의 이러한 노력은 당시의 시대적 흐름 속에서 충분히 긍정적인 반응을 얻을 수 있었다. 그것은 앞에서 지적했듯, 이 시기 학문적으로나 정치적으로 영향력을 크게 행사하던 이황과 남명의 직전제자들이 대부분 세상을 뜨고, 동인과 서인 혹은 남인과 북인 등의 당쟁이 격화되면서 정치적으로 남인세력의 결집이 필요한 역사적 상황의 전개와 무관하지 않다고 판단된다.[13] 그리고 이러한 시대적 상황 속에서 도동서원은 그의 활동에 있어서 충분한 지역적 토대를 제공하면서, 활동의 지역적 거점 역할을 수행한 것으로 이해할 수 있다.

---

13) 김학수. 2010.「조선중기 한강학파의 등장과 전개」.『한국학논집』제40집. 161쪽 참조.

3. 한강학의 지역적 배경, 도동서원

앞에서 우리는 도동서원이 세워지는 과정에서 정구의 역할을 확인할 수 있었다. 아울러 그곳에서 도동서원을 통해 영남맹주의식을 강화하고 영남지역에서 한강학의 자리매김을 시도하는 정구의 의지를 확인할 수 있었다. 그에게 있어서 도동서원의 중건은 영남맹주의식을 실현할 지역적 토대이자 기반으로 작용하였다. 그런데 이처럼 도동서원의 중건이 정구에 의해 기획된 것이라는 점을 긍정할 수 있을 때, 자연스럽게 우리는 하나의 질문을 던지게 된다. 그것은 곧 왜 하필이면 도동서원인가 하는 물음이다.

도동서원 중건에 앞장서던 시기 곧 60세 이전에, 정구는 이미 고향에 한강정사寒岡精舍와 회연초당檜淵草堂, 무흘정사武屹精舍 등을 마련하여 강학하고 있었고, 70세 때인 1612년에는 칠곡의 노곡정사蘆谷精舍에서 강학을 했으며, 이곳이 화재로 소실되자 다시 사양정사泗陽精舍로 옮겨 저술과 강학에 전념하였다. 이처럼 정구는 실제로 이미 다양한 곳에 강독 장소를 마련하고 있었고, 또 새로운 서원을 세울 수도 있는 상황이었다. 그럼에도 불구하고 그가 도동서원의 중건에 그토록 깊은 관심을 보였던 것을 우리는 어떻게 이해할 수 있는가? 이것은 단순히 강학장소로서의 의미를 가진 공간이라면 도동서원이 아닌 다른 방식으로 확보할 수도 있었고, 또 실제로도 그는 다양한 방식을 통해 활동 무대를 넓혀갔는데, 도동서원의 중건은 그러한 흐름 속에서 또 어떤 의미를 가지는가 하는 물음이기도 하다.

이 문제에 대한 답을 직접 찾아가기에 앞서, 먼저 도동서원이 김굉필을 제향하는 서원이라는 점에 주목해보자. 잘 알려져 있듯, 도동서원은 김굉필을 주벽으로 모신 여러 서원 가운데 한 곳이다. 김굉필을 제향하는 최초의 서원은 1558년(명종 13)에 성주목사 사인당四印堂 노경린盧慶麟(1516~1568)이 지역의 향현인 매운당梅雲堂 이조년李兆年(1269~1343), 이인복李仁復(1308~1374)을 모시기 위해 건립한 영봉서원이 우여곡절 끝에 이조년이나 이인복이 아닌 김굉필만을 제향하게 되면서 이름을 고친 천곡서원川谷書院이다. 그 뒤를 이어서 김굉필이 무오사화 때에 희천熙川으로 귀양갔다가 다시 이배되어 갑자사화에 사약을 받아 순절한 전라도 순천의 옥천 냇가에 1565년 옥천서원이 세워졌고, 3년 뒤인 1568년 현풍의 쌍계서원(도동서원의 전신)과 함께 황해도 서흥의 화곡서원이 세워졌다.

김굉필을 제향하는 첫 서원인 천곡서원이 위치한 성주는 그의 처외가가 있던 지역으로, 그의 처가인 합천 야로나 생가인 현풍과도 멀지 않은 곳이다. 처외가인 성주에 왕래하면서 지역 사림과 교류가 없었던 것은 아니지만, 직접적인 관련성에서 보자면 현풍이나 합천과 비교될 수는 없다. 그럼에도 불구하고 그곳에 그를 제향하는 첫 서원이 세워지는 과정은 도동서원이 어떤 의미를 가지는지를 이해하려는 우리에게, 그리고 그곳이 바로 정구의 고향이기도 하다는 점에서 시사하는 바가 매우 크다.

우선 천곡서원이 세워지는 과정을 살펴보자. 이조년의 직계 후손인 묵재默齋 이문건李文楗(1494~1567)은 을사사화(1545년)에 연루되어 성주에 귀양 와 있다가[14], 1558년 노경린이 성주목사로 부임하자 자신의 직계 조상이자 당시 향현으로 인정되었던 이조년과 이인복 등을 제향할 서원건립을 도모하였다. 하지만 노경린의 사위인 율곡栗谷 이이李珥

14) 1545년 을사사화에 연루되어 성주에 유배되어 23년 동안 생활하다가 1567년에 사망하였다.

(1536~1584) 등이 이조년의 영정에 염주를 들고 있는 모습을 지적하면서 부처를 따르는 인물을 서원에 제향할 수 없음을 지적하였다. 이렇게 되자 다시 성주의 처외가에 출입하였던 김굉필을 끌어들여 이들과 함께 제향하는 방법을 통해 이 문제를 풀어가려 하였지만, 문제가 모두 해결되었던 것은 아니다.

제향인물의 위차 문제를 두고 또다시 분쟁이 발생하면서, 성주이씨 문중과 노경린은 생졸연대를 우선으로 하여 그 위치를 결정하려고 한 반면, 지역의 사림에서는 김굉필의 도학을 높여 그의 위차를 우선해야 한다고 주장하였다. 1560년 노경린을 이어 이황의 제자 금계錦溪 황준량黃俊良(1517~1563)이 성주목사로 부임한 뒤에도 논란이 지속되다가 결국 서원에는 김굉필을 홀로 제향하고, 이조년과 이인복은 따로 사우를 세워 모시는 것으로 결정되었다. 이후에 다시 정구가 와룡의 고사를 인용하면서 이천伊川 정이程頤(1033~1107)와 회암晦庵 주희朱熹(1130~1200)를 제향하고 서원의 이름을 영봉에서 천곡으로 고침으로써 논란이 일단락되었다.

이러한 영봉서원으로부터 천곡서원이 성립되는 일련의 과정은 도동서원의 역할을 확인하고자 하는 우리에게 시사하는 바가 크다. 그 중에서 최소한 다음과 같은 세 가지 사실은 특히 주목할 필요가 있다고 판단된다. 첫째는 영봉서원으로부터 천곡서원으로 성립되는 과정에서 확인되듯, 이 서원은 김굉필을 제향하기 위한 목적으로 세워진 서원이 아니었는데, 본래 제향하려고 했던 이들이 모두 제외되는 과정에서도 김굉필이 남겨져 홀로 제향된 점이고, 둘째는 천곡이라는 명칭과 제향자의 위차에서 정이와 주희를 거쳐 곧바로 김굉필에게로 도통이 이어진다는 사유가 확인된다는 점이다.[15] 그리고 마지막으로 성주 지역을 대표하는 인물이 이조년이나 이인복과 같은 충절을 중심으로 하는 인물이 아니라, 김굉필과 같은 성리학 혹은 도학을 중심으로 하는 인물이라는 점이다.[16] 천곡서원에서 확인되는 이 세 가지 사실은 일정부분 도동서원의 중건과정을 이해하는 데에도 적용될 수 있다고 판단된다. 그리고 무엇보다 이러한 흐름을 주도한 인물이 다름 아닌 정구라는 사실 역시 주목할 필요가 있는 부분이다.

먼저 첫 번째 사실부터 살펴보면, 처음 이조년과 이인복을 제향하기 위해 서원을 세우려고 하였지만, 영정에서 문제가 발생하자 그것을 무마하기 위해 김굉필의 제향이 논의되었고, 결과적으로 처음 제향하고자 했던 인물들은 배제되어 버리고 김굉필만이 제향되었다는 사실은 많은 것을 함축해 보여준다. 그 가운데서 무엇보다 우리의 주목을 끄는 것은 성주를 비롯한 낙중 지역에서 김굉필이 보여준 절대적 위상이다. 이조년의 영정에 문제가 생기자 김굉필을 함께 제향하는 방법으로 문제를 해결하려는 생각에서, 그리고 결국 다른 사람을 배제해 버리고 김굉필만을 제향하는 것에서 그 점이 충분히 읽혀지고 있다.

또한 정치적인 측면에서가 아니라 학문적인 측면에서의 인물평가, 혹은 성주를 대표하는 인물이 이조년이 아니라 김굉필이라는 사실에서도 김굉필의 위상, 혹은 의도적으로 김굉필의 위상을 높이려는 지향이 분명하게 드러난다. 그리고 김굉필이 그대로 정이와 주희에게 이어져 연결되는 도통적 연원을 가진다는 점은 김굉필이 어떤 위치에 있는 인물인지와 함께 왜 지역에서 그토록 높은 위상을 보여주고 있는지에 대한 답이라고 생각된다. 그리고 이러한 구도를 제시한 이가 다른 사람이 아닌 정구였다는 점은 시사하는 바가 큰 것이다. 성주를 중심으로 하는

15) 정우락. 2012. 「성주지역 도학의 착근과 강안학파의 성장」. 『영남학』 제21호. 57쪽 참조
16) 정우락. 2012. 같은 책. 59쪽 참조.

낙중지역에서 김굉필은 누구도 무시할 수 없는 위상을 이미 가지고 있었고, 또 그것을 정이·주희와의 직접적인 연결을 통해 강화하고 있으며, 그것이 정구에 의해서 주도되고 있는 것이다.

이러한 몇 가지 사실에서 보자면, 천곡서원을 통해 김굉필의 처외가였던 성주지역에서, 그의 외증손인 정구에 의해 김굉필의 위상은 한껏 높아졌다고 보여진다. 하지만 그러한 과정을 통해 김굉필의 위상만이 제고된 것은 아니다. 그와 함께 혈연적으로 이어져 있는 정구의 영향력 역시 함께 제고되었던 것이다. 바로 이점에서 천곡서원의 성립은 성주지역에서 정구의 위상이나 영향력을 확장하는 토대가 되었다고 이해할 수 있는 것이다. 그리고 또 바로 여기에서 우리는 도동서원이 정구에게 어떤 의미를 가진 것인지를 이해하게 된다. 도동서원의 중건은 그에게 다름 아닌 제2의 천곡서원이었던 셈이다. 정구는 성주지역을 넘어, 보다 범위를 넓힌 낙중지역에서도, 정이와 주희에게 직접 연결되는 김굉필을 제향하는 도동서원의 그늘을 통해 자신의 영향력을 확장하거나 더욱 공고히 하고 싶었던 것이다. 다시 말해서 김굉필의 위상을 이용한 낙중지역의 이미지 제고와 함께 김굉필을 중심으로 한 낙중지역의 결합과 영향력 확장이라는 두 가지 지향이 도동서원을 통해 한꺼번에 성취되고 있는 것이다.

김굉필의 위상을 높이고, 그 그늘을 통해서 낙중지역의 결합과 영향력을 확장하려는 시도는 김굉필을 대동유종大東儒宗으로 추숭하는 다음과 같은 정구의 시각 속에서도 확인된다.

> 대개 점필재 문하에서 비록 일찍이 수업하면서 『소학』의 가르침을 받기는 하였지만, 덕을 이루고 도를 다져 먼 옛날 현철들을 이은 것은 오로지 몸소 자득의 노력에 의한 것임은 의문의 여지가 없다.[17)]

김굉필을 단순히 김숙자와 김종직을 이은 동방도통의 중간 매개자 혹은 계승자의 하나로 이해하는 것이 아니라, 그와 같은 사승을 뛰어넘어 먼 옛날 현철들 곧 정이와 주희를 직접 계승한 것으로까지 확대하여 이해하고 있는 것이다.[18] 이러한 시각은 '오현문묘종사'운동의 토대가 되었다고 이해된다. 그리고 마침내 1678년(숙종 4) 정구 역시 도동서원에 종향되면서, 이러한 도통의 흐름이 결국 정구에게로 이어졌음을 천명하게 됨으로써, 한강학은 낙중 지역에서 확실한 위상을 점하게 되었다고 판단된다. 결국 정구가 도동서원의 중건에 그토록 깊은 관심을 보여주게 된 것은 물론 혈연적으로 진외증조부인 김굉필의 현창과도 무관할 수 없지만, 보다 깊은 곳에서는 김굉필의 영향력을 통해 낙중지역의 통합과 자신 혹은 한강학의 영향력을 확장하기 위한 것이었다고 정리할 수 있을 것이다.

4. 서원의 인적교류와 한강학의 전개

앞에서 우리는 서원이 세워지고 중건되는 과정, 그리고 서원에 제향되고 있는 인물에 대한 이해를 통해 도동서원이 낙중학, 그 가운데서도 한강학의 성립 · 전개 · 확산과 밀접하게 관련되어 있음을 확인할 수 있었다. 무엇보다 1604년 도동서원이 중건되는 과정에서 정구의 적극적인 노력은 돋보이며, 그가 도동서원의 중건에 그토록 심혈을 기울였던 것은 당시의 역사적인 상황과 함께 퇴계학과 남명학을 동시에 계승한 자

17) 鄭逑. 『寒岡集』 卷15. 「寒暄堂金先生師友門人錄」.
18) 鄭逑. 『寒岡集』 卷11. 「道東書院奉安寒暄堂金先生文」.

신이 영남의 맹주임을 자부한 영남맹주의식의 표현이자, 그것을 실천하기 위한 지역적 토대를 구축하려는 의도로 이해된다. 그리고 그러한 지역적 토대를, 김굉필을 제향하는 도동서원의 중건이라는 방식으로 마련하게 된 것은 낙중 지역에서 김굉필의 영향력이 그 만큼 크게 작용하고 있었음을 반증해 보여준다.

이러한 논의를 한 마디로 정리한다면, 정구는 도동서원을 통해서 한강학의 지역적 거점을 마련할 뿐만 아니라, 김굉필의 영향력을 통해 그것을 강화하고 공고히 하려는 의도를 가졌던 것으로 이해된다. 이러한 이해 위에서 한강학의 전개과정에서 도동서원의 역할이 무엇이었는지, 그것은 또 어떤 방식으로 성취되었는지가 그려지게 된다. 그렇다면 이제 도동서원과 관련된 여러 자료 가운데 인적교류와 관련된 문헌을 중심으로 도동서원이 실제로 그러한 목적이나 의도, 곧 도동서원이 한강학의 지역적 거점과 함께 현풍을 중심으로 하는 낙중지역의 학술적·문화적 구심점 역할을 수행했는지를 구체적으로 살펴보자.

일반적으로 각 서원에서는 서원의 역사를 정리한 『고왕록』이 있지만, 도동서원의 경우 특별히 정리된 기록이 없다. 다만 서원중건 초기의 상서와 통문 등 몇 편의 문헌을 모은 『도동중창사적』을 통해서 당시의 상황을 대략 그려볼 수 있을 뿐이다. 반면에 서원의 인적구성과 조직, 운영체제 등을 파악할 수 있는 자료는 비교적 풍부하게 남아있다. 서원을 운영한 원장과 유사有司의 명단인 『원임안院任案』이 있고, 이 외에 서원의 각종 행사에 참여했던 인사들을 파악할 수 있는 『참제록參祭錄』 8책, 『알사록謁祠錄』 24책, 『분향록焚香錄』, 『돈사록敦事錄』 2책, 『집사분정기執事分定記』, 『입원록入院錄』 1책, 『심원록尋院錄』 22책 등이 전해지고 있는 것이다. 이 가운데 『심원록』, 『알사록』, 『원임안』, 『입원록』의 내용을 중심으로 낙중지역에서 도동서원의 역할을 살펴보자.

그 가운데 먼저 『심원록』은 서원을 방문한 사람이 자필로 서명한 방명록이다. 중간에 몇 권의 결본이 있지만, 도동서원에는 중건초기부터 20세기까지의 방문자가 기록된 『심원록』 22책이 전하고 있다. 방문자의 본관과 성명, 거주지, 방문일자 순으로 기록되어 있으며, 특히 노비를 거느리고 방문했는지, 말을 타고 왔는지 등의 정보도 함께 기록되어 있다. 『심원록』의 첫 등재자는 정구이고, 그 뒤를 이어 여헌旅軒 장현광張顯光(1554~1637) · 석담石潭 이윤우李潤雨(1569~1634) · 미수眉叟 허목許穆(1595~1682) 등 정구 문인을 비롯하여, 관설觀雪 허후許厚(1588~1661) · 졸암拙庵 유영순柳永詢(1552~1630) 등과 같은 인근의 지방관, 예안의 매원梅園 김광계金光繼(1580~1646) · 독좌와獨坐窩 김광악金光岳(1694~1759) · 망월헌望月軒 금개琴愷(1562~1629) · 삼백당三栢堂 이유도李有道(1565~1626), 진주의 부사浮査 성여신成汝信 (1546~1632), 영천의 곤봉昆峯 정사물鄭四勿(1574~1649) · 우헌愚軒 정사상鄭四象(1563~1623), 상주의 가휴可畦 조익趙翊(1556~1613) 등 남인계 주요 인사들과 영남의 대표적인 인사들의 방문사실을 확인할 수 있다.

비교적 엄격한 기준에 따라 『심원록』에 이름을 등재할 수 있었기 때문에, 여기에 등재되어 있는 인물은 도동서원과 비교적 깊은 관련을 가졌거나, 나름 영향력을 행사한 인물이라고 평가할 수 있다. 따라서 이들을 통해서 도동서원의 인적교류와 그 범위를 이해할 수 있게 된다. 하지만 이 『심원록』에 기재된 방문자의 대부분은 사실상 이호민李好閔 · 치천稚川 윤방尹昉(1563~1640) · 나세연羅世緣 · 괴헌槐軒 곽재겸郭再謙(1547~1615) · 곽재명郭再鳴(1552~?) · 정헌靜軒 곽주郭澍(1569~1617) 등과 같은 현풍사람, 양죽당養竹堂 박정완朴廷琬(1543~1613) · 학암鶴巖 박정번朴廷璠(1550~1611)과 같은 고령사람, 이서李舒 · 백천白川 이천봉李天封(1567~1634) · 완정浣亭 이언영李彦英(1568~1639) · 등암藤庵 배상룡裵尙

龍(1574~1655)과 같은 성주사람, 부용당芙蓉堂 성안의成安義(1561~1629)·성안인成安仁과 같은 창녕사람, 미악재彌樂齋 서사원徐思遠(1550~1615)·모당慕堂 손처눌孫處訥(1553~1634)과 같은 대구사람, 화음花陰 권양權瀁(1555~1618)·역양嶧陽 문경호文景虎(1556~1619)·조정생曺挺生(1589~?)과 같은 합천사람 등 낙동강 중류 지역의 인물에 집중되어 있다. 그리고 이러한 방문자의 정보에서 보자면 도동서원은 현풍을 비롯한 성주·대구 등 낙중 지역을 대표하는 서원으로 자리 잡으며, 이 지역 유림을 결집하였을 뿐만 아니라, 여기서 더 나아가 안동·경주·상주 등 다른 지역의 유림 세력과 협조체계를 유지해 나간 것으로 이해할 수 있다.[19]

이러한 『심원록』이 비교적 비중있는 인사들의 방명록이라면, 『참제록』이나 『알사록』 등은 대부분 현풍 향내 유림 인사들이 서원의 행사에 참여하여 이름을 남긴 것이다. 서원에서의 공사·향사·묘사·공회·원회·백일장·기우제 등 서원의 크고 작은 행사에 참여한 사람의 성명만을 단조롭게 기록한 것으로, 현풍 지역 유림이 서원의 행사나 운영에 어느 정도 참여하였는지를 이 문서를 통해 확인할 수 있다.[20]

서원제 등의 행사를 통해 도동서원이 지역 유림을 묶어주는 역할을 수행했다는 사실은 1610년 전후의 기록인 「현풍곽씨언간」의 다음과 같은 내용에서도 확인된다.

> 내일 새벽에 한훤당 제사를 나라에서 거행하는 데 우리더러 그 제사에 참예하라고 하오. 내가 오늘 소례로 도로 나갈 터이니, 내 철릭하고 두건하고 한수가 가져간 낡은 명주 중치막하고, 이불베개 포대기 빗접

19) 이수환. 1997. 「도동서원의 연혁과 소장자료의 검토」. 『도동서원지』. 14-15쪽.
20) 이수환. 1997. 「같은 책」. 21쪽.

수건과 갓보에 든 재자리보를 한 데 싸서 연수로 하여금 오늘로 소례 못골로 보내소. 나는 내일에야 갈 것이오.「현풍곽씨언간 59번 편지」[21]

당시 현풍에 거주하던 곽주가 아내 하씨에게 보낸 이 편지에는 도동서원 서원제에 참여하기 위해 부산하게 준비하는 모습이 그려져 있다. 특히 여기에서 주목되는 것은 서원제가 개별 문중이나 집안 행사가 아니라, 국가에서 지원하고 지역 유림이 모두 참여하는 축제와도 같은 것이었고, 그러한 모습에서 도동서원이 분명 지역 유림의 구심점이 되고 있음을 확인할 수 있다.

세 번째로 서원의 운영과 관련된 인적 사항을 확인할 수 있는『원임안』에서는 주로 원장과 유사직을 수행한 인물들의 정보가 확인된다. 특히 초기에는 몇몇 사람이 서원의 운영을 주도하였는데, 초대 원장인 곽근은 약 16년 동안 원장으로 재임하였다. 그리고 18세기 초반까지는 현풍지역을 중심으로 한 성주 · 칠곡 · 고령 · 창녕 등 낙중 지역의 인물이 원장에 임명되었지만, 18세기 중반이후부터는 상주 · 대구 · 경주 · 안동 · 예안 등의 백불암百弗庵 최흥원崔興遠(1705~1786) · 칠암七巖 김몽화金夢華(1723~1792) · 입재立齋 정종노鄭宗魯(1738~1816) · 정재定齋 유치명柳致明(1777~1861) · 학서鶴棲 유태좌柳台佐(1763~1837) · 정헌定軒 이종상李鍾祥(1799~1870) · 성재性齋 허전許傳(1797~1886) 등 남인계열의 유력인사들이 임명되는 등 그 지역적 범위가 경상좌도 전역으로 확대되고 있다. 아울러 이 시기에 나타나는 특징 가운데 하나가 바로 지역의 수령이 원장을 역임하는 사례가 대폭 증가하여 대원군 때까지 모두 36차례나 확인된다는 점이다. 이것은 서원의 운영이 더 이상 지역의 사림

21) 백두현. 2008.「현풍곽씨언간에 나타난 한훤당과 서원제 이야기」.『선비문화』제13호. 42쪽.

내부에서 자체적으로 이루어지지 못하고, 일정부분 관권에 의존할 수밖에 없었던 현실 상황을 반영한 것이라고 판단된다.[22)]

원장이 서원을 대표한다면, 서원의 대소사를 실질적으로 처리하는 담당자는 유사이다. 도동서원에서는 경제적 문제를 전담하는 전곡유사典穀有司를 두었고, 서원의 중수나 문집간행, 추배 등 서원의 중대사가 있을 때는 그 직임에 따라 임시직 유사가 임명되어 일이 추진되었다.[23)] 이 밖에 원장이나 유사가 아니면서 서원의 행사에 참여했던 인물들은 「집사기」를 통해 그 규모를 확인할 수 있다. 집사기에는 봄과 가을에 지내는 향사를 주관한 인물의 명단을 기록하고 있는데, 헌관과 집사 등의 직임을 가졌다. 초기에는 이 지역의 인물들이 주로 직임을 담당하였지만, 18세기로 넘어가면서 영해 · 상주 · 예안 · 안동 · 영천 등의 인물이 참여하며 지역적인 범위가 확대되었는데, 이점은 원장임명자의 지역적 범위가 확대되는 것과 맥을 함께 한다고 판단된다. 이 시기에 이르러 현풍곽씨와 서흥김씨 등 현풍사족의 재지적 기반이 그 만큼 약화되었다는 것을 보여주는 동시에, 서원의 난립과 함께 서원에 대한 관심이 세분화 되면서 향촌내에서 도동서원의 역할이 그만큼 축소된 것으로도 이해할 수 있다.

이제 마지막으로 서원의 가장 중요한 인적구성이라고 할 수 있는 원생을 통해 도동서원의 위상을 시기별로 분석해 보자. 「도동원규」에 따르면 도동서원에 원생으로 입학할 수 있는 자격에서 나이는 기본적으로 20세를 기준으로 하였고, 가학이나 서당 등에서 이미 일정한 수준의 교육을 받은 자를 입학하도록 하였다. 대부분의 원생은 원임 등의 추천과

22) 이수환. 1997. 「도동서원의 연혁과 소장자료의 검토」. 『도동서원지』. 27쪽.
23) 이수환. 1997. 「같은 책」. 21쪽.

회의를 거쳐 입원여부가 결정되었다. 현재 도동서원에는 중건 이후 1610년부터 1907년까지의 『입원록』이 보관되어 있는데, 그 내용을 분석해 보면 다음과 같다.[24)]

현재 전해지고 있는 『입원록』에 따르면 도동서원에서는 1610년 처음으로 21명의 원생을 선발한 이래 1907년 25인의 원생을 마지막으로 약 300년 동안 모두 89차에 걸쳐 1,127명의 원생을 선발하였다. 가장 많은 원생을 선발한 것은 17세기로 모두 431명의 원생을 선발하였고, 그 뒤를 이어서 18세기 374명, 19세기 270명, 20세기 52명으로 구성되어 있다. 선발 횟수도 17세기에는 모두 28차례, 18세기에는 25차례, 19세기에는 34차례, 20세기 2차례의 변화를 보여주고 있다. 특히 한 해에 2차례나 원생을 선발한 경우도 16세기에는 『입원록』을 기록하기 시작한 1610년 한 차례에 불과했지만, 17세기에는 1751년과 1762년, 그리고 1798년의 3차례로 늘어났고, 19세기에는 1838년, 1845년, 1851년, 1862년 등 4차례나 되었다. 그래서 한 해에 가장 많은 원생을 선발한 해는 1751년으로 이 해에는 2차례의 원생선발을 통해 모두 52명의 원생이 입원하였지만, 단 한차례의 선발로 가장 많은 원생을 뽑은 해는 1728년으로 이때에는 42명의 원생이 입원하였다.

17세기 전체 431명의 원생 가운데, 가장 많은 숫자를 차지한 것은 곽씨로 236명이었고, 그 뒤를 김씨 77명, 박씨 37명, 이씨 23명, 엄씨 16명, 성씨 12명, 나씨 11명, 배씨 10명 등이 따랐다. 18세기 374명의 원

---

24) 『입원록』에 대한 분석은 『도동서원지』에 실려있는 이수환의 「도동서원의 연혁과 소장자료의 검토」 23-26쪽 성씨별 통계표를 참고하여 정리한 것이다. 하지만 1812년의 통계합이 27임에도 불구하고 성씨별 입원자는 곽씨 16, 김씨 10으로 모두 26명으로 표기되어 있고, 1825년에는 전체 합은 5명으로 표기되어 있는 반면, 성씨별로는 곽씨 4인, 김씨 1인, 배씨 1인의 6인이 표기되어 있는 등 몇 곳에서 오차가 발견되고 있는데 여기서는 전체 합이 아닌 성씨별 전체 숫자를 기준으로 하였다.

생은 여전히 곽씨가 219명으로 가장 많은 숫자였고, 그 뒤를 김씨 59명, 박씨 32명, 엄씨 27명, 성씨 17명 외에 10명 이하의 소수가 나머지 성씨들에 분포되어 있다. 19세기에 접어들면 그 동안 가장 많이 분포되어 있던 곽씨는 김씨의 132명보다 적은 106명으로 줄어들었고, 나머지 성씨에서는 10명 이상의 입원생을 배출하지 못하였다. 이러한 19세기의 흐름은 20세기의 2차례 원생 선발에서도 변화없이 그대로 드러나서, 전체 52명 가운데 김씨가 27명, 곽씨가 18명이고 다른 성씨는 겨우 7명에 불과했다. 전체적으로는 1,127명의 원생 가운데 곽씨는 579명이고, 김씨는 295명으로 두 성씨가 대략 78%의 분포를 보여주고 있다.

이렇듯 『입원록』의 구성과 성씨 등을 분석해 보면 몇 가지 중요한 흐름을 읽을 수 있다. 무엇보다, 『입원록』에는 원생의 성명과 추천자만이 기재되어 있어서 이들의 출신지역이나 본관 등을 확인할 수 없다. 하지만 전체 1,127명의 원생 가운데 곽씨와 김씨가 874명으로 가장 많이 분포되어 있다는 점에서 볼 때 원생들 대부분이 현풍과 그 인근지역의 인물이라고 짐작된다. 왜냐하면 조선 후기 현풍 지역의 재지사족은 현풍곽씨와 서흥김씨를 주축으로, 대략 박 · 엄 · 정 · 채 · 나 · 배 · 성 · 이씨 등의 10개 성씨로 구성되어 있었기 때문이다. 이 점에서 도동서원의 운영이 이 두 성씨를 중심으로 이루어졌던 것으로 짐작되지만, 이러한 분포 속에서도 19세기에 이르러서는 상대적으로 김씨의 비중이 높아지고 있다는 점은 예연서원(1618년 건립, 1677년 사액)과 이양서원(1707년 건립) 등의 현풍곽씨와 관련된 서원이 건립되면서 서원에 대한 관심이 세분화된 결과라고 판단된다. 그리고 이점은 후대로 내려갈수록 원생의 선발횟수가 늘어났음에도 불구하고 전체적으로 원생의 선발인원이 줄어들고 있는 점과도 관련되어 있다.

둘째는 후대로 내려갈수록 특정 성씨에 대한 편중이 심화되었다는 점이다. 17세기만 하더라도 가장 많은 원생을 배출한 곽씨의 236명 외에 10명 이상의 원생을 배출한 성씨가 김씨와 박씨 등 7개 성씨나 되었지만, 19세기에는 김씨의 132명과 곽씨의 106명 외에 10명 이상의 원생을 배출한 성씨가 전무한 상황이 전개되었다. 이점은 현풍지역 혹은 낙중지역에서 도동서원의 역할이 18세기까지는 그래도 유지되다가 19세기로 접어들면서 급속하게 약화되었다는 사실을 반영한다고 보여진다.

전체적으로 본다면, 도동서원은 중건된 후 약 300년 동안 현풍을 중심으로 한 낙중지역의 주요한 교육기관으로 1,127명의 원생을 배출하였으며, 인근 지역의 인물은 물론이고 영남의 대표적인 인물들이 방문해야 하는 문화적인 중심으로 작용하였다. 그리고 지역의 사림을 묶어주는 튼튼한 토대 역할을 하였다. 이것은 천곡서원의 건립으로부터 시작되어 도동서원의 중건으로 이어진 흐름을 주도하였던 정구의 노력과 그 결과라고 이해된다.

하지만 이러한 도동서원의 위상은 18세기 초반까지는 확장되다가 18세기 후반기에 접어들면서 쇠퇴하기 시작한다.[25] 원생의 모집에서 나타나는 변화와 함께 원임들의 자리 역시 이 시기부터 변화를 보이고 있는 것이다. 이것은 서원의 난립과 함께 서원에 대한 관심이 세분화되면서 도동서원의 역할이 그 만큼 축소되었기 때문이기도 하고, 또 도동서원의 후원자였던 현풍 곽씨와 서흥 김씨를 중심으로 하는 현풍 사족의 재지적 기반이 그만큼 약화되었음을 의미하지만, 그만큼 한강학의 결속력이 약화된 것으로 파악될 수 있다. 결국 1,127명이나 되는 원생이 배출되었지만, 한강학을 시대의 흐름 속에서 또 다시 일으켜 세울 인물이

25) 이것은 도동서원의 전개사에 한정해서 살펴본 결과일 뿐이다. 무엇보다 이 글은 한강학의 영향력이 언제까지 지속되었는지를 도동서원의 역할에 중점을 두고 살펴보고 있으며, 이것이 이 글의 목표이기도 하다.

등장하지 못했다는 점이 주요한 쇠퇴의 원인이 되었다고 판단된다.[26)]

5. 맺음말

이제 앞에서 진행한 논의를 정리해 보자. 우선 이 글은 다음과 같은 세 가지 물음에서 시작되었다. 첫째, 도동서원의 중건을 실질적으로 주도한 사람은 누구이고, 그에게 있어서 도동서원의 중건은 어떤 의미를 가지는가? 둘째, 왜 그는 새로운 서원을 세우는 방식이 아닌 도동서원을 중건하는 방식을 택했는가? 그리고 마지막으로 도동서원의 중건이후 서원의 역할이나 좌표 등에서 중건자의 의도가 실현되었는가? 하는 물음이 그것이다.

첫 번째 물음과 관련해서 우리는 정구의 나이 60세를 전후한 시기, 당시의 역사적인 흐름은 정치적으로도 학문적으로도 영남 남인의 결집을 요청하고 있었다는 점에 주목하였다. 이황과 조식의 직전제자들이 대부분 사망한 상황에서 혈연적으로 김굉필로 이어지고 학문적으로 이황과 조식을 함께 계승한 정구는 당시 영남에서 이러한 요청에 호응할 수 있는 거의 유일한 인물이었다. 정구는 바로 이와 같은 혈통적 · 학문적 자부심, 곧 '영남맹주의식'에 토대를 두고 도동서원의 중건을 시작하는데 이것을 우리는 낙중 지역에서 한강학의 기반을 확보하기 위한 그의 노력으로 이해하였다. 그리고 그의 이러한 노력은 1607년 안동부사직의 수행과 1617년의 봉산욕행으로 이어지면서 낙상지역과 낙하지역

26) 홍원식은 「영남 유학과 낙중학」(『한국학논집』 제40집) 20쪽에서 "정구 사후 장현광이 낙중 유학계 종장의 자리에 서게 되었으나 그의 사후 낙중 유학은 뚜렷한 인물을 내지 못하고 쇠락한 모습을 보이면서 낙상 퇴계학파의 영향을 더욱 직접적으로 받게 된다"고 말한다.

으로의 확장을 도모할 수 있는 기반이 되어 주었다.

둘째 물음은 도동서원의 중건을 통해서 확보하게 된 지역적 기반이 바로 그의 진외증조부 김굉필에 뿌리를 두고 있음을 밝히고 있다. 천곡서원에서 시작된 정이–주희–김굉필로 이어진 도통의 수수과정이 마침내 김굉필로부터 정구로 이어진다는 점이 확인됨으로써 도동서원은 정구에게 있어서 단순히 진외증조부를 제향하는 서원으로서의 의미만이 아니라, 자신을 주희와 직접 연결시켜주는 도통의 연결 고리역할을 하였던 것이다. 도동서원은 이러한 김굉필의 영향력을 통해 낙중 지역에서 한강학의 토대를 마련하기 위한 정구의 노력이었다고 이해된다. 그리고 이점은 도동서원에 정구가 배향됨으로써 더욱 분명히 표현되었으며, 최소한 18세기 초반까지 현풍지역을 중심으로 하는 낙중지역에 깊은 영향력을 행사하게 되었다. 여기에서 정구가 천곡서원과 함께 도동서원의 중건에 왜 그토록 깊은 관심을 기울였는지를 이해하게 된다.

마지막 세 번째 물음에 대해서는 인적 활동과 관련된 자료들에 대한 분석을 통해 그 대강의 흐름을 확인할 수 있었는데, 도동서원은 중건된 후 약 300년 동안 낙중 지역의 주요한 서원으로 교육과 학문의 중심으로 작용하였다. 하지만 순전히 한강학의 전개라는 측면에 한정해서 보자면, 도동서원의 영향력은 18세기 초반을 정점으로 뚜렷하게 변화하기 시작하였다는 사실을 확인할 수 있다. 결국 천곡서원 건립–도동서원 중건–안동부사 부임–봉산욕행으로 이어지는 정구의 행보와 그것을 통해 추구된 한강학의 영향력은 최소한 18세기 초반까지는 이 지역에서 확대되거나 유지되며 전승된 것으로 이해할 수 있다. 그리고 이러한 도동서원과 한강학의 관련성에서 보자면, 김굉필은 본인의 의도와 상관없이 한강학의 주요한 후원자가 될 수밖에 없었다.

전체적으로 도동서원의 중건–안동부사 부임–봉산욕행으로 이어지는 일련의 과정에서 각각의 사건은 한강학의 전개에 있어서 주요한 관절점을 형성하고 있음을 확인할 수 있다. 그리고 그 가운데 도동서원의 중건은 결국 현풍 지역을 중심으로 하는 낙중지역에서 정구의 위상을 제고하고 한강학의 영향력을 확대하기 위한 그의 노력이었고, 그것은 또한 안동부사 부임과 봉산욕행을 통해 낙상과 낙하로 영향력을 확대할 수 있는 지역적 기반이 되어 주었다.

회연서원의 경영과 유현들

추 제 협

회연서원의 경영과 유현들

추 제 협

1. 머리말

이중환은 『택리지擇里志』에서 가야산伽倻山을 '석화성石火星'이라고 했다. 산 곳곳에 끝이 날카로운 바위들이 늘어선 모습이 흡사 불꽃이 공중에 솟은 듯하다고 하여 그렇게 말한 것이다.[1] 특히 주봉인 상황봉에서 바라본 남동쪽 일대와 만물상 능선의 모습은 이 말이 빈 말이 아님을 알 수 있다. 그래서인지 가야산은 불의 기운이 왕성하다. 풍문에 남쪽 자락에 위치한 해인사가 창건 이후 유달리 잦은 화재에 시달렸던 것도 이와 무관하지 않다고들 한다. 그나마 이 정도에서 불의 기운을 누그러뜨릴 수 있었던 것은 다름 아닌 산을 따라 흐르는 계곡과 하천 때문일 것이다. 그 중 수도산에서 발원하여 가야산 북사면을 따라 내려오다 성주호에 잠시 머문 뒤 다시 동남으로 방향을 바꿔 성주, 고령을 거

1) 李重煥. 『擇里志』. 「山水」. "慶尙一道, 無石火星. 而惟陜川伽倻山, 石尖連行如火炎, 離立空中, 極高且秀."

쳐 낙동강으로 흘러가는 대가천은 그 풍광이 일품이다. 그런 만큼 이 강은 많은 문화적 자산을 품고 있다. 그 중에서도 16세기 중엽에서 17세기 초, 이 지역의 대표적인 유학자인 정구鄭逑(1543~1620)의 삶과 사상이 이 물길이 닿는 곳곳에 서려있음을 언급하지 않을 수 없다.

정구의 집안이 성주에 세거지를 마련한 것은 조부인 정응상鄭應祥이 김굉필金宏弼의 사위가 되고 아버지 정사중鄭思中이 경상도로 내려오면서였다. 여기서 정사중이 성주이씨인 이환李煥의 딸과 혼인하면서 성주군 사월리 유촌에 정착하였다. 정구는 바로 이곳에서 태어나 성장기를 보냈으며, 1568년 그의 나이 26세 때 '갖말'이라고 하는 지금의 수륜면 수성리 지촌으로 거처를 옮기게 된다. 종가가 있는 이곳은 창평산蒼坪山을 주산으로 하며 가야산과 대가천이 마을을 양 옆으로 감싸고 있는 전형적인 배산임수의 입지를 갖추고 있었다.

여기에서 그는 특히 창평산에서 바라보는 가야산을 흠모했다. 마치 이황이 청량산을 오가산吾家山이라고 한 것과 다르지 않다. 그런 점에서 이곳을 여행하며 기록한 『유가야산록遊伽倻山錄』에서 보면 "마음으로 멂을 기약할 뿐, 시야의 넓음을 탐한 것이 아니다"[2]라고 하여 가야산을 단순히 심미적 공간이 아닌 마음의 수양 공간으로 인식하고 있었음을 알 수 있다. 그런 까닭에 그는 이 가야산을 휘감아 도는 대가천을 따라 여러 강학처를 마련하여 기거하였다. 즉 30대에 창평산의 한강정사寒岡精舍에서부터 40~50대에 회연초당檜淵草堂, 60대에는 수도산의 무흘정사武屹精舍 등이 그것이다. 특히 회연초당은 그의 강학활동이 본격적으로 이루어지던 곳이자 그가 영남의 영수로서 부각되기 시작할 시기와 맞물

2) 鄭逑(이하 생략). 『寒岡先生文集』 권9. 「雜著, 伽倻山遊覽錄」. "又開年譜, 讀朱夫子武夷山記與南嶽唱酬書及周張兩先生詩, 或多有逼眞於今日之觀, 如所謂直以心期遠, 非貪眼界寬之句, 則豈止爲今日登高之法?"

려 있다는 점에서 한강학파의 중요한 거점으로 인식되었다. 실제로 그는 이황과 조식의 학문을 통합적으로 계승하면서도 자신의 독자적인 학문 체계를 수립하고자 하였고,[3] 이를 폭넓은 강학 활동과 저술 및 편찬 사업을 통해 그 기반을 강화하고 있었다. 물론 이는 퇴남학退南學의 진원지인 낙동강 상, 하류와는 일정한 거리를 유지하면서도 자신의 독자적인 노선을 마련하기에 더 없이 좋은 지리적 조건이었기에 가능했을 것이다.

따라서 이 글은 서원 경영 즉 회연초당의 건립 과정과 강학활동, 이에 따른 공간적 의미, 그리고 이곳을 중심으로 활동한 대표적인 회연의 제현들을 차례대로 살펴보고자 한다. 이를 통해 한강학파의 형성에서 회연초당이 어떠한 의미를 갖는지를 이해하는 것이 이 글의 주된 목적이다.

2. 회연초당의 건립과 공간적 의미

회연초당이 건립된 것은 1583년이다. 그 이전인 1573년에 집안의 세거지였던 갖말의 주산인 창평산에 한강정사寒岡精舍가 있었다. 원래 이곳은 선영을 모셨던 곳이었으나 이후 이를 돌볼 목적으로 선영의 서쪽 기슭에 정사를 만들었다. 그의 호이기도 한 정사의 이름인 '한강寒岡'도

3) 정만조는 정구가 이황과 조식의 사상을 융합하여 새로운 학문을 창출하고 이를 통해 분열된 영남학파를 하나로 통합하고자 하는 시도를 구상했다고 판단했으며(2009. 「17세기 초 영남학파의 분기와 장현광의 학적 위상」. 『여헌 장현광 연구』. 태학사. 57~72쪽 참조), 김학수는 이와 비슷한 맥락에서 정구가 안동부사직을 수락한 것은 이를 계기로 여러 지역의 문인들을 규합하기 위한 것으로 이른바 '영남맹주의식'을 표현할 수 있는 학자적 포부를 가지고 있었다고 보았다(2012. 「조선중기 한강학파의 등장과 전개」. 홍원식 외. 『낙중학. 조선시대 낙동강 중류지역의 유학』. 계명대 출판부. 140~149쪽 참조).

여기에서 연유한다. 다만 주희의 한천정사寒泉精舍[4]에서 유래했다는 설과 세한지의歲寒之義[5]에서 취했다는 설이 공존하고 있다.

처음의 모습은 정사를 중심으로 북쪽 바위 위에 어시헌於是軒이, 남쪽 산마루에 유연대悠然臺가 있었다고 한다. 그러나 임진왜란으로 이러한 모습은 사라지고, 1603년에 정구에 의해 중건된다. 그 과정에서 숙야재夙夜齋와 천상정川上亭, 오창정五蒼亭, 유정당幽靜堂, 세심대洗心臺 등이 이듬해까지 새로이 지어지면서 과거보다 더욱 화려한 모습을 갖추게 되었다. 현재는 이 또한 사라지고 1970년대 숙야재만 남아 갓말로 이건되어 그때의 모습을 조금이나마 짐작하게 한다.

그는 이곳에서의 생활을 10여 년간 지속하다 41세 때 회연으로 거처를 옮기게 된다. 옮긴 이유는 정확하지 않다. 그나마 젊은 시절에 살던 곳이 성시城市와 관청에 가깝다는 이유로 거처를 옮겼다는 것[6]과 아름다운 자연을 좋아했던 터에 이곳이 수석水石과 연하煙霞의 정취가 그 일대에서 으뜸이었기에 그가 직접 밭을 매입했다[7]는 기록이 보이긴 한다. 거리가 한강정사와 가까웠음을 고려할 때, 피지의식避地意識보다는 좀 더 접근성이 용이한 강학공간이 필요했고 여기에 주희가 말하는 '연비어약鳶飛魚躍' 즉 자연의 이치를 체현하기에 적절한 곳이라고 판단했을 것이다.

---

4) 鄭逑(이하 생략). 『寒岡全書』 하. 「年譜」 권1. 「寒岡年譜」. "한강은 창평산 선영의 서쪽 기슭에 있다. 선생이 선영을 돌보기 위해 그 자리에 집을 짓고 주자의 '한천寒泉'의 의미를 취해 이름을 붙였다(寒岡蒼坪山先隴西麓. 先生爲護松楸築室其上, 取朱子寒泉之義名之)."

5) 『寒岡全書』 하(이하 생략). 『寒岡言行錄』 권3. 「類編, 雜記」. "산등성이(岡) 냇가에 거의 천 자 정도의 높이로 솟아 있는데, 여기에 '한寒'자를 붙여 '한강'이라 한 이유는 사방에 푸른 소나무가 빽빽하게 서 있기 때문에 '세한지의歲寒之義'를 취한 것이다. 이는 곧 선생이 스스로 풀이한 말씀이다(岡起川上幾至千尺, 而謂之寒者, 四面蒼松直立森森故取歲寒之義, 此乃先生之自解也)."

6) 『寒岡言行錄』 권4. 「附錄, 實記」. "先生襟懷飄灑雅有高趣酷愛山水之勝早歲以舊, 近於城府移築百梅園於檜淵之上, 日與門徒讀書講義."

7) 『寒岡言行錄』 권3. 「類編, 雜記」. "…, 名曰檜淵, 水石煙霞之趣, 甲於一帶, 遂買田以居淵上立草堂."

어쨌든 그는 바로 이곳에 두어 칸의 초가를 지어 그 이름을 회연초당檜淵草堂이라 했다. 여기서 회연이란 이름의 유래는 현재 네 가지 설[8]로 알려져 있으나 크게 두 가지로 압축된다. 가야산의 한 줄기가 뻗어 대가천에 이르는 곳에 천 자가 되는 절벽이 시내 위에 솟아 있었는데, 그 아래에 회오리처럼 도는 깊은 소가 '회연回淵'이며 이것이 후에 '회연檜淵'으로 바뀌었다는 설[9]과 회나무가 연못가에 있었기 때문에 회연이라고 했다는 설이다.

전자의 설에서 연못에 얽힌 다음과 같은 이야기가 전한다. 마을에 부호가 봉우리에 대를 쌓고 기생을 데리고 경치를 완상하곤 했는데 어느 날 봉비라는 기생이 춤을 추다 실족하여 연못에 빠져 죽으니 그 연못과 절벽을 각각 '봉비연鳳飛淵'과 '봉비암鳳飛巖'이라 불렀고 봉비연은 이후 '회연'으로 이름이 바뀌었다고 한다.[10] 선비들은 날아간 봉을 때로 정구로 인식하여 여러 시를 통해 그의 부재를 안타까워하기도 했다고도 전한다. 한편 후자의 설은 공자와 깊은 관련이 있다. 공자가 손수 심었던 나무가 회나무이며 정구가 어릴 적 공자의 화상을 그려 성인의 기상을 닮고자 했던 것이나 말년에 머물렀던 사수동의 사양정사 또한 공자의 사수와 같은 데에서 연유했던 것이다.

규모는 처음의 한강정사와 크게 다르지 않았던 듯하다. 다만 침실에

---

8) 정우락. 2014. 『한강 정구와 무흘구곡 이야기』. 경인문화사. 57~59쪽 참조.

9) 『寒岡言行錄』 권3. 「類編, 雜記」. "先生中歲自沙村舊基移卜羊腸, 距岡舍數里許. 伽倻一支北走, 而東屈至伽川而止焉, 斷崖千尺拔出溪上. 名曰檜淵."

10) 이와 관련하여 김종직金宗直의 「봉비연鳳飛淵」이란 시조가 전한다. 『悔堂稿』 권1. 「詩, 鳳飛淵」. "巖頭晩靄一抹淨, 巖底洄漪千丈深. 昔人誰慕謝安石, 携妓此地來矢音? 賓明滿座酒數行, 二八佳人抱瑤琴. 鵾絃鐵撥鳴如雷, 奏罷雲和仍鄭舞. 朱顔半酡曼晴矯, 回風翩飜動衫袖. 水仙未飯人間樂, 恍然接下幽棲府. 弱骨初驚片段碎, 香魂已逐淵宮活. 縱然不食烟火氣, 哀怨空留灘上月. 秋風木落水增波, 波頭宛作琴嗚咽. 委佩誰爲鄭交甫, 至今猶見凌波襪." 김천시. 경북대학교 편. 2013. 『무흘구곡 경관가도 문화자원 기본조사』. 20쪽.

는 불괴침不愧寢, 창문에는 매창梅窓, 헌에는 옥설헌玉雪軒, 뜰에는 100여 그루의 매화나무를 심어 백매원白梅園 등 각각의 이름을 붙여 그 풍격을 더했다. 이는 남이 보지 않는 데에서도 부끄러운 일을 하지 않는다는 '불괴', 순수하고 맑은 마음을 가져야 한다는 '옥설' 등의 이름으로 보아 군자의 마음이 어떠해야 하는지를 드러냄으로써 늘 자신을 경계하고자 했음을 알 수 있다.

특히 백매원은 정구로 대변되어 학자들이 그에 대한 그리움을 매화에 빗대곤 했다. 그 중 1680년 송시열이 유배에서 풀려나 거제에서 고향으로 가던 중 성주를 지나다 회연서원을 참배하면서 지은 시가 있다. 현재 「배회연서원拜檜淵書院」이라는 이름으로 회연서원 강당의 왼편 협실 문 위에 걸려있다.

> 도끼가 나무 찍고 소와 염소 또 먹으니
> 세상일 요즈음 점점 마음 상하네.
> 삼가 선생의 사당에 절하고
> 바람결에 매화 향기 싫도록 맡았노라.[11)]

그러나 이곳 또한 한강정사와 마찬가지로 임진왜란 때 소실되었다 정구에 의해 1605년에 재건된다. 이때 초당 동쪽에 초가 한 칸을 더 지어 망운암望雲庵이라 했다. '망운'이란 구름을 바라보며 그리워한다는 '망운지정望雲之情'의 의미로 선영을 추모하는 공간을 마련했다.

이렇게 보면 한강정사의 복원이 1603년까지 계속되었고 이후 이거할 무흘정사가 1604년에 완성되었으니 이 시기에 세 곳이 함께 복원 및 건립되고 있었던 셈이 된다. 그 경제적 뒷받침[12)]은 차치하고라도 그는 왜

---

11) 宋時烈. 『宋子大全』 권2. 「詩, 檜淵書院次趙復享韻」. "斤餘山木又牛羊, 世道如今轉可傷. 敬拜先生祠廟下, 臨風剩嗅百梅香."

이러한 일에 많은 시간과 노력을 들인 것일까? 정확히는 알 수 없으나 당시 그가 영남의 영수로서의 위치를 스스로 정립해 가려고 한 것은 아닌지, 그래서 자신의 학문 여정에 있었던 공간들을 의미 있게 남기고자 했을 것으로 짐작된다. 실제로 무흘정사에 있었을 때, 그의 문인들은 그를 주돈이周敦頤나 주희朱熹에 비견하곤 했다.[13)]

이렇게 중건된 회연초당은 세월에 묻혀 사라지고 정구는 1620년에 숨을 거둔다. 사후 2년 뒤인 1622년 지방 유림의 의견을 모아 회연초당이 있던 자리에 회연서원을 창건하기로 하고 이내 완성되었던 듯하다. 그러나 선생을 주향한 것은 전란으로 인해 미루어오다 1627년에야 가능했다. 초대 원장은 최항경崔恒慶이 맡았고, 장현광은 "우리 선생은 선현의 학문을 계승하셔서 도가 참으로 높으셨으니 그것은 한결 같은 사론이었네"[14)]라고 칭송의 글을 올렸다.

또한 1628년 김우옹金宇顒을 회연서원에 봉안하게 된다. 정구는 생전

---

12) 김학수는 처가인 광주이씨의 경제적 후원이 있었을 것으로 보고 있다(2011. 『성주 한강 정구 종가』. 경상북도. 경북대 영남문화연구원. 90쪽).

13) 『寒岡言行錄』 권1. 「類編, 學問」. "자정쯤 이르러서야 눈을 들고 좌우를 둘러보았다. 때마침 달빛이 휘영청 밝고 산천은 정적이 감돌았다. 선생은 방문을 열고 나가 중당中堂에서 산보하는데 기분이 유쾌하여 스스로 즐거워하는 흥취가 있었다. 내가(배상룡) '오늘밤 선생님의 모습이 증점曾點이 무우대舞雩臺에서 바람을 쐬고 기수沂水에서 목욕했던 기상과 염옹濂翁의 광풍제월光風霽月과 같은 기상이 아니겠습니까?'라고 물으니 선생이 '내가 일찍이 그것을 배우려고 하였으나 이루지 못했다. 그대의 말은 너무 지나치지 않은가'라고 말하였다(至夜分乃擧目視左右. 時月聖明槩山川靜寂. 先生開戶, 而出散步中堂陶陶然有自樂之取. 尙龍問曰, 先生今夜莫是曾點風浴濂翁光霽底氣像乎? 先生曰, 吾嘗學焉, 而未能君言無乃太過乎?')."; 「寒岡言行錄」 권3. 「類編, 雜記」. "오장吳長과 내가(이천봉) 무흘에서 선생을 모시고 잘 때 밤이 깊어 세상이 조용한데 달빛은 대낮처럼 밝았다. 선생은 만월담가에서 산보하다가 우리들을 돌아보며 '이것이 곧 천년을 이어온 군자의 마음이다. 유자들은 이것을 마음으로 이해하지 않으면 안 된다'라고 했다. 제생이 그 뜻을 이해하지 못하자 오장에게 감흥시의 '가을달이 차가운 물을 비추네'라는 구를 외우게 하고 감탄하며 자리를 떠날 줄 몰랐다(吳長與天封侍宿武屹. 夜久動息月色如晝. 先生散步於滿月潭上, 顧二三子曰, 此千載心也. 儒者不可不心會也. 諸生未達令吳長誦感興詩, 秋月照寒水之句, 感嘆忘歸."

14) 『寒岡全書』 하. 「年譜」 권3. 「祭文, 檜淵書院奉安文」. "惟我先生, 學承先賢, 道合隆尙, 士論同然."

에 회연서원 인근에 있는 청천서재를 청천서원으로 승격하여 김우옹의 위패를 봉안할 뜻을 갖고 있었다. 그러나 상황이 여의치 않았고 그의 사후 정경세鄭經世와 이준李埈이 평소 두 분의 관계를 상기하며 함께 봉안할 것을 건의하자 받아들인 것이었다. 이는 이후 1729년에 청천서원으로 이안된다.

당시 이를 주도한 이들은 이윤우李潤雨와 배상룡裵尙龍 등 성주지역의 문인들이었다. 이들에 의해 문집 등의 저술 간행과 행장, 신도비명 찬술 등 추향사업이 발 빠르게 추진되는가 하며 이후 정구와 관련된 유적이 있는 곳도 소중히 가꾸어 나갔다.

특히 이윤우는 정구 생존 시에 스승과 계획했던 저술을 마무리하는가 하며 추향 사업의 대부분에 직접 관여하면서 실질적으로 그의 손에서 이루어지지 않는 것이 없을 정도였다. 임금에게 스승의 시호를 청하거나[15] 이조판서에서 증직을 재차 청한 것[16]도 모두 그였다. 이러한 모습은 문인들에게 그가 정구 문하의 적전으로 인식되었고 1677년 사양서원에 이어 회연서원에도 종향되기에 이른다.

이에 앞서 1657년 정구가 영의정으로 증직되고 1663년 신도비가 내려진다. 이 신도비는 정구가 세상을 떠난 지 14년이 지난 1663년에 창평산 정구의 묘소 아래에 세웠다. 그러나 1663년에 묘소가 성주의 인현산으로 이안되면서 1668년에 신도비 또한 여러 장로들의 의논 끝에 회연서원으로 옮겨지게 된다. 옮길 당시에는 정구의 옛 자취가 가장 많이 서린 망운암 옛터에 위치했으나 2009년 7월 경북 유형문화재 412호에

15) 『光海君日記』 권148. 12년(1620) 1월 5일. "…, 癸亥反正後, 遣官賜祭, 贈吏曹判書. 因門人李潤雨登對請謚, 遂謚文穆公."

16) 『仁祖實錄』 권7. 2년(1624) 10월 13일. "潤雨曰, '鄭逑乃臣之師也. 學問上工夫, 無愧古人, 而戊申疏章, 扶植彜倫, 不幸而死, 不得見今日. 士林皆望崇秩之贈, 而今以參判, 只贈判書, 似爲缺然.' 上曰, '旣已追贈, 今難更議.'"

지정되면서 서원 앞쪽으로 다시 옮기게 되었다.

그리고 1690년 드디어 서원이 사액을 받게 된다. 조정에서는 그 해 12월에 예조정랑인 권만제權萬濟를 보내 제사를 지내게 했다. 그 치제문에서 선생은 김굉필의 기풍을 잇고 이황의 적통을 이어받아 온화한 성품에 옛 도를 좋아하고 학문을 돈독히 하여 체용體用과 지행知行을 모두 온전히 함은 물론 후진 양성에 힘썼다고 했다.[17] 이는 1709년에 추각되어 사당 앞에 게시되었다.

이러한 과정에서 회연서원은 한강학파의 중심 거점이자 영남을 대표하는 서원으로 인식되었다. 그러다 1868년 대원군의 서원 철폐령에 의해 훼철된다. 당시 화려한 유학 문화의 진원지였던 서원이 그 몸집의 비대함만큼이나 시대적 탄력성을 잃은 채 권력의 중심지로만 부상하자 훼철이라는 운명을 피할 수 없었고 회연서원 또한 예외는 아니었다. 현재의 서원은 1974년에 경북 유형문화재 51호로 지정되었고 1977년에 정부의 지원과 지방 유림의 협력으로 사당과 동서재 등을 건축 및 보수하여 예전의 모습으로 복원하였다고 한다.

회연서원에 가면 1990년에 지은 현도루見道樓라는 누문이 먼저 눈에 들어온다. '현도'란 정구의 도를 알현한다는 뜻으로 이원조李源朝가 쓴 무흘정사의 '현도재見道齋'에서 그 이름을 취한 것이라고 한다. 정면 세 칸, 측면 두 칸의 이층 누각으로 팔작지붕을 하고 있다. 여기에서 보면 담을 사이에 두고 오른편에 강학공간이, 왼편에는 제향공간이 배치되어 있다. 일반적인 서원 건축이 누각과 강당 및 사당이 일직선상에 있고 동서재가 강당 앞에 대칭으로 서 있는 전학후묘前學後廟의 구조인 것을

17) 『寒岡全書』 하. 「年譜」 권3. 「祭文, 賜額時致祭文」. "曰維文穆, 淑氣天鍾, 篤學好古, 致禮治躬, 內敬外義, 左規右準, 體用兼該, 知行幷進, 響紹寒暄, 嫡承退翁, 發揮經禮, 牖啓羣蒙."

감안하면 그 형태가 특이하다. 원래는 지형에 따라 사당이 동북쪽 뒤에, 강당 등이 그 서남쪽에 있었는데 많은 건물을 새로 짓거나 이건하는 과정에서 지금의 형태를 띠게 되었다고 한다.[18]

우선 강학공간을 살펴보자. 현도루를 지나 오른편의 정문인 서주문西柱門을 통해 뜰에 서면 400년 된 수령의 매화나무가 백매원의 흔적을 느끼게 한다. 그 뒤로 회연서원이란 현판이 붙은 강당을 중앙에 두고 동재인 지경재持敬齋와 서재인 명의재明義齋가 좌우에 배치되어 있다. 강당의 현판은 숙종의 어필 또는 한호의 글씨라고도 하나 현재로서는 확인할 길이 없다고 한다.[19] 강당은 정면 5칸, 측면 2칸의 홑처마 맞배지붕의 건물로 안에는 사양정사泗陽精舍의 대청 이름이었던 경회당景晦堂을 중심으로 좌우에 전서체의 망운암望雲庵, 옥설헌玉雪軒이란 편액을 걸어 놓았다. '경회'는 주희를 경모한다는 뜻으로 그가 평소 주희에 대한 존모의 마음이 어떠한지를 짐작하게 한다. 앞서 언급한 재실의 이름인 '지경'과 '명의' 또한 모두 이러한 마음에서 연유한 것이다.[20] 편액은 모두 사양정사의 것을 게판揭板한 것으로, 망운당과 옥설헌의 편액 중 전자는 유생들의 부탁으로 허목許穆이 쓴 것이고[21] 후자는 허목의 전서를 모방하여 광효廣孝라는 자를 쓰는 사람이 쓴 것이라고 한다.[22] 또한 왼쪽 측실 옆 퇴보 위에는 불괴침不愧寢이라는 전서체의 편액이 하나 더 걸려 있고 오른편에는 현인을 양성하는 곳이란 의미의 양현청養賢廳이라는 편

---

18) 이상해. 1998. 『서원』. 「회연서원」. 열화당. 209쪽.

19) 김천시. 경북대학교 편. 2013. 『무흘구곡 경관가도 문화자원 기본조사』. 26쪽.

20) 『寒岡先生文集』 권9. 「雜著, 書景晦堂屛後」. "余少時, 讀朱夫子名堂室記, 得聞敬義兩字之爲要於爲學之大方也, 心竊喜焉. 妄欲名堂以景晦, 揭持敬明義之號於兩夾室. 因以記中所論大學中庸太極圖說等語, 列書于屛, 庶幾體驗承奉, 不迷所向."

21) 許穆. 『記言年譜』 권2. 「眉叟許先生年譜」. "篆德輝堂, 望雲庵, 鳳飛巖號.[從星州檜淵書院儒生之請也.]"

22) 『무흘구곡 경관가도 문화자원 기본조사』. 28쪽.

액이 있다. 1868년 대원군의 서원 철폐령으로 훼철될 당시 양현청은 없어졌으나 강당은 훼철되지 않았다. 당시 조정에서 성주로 내려오는 사신들을 머물게 하는 지참관支站館으로 사용하기 위해서였다고 한다. 강당 동북쪽에는 옛사당이 있고 동재 뒤 동쪽에는 신도비神道碑가 서 있다. 옛사당은 현재 사용하지 않으며 신도비의 비문은 신흠申欽이 짓고, 글씨는 김세렴金世濂이 썼다.[23)]

한편 제향공간은 두 개의 영역으로 나누어져 있다. 왼편의 삼문三門을 지나면 전사청典祠廳이 보이고 이어 내삼문을 들어가면 정면 세 칸, 맞배지붕을 한 사당이 보이는데 정구를 주향으로, 이윤우를 종향으로 모시고 있다. 또 하나의 사당인 향현사鄕賢祀는 현도루 오른편에 있고 정구가 "우리 고을의 선배들로 깨끗한 생활 속에서 꿋꿋한 절개를 지키는 자세가 매우 존경스럽다"라고 한 송사이宋師頤와 처남 이홍기李弘器, 이홍량李弘量, 이홍우李弘宇, 그리고 이홍우의 아들이자 정구의 문인이었던 이서가 제향되어 있다. 제향공간 밖 서쪽에는 정구의 유품을 보관, 전시하는 숭모각崇慕閣이 있는데, 이곳에는 심의와 교지, 「무흘구곡도」와 1381장의 목판이 있었다. 이 중 목판은 2005년에 한국국학진흥원에 기탁하여 보관 중에 있다.

3. 정구의 강학활동과 한강학파의 형성

정구는 본관이 청주清州이며 자는 도가道可, 호는 한강寒岡이다. 그는 일찍 아버지가 돌아가신 탓에 주로 형을 통해 가학을 이어받았다. 그러

23) 신도비명 개정에 대한 논란은 다음 논문에서 다루었다. 김학수. 2007. 「한강(정구)신도비명' 개정논의와 그 의미」. 『조선시대사학보』 42집. 조선시대사학회.

다 1555년 당시 성주교수로 있던 오건吳健에게 나아가 배웠다. 이황을 찾아간 것은 그로부터 8년 뒤인 1563년이며, 조식은 그보다 3년 뒤인 1566년의 일이었다. 이로써 그는 이황과 조식의 문인이 되었지만, 그의 학문 방법은 주로 자득에 가까운 것이라 한다.

한강정사의 이거는 이러한 시기에 이루어졌다. 이 시기에 특히 주목할 것은 그가 1575년 외증조부인 김굉필의 추모사업에 심혈을 기울였다는 점이다. 앞서 1567년에 이조년李兆年과 그의 손자 이인복李仁復을 모신 영봉서원迎鳳書院에 향사할 인물을 놓고 논란이 있었다. 그때 그는 이황의 도움을 얻어 서원 이름을 천곡서원川谷書院으로 바꾸고 김굉필을 정자, 주자와 함께 배향하되 이조년과 이인복은 별사에 모실 것을 주장했다. 그 후 진행된 『연보』와 『문인사우록』, 『경현록속집』 편찬 과정에서 나타나는 그의 태도는 단순히 외증손으로서 선조에 대한 추모의 의미로만 보기에는 어려움이 있다.

> 심성공부 깊게 한 뒤 오랠수록 더욱 힘써 끊긴 도통이었으니 멀리는 伏羲, 軒轅, 孔孟의 큰 가르침, 濂洛의 은미한 말씀까지로다. 시대 멀고 땅 달라도, 얼굴 맞대고 배운 듯, 의리의 핵심 성명의 근원이, 흩어지면 만 가지나 모이면 한 근원이니 큰 근본을 모아내고 곁가지를 쳐버리니 맥락 계통 분명하여 연원 곧장 거슬러가 끊긴 도학 길을 열고 周子 선생 계승했네.[24]

秋江의 『師友名行錄』에서는 "선생이 점필재 문하에서 수업하였다"라고 하였고, 이적李勣이 지은 행장에서는 "선생의 학문이 맹자 이후 끊어

24) 『寒岡先生文集』 권11. 「祝文, 道東書院奉安寒暄堂金先生文」. "眞誠旣積, 愈久彌敦, 發奮墜緖, 遠自羲軒, 魯鄒大訓, 濂洛微言. 世後地隔, 如承面論, 義理之實, 性命之根, 散爲萬殊, 會于一原, 收功大本, 刊落枝繁, 脉絡分明, 直泝淵源, 抽關絶學, 嗣我周元."

진 도학을 얻었다"라고 하였다. 아마 (김굉필이) 어린 시절 점필재 문하에서 수업하며 소학의 가르침을 전해받기는 하였지만 덕업을 이루고 도덕을 연마하여 먼 옛날 선현을 계승할 수 있었음은 오로지 자득의 노력으로 얻은 것이 분명하다.[25]

이를 보면 그가 말하고자 하는 것은 분명하다. 즉 김굉필이야말로 자득을 통해 요순, 공맹, 정주에서 끊어진 도통을 직접 이은 우리 유학의 진정한 스승이라는 것이다. 그가 이와 연관하여 정몽주의 출처를 의심하거나 김종직을 단순히 문장에 능한 자로 폄하한 것, 그리고 조광조를 김굉필과 이황을 이어주는 가교적 역할로 제한한 것 등은 모두 이런 포섭이 깔린 발언이었다. 결국 그는 이러한 도통의식에서 자신의 정통성을 확보하고자 했고 그에 따라 자신의 학문적 성격 또한 분명하게 자각하고 있었다고 봐야 한다.

> 생각건대 우리나라 땅 외지고 무지하여 선비라도 학문 몰라 오직 문장 치중하다, 한훤당 나오시고 정암이 뒤를 이어, 비로소 도 일으키니 사문의 지남이다. 거룩하도다! 우리 선생 삼광오악 정기 받아 선현 일찍 사모하여 공부할 의지 굳고 굳네. 명, 성을 두루하고 경, 의를 함께 지켜 체, 용을 다 갖추고 빠뜨림이 없으시네. 주자께서 남긴 법을 선생께서 계승하니 후생들이 의지하여 영원토록 전해 가리.[26]

그가 이른 시기 한강정사에서 마주 보이는 가야산을 벗하면서 자연의 이치를 탐구하고 마음을 수양하는가 하며, 때때로 문인들과 학문을 토

25) 『寒岡先生文集』 권15. 「年譜, 寒暄堂金先生師友門人錄」. "按秋江師友錄云, 先生受業於佔畢齋之門, 李公勳所撰行狀, 則以爲先生之學, 得不傳之學. 蓋於畢齋之門, 雖嘗受業, 又受小學之授, 而其成德凝道, 遠紹往哲, 則專是體貼自得之功, 不可誣也."

26) 『寒岡先生文集』 권12. 「祭文, 祭退溪李先生墓文」. "惟我東土, 地偏以荒, 士不知學, 惟騁詞章, 寒暄有作, 繼則靜菴, 始以道倡, 斯文指南. 猗歟先生, 稟精光嶽, 夙慕前修, 功專志確. 明誠兩盡, 敬義夾持, 體用俱備, 莫之或遺. 雲谷塗轍, 先生是嗣, 後死有賴, 百代不墜."

론하는 등 강학하기도 했던 것도 이러한 의식에서 비롯된 것은 아닐까 한다. 그때의 모습을 짐작할 수 있는 것으로 가야산을 보고 느낀 감흥을 쓴 시를 보면,

> 전신의 참모습을 아니 내놓고
> 기묘한 한 등성이 살짝 드러내네.
> 조물주 숨은 뜻을 알 듯 말 듯
> 천기를 드러내지 않으려는 것을.27)

학문의 본질이 천리를 깨닫는 것이라면 그러한 천리에 이르고자 정진할수록 더욱 아득하기만 한 것이 학문의 길이다. 그 길에 언뜻 깨달음이 찾아오는 듯 이내 사라지는 안타까움이 이 시에 깊이 배여 있다. 이를 볼 때 정구에게서 한강정사는 단순한 강학 공간이기보다는 자신이 추구하고자 하는 학문에 대한 깊은 천착과 고민이 서려 있는 공간이라고 할 수 있다.

회연초당으로의 이거는 이러한 도통의식의 확립을 바탕으로 자신의 학문을 보다 원숙한 경지에 이르게 하면서도 문파 형성을 본격화하기 위한 결정이었던 것으로 판단된다. 우선 그는 회연에서의 생활을 더 없이 만족하고 있었던 듯하다. 산 아래에 비록 조그마한 초당이지만 해마다 매화가 늘고 구름과 냇물이 이를 꾸며주니 세상에 나보다 더 호사로운 사람이 있겠는가 하고 자랑했다.28) 그러면서 이곳에 옮겨 살면서 좋

---

27) 『寒岡先生文集』 권1. 「詩, 夙夜齋, 望倻山」. "未出全身面, 微呈一角奇, 方知造化意, 不欲露天機."

28) 『寒岡先生文集』 권1. 「詩, 題檜淵草堂」. "小小山前小小家, 滿園梅菊逐年加. 更敎雲水粧如畵, 擧世生涯我最奢."

은 점을 다음과 같이 읊었다.

도회지가 멀리 막히었고
선영 가까이 모신 자리
뒤로는 구릉을 등지고
앞에는 늪지와 통하며
오른쪽은 마을과 잇닿았고
왼쪽은 맑은 못 임하였네.
푸른 언덕 흰 바위요
울창한 숲 무성한 풀
나무하고 소 먹이기 거칠 게 없고
나물 캐고 낚시하기 모두 좋다네.
뭇 산이 에워싸고
두 물길 합쳐 흘러
산등성이 기묘하고
들판 트여 너른 자리
남향에다 물길 등져
겨울엔 다습고 여름엔 시원한데
토질이 촉촉하여 벼농사 적합하고
들 넓어 뽕나무며 삼 가꾸기 좋다네.
남촌 농부 만나보고
서산 신선 찾아가게.[29)]

그는 이곳에서 세간의 시끄러운 소리를 벗어나 미뤄두었던 학문에 정진할 수 있으리라 여겼다. 그런데다 이러한 기쁨이 배가된 것은 시에서 언급된 '맑은 못', '흰 바위', '울창한 숲' 등에서 짐작되듯 후대에 '무흘구

29) 『寒岡先生別集』 권2. 「雜著, 檜淵新遷二十宜」. "遠隔城市, 近陪先壠, 後負丘陵, 前控池沼, 右接閭閻, 左臨澄潭. 蒼崖白石, 茂林豐草, 樵牧兩便, 採釣俱宜. 羣山環擁, 兩水交流, 岡阜奇絶, 郊原平曠, 面陽背流, 冬溫夏涼, 濕宜禾稼, 衍合桑麻. 南村訪索, 西嶽尋眞."

곡'이라고 알려진 이곳을 출발점으로 한 아름다운 경관들 때문이다. 그는 앞서 언급했듯이 평소 주희를 존모하는 마음이 컸던 만큼 이러한 경관을 무이구곡武夷九曲에 빗댈 만 했고, 이후 1604년 무흘정사를 지어 아예 그곳으로 이거한 것 역시 이와 무관하지 않다.[30]

익히 알다시피 무흘구곡은 성주군 수륜면에서 가천면, 금수면을 거쳐 김천시 증산면에 이르는 구곡원림을 말한다. 즉 성주군에 속하는 1곡 봉비암鳳飛巖, 2곡 한강대寒岡臺, 3곡 무학정舞鶴亭, 4곡 입암立巖과 김천시에 속하는 5곡 사인암捨印巖, 6곡 옥류동玉流洞, 7곡 만월담滿月潭, 8곡 와룡암臥龍巖, 9곡 용추龍湫를 가리킨다. 회연초당은 이 중 1곡에 해당하는 봉비암에 위치한다.

> 일곡이라 여울 어귀에 낚싯배를 띄우니
> 석양빛 시내 위에 실 같은 바람 감도네.
> 뉘 알리오, 인간 세상의 잡념 다 버리고
> 박달나무 삿대 잡고 저문 안개 휘젓는 줄을.[31]

인간 세상에 대한 모든 생각을 끊고 자연과 하나가 되어 천리를 몸소 느끼려는 정구의 모습이 연상된다. 여기에서도 한강정사에서와 같이 학문에 끊임없는 천착은 여전하지만 그것이 주존의식朱尊意識에 근거한 연비어약鳶飛魚躍으로 표현되는 자연을 통한 천리의 체현이라는 점에서 보다 진전된 모습을 보여준다.

한편 그는 이러한 학문적 성숙을 바탕으로 문파를 강화 및 확대하기

30) 무흘정사 건립과 이거에 대한 구체적인 내용은 다음 논문에서 자세히 다루었다. 정우락. 2011. 「한강 정구의 무흘정사 건립과 저술활동」. 남명학연구원편. 『한강 정구』. 예문서원.
31) 『寒岡先生文集』 권1. 「詩, 仰和朱夫子武夷九曲詩韻」. "一曲灘頭泛釣船, 風絲繚繞夕陽川. 誰知捐盡人間念, 唯執檀槳拂晩煙."

위한 방법으로 철저한 강학활동을 모색한다. 회연초당이 정구의 본격적인 강학 활동의 중심지이고 이후 회연서원이 이곳에 건립되는 이유도 여기에 있다. 단적인 예로 초당이 완성되던 해 그는 문하의 여러 인물들과 매월 강회를 갖는 이른바 '월삭강학계月朔講學稧'를 만든다. 물론 한강정사 때에도 학문에 뜻을 둔 사람들끼리 모여 계모임을 만들었던 적이 있었기에 낯선 풍경은 아니다. 다만 이전에는 주로 친목 도모를 위한 것이었다면, 회연에서는 이를 보다 체계적인 형식을 갖추고자 했던 듯하다. 가령 통독의 규정을 만들고 초하루와 보름에 한 자리에 모여 강하거나 1개월마다 읽은 글을 살펴보고 1년마다 그동안의 공부 상황을 점검하며, 봄가을마다 별도로 권장과 징계를 했다는 것은 이를 잘 보여준다.[32] 또한 이러한 강회에 참석하는 데에도 일정한 예의준칙을 철저하게 지키도록 했다. 이전과는 달리 여씨향약을 본떠 체계적인 강학 형식을 만들어 보다 엄격한 학문적 풍토를 마련하고자 했던 것이다.

> 계미년(1583년)에 선생이 회연으로 거처를 옮겨 초당을 짓고 여러 벗들과 약속하여 문도들을 거느리고 다달이 초하루에 강회를 열었다. 강회 날에는 일찍 일어나 約正, 副正, 直月이 모두 深衣 차림으로 강회에 나오면 나이순으로 동서東序에서 절을 하였다. 그러고는 선성선사의 초상을 도로 보관한 다음 절하고 읍한 뒤에 자리로 나아갔다. 그러고는 직월이 약장을 한 번 읽고 부정이 그 뜻을 미루어 설명한 다음 질문을 받았다. 약장의 조목은 한결같이 呂氏의 옛 규약과 같았다. 약장을 읽은 뒤에는 주자의 白鹿洞規, 童蒙須知 등의 편을 비교하여 강하고 한 달 동안 익힌 공부를 서로 살펴보았다. 상세한 것은 月朝會儀에 있다.[33]

32) 『寒岡言行錄』 권2. 「類編, 處鄕」. "先生在寒岡精舍時, 鄕人之有志於學者後生之稍有志尙者, 合爲一稧. 又於檜淵爲通讀之規朔望會講. 一月考其所讀一年考其勤慢春秋別爲勸懲其立議條約勤課儀式俱在集中."

33) 『寒岡言行錄』 권1. 「類編, 敎人」. "癸未先生移居檜淵, 構草堂約諸友率門徒爲月朔講會. 會日

이러한 분위기에서 이 시기 그는 주로 『심경心經』과 『근사록近思錄』을 강론하는 데 중점을 두었다. 흔히 유학자들이 마음공부의 지침으로 삼았던 책으로, 그 또한 『소학小學』 다음으로 중요시 했다. 특히 『심경』에 대해서는 "우리 유학의 지남거指南車"라 하면서도 "보주補註의 불완전한 부분"[34]에 대한 아쉬움을 제자들에게 자주 토로했다. 여기서 그가 문제 삼은 것은 아마도 『심경』이 아닌 『심경부주心經附註』일 것이다. 이황이 생존해 있을 때 이미 제자들 사이에 논란이 되었던 것이며 그 논란의 핵심은 편찬자인 정민정이 과거문제를 파는 등 부적절한 행동과 주자만년정론에 대한 언급이었다.[35] 이를 가장 강하게 어필한 사람은 바로 조목趙穆이었는데, 정구 또한 이러한 문제의식에 공감하고 있었던 듯하다.

『심경』 본문은 그대로 둔 채 부주에 대한 대대적인 개정을 감행한다. 즉 『심경발휘』를 계획하게 된 것이다. 전체적인 틀에 변화를 주면서 특히 논란이 되었던 육구연陸九淵과 오징吳澄 등의 주를 과감하게 삭제하고 정주의 말을 풍부하게 인용했다. 그렇게 함으로써 심학의 본령을 분명히 나타내고자 했으며, 이는 한편으로 자신의 심학적 특징을 구현하는 것이기도 했다. 「경이직내장」과 「존덕성재명장」에 유독 들고남이 많았던 것은 아마도 이러한 이유일 것이다.[36] 『심경발휘』가 무흘정사로 이거하기 전인 1603년에 완성되었음을 감안할 때, 『심경』에 대한 연구가

夙興約正副正直月皆深衣來會以長少拜于東序. 設先聖先師之像于北壁下皆再拜, 約正升堂上香降自阼階與在位者皆再拜蔵, 先聖先師之像拜揖就座. 直月讀約章一過副正推說其意許其質問. 約中規目一如呂氏之舊. 讀法訖參講朱子白鹿洞規童蒙須知等篇, 且相考一朔所習之業. 詳在月朝會儀."

34) 『寒岡言行錄』 권3, 「類編, 著述」, "眞西山心經一部實爲此學防川之柱指南之車, 而欠其補註之有未盡."; "先生平日, 心經一部未嘗釋手, 敬之如神明, 而以補註多有未盡者, 故掇取嘉言格說之散在羣書者, 名之曰, 心經發揮, 分爲二册."

35) 홍원식. 2008. 「전기 퇴계학파」. 홍원식 외. 『심경부주와 조선유학』. 예문서원. 94~100쪽 참조.

36) 추제협. 2013. 「『심경발휘』와 정구의 심학」. 『한국학논집』 51집. 계명대 한국학연구원.

이 시기에 상당히 진척된 상태였음을 짐작할 수 있다.

이러한 강학에 많은 문인들이 참여했으리라는 것은 쉽게 예상할 수 있다.[37] 이미 한강정사 시절부터 중심지였던 성주지역은 물론 인근 대구지역의 문인들이 상당수 있었다.[38] 회연초당으로 넘어오면서 이 수가 더욱 늘어났고 영산, 밀양 등 인근 지역으로 확대되는 양상도 나타났다. 여기에는 물론 인척적 기반이 매우 중요하게 작용했지만 이때부터 빈번했던 지방관 생활도 빼놓을 수 없다. 그는 이 시기 동복, 함안 등의 지방관 생활을 하면서 그 지역의 민생을 살피고 지방지의 편찬을 통해 그곳의 역사를 기록에 남기는 등 목민관으로서의 모범을 보여 백성들의 신임을 받기도 했다. 그러나 무엇보다 중요했던 것은 그 지역에서도 계속 이어졌던 강학활동이다. 특히 1607년 안동부사로 부임하여 이루어진 강학은 이곳이 이황 학문의 진원지임에도 강력한 힘을 발휘한다.

> 선생께서 여러 유생들을 불러 심경을 강독했다. 이 날은 더위가 혹독하여 땀이 물처럼 흘러내렸으나 선생은 근엄한 모습으로 반듯하게 앉아 논설하였다. 나는 이 광경을 보고 선진들이 덕에 나아가는 마음에는 잠시의 쉼도 용인되지 않음을 알 수 있었다.[39]

---

37) 당시의 분위기를 알 수 있는 이서의 기록이 있다. "선생이 사문을 흥기시키고 후학을 가르치는 것을 자신의 임무로 삼자, 원근에서 그 소문을 듣고 흠모하여 경전을 들고 당에 오르는 자가 자리가 부족할 만큼 넘쳐났는데, 선생은 각기 그 재목에 따라 지칠 줄 모르고 가르쳤다(『寒岡言行錄』 권3. 「類編, 敎人」. "先生以興起斯文, 訓迪後學爲己任, 遠近聞風, 而慕執經升堂者, 坐不能容, 各目其材敎訓不倦.")."

38) 김학수(「조선중기 한강학파의 등장과 전개」. 136~137쪽 참조)가 파악한 한강문인의 지역적 분포를 보면, 성주 67명에 이어 대구 30명으로 두 번째로 많은 수를 차지한다. 이 지역의 대표적인 인물인 손처눌과 서사원이 정구 문하에 나아가 것이 1571년과 1577년이므로 한강정사 때의 일이다. 따라서 회연초당 시기에 이르면 이들의 주도에 의해 대구지역 문인들이 정구 문하에 대거 나아갈 때라고 볼 수 있다.

39) 김학수. 『성주 한강 정구 종가』. 96쪽 재인용.

이러한 모습이 결국 이 지역의 인물들까지도 포섭할 수 있는 원동력이 되었고, 실제로 김광계金光繼, 장흥효張興孝, 김중청金中清 등 20여 명이 넘는 인물들이 이때 그의 문하에 대거 들어오게 된다.

이상에서 우리는 30대부터 시작된 그의 강학활동이 구체적인 형태를 갖추었던 회연초당 시기부터 무흘정사 때 절정을 이루게 되었음을 알 수 있었다. 결국 회연초당에 기거하던 시기는 다양한 강학활동을 통해 자신의 학문적 역량과 문파의 형성 및 확산을 계획함으로써 이황과 조식을 넘어 자신만의 학파 형성은 물론 영남의 영수로서의 존재감을 띠게 되었던 시기라고 할 수 있겠다.

이후 이러한 모습이 여실히 드러난 것은 이른바 친목 도모를 위한 선유 회합에서이다. 그 대표적인 것으로 1605년 고령의 어목정에서 서사원의 완락재에 도착하는 여정으로 낙동강을 유람한 일, 1607년 흔히 '용화산하동범龍華山下同泛'으로 알려진 영산에서 함안으로의 뱃놀이, 그리고 1617년에 이루어진 '봉산욕행蓬山浴行' 등을 들 수 있다. 특히 이윤우가 작성한 『봉산욕행록蓬山浴行錄』을 보면 칠곡 지암에서 시작하여 봉래 온정에 이르고 다시 양산, 언양을 거쳐 경주, 영천, 경산, 칠곡으로 되돌아오는 여정, 그리고 그 과정에서 문인록에 포함된 다수의 인물들이 그를 수행하거나 문안을 드리는 풍경, 이에 여러 관청 사람들의 환대 등이 선명하게 표현되어 있다.[40] 여기서 그려지는 풍경은 한마디로 정구를 중심으로 한 한강학파의 위용, 즉 당대를 이끌어가는 지식인 집단의 전형을 보여준다고 하겠다.

40) 「봉산욕행록」에 나오는 인물은 약 300명, 이 가운데 정구의 문인으로 파악된 인물은 약 80명이었다. 정구의 문인 전체로 보면 25%에 해당하며, 이 지역의 문인으로 보면 40%에 해당하는 인물들이 그를 수행하거나 내방했다는 것이다. 이에 대한 자세한 내용은 아래의 논문에서 다루었다. 김학수, 「조선중기 한강학파의 등장과 전개」, 161~177쪽 참조.

정구 사후 이러한 강학회는 조선 후기 이원조와 이진상 등 성주 지역 인물들에 의해 그 명맥을 유지한다. 즉 이원조는 무흘정사에 현도재라는 편액을 쓰고 강학회를 직접 여는가 하며, 이진상은 자신의 학문적 연원으로 정구를 언급하고 무흘계武屹契를 만들기도 했다.[41] 이러한 모임의 장소로 회연서원이 늘 언급되는 것은 앞서 살펴본 것에서 보면 당연한 것인지도 모른다.

4. 회연의 유현들

회연서원에 배향된 인물은 정구를 제외하면 6명이다. 즉 종향된 이윤우와 별사에 제향된 송사이, 이홍기, 이홍량, 이홍우, 이서이다. 우리가 주목해야 할 인물은 정구의 문인이기도 했던 이윤우와 이서이다. 이들은 성주지역 문인들의 리더격으로 정구 사후 추향사업은 물론 문파의 결속 강화에 중요한 역할을 담당한다. 그런 점에서 여기서는 이 두 인물을 중심으로 다루되 나머지 인물들에 대해서는 간략히 소개하는 것으로 한정한다.

우선 이윤우李潤雨(1569~1634)는 본관이 광주光州이며 자는 무백茂伯, 호가 석담石潭이다. 처음에는 이이李珥에게서 배웠으나 이이 사후 정구의 문인이 되었다는 설이 있다.[42] 1609년에 문과에 합격하여 벼슬길에

41) 정우락. 2012. 「성주지역 도학의 착근과 강안학파의 성장」. 『영남학』 21호. 경북대 영남문화연구원. 71~72쪽 참조.

42) 이윤우가 이이의 제자였는가에 대해서는 논란이 있다. 이윤우가 이이의 제자였음에도 『율곡전서』는 물론 『석담집』조차 찾아볼 수 없는 이유에 대해서는 아래의 논문에서 자세히 다루었다. 김학수. 2011. 「석담 이윤우의 관직활동과 학문적 위상」. 『조선후기 당쟁과 광산이씨』. 권오영 외. 지식산업사. 200~206쪽 참조.

나아가 승정원주서와 예문관 검열 등을 역임하나 광해군이 즉위하자 이 길도 순탄하지 않았다. 검열로 재직하면서 정인홍을 비롯한 대북 일파의 비리와 죄상을 직서한 일로 1610년에 파직되었다. 곧 관직에 다시 임명되었으나 그는 이내 사양하여 인조반정으로 북인정권이 몰락하기까지 7년간 일체의 관직을 마다하고 향리에 은거하였다. 이때 그는 강학에 전념하여 정구의 주요 저술과 『서애집』 교정 작업에 힘을 기울였고, 1620년 정구가 사망하자 추양사업을 주도적으로 진행하였다. 1623년 인조반정으로 정국이 호전되자 예조정랑에 발탁되었고 이때 경연관으로 활동하면서 당시 부제학이었던 정경세鄭經世와 함께 『대학』, 『논어』 등을 교정하는 작업에 참여한다. 정묘호란 당시에는 경상좌도 호소사 정경세의 종사관으로 추천되었고 1628년에는 담양부사로 부임하여 선정을 베푸니 백성들이 칭송했다고 한다. 1632년 관직생활을 그만 두고 1634년에 생을 마감하였다.

이윤우가 정구의 문하에 나아간 것은 1589년 그의 나이 21세 때의 일이다. 그때부터 그는 벼슬길에 나아갈 때 외에는 늘 스승 곁을 지켰다고 한다. 그가 보는 스승의 모습은 "온종일 무릎을 꿇고 앉아 항상 긴장을 유지함으로써 태만하고 바르지 않은 기운이 한 번도 신체상에 가해진 적이 없었으며 올바르지 않은 글, 예가 아닌 모습과 항간의 비속한 말을 한 번도 이목에 접한 적이 없"[43]는 이른바 "몸가짐이 근엄하고 실천이 독실함" 그 자체였다. 이러한 모습이 그에게는 존모의 대상이 되기에 충분했고 그렇기에 벼슬길에 나아가서도 스승에 대한 그리움의 편지가 끊이지 않았다고 한다. 실제로 둘 사이의 편지 내용을 보면 그가

43) 『寒岡先生言行錄』 권1. 「類編, 成德」. "終日危坐夕愓乾乾惰慢邪僻之氣, 未嘗一設於身體, 不正之書非禮之色里巷之語, 未嘗一交於耳目."

"의리로는 사생의 분수가 정해졌으나 정으로는 부자의 친함과 같았다"[44]라고 술회할 정도로 각별한 애정이 묻어난다. 벼슬길에 나아간 제자에 대한 그리움과 늘 스승의 건강을 걱정하여 돌아갈 날만을 기다리는 제자의 모습은 아름답기까지 하다.

그런 점에서 그는 평생 정구가 추구했던 연비어약鳶飛魚躍의 이치와 유정유일惟精惟一의 공부를 자신의 중요한 공부처로 삼았다.[45] 특히 정구 학문의 본령이라고 할 수 있는 예학에 많은 공을 들였다. 가령 정구가 그에게 보낸 편지에서 『오선생예설』이 그의 부재로 제대로 시행되지 못한 것에 안타까움을 자주 내비치곤 했다.[46] 그럴 수밖에 없었던 것이 그가 예설 편찬에 쏟은 노력이 어떠했는지를 여러 제자들이 증언한 것을 보면 가히 상상 이상이었다.[47] 이러한 중요한 일에 상당 부분을 그가 맡고 있었고 이는 그가 예학에 깊은 조예가 있었음을 의미한다. 실제로 이들이 주로 받은 글의 대부분이 예설에 관한 것이었고 현재 『석담집』에도 그 흔적을 어렵지 않게 찾을 수 있다. 이러한 사실에서 우리는 평소 정구가 그에게 거는 기대가 어떠했는지를 충분히 짐작할 수 있다. 그 또한 이에 부응이라도 하듯 스승의 저술 편찬에 적극적으로 의견을 개진하였고, 이것이 절충 및 수렴되기도 했다. 스승 사후에도 함께 진행했던 「오선생예설五先生禮說」, 「오복연혁도五服沿革圖」에 발

---

44) 『寒岡年譜』 권4. 「輓章」. "… 義定師生分, 情同父子親. 衣冠忽長夜, 天地獨傷神"

45) 『寒岡年譜』 권4. 「輓章」. "明誠交致力, 敬義兩相因, 的韻尋鄒魯, 餘波遡洛閩. 鳶魚觀理切, 精一用功純, 洒落懷中月, 氤氳坐上春, 陰陽窮闔闢, 宇宙入經綸, 師友淵源正, 文章道德醇."

46) 『寒岡先生文集』 권4. 「書, 輓章」. "…, 禮說與李先生答疑, 未有繕寫之便, 俱置之亂稿中耳. … 近思錄通讀, 屢屢出於老口, 而未見有從之者. 斯焉而不從, 彼焉而能從之乎, 未可知也. 禮說之尙未出稿, 亦其類也. 奈何奈何?"

47) 『寒岡先生言行錄』 권3. 「類編, 著述」. "先生嘗纂集五先生禮說, 類輯編排合爲一秩. 凡七册, 而太半燼於回祿. 先生於宿疾沈呻之中, 召集後學考較羣書不輟晨夜經數年, 而復爲成書. …"; "先生重纂禮說極可精力, 至易簀時猶然其所 採摭羣書多至七百餘卷, 而瞭然常在心. …"

문을 쓰고 간행하는 한편 문파의 결속과 추양사업을 적극적으로 추진하게 된다.

이러한 모습들이 이후 여러 문인들로부터 정구 문하의 적전으로 받아들여지게 되고 1677년 회연서원에 종향된다. 이는 정구 학통의 수문이 여기에 있음을 공식화한 것으로, 당시 문하에서 장현광의 위치, 그리고 추향사업에서 빚어진 성주지역 문인들과의 미묘한 역학 관계[48]를 고려할 때 주목해야 할 부분이다.[49]

이서李舒(1566~1651)는 본관이 광산光山이며 자가 이직以植, 호는 동호東湖이다. 이홍우의 아들이며 정구 문하에서 수학했다. 1605년 진사시에 합격한 뒤에 천거로 황산찰방으로 잠시 벼슬길에 있었으나 이내 그만두고 스승을 따라 학문에 정진했다. 그는 『오선생예설』 편찬에 참여했으며 정구가 사망하자 심상 3년을 하고 이윤우와 함께 회연서원 건립과 문집 간행 등에 적극적으로 나섰다. 1626년에 사축서별제, 의금부도사 등에 임명되었으나 나아가지 않았다. 만년에는 고향에서 후진 양성에 힘쓰면서 『한강언행록』을 편집하였다.

그는 스승의 모습을 어떻게 기억하고 있을까? "선생은 비록 한가로이 지낼 때라도 게으른 모습을 몸에 드러내지 않았다. 잠시도 몸을 기울여 어디에 기대는 적이 없었고 또 잠시도 옷을 벗은 적이 없었다. 가끔 눈을 감고 꿇어앉아서 전혀 움직이지 않아 조금 멀리에서 바라볼 때는 마치 흙으로 빚은 인형처럼 보여 가까이 접근할 수 없을 것만 같았으나 막상 곁으로 나아가고 보면 부드럽고 따스한 기운이 마치 봄바람 속에

48) 김학수는 정구의 추향사업에 장현광의 역할이 제한적인 것은 그의 의도된 행위와 이윤우 등 성주지역 문인들의 배제론이 결합되어 나타난 현상으로 보고 있다(2012. 「여헌학파의 학통적 성격과 학문적 실용성」. 고려대 민족문화연구원편. 『여헌장현광의 학문세계4 -여헌학의 전망과 계승』. 예문서원. 150~151쪽 참조.).

49) 김학수. 「석담 이윤우의 관직활동과 학문적 위상」. 223~226쪽 참조.

서 앉아있는 것처럼 느껴졌다"[50]는 말에서 앞서 이윤우가 말한 것과 크게 다르지 않다. 다만 그는 스승의 내유외강內柔外剛인 인품에 주목했고 "퇴계는 주자 이후에 첫째 가는 사람이고 선생은 퇴계 이후에 첫째 가는 사람"[51]이라는 평가를 내린다.

그는 스승의 가르침 중에서 흩어진 마음을 거두는 '수방심收放心'의 공부를 가장 중요하게 생각했다.[52] 수방심의 공부는 경공부敬工夫를 뜻한다. 마음이란 나에게 가장 중요한 부분이자 불안 요소이다. 늘 순수한 마음을 보존할 수 있으면 모를까 그렇지 않다면 흩어진 마음을 거두는 것이 반드시 필요하다. 경공부는 바로 마음의 수양법으로, 정구는 이를 평생의 공부로 삼았다. 그는 바로 이러한 스승의 가르침을 몸소 실천하고자 했다. 그래서인지 그는 흔히 사람들에게 '청직淸直'으로 대변된다. 정온의 다음 말에서 이 점을 확인할 수 있다.

> 선생께서는 純剛하고 正直한 기운을 품부받아 世道가 실추된 시대에 태어나시어 綱常을 扶持하고 倫紀를 바로잡는 일로 자신의 소임을 삼았다. 혼란한 조정을 만나 강상이 뒤집히고 윤기가 끊어졌으나 상하가 두려워하고 대소가 입을 다물어 한 사람도 우뚝 나서서 감히 말하는 자가 없었다. 유독 우리 선생만이 威武가 위에 임해 있으나 그 지조를 변치 않았고, 형틀이 앞에 설치되어 있으나 그 마음을 움직이지 않았다. 전후로 올린 상소문은 秋霜처럼 늠름하였고, 당당하고 정직한 기운과 열렬하고 분발한 말은 바로 일월과 더불어 그 빛을 다툴 정도였지만, 충성스런 말이 귀를 거슬러서 도리어 원수로 여겼기에 10년 동안 海島

50) 『寒岡先生言行錄』 권1. 「類編, 持敬」. "先生雖在燕居之時, 惰慢之容不設於身體. 未嘗頃刻攲倚, 未嘗頃刻解衣時, 或閉目危坐凝然不動望之, 若泥塑人若不可親者, 而卽之則溫溫如在春風之中矣."

51) 『寒岡先生言行錄』 권1. 「類編, 讀書」. "…以余觀之, 退溪朱子後一人也, 先生退溪後一人也."

52) 『寒岡先生言行錄』 권1. 「類編, 學問」. "…或廢燈而坐涵養不息時, 或問于侍側子弟曰, 爾等之心方思何事方走何方, 收放心, 是學者第一工夫也."

에 유배되어 대궐에서 천 리 밖으로 떠나게 되었다.53)

한편 향현사에 배향된 인물로 송사이, 이홍기, 이홍량, 이홍우는 앞서 언급한 대로 모두 정구가 그 지역의 선배들 중 절개가 뛰어난 이들로 존경했던 분들이라고 한다. 송사이宋師頤(1520~1592)는 본관이 합천陜川이며 자는 경숙敬淑, 호는 신연新淵으로 길창吉昌의 후손이다. 성주에서 살며 1570년에 생원시에 합격하였으나 이내 벼슬길을 포기하고 향리에 은거했다. 평소 몸가짐이 견고하고 강건한 성품이었다고 한다. 조식의 제자로 정구, 김우옹, 최영경 등과 교유했다. 동향의 선배들과 월강계月講契를 맺기도 했다고 한다.

이홍기, 이홍량, 이홍우는 광산이씨光山李氏 삼처사三處士로 불리며 이수李樹의 아들 삼형제이다. 이홍기李弘器(1531~1582)는 자가 백용伯容이며 호는 용재容齋이다. 1568년 생원시에 합격했으나 벼슬길에 나아가지 않고 낙동강가에 집을 짓고 살았다. 학문이 뛰어나 사림의 추앙을 받았고 문집이 많았으나 임진왜란 때 소실되었다고 한다. 매부인 정구와 김우옹, 김면金沔, 오건吳健, 최영경崔永慶 등과 교유했다. 이홍량李弘量(1531~1592)는 자가 중용仲容, 호는 육일헌六一軒이다. 1568년 증광시에 합격했고 유일로 천거되어 공릉참봉에 제수되었으나 나아가지 않았다. 이홍우李弘宇(1535~1594)는 자가 계용季容, 호는 모재茅齋이다. 1537년에 무과에 합격하여 주위의 신망이 두터웠으나 요절했다. 이들은 효행과 덕행으로 이름이 높아 이를 기리는 유허비가 1668년 경북 고령군 성산면에 세워졌다. 이 비의 글은 허목이 썼다.

---

53) 『桐溪先生續集』 권2. 「祭文, 士林祭文」. "先生稟純剛正直之氣, 而生乎叔季之下, 以扶綱常正倫紀爲已任. 方其昏亂之朝, 綱常倒植, 倫紀滅絶, 上下危懼, 大小囁嚅, 無一人特立而敢言者. 獨我先生, 威武臨乎上而不變其操, 鈇鉞當其前而不動其心. 前後白簡凜如秋霜, 堂堂正直之氣, 烈烈奮發之詞, 直與日月爭其光, 而忠言逆耳, 反以爲讎, 十載海島, 千里君門."

5. 맺음말

이 글은 정구가 30~40대에 기거했던 회연초당의 건립과 강학활동, 그리고 그것이 한강학파의 형성에 어떠한 의미가 있는지를 살펴보고자 했다. 회연초당은 그가 한강정사에서 10년을 머문 후 회연이라는 곳에 스스로 밭을 매입하여 건립한 것이다. 원래 한 칸의 초가집이었으나 임진왜란으로 소실되고 재건하는 과정에서 한 칸을 더 지어 망운정이라고 했다. 앞서 기거했던 한강정사가 자신의 학문적 성격을 찾고 이에 따른 강학활동을 시작한 시기라면, 회연초당으로 이거한 뒤로는 자신의 학문적 성숙은 물론 문파의 결속 및 확대를 위해 힘쓰던 시기로 본격적인 강학활동을 펼치고자 했다. 따라서 이전과는 달리 접근이 보다 용이한 강학처가 필요했고 그런 점에서 회연은 적절한 공간이었던 셈이다. 특히 그 자신이 바랐던 세간의 소리를 벗어나 자연의 이치를 체현할 수 있는 더할 나위 없이 좋은 곳이기도 했다. 그런 점에서 무흘구곡으로 불리는 아름다운 경관을 빼놓을 수 없다. 이러한 공간에서 그는 강학활동에 더욱 힘썼다. 이는 이전과는 다른 규율과 형식을 만들어 보다 체계적인 학문 풍토를 마련하고자 했다. 이러한 점에서 볼 때, 이 시기는 그에게 학문적으로는 이황과 조식을 넘어 자신만의 한강학을 확립하면서 문파의 결속 및 확산을 통해 이른바 영남의 영수로서 부각되기 시작한 때라 할 수 있다.

이후 정구의 학문은 성주지역 문인의 리더격인 이윤우와 이서를 통해 계승된다. 특히 이윤우는 정구 학문의 본령에 해당하는 예학에 조예가 깊었고 스승으로부터도 깊은 신임을 받았다. 스승 사후의 추양사업에 그가 주도적인 위치를 점할 수 있었던 것도, 그리고 다른 문인들로부터도 정구의 적전으로서 어느 정도의 공감대가 형성되었던 것도 모두 이러한 배경에 근거하고 있었다. 한편 회연에서의 강학 풍토는 성주지역의 이원조가 강학회를 만들고 이진상이 자신의 학문적 연원을 정구라 하고 무흘계를 조직함으로써 그 명맥이 유지된다. 여기에 모임의 장소로 회연서원이 지목되는 것은 자연스러운 것이기도 했다.

이상에서 회연서원은 정구의 학문인 한강학이 형성되는 산실이며 이를 바탕으로 이루어진 본격적인 강학활동을 통해 한강학파의 형성과 확산을 위한 중요한 거점이 되었던 곳이기도 하다. 그런 점에서 이곳이 다른 강학처보다 정구의 사상을 이해하는 데 매우 중요한 출발지가 된다고 하겠다.

물론 이러한 서원을 통해 그들의 사상을 읽어내는 작업이 여전히 요원한 가운데 이 글에서도 이를 구체적으로 논하지는 못했다. 여기에는 무엇보다 강학활동에 대한 구체적인 자료들이 필요한데 회연서원의 경우 의외로 관련된 자료들을 찾기가 쉽지 않았다. 이에 대한 보다 풍부한 자료들이 발굴되고 이것이 연구 자료로서 활동될 때 당대의 유학 문화의 진원지로서 서원의 공간적 의미가 구체적으로 드러날 수 있으리라 생각한다.

동락서원의 경영과 유현들

김 낙 진

동락서원의 경영과 유현들

김 낙 진

1. 추모사업의 주도자들

학문적으로 뛰어났을 뿐만 아니라 인자한 마음씀씀이가 돋보였던 여헌旅軒 장현광張顯光(1554~1637)에 대한 제자들의 기념사업은 사후 1년이 지난 후부터 이루어졌으니, 스승에 대한 그리움과 존경심에 비례하여 기념사업의 시작도 빨랐다. 1638년 문집 편찬에 대한 의론이 있은 뒤, 유문을 수집 교정하면서 연보작성이 시작되었고, 동시에 제자들에게는 견문록 작성이 위촉되었다.[1] 그 결과 1642년 『성리설性理說』 6권과 『문집文集』 6권으로 구성된 『여헌집』 초간본이 간행된다. 재력의 부족으로 수십 질을 간행하는 데 그쳤으나,[2] 장현광의 학문을 학단 외부

1) 張應一. 2006. 『聽天堂集』. 「答裴藤菴尙龍 戊寅(1638)」. 한국문집총간. 2006. 342상b. "遺文之輯 · 言行之錄, 不得其手, 尤庸悶泣之至, 伏望將攝之暇, 一賜臨教幸甚."; 「答趙致遠(任道) 戊寅」. 같은 책. 343상a. "先人遺文裒集之擧, 春初曾荷一二長老相聚始事, 而收集未易, 已錄文字, 亦未盡校, 年譜似稍有頭緖, 而猶未爲完書. 苦竢寵臨, 明賜指教耳. 龍華同泛錄, 依教卽傳, 而所索書尺, 方在散紙中, 當待後便."

2) 장응일. 『청천당집』. 「與申晉甫」. 345하a~b. "刊事得此究竟, 惟賢兄與賢侯之力, 攢仰之至, 不可以言語喩也. 辦得若干紙地, 印得數十卷帙, 而物力不敷, 未得優印, 苦俟秋來耳. 性理說六

에도 알려 학자로서의 역량을 증명하는 데 기여하였다. 『여헌집』을 열람한 경상감사 구봉서具鳳瑞(1597~1644)가 여헌문인들에게 서원건립을 재촉하면서 스스로 사액賜額 청원을 담당하겠다고 나선[3] 것이 그 한 가지 사례이다. 이 해에는 『역학도설』의 간행을 위한 필사도 추진되어 1644년 이후에 당시 경상감사 임담林墰(1596~1652)의 도움으로 간행되었다.[4]

원향院享도 꾸준하게 추진되었다. 장현광이 사망하고 2년이 조금 넘은 시점에서 기존의 서원에 그를 배향하기 시작한다. 1639년 인동 오산吳山서원의 야은冶隱 길재吉再 사당에 위판位版을 봉안하였고, 부지암정사不知巖精舍에 사당을 건립하는 일도 1641년부터 논의되기 시작하여 강학처에 불과하던 이곳이 서원의 모습을 갖추기 위한 일보를 내딛는다. 1642년에는 영천 임고서원臨皐書院의 포은圃隱 정몽주鄭夢周 사당과 성주 천곡川谷서원의 정주程朱 사당에 배향 또는 종향할 것을 조정에 청원한다. 이 과정에서 해를 넘겨 진행된(1642~1643) 임고서원병배시비가 발생하기도 하였다.[5] 같은 해에 선산의 사림들은 금오金烏서원에 위판을, 원당元堂에는 영정을 봉안하였다.[6]

원향사업의 핵심은 부지암서원의 건립이었다. 장현광의 만년 유적인 부지암정사는 장현광이 세상을 떠난 뒤 문인들에 의해 회재晦齋 이언적

卷文集六卷, 合呈二件, 一件留之案上, 一件藏之校中如何?"

3) 金慶長. 『龜巖集』乾. 「答金鶴沙」. 국립중앙도서관DB. 87~88쪽. "方伯近來取見先師文集, 頗加敬慕, 每逢士人稱歎不已, 以不知巖不別建院爲恨, 責門下人而自欲啓達請額云."

4) 장응일. 『청천당집』. 「答鉥兒 壬午」. 347하b. "易說南原令公謀入梓, 正本寫來最急. 未知其處丈友何以處之也." 林墰. 「(易學圖說)跋」. 張顯光, 1983. 『旅軒全書』하. 仁洞張氏南山派宗親會. 1983. 512하a~b. "先生沒八年, 不佞忝按嶺藩來,…乃令列邑向學之徒, 分管就刊, 不閱月而工告訖…."

5) 김학수. 2009. 「여헌학파의 형성과 전개」. 『여헌 장현광 연구』. 태학사. 156쪽.

6) 「(여헌)연보」 崇禎12년 및 15년 조. 『여헌전서』상. 500하a.

李彦迪(1491~1553)의 옥산玉山서원과 퇴계退溪 이황李滉(1501~1570)의 도산陶山서원에 비견되면서 스승의 숨결을 느끼곤 하는 장소였다.[7] 1638년 7월 보름 달밤에 만회당晩悔堂 장경우張慶遇(1581~1656)·쌍봉雙峰 정극후鄭克後(1577~1658) 등과 부지암 아래에서 뱃놀이를 한 귀암龜巖 김경장金慶長(1597~1653)이 지난 일을 추억한 끝에 흐느껴 울고는 부지암감회시不知巖感懷詩를 남기고 있음에서 스승에 대한 그리움과 슬픔이 느껴진다. 장현광의 발자취가 미친 곳에 세워진 기념의 장은 곳곳에 있었지만, 그의 학문과 정신을 이어가고자 한 중심지가 후일 동락서원으로 개명한 이곳이었다.

1641년의 사당 건립에 이어 1654년에는 부지암정사를 부지암서원으로 승격시키기 위한 공사가 시작되어 다음 해에 완공된다. 서원건립에 참여한 사람들은 장경우·김응조·나재懶齋 신열도申悅道(1589~1659)·청천당聽天堂 장응일張應一(1599~1676) 등이었고, 실무를 맡은 이는 남파南坡 장학張斆(1614~1669)이었다. 장학의 「행장」은 "을미년(1655) 영남 유림이 여헌선생을 부지암정사에 모시고자 하였으니, 곧 선생이 서식하시던 곳이다. 지세가 치우치고 좁아서 재실을 짓기 어려웠으나, 공이 원임院任으로서 그 일을 주관하여 동쪽 편에 원우院宇를 지었는데 한 달이 되지 않아 완공하였다. 또한 남은 베와 곡식으로 원중院中의 규모를 구획하였다"[8]고 전한다. 「동락서원봉안문東洛書院奉安文」은 신열도가 썼다.

1657년에는 기천沂川 홍명하洪命夏(1608~1668)의 건의로 장현광에게 두 번째 증직이 이루어지고 문강文康이라는 시호가 내려진다.[9] 이때 파

---

7) 申悅道. 『懶齋集』秋. 「答金孝徵(應祖)」. 국립중앙도서관DB. 36쪽. "…而第念巖齋, 我先師晩年講道之所, 則實晦老之玉山也, 退翁之陶山也. 一丘一壑, 咸被昭光, 後生寓慕, 惟在於斯."

8) 李榮世. 「(南坡)行狀」(張斆. 『南坡先生文集』坤. 136쪽.)

9) 『효종실록』. 8년 10월 7(병자)일.

견된 이조좌랑 퇴우당退憂堂 김수흥金壽興(1626~1690)을 맞이한 이는 부지암서원 원장으로 있던 장경우의 큰 아들이자 장학의 형인 삼우당三優堂 장해張海(1610~?)였다. 부지암서원의 건립과 초기 운영에 장경우 가문의 역할이 매우 컸음을 알 수 있다. 이때의 견문을 기록으로 남긴 김수흥을 통해 부지암서원의 당시 모습을 추측해 볼 수도 있다. 서원의 주변은 "대나무가 숲을 이루어 맑고 그윽하며 고요하였고… 강당과 동서의 재실이 극히 밝고 시원하였으며, 사당을 참배하고 분향을 하니 벽에는 선생의 유상이 걸려 있어 바라보니 의젓하여 사람으로 하여금 공경심을 불러 일으켰다"[10]고 한다.

이로부터 10년 후에는 부지암서원을 사액서원으로 승격하려는 운동이 전개된다. 사망하기 불과 1년 전인 1668년, 장학은 성균관에 유학하던 영남 사람들과 합세하여 대궐에 나가 오산서원과 부지암서원에 사액하여 주기를 청원하였다. 이 일을 함께 추진한 사람 중에는 귀암歸巖 이원정李元禎(1622~1680)이 있었다.[11] 장현광의 손자 소매당訴梅堂 장벽張鏴(1622~1705)의 처남인 그는 석담石潭 이윤우李潤雨(1569~1634)의 손자이자 낙촌洛村 이도장李道長의 아들이다. 결실을 보지 못한 채 사망한 장학의 소원이 실현된 것은 다시 10년 세월이 지난 숙종 1년(1675)이었다. 장학의 뒤를 이은 상소 운동이 지속되었던 듯, 『왕조실록』은 "문강공 장현광의 서원에 편액扁額을 내리고 이름을 동락東落이라 하였는데, 영남의 유생들이 소청疏請한 때문이었다"[12]라고 전한다. 장현광의 「연

10) 金壽興. 1994. 『退憂堂集』. 「南征錄」. 한국문집총간. 200상b~하a. 「남정록」은 이 일을 경자년(1660)의 일로 기록하고 있으나, 『왕조실록』과 장현광의 「연보」를 참고하면 1657년이 옳다. 시호가 내려진 1657년 영천에 입암서원이 건립되었고, 의성의 氷山서원에 장현광의 위판이 봉안된다.

11) 청액 상소의 작자에 대해 「행장」은 장학이 직접 썼다고 하나, 『歸巖文集』은 이원정이 1663년에 사림을 대표하여 쓴 것으로 기록되어 있다. 李榮世. 위의 「(장학)행장」. 137쪽.; 李元禎. 『歸巖先生文集』一. 「吳山不知巖兩書院請額疏」. 국립중앙도서관DB. 119쪽.

보」는 "숙종 2년 병진년에 동락서원으로 사액되었다"라고 기록하였으니 실제로 서원에서 사액을 받은 것은 다음 해인 1676년이다.

사업의 규모는 커져갔지만 인력이 부족하여 기념사업의 진행이 쉽지만은 않았다. 170명(「급문록及門錄」 병진본)에서 355명(기미본)까지 헤아려지는 장현광의 문도들은 여러 사정으로 발걸음 하는 것이 쉽지 않아, "평소 문하에 오르면서 친히 가르침을 받은 사람들이 또한 없다고 할 수 없지만 동서로 별처럼 흩어져 쓸쓸이 서로 바라보는"[13] 형세가 나타났다. 이에 장현광의 기념사업을 주도하거나 이후 300여 년 동안 이곳을 운영한 이들은 인동·선산·의성·칠곡 등 부근에 거주하였던 문인들과 후손들이었다.

유문 간행 사업은 스승의 일이라면 언제나 열성을 보였던 장경우와 장학 부자, 장응일, 김경장이 깊이 관여하였다. 일을 주관한 이는 장현광의 사자嗣子인 장응일이었고, 전념한 이는 장현광의 의발을 전수받은 제자로 여겨질 만큼 높은 학식과 40대의 연륜을 지녔고 오산서원 원장으로서의 중망을 고루 갖추었던 김경장이었다.[14] 1639년 2월 그를 중심으로 문집 교정이 시작되자 매일처럼 문집을 정밀하게 검토하는 그의 활동을 지켜본 장경우는 "김경장의 명견달식明見達識은 평소에도 흠앙해 마지않았지만 지금 일에 임하여 막히지 않으면서 총명하고 민첩함이 흐르는 물과 같다. 우리 선생의 유적과 행적이 후세에 분명하게 전해져 해와 별처럼 밝게 빛날 것이니 사문師門에 끼친 공이 매우 크다"[15]고 칭

12) 『숙종실록』. 1년 11월 28(임자)일.

13) 張應一. 『청천당집』. 「答裵藤菴尙龍 戊寅(1638)」. 342상b. "平日登門而親炙之者, 亦不爲無其人, 東西星散, 落落相望."

14) 장응일. 『청천당집』. 「答盧雲堤志行亨弼 戊寅」. 344상a. "方與金山長相聚不知巖, 爲讎校之役, 語吾兄剌剌不離口, 誠亦苦事, 年譜謄寫副教, 望爲之筆削, 春發袖來, 仍爲一月留連之幸如何."

15) 金壽聃. 「遺蹟」(金慶長. 『龜巖集』坤. 국립중앙도서관DB. 73쪽.)

찬하였다. 이 일에는 1640년 인동도호부사로 부임한 학사鶴沙 김응조金應祖(1587~1667)의 조력도 있었다. 그해 12월 김응조는 부지암정사에서 김경장과 함께 유문을 교정하였고 물력을 보태주기도 하였다.[16] 이들 외에 신열도와 간송澗松 조임도趙任道(1585~1664)가 간혹 관여하지만 사환과 가사로 인해 깊이 참여하지는 못했던 것 같다.

주요 참여자들에게는 7~11세의 어린 나이에 집지하여 장현광의 사망까지 평생을 함께 하였고, 가족이 함께 입문한 경우가 많았다는 공통점이 있다. 장경우의 부친 극명당克明堂 장내범張乃範(1563~1640)과 김경장의 부친 반월당伴月堂 김종효金宗孝(1553~1632)는 양송樑訟15현賢이었고, 장경우의 아들 장해와 장학, 김경장의 아우 김희장金喜長도 장현광에게 급문하였다. 신열도의 경우는 가형인 호계虎溪 신적도申適道(1574~1663)·만오晩悟 신달도申達道(1576~1631)와 아들 신급申圾이 장현광 문인이었다. 이들은 장현광과 일반적인 사제관계를 훨씬 넘어서는 교분을 나눈다. 같은 집안이던 장경우는 장현광이 지방관으로 부임하거나 피난할 때 곁에서 시종하면서 훈도를 받았고, 피난지에서 인동에 돌아온 뒤에도 한 집에서 여러 해를 같이 살았다. 부인 광산이씨光山李氏도 장현광의 옆집에 살면서 손님을 접대하기 30년, 괴로움을 얼굴에 드러내지 않았다.[17] 임종하는 순간까지 장현광이 애타게 찾은 사람은 그들의 아들 장학이었다. 김경장이 가정에 충효당忠孝堂을 영건하였을 때는 장현광이 문도 10여인과 방문하여 축하하기도 하였으니 학문적 가르침을 주고받는 것 이상으로 부자나 이웃처럼 정을 나눈 관계였다. 그런 만큼 스승에 대한 존중심과 애착은 다른 이들을 뛰어넘었고 자신을 희생하면서

16) 김수담. 「유적」. 73쪽.

17) 金應祖. 1988. 『鶴沙集』. 「晩悔堂張公墓誌銘幷序」. 한국문집총간. 163하b.

기념사업에 매달린다.

동락서원의 건립과 경영과정을 살펴보고자 하는 이 글은 이들로부터 시작되어 후계자들에게 이어지는 장현광 추모 사업의 추이와 서원의 부침을 조명해보고자 한다. 여기에는 어려움이 있다. 서원지書院誌나 원장안院長案, 심원록尋院錄 등 서원의 활동상황을 알려주는 기록을 찾아볼 수 없기에, 문집들에서 산견되는 기록들을 대상으로 윤곽을 추측 하고 과감하게 해석하지 않을 수 없다. 그마저도 후대로 갈수록 자료가 남아있는 장현광의 후손들에 국한하여 연구를 진행하지 않을 수 없었음을 미리 밝힌다.

2. 동락서원의 학제

동락서원의 운영을 알려주는 문헌이 남아 있지 않은 대신, 운영의 일단을 간접적으로나마 짐작해 볼 수 있는 자료가 있다. 1699(숙종 25)년경 발간된 『옥산지玉山志』이다. 『동국여지승람東國輿地勝覽』의 수정을 위한 조정의 자료 수집 명령에 부응해 인동부사 최문징崔文徵이 향인들과 협력하여 만든 이 읍지에는 동락서원은 물론 오산서원과 인동향교에 관한 정보를 싣고 있다. 이에 따르면 세 교육기관은 동일한 조직(學制)을 가지고 있었다. 문과급제자나 남행南行으로 벼슬한 사람 또는 생원 · 진사로 나이 많고 학덕이 높아 인망이 있는 사람 1인을 원장, 학문이 넉넉하고 재주와 인망이 있는 청금靑衿(유생) 두 사람을 재유사齋有司, 재능이 있는 교생校生 한 사람을 양현유사養賢有司로 삼았다.[18] 원생의 규모는

18) 『국역 옥산지 · 인동부읍지』. 권오웅 옮김. 칠곡문화원. 2012. 97~106쪽, 114쪽, 117쪽의

정확히 알 수 없으나 공산恭山 송준필宋浚弼(1869~1943)이 쓴 김경장의 문집 서문에 동락사림東洛士林이라는 표현이 있음을 보면,[19] 19세기 말까지 지속적으로 자처하는 이들이 있었다.

이 책에 의하면 본래 오산서원에는 죽정竹亭 장잠張潛(1497~1552)이 쓴 학규를 걸어두었으나 임진왜란에 불탔다. 그런데 향교의 명륜당에는 주자의 「백록동규白鹿洞規」와 장현광의 학규를 걸어놓았다고 하므로, 장현광이 원향된 후에는 두 서원에도 그의 학규가 걸리지 않았을까 추정해 본다. 『여헌집』에 수록된 「향교게판제조鄕校揭板諸條」가 그것이다. 이 학규는 '닭이 울면 일어나 세수하고 양치하는 것을 하루에 처음으로 실시하는 대절목이라'고 여김으로써 학업의 근면을 강조하는데, 오전에는 오로지 『소학』만을 공부하고 오후에야 『논어』 『맹자』 및 『시 · 서』를 공부하도록 하고 있다. 『소학』을 공부의 근간으로 여기는 것은 일상에서의 실천을 통한 체득을 중시하는 학문 태도이다. 그래서 장현광은 '실천하고 난 뒤에 힘이 남았을 때의 학업'이라고 하여 경전공부를 뒤로 미루면서 '효제충신의 실행'을 우선시한다. 경건한 효제충신의 실천은 언 · 행의 성실함을 요구한다. 따라서 학교와 가정생활을 막론하고 언행의 패려함을 경계하는데, 비록 집에 거할 때라도 패려한 언행을 일삼는 사람은 유사가 살펴서 벌을 내려야 한다고 하니, 학교에 입학한 사람은 언제나 언행을 감시받는다.[20]

학제 등을 참고.

19) 宋浚弼. 『龜巖集』乾. 「龜巖先生文集序」. 3쪽. "往歲, 東洛士林, 發議修契, 謀所以刊其遺文,…"

20) 장현광. 『旅軒全書』상. 「鄕校揭板諸條」. 340상a~b. "鷄初鳴咸盥漱, 乃一日之初大節目也. 有親者, 尤可重之, 雖無老親, 學中亦儒者修身養德之地也. 何可一日不謹乎? 如有不謹者, 有司告于訓長及上齋, 治之如法. 在學中之人, 午前則專意於小學, 午後則須讀論孟及詩書, 其在家, 亦不可不念此業, 然此皆餘力之業也.…入是門坐此堂齋者, 必謹言行, 常若在齋戒中, 然又不但入校內謹致, 如在校案者, 或於其居家, 言行悖戾者, 亦有司審察聞見, 見當人峻責, 甚者

장현광은 누구보다도 입지立志 즉 포부가 컸다. 18살에 작성한 「우주요괄첩宇宙要括帖」을 많은 문도들이 견문록에서 이구동성으로 거론하고 있음을 보면 그들이 관감觀感한 스승의 모습 중 뚜렷하게 뇌리에 남은 것이 입지의 규모였다. 장현광의 사후 누구나 열람할 수 있게 된 「우주요괄첩」을 등사하여 가보로 삼거나 군주에게 바치는 사람이 있던 까닭이 여기에 있다.[21] 그러나 거대한 꿈도 효제로부터 시작된다. 장현광은 "우리 인간은 저절로 참된 사업이 있으니, 집에 들어가서는 반드시 효도하고 밖에 나가면 반드시 공경하며, 말은 반드시 진실하고 믿음성 있게 하고 행동을 반드시 도탑고 공경스럽게 하며, 어려서는 이를 익히고 커서는 이를 실천하는 것이 이것이다"[22]라고 학가재學稼齋 이주李紬(1599~1669)에게 가르쳤다.

유의할 점은 일거수일투족 어느 하나 허투루 하지 않고 매사를 지속적으로 그리고 전일專一하게 집중하여 실천하는 데 있다.[23] 이를 통해 실지實地를 체험하는 공부가 이루어져야 한다. 장현광은 평생 모든 공부를 실지로부터 해 나가서 일용의 사이에서 저절로 깨닫는 것이 있었다고 한다.[24] "사람의 도는 반드시 앉고 일어나고 나가고 물러남, 남을 응대함에서 시작되는데, 한번 앉고 한번 일어나고 한번 나가고 한번 물러남에 반드시 삼가야 한다"[25]고 할 때의 앉고 일어서고 나가고 물러나며

黜之."

21) 鄭克後. 「記聞錄」(『여헌전서』상). 441상b.; 朴吉應. 「記聞錄」(『여헌전서』상). 438하a.

22) 李 紬 「景遠錄」(『여헌전서』상). 449상b. "先生教人, 嘗曰吾人自有眞箇事業, 入必孝出必悌, 言必忠信, 行必篤敬, 幼而習之, 長而行之是也."

23) 이주. 「경원록」. 449상b. "學者隨時隨處, 當有不輟工夫. 若要事物斷時, 賓客靜處, 方是專一做去, 事物無時可斷, 賓客無處可靜, 卻於何時何處爲學?"

24) 김경장. 「景遠錄」(『여헌전서』상). 445하b. "蓋先生平生學力, 都從實地頭做將去, 日用之間, 自有獨覺其進, 而人不及知者, 故擧此以勉人, 於乎至哉!"

25) 張乃範. 「기문록」(『여헌전서』상). 437상b. "先生教曰人道必自坐起進退應對上始, 一坐一起一進一退, 須當必謹."

응대하는 일용의 행위에서 반드시 삼가는 마음을 가지는 것이 실지용공實地用功이다. 그래서 그는 하학에서부터 상달에 이르기까지 '성誠'의 태도를 절실하게 가져야 한다고 가르쳤다.[26] 그것은 거경居敬을 통한 사심의 제거와 궁리窮理를 통한 이치의 인식 위에 진리를 몸소 행하고 마음으로 체득함으로써 얻어진다.[27]

같은 의미에서 그는 경전 공부에서 『소학小學』과 사서四書를 우선시한다. 이 때문에 고원한 것을 좋아하는 학자들이 『심경心經』과 『근사록近思錄』이 아니면 남에게 배우기를 부끄러워하는 풍조를 개탄한다. 그가 보기에 몸을 닦는 큰 방법과 덕德에 들어가는 규모가 사서와 『소학』에서 벗어나지 않음을 알아야 하고, 나의 생활에 절실하고 가까운 것을 배우는 것이 중요하지 붕 떠서 먼 것을 공부하는 것을 귀하게 여겨서는 안 된다.[28] 『소학』과 사서 공부를 통해 바탕을 마련한 뒤에 읽어야 할 책이 『심경』과 『근사록』이다. "『심경』과 『근사록』 등의 책은 학문하는 데 지남指南이 되는 책이다. 옛 사람들은 신명神明에 비유하고 사서와 대등하게 여겼으니 배우는 자들이 숙독하지 않으면 안 된다"[29]고 그는 강조한 바 있다.

공부의 순서를 중요하게 여긴 그는 여러 제자들에게 순서를 뛰어넘는 공부를 경계하였다. "여러분들은 강학을 하면서 고원한 것을 깊이 탐색

---

26) 崔轔. 「景遠錄」(『여헌전서』상). 447하b. "問進學之工, 何者爲最切己? 先生曰自下學至于上達, 都不出一誠字, 以誠則何患力之不足哉."

27) 김경장. 「경원록」. 445하a~b. "學貴多聞, 而徒聞不如實踐, 學貴實踐, 而其實必由窮理, 是以君子大居敬而貴窮理也."; 이주. 「경원록」. 449상a. "讀古人書, 蓋將以躬行心得, 要與古人同歸. 讀了猶是舊樣人, 何必讀書爲哉?"

28) 조임도. 「就正錄」(『여헌전서』상). 423하b. "…而世儒好高, 非心經近思錄, 則恥問於人, 只爲別人耳目, 初不知修身大法・入德規模不出四子小學之外, 甚可歎也. 學要切近不貴泛遠."

29) 이주. 「경원록」. 449상a. "心經近思錄等書, 爲學之指南, 古人喩之以神明等之以四子, 學者不可不熟讀."

하고자 하나, 이것은 절실히 묻고 가까이서 생각하는 것이 아니다. 가령 무엇인가를 본 것 같아도 끝내 진실하게 얻은 것이 아니니 엽등해서는 안 된다."[30] 일상생활에서 인간이 해야 할 일을 중심으로 공부하면서, 그 가운데에서 천리를 터득해 가야 한다고 본 그는 초학자가 『춘추春秋』와 같은 경전을 공부하는 것을 바람직하게 여기지 않는다. 『춘추』를 배우고 싶어 하는 장학에게 "천하를 다스리는 대경대법大經大法인 『춘추』는 강구해야 할 것이긴 하나 일상의 항상 된 행동에 절실하지 않고, 성인이 필삭한 은미한 권도權道를 헤아리기 쉽지 않다"는 이유로 대신 『심경』을 가르쳤다.[31] 그러나 정치하는 사람에게는 꼭 필요한 책이므로 사환하는 아들이 『춘추』를 공부하도록 간절히 권유하였다.[32] 나이와 처지에 따라 공부해야 할 텍스트를 달리한 것이다.

여헌학의 특징처럼 여겨지는 역학易學은 모든 제자들이 배운 것은 아니며, 가르친다고 하더라도 학문이 완숙해지는 시기를 기다려 가르쳤을 것이다. 그 자신은 역학 공부를 천성적으로 좋아하여 밥 먹고 잠자는 것까지 잊었던 사람이지만, 그렇더라도 하학상달의 순서를 어기지는 않았을 것이기 때문이다.[33] 견문록을 의거할 때, 그의 제자들이 그렇게 자랑한 『역학도설易學圖說』을 장현광이 살아 있을 적에 볼 수 있었던 사람은 신열도와 김경장 그리고 경와敬窩 김휴金烋(1597~1638) 정도였다.

---

30) 장내범. 「기문록」. 437상b. "一日先生謂門弟子, 曰諸君講學, 務要探賾高遠, 甚非所以切問近思也. 假如有見, 終非實得, 不可躐等,"

31) 張㯐. 「景遠錄」(『여헌전서』상). 450하a~b. "一日講學春秋. 先生曰春秋治天下之大經大法也. 在學者固所講究. 然不切於日用常行. 且聖人之筆削微權, 未易窺測, 因授以心經."

32) 장응일. 「趨庭錄」(『여헌전서』상). 461하a. "春秋一書, 明於善惡心術之辨, 公於是非予奪之義. 人臣事君者, 不可不知."

33) 장응일. 「추정록」. 456상b. "吾於易學, 有似性近者然. 平生讀之, 未嘗有厭斁時也."; 이주, 「경원록」, 449하b. "先生自弱冠, 威儀嚴恪, 不喜言笑, 專精學業, 探討蘊奧, 循下學上達之序, 究天德王道之要, 尤喜易學, 至忘寢食."

또한 1600년경부터 문하에 들어온 조임도나 선생의 곁을 떠난 적이 없던 장경우마저도 사망하기 1년 전인 1636년까지 「우주설宇宙說」·「답동자문答童子問」·「경위설經緯說」·「태극설太極說」 등 장현광의 성리학설을 구성하는 주요 서적들을 보지 못하였다.[34]

문인들의 유문들을 보아도 일부 예외적인 경우를 제외하고는 이론적인 저술이 없다. 아니 애당초 남긴 글 자체가 거의 없다. 유문이 산일되었다고 변명하면서 학문적인 역량을 미화하는 작가들이 여럿 발견되지만, 장현광의 문인들과 후계자들이 저술이나 이론탐구보다는 위기지학爲己之學을 학문의 본령으로 인식하고 실천했다고 보는 것이 사실에 가깝다.[35] 위기지학은 인격 성숙을 기약하는 학문이다. 장현광이 장응일에게 "사람마다 똑같지 않은 것은 기질氣質의 편벽됨이요, 변화하는 것은 학문의 공효功效"[36]라고 가르쳤듯이, 타고난 기질을 변화시켜 중용의 덕성을 갖추고 시중할 수 있는 능력을 기르는 것이 그들의 학문이다.

> 경박하고 조급하고 들뜨고 얕은 자는 규각圭角을 지나치게 드러내어 음성과 얼굴빛이 모두 동하여, 광채를 숨기고 감추려는 의지가 없고 도덕을 응축하는 기상이 없으니 그런 사람이 나아감은 길지 못하고 멈춤은 제한이 있다. 이 때문에 군자는 역량을 크게 하고 기운과 도량을 웅장하게 하고 축적을 두텁게 하여 때에 따라 내놓아야 한다. 일을 마땅히 준절峻截하게 해야 할 곳에서는 준절함을 잃지 않고, 완곡婉曲하게 해야 할 곳에서는 완곡함을 잃지 않아야 한다. 두 가지 일은 실제로는

---

34) 조임도. 「취정록」. 425하a~b.; 장경우. 「기문록」. 440하b.

35) 유권종은 서양학문의 영향을 받은 현대학자들이 주객을 분리한 상태에서 객관적인 분석을 일삼는다면, 김경장 같은 유학자들은 도의를 실천하면서 체화하고 그 체험을 바탕으로 인격을 성숙시키는 위기지학을 하였다고 대비한 바 있다.(유권종. 2012. 「구암 김경장의 생애와 학문」. 『여헌 장현광의 학문 세계』4. 예문서원. 315~324쪽.)

36) 장응일. 「추정록」. 452하b. "不齊者, 氣質之偏也. 變化者, 學問之功也. 今人自不識氣質之偏處, 又不肯着意於學問, 何時變化得好氣質?"

> 두 개의 도리가 있는 것이 아니며, 준절한 가운데 자연스럽게 완곡함이 있고, 완곡한 가운데 자연스럽게 준절함이 있으니 때에 맞게 조처함을 삼가지 않을 수 없다.[37]

스승을 보고 느낀(觀感) 바람직한 인간상 역시 중용의 인격을 지닌 사람의 모습이었다. 조임도가 장현광을 처음 본 인상을 "온후하고 평이平易한 가운데 확고하여 뽑아낼 수 없는 지조가 있고, 공손하고 겸허한 가운데 딱 잘라 끊는 듯한 범할 수 없는 기상氣象이 있음을 보았다"고 적은 것이나 김경장이 "평소 거처하실 때에는 전체적으로 한 덩어리의 화기和氣였으나 종일토록 조심하고 경건하시어 저절로 범할 수 없는 기상이 있었다"고 기술한 것이 바로 중용의 인품을 묘사한다.[38] 그의 후계자들의 일생을 정리한 전기문들이 대상자의 인품을 설명하면서 장현광을 연상시키는 묘사들을 많이 남기고 있음을 보면, 실제 여부와 관계없이 장현광의 인격적 성취는 중요한 모범이었다고 보아도 무방할 것이다. 표준적인 학습과정을 제시하면서 이 같은 인격적 목표를 제시한 것이 장현광이 문인집단은 물론 지역사회에 끼친 영향력의 핵심이자 학문관의 정수라고 필자는 생각한다.

동락서원의 교육내용과 제도를 알려주는 자료는 찾아보기 쉽지 않다. 이런 상황에서 하나의 단서가 되는 것이 부지암정사의 강장이었던 김경장이 학생들을 가르친 내용인데, 그는 장현광이 향교의 학규로 설정한 것을 그대로 계승하고 있다. 김경장은 학문의 근본을 효제 즉 어버이를 사랑하고 어른을 공경하는 것(애친경장愛親敬長)에서 찾는다. 근본은 뿌

37) 장응일. 「추정록」. 454하a~b.

38) 조임도. 「취정록」. 422하a. "竊觀, 其溫厚平易之中, 有確乎不可拔之操; 恭遜謙虛之中, 有截然不可犯之象焉."; 김경장. 「경원록」. 445상a. "先生燕居, 渾然一團和氣, 終日欽欽, 自有不可犯底氣象."

리라는 말이니, 인간이 준수할 모든 도덕행위는 효제에서 출발한다는 것이다. 그에 의하면 이것들은 타고난 양지양능良知良能이 있으므로 학문을 하지 않고도 알고 실천할 수 있다. 그럼에도 학문을 해야 하는 이유는 사랑에도 절문節文이 있고 공경함에도 융쇄隆殺가 있어야 하는데 절문과 융쇄는 배우지 않으면 할 수 없기 때문이라고 한다. 절문과 융쇄는 달리 말하면 예절이다. 학문은 이 도리를 마음으로 밝게 깨달아 지향할 바를 알고 몸으로 체득함으로써 머물 바를 아는 데 있었다.39)

효제의 도를 좀더 확장하면 오륜의 도리가 된다. 그렇다면 배운다는 것은 이 오륜의 도를 배운다는 것이고, 강론한다는 것은 이 오륜의 도를 강론한다는 것이고, 실천하는 것은 이 오륜의 도를 실천한다는 것이라고 그는 설명한다. 그는 오륜의 실천을 목표로 하는 유학의 근본경전을 학습하는 순서를 제시하기도 한다. 인사人事에서 하학함으로써 대본이 정립되면, 사서四書를 학습하여 기본을 단정히 하고, 『시경詩經』과 『서경書經』을 공부하여 해야 할 사업을 궁구하며, 마지막으로 『역경易經』을 공부하여 오묘한 경지를 끝까지 추궁해야 한다고 말하는데, 천리의 상달은 인사를 하학함으로써 얻어진다고 본다. 이처럼 사서삼경을 공부함으로써 오륜을 철저하게 체득하는 것이 그가 스승에게서 배운 학문이었다.40)

39) 김경장. 『구암집』坤. 「不知巖精舍示諸生文」. 25~27쪽. "凡人不學則無成人, 而學之本在乎孝悌. 夫愛親敬長, 人之所良知良能也. 何待於學?…然而之其所愛而愛有所節文, 之其所敬而敬有所隆殺, 此則非學無以能也.…學之道, 豈有他哉? 明此理於心而知所往, 然後體此理於身而得所止, 如斯而已矣."

40) 김경장. 『구암집』坤. 「傳家遺敎」. 1~2쪽. "凡人之大倫有五, 五者廢其一, 非人也. 程夫子有言, 下學人事便是上達天理, 是皆人事日用彜倫之不可闕者, 學之者學此道也, 講之者講此道也, 行之者行此道也. 下學而能於此關頭, 學之習講之熟行之篤,…則日用之間, 大本旣立, 萬理自備, 參之以四子以端其基本, 質之以詩書以究其事業, 正之於易以窺其妙奧. 此聖門所謂餘力學問之意也. 於上達乎何有?"

이렇게 보면 김경장이 부지암정사의 학생들에게 효제를 근본으로 하면서 사서에서 삼경으로 진행하여 나가는 단계적 공부를 제시한 것은 장현광의 평소 가르침을 따르는 것이라고 판단해도 무방하다. 그리고 사실 이것이 유교의 일반적인 학습내용이자 방법이었다. 이상은 김경장이 부지암정사 강장 시절의 강의와 자손들에게 전한 교훈에서 추출한 학문관인데, 동락서원으로 발전한 시절에도 이 교육내용에 큰 변화가 일어났다고 생각되지는 않는다. 무엇보다 장현광이 문인들에게 가르친 것과 다르지 않았을 것이기 때문이다.

3. 여헌에 대한 인식

서원의 모습이 갖추어져 가는 가운데 문인들 중 일부는 매우 고양된 스승의 상을 만들어갔고, 이것은 원향과 관련하여 여러 차례 충돌을 일으킨다. 여기서는 그 중 야은冶隱 길재吉再(1353~1419)를 폄하하였는지의 여부를 두고 일어난 논쟁을 중심으로 그 의미를 짐작해 보고자 한다. 부지암정사에 사당을 지으면서 오산 서원에 봉안되었던 장현광의 위패를 부지암으로 옮기는 과정에서 문인 집단의 내부 갈등이 일어났다. 신열도가 오산서원에 봉안된 위패를 부지암정사의 사당으로 옮겨 봉안하자(이봉移奉)고 제안함으로써 오산서원 봉안에 앞장섰던 김응조와 마찰이 일어났다. 이에 대하여 김학수 박사는 "이것은 단순히 이안移安이 아니라 길재의 사당에 종속될 필요가 없다는 일부 문인들의 추숭열기에서 비롯된 것으로 일각에서는 전현前賢(길재)을 폄박貶薄하는 의도로 간주하며 비난하는 목소리가 작지 않았다"[41]고 하였는데, 이런 의

견이 나온 배경을 좀더 구체적으로 살펴보고자 한다.

실제로 오산서원에 장현광의 위판을 봉안하던 당시부터 여헌문하에서는 스승과 비교하여 길재의 도덕이 낮다고 평가하는 의견이 이미 있었기에 김응조는 이봉 주장을 길재를 폄하하여 박하게 대하려는 의도의 연장으로 느끼고 있었다.[42] 그러나 다른 사람은 몰라도 신열도의 생각은 달랐다. 신열도 또한 장현광이 길재를 평생 존모하였으므로 한 사원에서 합향하는 것은 옳다고 본다. 다만 "위 아래로 빤하게 바라보이는 곳에 서원을 중첩하여 설치하는 도리는 없고", "자취가 남은 곳에서의 향사享祀를 궐할 수 없어" 장현광의 위판을 옮기고자 하였을 뿐, "선현들의 고하를 평가하여 한 일은 아니라"고 그는 변명한다.[43] 아들에게 보낸 편지에서 김응조의 주장에 타당성이 있음을 인정하였음을 고려하면 구차한 변명은 아니라고 판단된다.[44]

사정이 어찌 되었든 스승과 비교하여 길재를 폄하하는 분위기가 학단 내부에 형성되고 있었음은 틀림없다. 장현광이 생전에 보여주었던 모습과 사뭇 달라진 분위기이다. 지역적인 연고 탓도 있겠지만 그는 포은

41) 김학수. 2006. 「여헌학맥의 성장과 장현광의 임고서원 제향논쟁」. 『여헌 장현광의 학문세계』2. 예문서원. 404쪽.

42) 김응조. 『학사집』. 「答申懶齋悅道」. 84하b~85상a. "十數年前, 與玉山諸友, 論及吳山合享事, 有貶薄冶隱說話, 愚嘗掩耳而不欲聞, 頃年宋燦玉之來, 承盛意以移安老先生位版於巖院爲當,…夫以老先生一生尊慕冶隱之誠, 合祠竝享, 已積歲年, 一朝分而二之, 其於天理人情, 俱有所未安. 又況貶薄前賢之意, 隱然在於其中者乎?"

43) 신열도. 위의 「答金孝徵(應祖)」. 36~37쪽. "上下相望之地, 旣無疊設之道, 則寧或有欠於追奉之節, 不可闕享於遺芬之地.…是豈高下先賢而然哉? 蓋以所重在此, 義理不得不然爾."

44) 신열도. 『懶齋集』秋. 「寄塼垺兩兒」. 56~57쪽. "更思之, 先師幷享吳山, 積有年所, 今忽移安, 則分奉之際, 似爲未安, 求之神道, 豈遠人情? 以此言之, 則金參議之言, 亦不爲怪. 然公議旣定, 通告道內之後, 似難移易." 서원의 疊設 문제가 조정에서 공론화된 것은 이보다 1~2년 뒤인 효종8년 1657년부터이나(윤희면. 『조선시대 서원과 양반』. 집문당. 2004. 70~71쪽.), 30여 년 동안 벼슬하였다는 그는 벌써 이런 분위기와 필요성을 감지하고 있었던 것이다. 그러나 장현광 역시 서원의 남설에 대해 비판의 글을 남기고 있음을 고려하면 이미 이전부터 문제시되고 있었다.(『여헌전서』 권7의 「書院說」을 참고할 것.)

圃隱 정몽주鄭夢周(1337~1392)와 길재에 대한 존숭의 태도를 여러 차례 보여준 바 있다. 그는 정몽주의 화상을 배알한 후 "도덕과 절의가 우리나라에 제일인 분"이라고 극찬하면서 "옛날 단군과 기자 이후로 일찍이 베풀어지지 못한 문교가, 선생의 탄생으로 말미암아 떨쳐 일어나게 되었고, 그 후 우리나라 만만세에 변할 수 없는 윤리 강상이, 선생의 죽음으로 말미암아 붙들어 유지되었네"라고 노래함으로써, 자신이 살았던 조선에 강상綱常이 정립되는 데 정몽주의 역할이 컸음을 인정[45]하였다. 또한 같은 마을 사람이라고 할 수 있는 길재에게는 존모하는 마음이 있음을 숨기지 않았다.

> 당堂 아래의 강은 곧 낙동강 하류이다. 이수伊水와 낙수洛水는 송나라 제현들이 일어난 지역인데, 강의 이름이 우연히 그와 같으니, 정맥正脈이 흘러가는 물결을 생각하고 사수洙泗(공맹孔孟)의 연원淵源을 소급할 수 있다. 그 서쪽은 금오산이다. 곧 길야은吉冶隱이 은둔하신 곳이니 맑은 풍도風度와 높은 절개가 곧바로 수양산의 고죽孤竹에 비추니, 이에 우러러보면 늠름한 것이 있다.[46]

장현광은 절의와 은둔의 처사로서 길재를 인정하는 것을 넘어 공맹유학과 성리학의 정맥을 계승하는 사람으로 본 듯하다.

그러나 폄하의 이유 또한 이미 마련되고 있었다. 도통道統 의식의 정착이 그것인데 조임도의 경우를 대표적인 사례로 보기로 하자. 조임도는 장현광과 도학이 쇠퇴해 온 역사에 관해 토론한 적이 있다. 그에 의하면 학문(도학)이 끊긴 한・당 7백 년 동안에도 어진 신하와 좋은 자

45) 장현광. 『여헌전서』상. 「謁圃隱先生畵像詞」. 8하a~b 및 장현광. 1999. 『국역 여헌집』1. 성백효 옮김. 민족문화추진회. 1999. 1쪽.
46) 장현광. 『여헌전서』상. 「不知巖精舍記」. 162상b~하b.

식으로서 절의와 청렴을 지키고 충신忠信하며 정성스러워서 불의를 행하지 않은 선비가 없었던 것은 아니었다. 그러나 심리적인 차원에서부터 인심과 도심을 명백하게 가르고 도심을 붙잡아 한결같이 할 수 있는 사람이 없어 자질이 뛰어난 사람들도 선인 또는 괜찮은 사람이 되는 것에 그쳤다.[47] 그의 기록은 여기서 끝이 났는데, 이는 도학의 개념과 관련이 깊은 발언이다. 율곡栗谷 이이李珥(1536~1584)가 정의한 도학의 규정을 원용하여 보기로 하자.

> 삼가 살피건대 도학의 명칭은 옛날부터 있던 것은 아니다. 옛날 선비들은 집에 들어와서는 효도하고 밖에 나가서는 공손하였으며, 벼슬길에 나가서는 정도正道로 임금을 섬기고, 그러다가 임금과 뜻이 맞지 않으면 자기 한 몸이나 지켜 물러났다. 그리고 이와 같이 하는 사람을 선하다고 하고 그렇지 못한 사람을 악하다고 했을 뿐, 달리 도학이라는 말로 명목을 붙이지는 않았다. 그러나 세상이 쇠락하고 도가 쇠미해지자 성현의 전통이 없어져, 악한 자는 말할 것도 없거니와 비록 선한 사람이라 하더라도 한갓 효孝·우友·충忠·신信만 알 뿐 진퇴의 의리와 성정性情의 정미한 것에 대해서는 알지 못하여 가끔 그것을 행하면서도 제대로 알지 못하고 익숙히 하면서도 명찰하지 못하였다. 이에 이치를 궁구하고 마음을 바르게 하여 도에 입각하여 세상에 나아가고 물러나는 것을 도학이라고 이름 한 것이다.[48]

이이와 조임도의 발언에서 드러난 도학의 역사와 개념적 이해는 본래 주희에게서 비롯된 것이다. 성리학의 도학 개념은 이정二程에 의하여 얼개가 만들어지고 주희가 가다듬었다. 『중용中庸』에서 도학의 조건들을 찾아내고자 한 주희는 이 책이 지어진 까닭을 "도학이 전해지지 않을까

47) 조임도, 「취정록」, 426상b~하a.
48) 李珥, 『경연일기』상, 윤사순 옮김, 삼성미술문화재단, 1986, 48쪽.

걱정하였기" 때문이라고 설명하였으니, 『중용』이야말로 도학의 정신이 온축되어 있는 책이다. 그의 「중용장구서中庸章句序」는 도학이라는 용어를 사용하면서 맹자 이래 단속되었던 도학이 송대에 다시 부활하였다는 역사를 피력한 글이고, 『중용장구』는 세계관·인간관·수양론을 망라하는 광대한 도학의 체계를 한 권에 요약해 놓은 책이다.

도학의 핵심정신은 만물일체론萬物一體論이 피력된 수장에 있다. 하늘이 부여한 동일한 본성(천명지위성天命之謂性)을 지닌 존재가 인·물인데, 신명한 정신능력을 지닌 인간은 자기 본성에 입각하여 같은 이치를 지닌 타물을 이해하고 적의하게 대응할 수 있다. 중용의 덕을 지니고 시중時中하는 일, 충서忠恕를 행함으로써 도덕능력을 일깨우고 실천하는 일, '중화中和를 지극히 하여 천지가 제자리를 잡고 만물이 길러지게' 하는 세상 경영이 가능한 것은 타물과 일체가 될 수 있는 기초가 본구되었기 때문이다. 그럼에도 일체가 됨을 방해하는 편향된 기질을 극복하기 위해 존덕성尊德性과 도문학道問學의 공부인 거경居敬과 치지致知를 함으로써, 한 순간도 인욕에 빠지지 않고 도에서 벗어나지 않는 도덕적 순수성과 지속성이 있어야 했다. 효孝·우友·충忠·신信이 도덕의 골간이기는 하지만 그것의 실천만으로는 도학의 이름을 얻을 수 없다. 존재에 뿌리를 둔 이치의 인식이 있어야 하고, 의義·리利, 또는 천리·인욕을 명확하게 변석하면서 인격을 성숙시켜야 하며, 상황 상황마다에서 도에 맞는 행위를 부단히 실천해야 한다.

따라서 조임도가 기록하지 않았던 생각을 추측하는 것은 어렵지 않다. 송대학자들이 나타나 인심과 도심을 분명하게 가르고, 도심을 붙잡아 전일하게 함으로써 인심을 주재하게 하는 학문 즉 도학을 부흥시켰다고 말하고 싶었거나 실제로 말하였을 것이다. 또한 그 성리학자들에 의해 부활된 도학의 정신은 다시 단절되었다가 조선에 와서 재생하였다고 말하고 싶었을 것이다. 그는 장현광이 이 땅에 존재하였던 의미를 도학의 부흥에서 찾는다.

> 아아嗚呼!
> 기자箕子의 홍범구주洪範九疇가 아득하게 멀어지니 箕疇緬邈
> 세도世道가 비천해졌습니다. 世道卑汚
> 문사文詞나 숭상하고 文詞徒尙
> 명리名利나 뒤좇았습니다. 名利是趨
> 퇴파頹波와 같이 세상의 풍속이 頹波旣倒
> 거침없이 무너졌습니다. 汩汩滔滔
> 상제가 우리 동방을 돌보시어 帝眷東荒
> 무성하게 어진 호걸을 생하였습니다. 蔚生賢豪
> 인문人文이 비로소 열리니 人文載啓
> 도학이 새롭게 정립되었습니다. 道學鼎新
> 수십 년 사이에 數十年間
> 영남은 관민關閩이 되었습니다. 嶺海關閩
> 용문龍門의 운치가 사라지니 龍門韻歇
> 보석 상자에 먼지가 끼었습니다. 寶匣生塵
> 호리毫釐의 정밀한 곳에 쉽게 오류가 생기니 毫釐易差
> 실마리가 되는 말을 밝히기 어려웠습니다. 緖言難明
> 거듭하여 하늘로부터 申之自天
> 우리 선생님이 내려왔습니다. 降我先生
> 영지靈芝가 산에서 나는 듯하였고 靈芝產嶽
> 자줏빛 기운이 뜰에 드리워졌습니다. 紫氣垂庭
> 상서로운 징조가 실마리를 보이고 休徵示瑞
> 덕기德器는 저절로 이루어졌습니다. 德器天成
> 사승으로 말미암지 않았으나 不由師承
> 도의 심오함에 오묘하게 합치하였습니다. 妙合道奧[49]

49) 趙任道. 1988. 『澗松集』. 「祭旅軒先生文」. 한국문집총간. 97상a~b.

그는 쇠퇴하는 도학사를 만회한 인물로 장현광을 이해하고 있다. 조선에 도학이 새롭게 정립되었다는 말은 영남에서 도학이 부흥하였다는 말과 다르지 않다. 그 대표적인 인물이 이황이라면 '용문'은 이황을 가리킨다고 보는 것이 가능하다. 그러나 그의 사후 다시 도학의 전통이 희미해졌을 때 장현광이 출현함으로써 도학을 만회하였다고 조임도는 느끼고 있다. 성리학 시대에 도학은 문학이나 군자와 비교하여 가장 뛰어난 학문적 인격적 성취를 표현하는 말이고, 영광스러운 문묘종사의 조건이었다. 장현광의 문인들이 활동하던 시대의 조선은 이이와 우계牛溪 성혼成渾(1535~1598)의 문묘종사 여부를 둘러싸고 서인과 남인이 100년 가까이 지속된 다툼을 벌이는 와중에 있었고 갈등은 이이와 성혼이 도학자인지에 관한 의견 차이로 드러났다.

도학을 기준으로 장현광을 보면 그는 생전의 행실이라는 측면뿐만이 아니라 학문적 성취 또한 타의 추종을 불허한다. 범상치 않았던 인품과 학식, 그리고 공자를 사모하면서 같은 시대에 중국에서 태어나지 못하였음을 한탄하던 스승의 모습,[50] 이에 더해 장현광 사후에 열람하게 된 『성리설』과 『역학도설』 등의 저술이 지닌 체계성과 성취도는 장현광의 도학적 성취를 자랑할 만한 조건으로 간주된다. 장응일은 다음과 같이 말한다.

> 선군이 저술하신 것으로는 『역학도설』, 「이기경위설理氣經緯說」, 「태극설太極說」, 「만학요회晩學要會」, 「우주설宇宙說」, 「평설平說」이 있으며, 만년에는 「답동문答童問」, 「녹의사질錄疑竢質」, 「구설究說」, 「역괘총설易卦總說」, 「도서발휘圖書發揮」 등 모두 10여 책이 있는데, 혹은 여러 권이

---

50) 장경우. 「기문록」. 439상b. "又受讀論語, 至回也不愚章, 先生咄咄無語, 余掩卷向隅. 先生曰汝知吾咄咄之意乎? 對曰先生生世苦晩, 不得爲魯邦之士也. 先生不答, 因復取卷擊節."

합하여 한 책이 된 것도 있고, 혹은 한 권이 따로 한 책이 된 것도 있다. 요컨대 이것들은 모두 이미 이루어진 책이요, 문생소자門生小子들이 분류하여 이것을 옮겨 저기에 넣어서 편篇과 질帙을 만든 것은 아니다. 아, 선군이 저술하신 글에서 높은 덕德과 넓은 업業을 충분히 볼 수 있으며, 덕과 업이 있는 자는 또 말과 행실에 드러나게 마련이니, 또 충분히 순수한 말씀과 아름다운 행실을 알 수 있을 것이다. 그렇다면 이 글이 전해지면 덕과 업이 드러날 것이요, 덕과 업이 드러나면 말씀과 행실이 남아 있을 것이니, 진실로 따로 기록을 만들 필요가 없을 것이다.51)

사실 장현광의 시대까지 몇 가지의 저술을 빼면 대부분의 저술은 편집의 차원을 크게 넘어서지 못한다. 중국의 성리학자들의 견해를 이해하고 정리하기에 급급한 단계였다면, 장현광은 스스로 저술한 것이 많으니 선배들의 학설들을 소화하여 자득한 저술이 많다는 뜻이 된다. 장현광의 가르침은 평범한 일상의 실천에 초점이 맞추어져 있었지만, 그것의 근거가 되는 이론적 인식 역시 심오한 깊이를 갖추고 있었다. 특히 그의 학문적 성취는 역학에 있다고 인식되었다. 조임도는 말한다.

나이가 많아지고 덕이 높아지자 年高德卲
조예는 더욱 정밀해졌습니다. 造詣益精
일생에 힘을 얻은 것은 一生得力
십익十翼과 역경易經에서였습니다. 十翼羲經
은거하거나 세상에 나감 隱見行藏
움직이고 고요하며 말하고 침묵함 動靜語默
굽히고 펼침과 나가고 물러남 屈伸進退
차고 빔과 소멸하고 자라남 盈虛消息
처음의 근원을 캐고 마지막을 돌이켜 봄 原始反終

51) 장응일, 「추정록」, 462하b~463상a.

미래를 알고 과거를 거두어들임과 같은 知來藏往
모든 이치를 포괄하여 包括衆理
만상을 자유롭게 부리셨습니다. 籠羅萬象
한결같이 역학에 근본을 두고 一本於易
마치 손바닥을 가리키듯 하셨습니다. 如指諸掌[52)]

장현광은 『주역』을 '이치의 거울'(이경理鏡) 또는 '도道의 모범模範'이라고 묘사한 바 있다. 거울은 천지만물의 형상을 모두 비출 수 있는 물건이다. 이 거울처럼 『주역』은 천지사물의 이치를 모두 갖추고 있다는 것이다. 그리고 모범은 체용體用·본말本末·대소大小·경위經緯를 모두 갖춤이라고 설명한다. 모범은 곧 틀이라는 말인데, 이 틀 안에 본체와 작용의 원리, 근본적 원리와 지엽적인 원리, 전체의 원리와 부분의 원리, 불변자(경經)와 변화(위緯)의 원리를 모두 갖추고 있다는 것이다.[53)] 역학에 정통했던 장현광은 천지만물(우주)의 모든 이치를 전체적으로 이해하고 체득한 사람이었다고 문인들은 생각한다.

역학 연구는 시중의 도를 실천하는 데 목적이 있다. 따라서 중용의 덕성을 갖추고 시중할 수 있었음이 역학에 대한 조예 다음에 말해져야 완결성이 갖추어진다. 조임도는 말한다.

『주역』은 기미를 아는 것을 칭송하였고 易贊知幾
『시경』은 명철함을 칭찬하였습니다. 詩稱明哲
선생님께서는 이를 체득하여 先生體之
악을 과감하게 잘라내셨습니다. 夬夬莧陸
화기로우나 방탕함에 흐르지 않았고 和而不流
맑았으나 격렬하지 않았습니다. 淸而不激

52) 조임도. 「祭旅軒先生文」. 97하a.
53) 장현광. 『여헌전서』하. 「易卦總說」. 27상a~b 및 38하b~39상a.

진실하고 온순한 덕은 信順之德
신명이 보증하며 神明可質
중정中正한 학문은 中正之學
백세토록 의심이 없습니다. 百世不惑[54]

장학이 "말하고 행동하는 백 가지의 법도가 (역의) 이치에 근본하여 때에 맞게 놓지 않음이 없었는데, 합하고자 하지 않아도 합해지지 않음이 절로 없었으니, 이른바 편안히 행한다는 것, 힘쓰지 않아도 맞는다는 것이다"[55]고 칭송한 말도 같은 의미이다. 앞장에서 본 바와 같이 장현광이 제자들에게 가르치고자 하였던 중용의 인격과 시조時措의 능력이 이미 스승에게 완비되어 있었음을 이들은 발견했다. 천지만물에 대한 이치를 모두 알고 일마다 시중할 수 있었던 장현광은 그가 젊은 시절부터 꿈꾸었던 우주사업을 스스로 전개한 사람이었다.

실제로 장현광을 한강寒岡 정구鄭逑(1543~1620)와 함께 문묘에 종사하자는 논의가 나타났으니, 그의 학문이 도학이라는 평가는 문인집단을 넘어서까지 인정되고 있었다. 갑인개각 직후 미수眉叟 허목許穆(1595~1682)은 정구와 장현광을 문묘에 종사하자는 공론을 일으키려 하였다. 이 일을 저지한 사람은 장현광의 손자 장벽이다. 이미 종사되었던 우·율이 출향되는 봉변을 당한 뒤였기에 그는 "이런 때에 종사 논의를 하면 다른 편의 저지를 반드시 받게 될 것이므로 미수 상공의 현인을 존중하는 뜻이 편안치 못한 상황에 이를 수 있다"고 우려하자 허목이 그의 의견을 받아들였다고 한다.[56] 남인당 일부 인사들의 내부 논의는 후

---

54) 조임도. 「祭旅軒先生文」. 97하b.
55) 張㻴. 『南坡先生文集』乾. 「祭旅軒先生文」. 국립중앙도서관DB. 129쪽. "云爲百爾之度, 莫不本諸其理, 而時措之不務合, 而自無不合, 所謂安而行之, 不勉而中者也."
56) 張膺杓. 「(訴梅堂)家狀」(장벽. 『소매당유집』. 139~140쪽.)

일 공개적인 논의의 단서가 되어 상소운동으로 전개된다. 『정조실록』 15(1791)년 3월 8(임오)일의 "경외京外의 유생 이용서李龍舒 등이 상소하여 문목공文穆公 정구와 문강공 장현광을 문묘에 종사할 것을 청하였으나 허락하지 않았다"는 기록과 『한강전서』에 기록되어 있는 1807년 경상도 유생 이광리李光理 등이 재차 상소하였으나 허락하지 않았다는 비답문을 통해 문묘종사 논의가 간헐적이지만 지속적으로 있었음을 알게 된다.

도학자로 평가함으로써 장현광은 길재와는 차원을 달리하는 인물로 매겨진다. 도학자란 곧 중용의 도를 실천한 인물이라는 뜻을 지니고 있음에 비해 절의 실천은 도학자보다는 아래 부류의 인물로 평가하는 것이 유학 시대의 인물평가의 관례였다.[57] 재세 시절의 장현광이 성취과정 중에 있으면서 여러 선배들을 존중하는 태도를 보였다면, 제자들은 성취의 결과를 놓고 다른 선배학자들과의 비교를 감행한다. 장현광이 보여준 중용의 인품과 다른 학단의 선생들과 비교하였을 때 두드러지게 드러나는 학문적 성취는 문인들로 하여금 크나큰 자부심을 갖게 할 만한 것이었고, 여기서 길재를 비롯한 선배들을 상대적으로 낮게 평가하게 된다고 논자는 생각한다.

4. 동락서원의 침체와 재건의 노력

1710년대에 동락서원의 중심인물은 장현광의 증손 남강南岡 장만기張萬紀였을 것으로 보인다. 극재克齋 신익황申益幌(1672~1722)이 1713년 보

57) 奇大升. 1993. 『高峰集』. 「論思錄」. 한국문집총간. 201상b. "中庸之道, 惟聖人爲之, 其下則當氣節牢落, 不畏强禦也. 平居正色直言, 然後臨難可以伏節死義."

낸 편지를 보면 장만기가 『여헌집』의 속집 간행을 시도하였지 않았는가 추측하게 하는 구절이 있다. 신익황은 장현광의 문인으로서 동문들로부터 진정眞靜이라는 사시私諡를 받았던 신우덕申祐德(1581~1653)의 증손이므로 장현광의 유화遺化를 입었음을 고백하면서, 장현광에 대한 의리가 다른 후생들에 비길 것이 아니라고 자처한다. 약관의 나이에 동락서원을 방문하여 속집 초본을 보았던 신익황은 문집을 만들면서 「관의冠儀」·「혼의昏儀」·「장의葬儀」·「평설」·「구설」 등 세교世教에 도움이 되는 저술들을 누락시킨 선배들의 의도를 모르겠다고 의문을 제기하였고, 「녹의사질」이라는 장현광의 작품은 속집 간행 시에 꼭 집어넣어야 한다고 역설하고 있다.[58]

18세기 후반 동락서원은 길재의 금오서원과 함께 이 지역의 정신적 지주였다는 단편적인 증거가 있다. 장현광의 문인 경암敬菴 노경임盧景任(1569~1620)의 형 노경필盧景泌(1554~1595)의 6대손이자 선산출신인 노상추盧尙樞(1746~1829)가 무과에 급제한 후 선조들의 묘소를 돌아보던 중 이곳에 들러 추모의 염을 표하고 있음을 발견한다.[59] 또한 장복추張福樞의 생가 조부인 각헌覺軒 장주張儔는 선조들의 뜻을 계술하고자 동락서원에 미비하였던 건축들을 보완하고 있다.[60] 적어도 장현광에 연원을 두고 있던 집안의 후손들에게는 이 시기까지 동락서원은 정신적으로 숭배되는 공간이자, 장현광의 업적과 학문을 선양하는 기능을 담당하고 있었다.

그러나 한편으로는 17세기 중반 무렵부터 외부와의 충돌 및 내부의

---

58) 申益幌. 1999. 『克齋集』. 「與張南岡 萬紀」. 한국문집총간. 351상a~하b. 현재 전해지는 『旅軒先生續集』에 이 글들이 수록되어 있는데, 그의 의견이 반영되어 간행된 것은 20세기의 일이다.

59) 문숙자. 2009. 『68년의 나날들, 조선의 일상사』. 너머북스. 104~105쪽.

60) 장복추. 『사미헌집』상. 「祖考覺軒府君家傳」. 245하b.

분열로 동락서원은 위축되고 있었다. 1642년대 임고서원 병향幷享 시비의 핵심 인물은 장학이었다. 11세에 장현광의 문하에 들어간 후 원대한 뜻을 품고 시속의 무리를 가까이 하지 않던 그는 당당한 웅변과 분명한 기상을 가졌기에 의론이 준절하였다. 그가 퇴계문하 6철哲의 한 사람으로 경향 각지에 많은 제자를 배출한 지산芝山 조호익曺好益(1545~1609)을 향현鄕賢으로 몰아붙이면서 임고서원에의 병향幷享을 반대한 것은 불과 27세 되던 해(1642)였다. 하지만 병향 시도는 실패하였고 배향으로 만족해야 했다.[61] 이에 더하여 입암서원立巖書院에 여헌문하의 안자顔子로 여겨진 정사진鄭四震을 제향祭享하는 문제로 장현광 문하에 내부 분열의 분위기가 조성되었다. 또 강좌의 퇴계학파로부터의 장현광 성리설에 대한 비판이 1650년대를 기점을 시작되었다는 사실도 장현광 학단의 위축을 불러온 한 가지 이유로 작용한다.

17세기 후반에는 한려시비寒旅是非에 휘말린다. 1675년 갑인예송으로 남인이 집권하자 우의정 허목의 학문연원을 천양하고자 정구의 문인록을 수정하게 한 숙종의 의지로 촉발된 이 사건은 장현광 사망 이후 불유사승론不由師承論으로 표출된 독립적 문파의식의 발현으로 이해되기도 한다.[62] 이에 뒤따라 성주의 회연서원에서 한강문인록을 수정하면서 장현광을 정구의 문인으로 기록하려 하자 장벽을 중심으로 반발하였고, 그 여파로 한강문인록은 300여년 가까이 출간되지 못하였다.[63] 문인록

61) 李棨世. 「(남파)行狀」. 134~140쪽.; 『남파집』에는 병향 시도의 기록이 없고 조호익의 병향에 반대하였다는 기록만 있다. 장학의 병향 시도는 『인조실록』 21년 4월 24(정해)일의 '임고서원에 장현광을 병향하는 것에 관한 전 典籤 鄭儁의 상소문'이라는 기사를 참조.

62) 김학수. 2012. 「여헌학파의 학통적 성격과 학문적 실용성」. 『여헌 장현광의 학문세계4』. 예문서원. 145~162쪽.

63) 張鋖. 『訴梅堂遺集』. 「呈星州牧」. 국립중앙도서관DB. 48~49쪽.; 「檜淵及門諸賢錄凡例」. 鄭逑. 『寒岡全書』하. 경인문화사. 1978. 401하b. "檜淵及門諸賢錄, 修正於裵孤村之日, 而至今三百年間, 未刊行于世者, 以旅軒張文康公後孫之沮戲也."

수정을 주관한 이는 한·려 양문을 출입한 등암藤庵 배상룡裵尙龍(1574~1655)의 후손 고촌孤村 배정휘裵正徽(1645~?)였으니, 장현광에게 학문연원이 있던 집안들이 분열해 간 것이다. 1900년대 초 시비가 재연되었을 때, 도산서원이 회연서원의 편들자 이에 항의하는 통문이 동락서원에서 발송되고 있음을 보면,[64] 이 서원은 장벽의 의견에 동조하는 사람들의 집결처였다.

1800년의 이른바 인동작변仁洞作變은 장현광의 가문에 심각한 타격을 주었다. 이 사건에 대해서는 관변 측에서 말하듯이 장현광의 7대손 장윤혁張胤爀(1734~1800)의 아들 장시경張時景·장시욱張時昱·장시호張時皥가 정조의 돌연사에 의심을 품고 사람들을 모아 인동·선산·상주의 수령을 차례로 포박하고 서울로 진격, 서인정권을 남인정권으로 대체하고자 도모하였다는 주장으로부터, 탐학한 인동부사가 자기 죄를 감추기 위하여 관아에 항의하는 장씨 형제들을 모함하여 발생한 우발적인 사건이라는 주장에 이르기까지 여러 주장이 있다. 그것이 무엇이든 간에 장윤경 등 세 명은 참혹한 죽음을 당했고, 그들의 부친 장윤혁과 종손 장윤종張胤宗, 그들을 저지하려 했던 4촌 장시하張時夏·장시정張時鼎·장시즙張時楫 등 친척들이 유배되거나 감옥에 갇히는 참혹한 화를 당하였다.[65]

이때 종가에서 가까운 사람 중 온전하게 집안을 유지할 수 있었던 것은 장주張鑄(1764~1821)의 집안뿐이었다. 사미헌四未軒 장복추張福樞(1815~

64) 한국국학진흥원 유교넷. 통문0004.「도산서원에서 공정한 지론을 펴지 못함을 비난하는 통문」.

65) 인동작변의 전말과 복권에 대해서는 이종문. 2011.『구미 여헌 장현광 종가』. 예문서원. 77~89쪽 및 張福樞.『四未軒集』상.「玉山張公行狀」. 229상b~232상a와「순조실록」즉위년 경신(1800) 9월 23일(임인). '경상도 안핵사 이서구와 경상 감사 김이영이 장시경의 역모를 보고하다'를 참고.

1900)는 "저번 군탄涒灘(경신庚申의 별칭)의 화가 일어났을 때 공(장주)의 집안만 초연히 모두 면하였으니, 직지사直指使가 공에 대하여 들어온 것이 본래 있었기 때문이다"[66]고 하였다. 장주의 손자 운고雲皐 장시표張時杓(1819~1894)가 1849년 문과에 급제하기도 하지만, 집안 전체가 매우 힘든 시기를 보냈을 것임에 틀림없다.

이런 상황에서 무사했던 사람들을 중심으로 집안을 복구하려는 노력이 기울여진다. 어려움을 피하지 않고 종가를 위하여 주선한 장복추의 방증조 장지복張趾馥(1762~1834)은 가문 내의 대소문부大小文簿, 치상治喪의 도구들을 주관하여 모두 적의하게 하였다고 한다.[67] 남고南皐 장석환張錫煥(1809~1872)은 누세의 묘석을 세우고, 모원당 강의를 창도하여 집안 자제들의 교육을 꾀하였다.[68] 이런 가운데 뛰어난 능력을 발휘하여 집안과 동락서원의 교육을 이끌면서 장현광의 학문정신을 되살린 사람이 장복추였다. 그는 조부로부터 "삼가 가학을 지켜라!"[69]는 명을 받았고, "천하제일의 사업을 할 수 있어야 천하제일의 인물이 된다"는 선조의 가르침을 전해들은 후, 이를 계승하고자 하였다.[70]

그의 활동은 위선爲先사업, 교육, 연원가와의 유대 유지 등으로 나눌 수 있다. 「연보」를 중심으로 살펴보면, 1868년(54세)에 장현광의 묘갈을 개수改竪할 때 고유문을 지었던 그는 1882년(68세) 장벽의 유문을 편집한다. 1885년(71세)에는 부지암정사와 원회당 중건 상량문을 지었다. 「녹리급문제자록甪里及門弟子錄」에 의거하면 667명의 제자를 배출한 그

66) 張福樞. 『四未軒集』. 「從祖祖父成均進士 贈通政大夫吏曹參議府君墓誌銘 並敍」. 174상b. "粤在涒灘之禍, 獨公之一室, 超然見免, 盖以直指使之聞公者雅也."

67) 장복추. 『사미헌집』상. 「傍曾祖參奉墓誌」. 178하a.

68) 장복추. 『사미헌집』상. 「玉山張公墓碣銘」. 209상a.

69) 장복추. 「祖考覺軒府君家傳」. 246하a. "府君嘗語不肖, 曰汝今成童, 才短氣弱, 毋與進取者爭名, 謹守家學."

70) 張相學 찬. 「行狀」. 『사미헌집』하. 357상b~하a.

는 장현광의 문강규정門講規定을 모방하여 과조課條로 삼았다고 전해진다.[71] 그 학규가 전해지지 않지만, 아마 「모원당강회절목慕遠堂講會節目」과 크게 다르지 않았을 것이다.[72]

그의 강학처는 여러 곳에 있었지만, 때때로 장현광의 자취가 남아 있는 장소를 택함으로써, 장현광에 대한 기억을 되살리고자 하였다. 예컨대 1884년(70세)의 봄에는 모원당慕遠堂에서 제생에게 강의하였다. 1885년(71세)에는 창녕(하산夏山)의 낙빈재洛濱齋에서 제생에게 강의하고, 장현광이 정구 등과 동범同泛하면서 창수唱酬하였던 용화고적龍華古蹟을 탐방한다. 1892년(78세)에 장수藏修할 곳으로 복지卜地한 묵방墨坊(성주 소재)은 장현광의 피난처 중 하나였다. 1893년(79세)에는 동락서당에서 제생에게 강의하였으니, 그의 강학에는 장현광의 숨결이 살아 있었다고 할 수 있다.

그는 장현광에 학문 연원을 둔 가문들과 유대를 유지하고 강화한다. 1866년(52세) 봄에는 약목의 동락당同樂堂에서 향음주례를 행하였는데, 이곳은 장현광 문인 신우덕의 증손인 신익황이 학자들을 위하여 창건한 건물이다. 1869년(55세)에는 칠곡에 소재한 장경우의 유적인 화산서원花山書堂에서 장내범 · 장경우 · 장학 3세의 문집을 교정하였으니, 그들이 장현광을 섬기면서 보인 정성은 장복추에 의해 갚아졌다고 하겠다. 1883년(69세)에는 조임도의 속집을 교정하고 발문을 썼을 뿐 아니라, 조임도의 후손인 졸옹拙翁 조광록趙光錄의 묘갈명을 짓기도 하였다. 그는 문필활동과 교육을 통해 장현광이 맺었던 연원과 우위를 이어가고 있다.

71) 「연보」 46세(1860년)조(『사미헌집』상 앞머리와 고전번역원의 한국고전종합DB에서 한글로 된 「연보」가 제공된다.)

72) 이에 대해서는 장복추. 「慕遠堂講會節目序」(『사미헌집』상. 275a 이하)를 참고할 것.

1868년의 서원철폐령으로 동락서원을 비롯한 장현광의 기념물들은 차례로 훼철된다. 그러나 얼마 되지 않아 복구의 노력이 기울여진다. 장복추는 1879년(65세)에 선산의 월파 낙동강 변에 있던 원회당遠懷堂에서 원모계遠慕契를 창설하여, 장현광의 영정을 봉안하였던 이곳을 중건하고자 모의한다. 1888년(74세)에는 「공암서당중수계첩孔巖書堂重修契帖」 서문을 짓는다. 성주 읍치에서 20리 거리에 있던 공암서당은 장벽과 이주, 이원정, 죽헌竹軒 도신징都愼徵, 약오藥塢 도처형都處亨 등이 강학한 곳이었는데, 이곳의 복설復設을 도모한 것이였다. 계를 맺는 일차적인 목표는 기념물을 복원하는 것에 있었지만, 근본적으로는 "선조의 뜻을 뜻하고 선조의 행실을 본받아 행하는" 것에 있다고 장복추는 기록하였다.[73] 이와 같은 위선과 관계망 유지의 노력은 1932년 동락서원의 사당을 중건하고, 1933년에 장현광을 아버지처럼 모셨던 장경우를 종향하는 결실로 나타난다.

5. 맺음말

생전에 이룬 장현광의 업적과 인품은 문인들에게 큰 자긍심을 주었다. 그 결과 그의 학문적 업적을 수집하여 간행하고, 그를 제사할 장소들을 마련하는 일이 아주 일찍부터 진행되었다. 조정으로부터 시호를 받고 사액을 받아내는 등의 성과는 제자들과 그를 숭모한 지역사림들이 공동으로 이루어낸 결실이다. 그러나 같은 시기에 이미 장현광 이외의

73) 장복추. 『사미헌집』상. 「孔巖書堂重修契帖」. 135하a~b. 이외에도 장복추. 「東洛撤院時移奉講堂告由文」·「慕遠堂講義」·「不知巖精舍重建上樑文」·「遠懷堂重建上樑文」(『사미헌집』상) 등을 참조할 것.

인물들을 폄하하고 배타하는 분위기가 형성되었고, 이것은 후일 장현광과 동락서원을 고립시키는 불의의 결과를 초래하였다.

한 사람의 학문은 교류와 배제의 흐름 속에 있는 문화의 일부로서, 선행의 업적들을 흡수하고 비판하면서 통합하는 과정을 거치면서 형성된다. 이 점에서 장현광의 학문도 예외가 아니다. 16~17세기에 활동한 유학자 장현광은 이미 제기되었던 문제의식과 해결의 노력, 시행착오를 거쳐 성립한 여러 결과물들을 검토하면서 자기의 학문 세계를 만들어갔다. 경위설로 압축되는 그의 이기론도 이황 이후에 전개된 논쟁사에 큰 빚을 지고 있다. 그의 역학적 세계인식과 중용에 기반을 둔 인격은 선배 유학자들의 역학 및 심학 연구가 점진적인 심화과정을 겪어오지 않았다면 실현되기 어려웠다.[74)]

누구에게도 집지하지 않았고 집경수업하지 않았음은 틀림없는 사실이고, 이런 이유로 불유사승을 주장한다고 하여 틀릴 것도 없다. 유사한 주장을 한 사람들이 복수로 있음을 고려하면 이런 견해가 크게 문제될 것도 아니다. 인조시대에 영남을 대표하는 산림이었던 장현광의 덕행과 저술은 당시로는 비견할만한 사람이 없었으므로 그의 도학성을 부각시키지 못할 이유도 없다. 다만 이를 확대하여 역사와 사회적 맥락을 부정하면서 자득을 역설하고 남을 깎아내림에 이르면 갈등이 발생한다. 문인들은 스승에 대한 자부심으로 남과의 비교를 통해 차별화를 시도한다. 병향의 대상으로 여겨 최소한 대등하다고 본 정몽주의 경우는 그래도 다행이지만, 길재를 폄하하고 박대하면서 같은 서원에 합향하는 것을 꺼리는 사람이 있었다. 조호익을 향현에 불과하다고 폄하하고, 우월

---

74) 필자는 명체적용에의 추구라는 말로 이러한 공통의 흐름을 제시한 적이 있다.(김낙진. 2010. 「조선 중기 한려학파의 철학사상」. 『한국학논집』 제40집. 계명대학교 한국학연구원.)

적인 문파의식에서 정구의 영향력을 부정한다. 남을 깎아내림으로 자신을 고양하는 방법은 화해할 수 없는 타자를 양산한다.

남을 깎아내림의 맞은편에는 미화하고자 하는 대상의 불리한 점을 보지 못한 척하거나 변명하는 지움의 행위가 있다. 개인들의 전기문들에는 거의 일률적으로 태어날 때부터 범상치 않았고, 평생 한 점의 하자가 없었다는 식의 평가를 남기고 있지만, 그것들 대부분은 타인의 손가락질을 보지 못한 것으로 자위하거나 애써 변명하려는 심사가 개재되어 있고, 심지어는 흔적을 지워버려 아예 없었던 것으로 만드는 조작의 의지가 개입되어 있어 어느 것도 함부로 믿으면 안 된다는 불신을 키운다. 장현광의 문인들이 직접 목격한 것은 완성된 인간을 목표로 공부해 가는 스승의 모습이었을 것인데, 스승을 역사적 과정과 사회의 맥락으로부터 분리시켜 본래 완성된 인간처럼 여기려 한 것은 지움을 통한 미화의 일종이다.

필자는 이런 현상이 도학 개념이 정착하고 나서 도학성을 확보하기 위한 문파 및 당파 사이의 경쟁이 전개되면서 나타난 부정적인 모습이라고 이해한다. 모든 점에서 완전해야 한다는 완벽주의가 개인에게 심각한 스트레스를 주듯이 집단도 동일한 악영향을 받는다. 장현광에 관한 고양된 평가가 나타난 17세기는 문파 및 당파 사이의 경쟁이 격화되는 때였고, 도학자의 성역을 누가 선점하는가를 다투던 때였다. 광해군 초기 동방5현의 문묘종사가 있자 정인홍은 회퇴변척을 감행하여 이황의 도학자적 지위를 부정하려 하였고, 이이와 성혼이 차지할 도학자의 지위를 두고 남인과 서인의 지루한 소모전이 전개되고 있었다. 격렬하게도 보이는 장현광 문인들의 불유사승론 역시 이런 문화적 정치적 환경에서 잉태된 것이라고 생각된다.

그러나 이런 유별남은 비교를 통한 남다름을 전제로 한 것이기에 고립과 망각이라는 대가를 치러야 한다. 임고서원 병배시비, 오산서원 이봉시비, 한려시비 등으로 이어지는 대립적 갈등은 장현광과 그의 학문의 영향력을 확대하는 대신 장현광에게 연원이 있는 학자들과 가문들마저도 분열시켜 등을 돌리게 하였고, 장현광의 학문과 정신은 동락서원과 가문의 안쪽으로 숨어들게 한다. 정구 이후 최고의 학문수준과 최대의 문파를 자랑하던 여헌학단이 시간이 흐를수록 점차적으로 세력 약화의 과정을 밟아간 것이다.

학술적으로도 장현광의 독특한 학설은 그대로 계승되지 않는다. 사칠이기론에 있어서 장현광의 독자적인 학설은 이발일도설理發一途說이다. 이 학설은 이황과 기대승, 이이의 학설에 대한 검토를 통해 만들어졌다고 보아야 할 것이다. 그런데 이미 문인 신열도가 이황과 장현광의 두 가지 이론에 모두 일정한 가치가 있음을 인정하였는데,[75] 이는 타협이라기보다는 마음 현상에 대한 다각적 설명이 가능함을 염두에 두고 종합한 것으로 이해하여야 한다. 이와 유사한 종합이 장복추에게서도 발견된다. 이미 대산大山 이상정李象靖(1711~1781)에게서 그 뚜렷한 모습이 나타나지만, 그의 영향을 강하게 입은 장복추는 장현광의 이발일도설과 퇴계의 호발설을 모두 인정한다.[76] 극렬하게 대립하던 시기의 편협한 시각을 극복하고 여러 학설들이 나름대로의 가치가 있음을 긍정하는 시기에 활동하였던 그는 그만큼 넓게 볼 수 있었던 것이다.

75) 申圾. 「聞見錄」. 『여헌전서』상. 436하b~437상a를 참고.
76) 김낙진. 2005. 「장복추를 통해 본 장현광 학문의 계승과 비판」. 『유학사상연구』 제24집. 한국유교학회를 참고.

참고문헌

한려 이후 조선 후기 낙중학의 전개 _ 홍원식

『宣祖實錄』.

李滉. 『退溪集』.

奇大升. 『高峯集』.

鄭逑. 『寒岡集』.

張顯光. 『旅軒集』.

구본욱. 2014. 「연경서원의 경영과 유현들」. 『한국학논집』 제57집. 계명대 한국학연구원.

김기주. 2014. 「도동서원과 한강학의 전개」. 『한국학논집』 제57집. 계명대 한국학연구원.

김낙진. 2014. 「동락서원의 경영과 유현들」. 『조선 후기 낙중학의 전개와 한려학파』(학술대회발표집). 계명대 한국학연구원.

이병휴. 1999. 『조선전기 사림파의 현실인식과 대응』. 일조각.

이수건. 1979. 『영남사림파의 형성』. 영남대 민족문화연구소.

이수환. 2013. 「16세기 전반 영남 사림파의 동향과 동방오현 문묘종사」. 『낙중학의 원류, 조선전기 도학파의 사상』. 예문서원.

추제협. 2014. 「회연서원의 경영과 유현들」. 『한국학논집』 제57집. 계명대 한국학연구원.

홍원식. 2014.「정구의 한강학과 퇴·남학」.『영남학』 제26호. 경북대학교 영남문화연구원.

한려학맥의 전승 _ 김학수

1. 원전

『仁祖實錄』;『肅宗實錄』;『道東書院誌』;『列邑院宇事蹟』;『永陽四難倡義錄』;『嶠南誌』; 金寧.『遯峯集』;『光州李氏淵源錄』; 李厚慶.『畏齋集』; 李埥.『心遠堂集』; 趙任道.『澗松集』; 李嵂.『東湖集』; 許穆.『記言』; 裵尙龍.『藤庵集』; 潤雨.『石潭集』; 鄭逑.『寒岡全書』;『光山世稿』; 玄逸.『葛庵集』; 再祐.『忘憂集』; 李道孜.『復齋集』; 李道一.『消憂軒集』; 金坽.『溪巖日錄』; 金光繼.『梅園日記』; 金中淸.『苟全集』; 張興孝.『敬堂集』; 金應祖.『鶴沙集』; 張慶遇.『晩悔集』;『旅軒先生及門錄』; 張㮒.『南坡集』; 金慶長.『龜巖集』; 張應一.『聽天堂集』; 이주.『學稼齋集』; 張顯光.『旅軒集』; 申仡.『城隱集』; 申達道.『晩悟集』; 李光俊.『鶴洞集』; 李民宬.『敬亭集』; 洪昕.『文谷集』; 趙遵道.『方壺集』;『永嘉世稿』; 孫宇男.『綸庵逸集』; 鄭四震.『守菴集』; 宋時烈.『宋子大全』; 李植.『澤堂別集』; 安應昌.『柏巖集』;『古文書集成』79 -仁同 仁同張氏 旅軒宗宅篇-;『국역여헌집』(성백효 역/민족문화추진회); 鮮于浹.『遯菴全書』; 申悅道.『懶齋集』; 李元禎.『京山志』;『鰲山誌』; 金烋.『敬窩集』; 鄭克後.『西岳志』; 李栽.『密庵集』.

2. 논저

고영진. 1995.『조선중기 예학사상사』. 한길사.

李相弼. 2005.『남명학파의 형성과 전개』. 와우출판사.

權延雄. 1985.「『檜淵及門諸賢錄』小考」.『韓國의哲學』13. 경북대학교 퇴계연구소.

鄭萬祚. 2003.「仁祖4년 陶山院長 李有道 致斃事 논란」.『韓國學論叢』26輯. 國民大學校 韓國學研究所.

정순우. 2004. 「조선후기 성주·칠곡지역 사족의 성립과정과 변화 양상」. 『남명학파와 영남우도의 사림』 예문서원.

장동표. 2004. 「함안지역 향촌지배체제와 재지사족층」. 『남명학파와 영남우도의 사림』. 예문서원.

이희평. 2006. 「둔암 성우협의 철학사상 일고」. 『여헌학의 전개와 수용』(1). 제7회 선주문화연구소학술대회 발표자료집.

박인호. 2006. 「『海東文獻叢錄』에 나타난 金烋의 학문 세계」. 『여헌학의 전개와 수용』(1). 제7회 선주문화연구소 학술대회 자료집.

김문식. 2006. 「16~17세기 한강 정구의 지지리 편찬」. 『民族文化』29. 민족문화추진회.

서정문. 2006. 「朝鮮中期의 文集編刊과 門派形成」. 국민대학교 박사학위논문.

朴賢淳. 2006. 「16~17세기 禮安縣 士族社會 硏究」. 서울대학교 박사학위논문.

김익재. 2008. 「내암 정인홍의 현실대응과 그 문인집단의 사승의식」. 경상대 한문학과 박사학위논문

김종석. 2010. 「난재 신열도의 사상과 여헌학 계승」. 『여헌학의 전개와 수용』(선주문화연구총서7). 보고사.

김학수. 2012. 「한강 정구의 學問 淵源」. 『한국학논집』 48. 계명대학교 한국학연구원.

______. 2011. 「17-18세기 의성지역 旅軒學派의 동향과 현실대응 -의성 및 군위·청송·영해·영일지역을 중심으로-」. 『선주논총』 14. 금오공과대학교 선주문화연구소.

______. 2011. 「갈암학파의 성격에 대한 검토 : 諸 學脈의 수용양상을 중심으로」. 『퇴계학』 20. 안동대학교 퇴계학연구소.

______. 2010. 「조선중기 寒岡學派의 등장과 전개 -門人錄을 중심으로-」. 『한국학논집』 40. 계명대학교 한국학연구원.

______. 2010. 「17세기 旅軒學派 형성과 학문적 성격의 재검토」. 『한국인물사연구』 35. 한국인물사연구회.

______. 2010. 「조선후기 영남지역 사족가문의 學派·政派的 분화와 그 존재양상」. 『한국사학보』38. 고려사학회.

김학수. 2008. 「17세기 영남학파 연구」. 한국학중앙연구원 한국학대학원 박사학위논문.
______. 2007. 「'寒岡(鄭逑)神道碑銘'의 改定論議와 그 의미」. 『朝鮮時代史學報』 42. 조선시대사학회.

석전 광주이씨 가문과 근기 남인의 제휴 _ 이근호

『인조실록』.
『현종실록』.
『현종개수실록』.
『숙종실록』.
『승정원일기』.
金坽. 『溪巖日錄』.
朴鼎賢. 『凝川日錄』.
宋時烈. 『宋子大全』.
柳壽垣. 『迂書』.
尹鑴. 『白湖全書』.
李聃命. 『靜齋集』.
李元禎. 『歸巖集』.
趙絅. 『龍洲遺稿』.
曺兢燮. 『巖西集』.
趙翼. 『浦渚集』.
許穆. 『記言』
『燃藜室記述』.
『廣州李氏大同譜』(1988).
『璿源續譜(太宗大王子孫錄 敬寧君派)』(장서각 K2-1135).
『萬姓大同譜』.

고영진. 1994. 「17세기 후반 근기남인학자의 사상 : 윤휴, 허목, 허적을 중심으로」. 『역사와현실』 13. 한국역사연구회.

김무진. 2012. 「한강 정구의 현실 인식과 경세관」. 『한국학논집』 48. 계명대 한국학연구원.

김문택. 2011. 「숙종 대 이원정의 정치활동과 피화」. 『조선 후기 당쟁과 광주 이씨』. 지식산업사.

김의환. 1998. 「17, 18세기 염세정책의 변동」. 『조선시대사학보』 6. 조선시대사학회.

김준석. 1987. 「허목의 예악관과 존군비신론」. 『동방학지』 54 · 55 · 56합. 연세대 국학연구원(2003. 『조선후기 정치사상사 연구』. 지식산업사, 재수록).

김학수. 2009. 「칠곡 광주이씨 이원정가의 정치적 위상과 학문적 성격」. 『2009 한국학연구원 추계 기획학술대회』. 계명대 한국학연구원.

오수창. 1985. 「인조대 정치세력의 동향」. 『한국사론』 13. 서울대 국사학과(2003. 『개정판 조선시대 정치사의 재조명』. 태학사. 재수록).

이근호. 1998. 「숙종대 중앙군영의 변화와 수도방위체제의 성립」. 『조선후기 수도방위체제』. 서울학연구소.

______. 2006. 「채제공의 가계에 대한 검토」. 『성호학보』 2. 성호학회.

______. 2007. 「17세기 후반 이담명 · 이한명의 정치활동과 경세론」. 『조선 후기 당쟁과 광주이씨』. 지식산업사.

______. 2011. 「매산 이하진의 정치운영론」. 『성호학보』 9. 성호학회.

이수건. 1990. 「조선 후기 '영남'과 '경남'의 제휴」. 『민족사의 전개와 그 문화-이우성교수정년퇴직기념논총』(상) (1995. 『영남학파의 형성과 전개』. 일조각. 재수록).

이욱. 2002. 『조선후기 염세정책 연구』. 고려대 박사논문.

이재철. 2009. 「조선후기 죽헌 도신징의 의례소와 국정변통론」. 『조선후기 사림의 현실인식과 정국운영론』. 집문당.

이정철. 2010. 『대동법, 조선최고의 개혁』. 역사비평사.

정만조. 1997. 「양역변통론의 추이」. 『한국사』 32. 국사편찬위원회.

정순우. 2004. 「조선 후기 성주, 칠곡 지역 사족의 성립과정과 변화 양상」. 『남명학파와 영남우도의 사림』. 예문서원.
정호훈. 2004. 『조선후기 정치사상 연구』. 혜안.
최주희. 2013. 『조선후기 선혜청의 운영과 중앙재정구조의 변화』. 고려대 박사논문.
한국국학진흥원 유교넷(http://www.ugyo.net).

백불암 최흥원 가문의 학풍과 실천지향의 삶 _ 장윤수

『孟子』. 『孝經』.
『二程粹言』. 『朱子語類』.
『光海君日記』. 『正祖實錄』.
『樂齋年譜』. 『樂齋日氣』. 『臺巖集』. 『慕堂日記』. 『慕堂集』. 『百弗庵言行錄』. 『百弗庵集』. 『樊巖集』. 『曆中日記』. 『永慕堂通講諸子錄』. 『朱子語類』. 『止軒集』. 『退溪集』. 『寒岡年譜』.

김종문 · 장윤수. 1996. 『한국전통철학사상』. 부산: 소강출판사.
대구 · 경북역사연구회. 2001. 『역사 속의 대구, 대구사람들』. 도서출판 중심.
안종수. 2011. 『한국철학사상의 이해』. 개정판. 소강출판사.
윤사순. 1980. 『退溪哲學의 硏究』. 고려대학교출판부.
이동철 외 엮음. 2005. 『21세기의 동양철학』. 을유문화사.
이수건. 1995. 『영남학파의 형성과 전개』. 일조각.
정도원. 2011. 『퇴계 이황과 16세기 유학』. 문사철출판사.
정진영. 1988. 『조선시대 향촌사회사』. 한길사.
김석근 외 옮김. 2011. 溝口雄三 외 『中國思想文化事典』. 책과 함께.
김형수. 2006. 「17세기 초 대구사림의 형성과 분화」. 『역사교육논집』 36집. 역사교육학회.
우인수. 2008. 「고령 매촌동약의 특징과 동민의 결속」. 『고령문화사대계』 1(역사편). 대가야박물관 · 경북대퇴계연구소.
이승연. 2000. 「個와 家」. 『동양사회사상』 3집. 동양사회사상학회.
장윤수. 2004. 「百弗庵 崔興遠과 18세기 대구지역 성리학에 관한 연구」. 『철학연구』 90집. 대한철학회.
______. 2008. 「조선 중기 고령유학의 특징: 회통성, 개방성, 실천성을 중심으로 하여」. 『동양사회사상』 18집.
______. 2012. 「퇴계철학에 있어서 理의 능동성 이론과 그 연원」. 『퇴계학과 유교문화』 51호. 경북대학교 퇴계연구소.
정우락. 2008. 「江岸學을 통해 본 고령유학과 그 특징」. 『고령문화사대계』 2(사상편). 대가야박물관 · 경북대퇴계연구소.
정진영. 2001. 「백불암 최흥원의 학문과 향약」. 『한국의 철학』 29호. 경북대학교 퇴계연구소.
______. 1982. 「조선 후기 향약의 一 硏究: 夫仁洞 洞約을 중심으로」. 『민족문화논총』 2 · 3합집. 영남대학교민족문화연구소.
최언돈. 2010. 「百弗庵 崔興遠의 夫仁洞 및 漆溪[옻골] 經營 規範 연구」. 영남대학교 대학원 한국학과 박사학위논문.
찰스 푸. 1997. 「朱子學 계승자로서의 退溪哲學의 독창성」. (『퇴계학연구논총』 제9권. 경북대학교. 퇴계연구소.

조선후기 영천지역 사림과 임고서원 _ 김학수

〈원전〉

『조선왕조실록』.
『圃隱集』(鄭夢周).
『退溪集』(李滉).
『退溪全書』(李滉).
『錦溪集』(黃俊良).

『旅軒集』(張顯光).
『永嘉世稿』(權周郁編).
『綸庵逸集』(孫宇男).
『守菴集』(鄭四震).
『寒岡集』(鄭逑).
『栢潭集』(具鳳齡).
『松巖集』(權好文).
『玉溪集』(盧禛).
『重峯集』(趙憲).
『知退堂集』(李廷馨).
『月沙集』(李廷龜).
『敬堂集』(張興孝).
『寒岡全書』(鄭逑).
『樂齋集』(徐思遠).
『慕堂集』(孫處訥).
『暘溪集』(鄭好仁).
『碧珍世稿』.
『愚伏集』(鄭經世).
『克齋集』(申益愰).
『西厓集』(柳成龍).
『芝山集』(曺好益).
『佳山逸稿』(金守慶).
『雙峯集』(鄭克後).
『常華集』(鄭好義).
『吾卒子實紀』(朴暾).
『臨皐書院誌』(臨皐書院).
『永川郡邑誌』(1831).
『臨皐書院並配錄』(筆寫本. 個人所藏).
『臨皐書院通講錄』(臨皐書院所藏本).

『古文書集成』 25-德川書院篇-(韓國精神文化研究院. 1995).

〈논저〉

鄭萬祚. 1997. 『朝鮮時代 書院研究』. 集文堂.
李樹健. 1998. 『嶺南學派의 形成과 展開』. 一潮閣.
李樹煥. 2001. 『朝鮮後期書院研究』. 一潮閣.
김문택. 1998. 「朝鮮後期 永川地方의 士族動向과 臨皐書院」. 『朝鮮時代의 社會와 思想』. 조선사회연구회.
김학수. 2005. 「17세기 초반 永川儒林의 學脈과 張顯光의 臨皐書院 祭享論爭」. 『朝鮮時代史學報』 35. 조선시대사학회.
______. 2009. 「여헌학파의 형성과 전개」. 『여헌 장현광 연구』. 태학사.
金圻彬. 『圃隱集』 解題. 民族文化推進會.

연경서원의 경영과 유현들 _ 구본욱

郭再謙. 1845. 『槐軒集』.
柳時藩. 1907. 『沙月堂集』.
徐思遠. 1843. 『樂齋集』.
徐思遠. 『樂齋年譜』.
徐思遠. 『樂齋日記』.
徐贊奎. 1931. 『臨齋集』.
孫處訥. 1849. 『慕堂集』.
손처눌. 『慕堂日記』.
李叔樑. 1938. 『梅巖集』.
李元禎. 1937. 『歸巖集』.
李輈. 1860. 『苔巖集』.

李滉. 『退溪集』.

全慶昌. 1859. 『溪東集』.

全有慶. 1924. 『覺庵集』.

鄭光天. 1934. 『洛涯集』.

鄭逑. 1926. 『寒岡集』.

鄭師哲. 1935. 『林下實紀』.

蔡貴河. 1828. 『多義堂實紀』.

蔡應麟. 1806. 『松潭實紀』.

『논어』.

대구부 편. 1832년경 刊. 『大丘府邑誌』.

邱鄕會 編. 2011. 『大邱儒賢錄』. 대보사.

구본욱. 2011. 「대구지역에 성리학을 연 계동 전경창」. 『조선사 연구』 20. 조선사 연구회.

______. 2012. 5. 「계동 전경창의 연보작성을 위한 시론」. 『대구사학』 107. 대구사학회.

______. 2012. 「팔공산과 금호강을 왕래하며 강학한 송담 채응린」. 『조선사 연구』 21. 조선사 연구회.

______. 2012. 「연경서원의 경영과 조선 중기 대구지역의 유학」. 『퇴계학 논집』 11. 영남퇴계학회.

______. 2012. 「大邱儒賢 通講錄의 正字化와 해제」. 『퇴계학 논집』 11. 영남퇴계학회.

______. 2013. 「태암 이주의 환성정에 관한 고찰」. 『조선사 연구』 22.

김건래. 2003. 「孫處訥 硏究」. 『慕堂 孫處訥 先生의 生涯와 學問』. 청호서원.

도동서원과 한강학의 전개 _ 김기주

구본욱. 2012. 「연경서원의 경영과 조선 중기 대구지역의 유학」. 『퇴계학논집』 제11호.

김기주. 2013. 「남명학파의 서원과 남명학파의 전개」. 『남도문화연구』 제24집.

김학수. 2010. 「정구의 학자 관료적 삶과 안동부사 재임」. 『영남학』 제17호.

백두현. 2008. 「현풍곽씨언간에 나타난 한훤당과 서원제 이야기」. 『선비문화』 제13호.

영남대학교 민족문화연구소. 1997. 『도동서원지』. 민족문화연구소 자료 16권. 영남대학교 출판부.

이수환. 1997. 「도동서원의 연혁과 소장자료의 검토」. 『도동서원지』. 민족문화연구소 자료 16권. 영남대학교 출판부.

______. 2000. 「도동서원의 인적구성과 경제적 기반」. 『사학연구』. 한국사학회.

______. 2001. 「영남서원의 자료 현황과 특징」. 『대구사학』 65.

______. 2012. 「서원 기록자료 정리의 현황과 과제」. 『민족문화논총』 제52집.

鄭逑. 『寒岡集』.

채휘균. 2002. 「조선시대 초기서원의 설립배경과 성격」. 『교육철학』 제20집.

홍원식. 2010. 「영남 유학과 ‘낙중학’」. 『한국학논집』 제40집.

______. 2012. 「조선 중기 낙중학과 정구의 ‘한강학’」. 『한국학논집』 제48집.

회연서원의 경영과 유현들 _ 추제협

『仁祖實錄』 권7.

『光海君日記』 권148.

李重煥. 『擇里志』.

鄭逑. 『寒岡先生文集』.

鄭逑. 『寒岡全書』.

金宗直. 『悔堂稿』.
宋時烈. 『宋子大全』.
鄭蘊. 『桐溪先生續集』.
김천시. 경북대학교 편. 2013. 『무흘구곡 경관가도 문화자원 기본조사』.
김학수. 2007. 「'한강(정구) 신도비명' 개정논의와 그 의미」. 『조선시대사학보』 42집. 조선시대사학회.
______. 2011. 「석담 이윤우의 관직활동과 학문적 위상」. 권오영 외. 『조선후기 당쟁과 광산이씨』. 지식산업사.
______. 2011. 『성주 한강 정구 종가』. 경상북도. 경북대 영남문화연구원.
______. 2012. 「여헌학파의 학통적 성격과 학문적 실용성」. 고려대 민족문화연구원편. 『여헌 장현광의 학문세계4 -여헌학의 전망과 계승』. 예문서원.
______. 2012. 「조선중기 한강학파의 등장과 전개」. 홍원식 외. 『낙중학, 조선시대 낙동강 중류지역의 유학』. 계명대 출판부.
이상해. 1998. 『서원』. 「회연서원」. 열화당.
정만조. 2009. 「17세기초 영남학파의 분기와 장현광의 학적 위상」. 『여헌 장현광 연구』. 태학사.
정우락. 2011. 「한강 정구의 무흘정사 건립과 저술활동」. 남명학연구원편. 『한강 정구』. 예문서원.
______. 2012. 「성주지역 도학의 착근과 강안학파의 성장」. 『영남학』 21호. 경북대 영남문화연구원.
______. 2014. 『한강 정구와 무흘구곡 이야기』. 경인문화사.
추제협. 2013. 「『심경발휘』와 정구의 심학」. 『한국학논집』 51집. 계명대 한국학연구원.
홍원식. 2008. 「전기 퇴계학파」. 홍원식 외. 『심경부주와 조선유학』. 예문서원.

동락서원의 경영과 유현들 _ 김낙진

奇大升. 1993. 『高峰集』. 「論思錄」. 한국문집총간.

金慶長. 『龜巖集』. 국립중앙도서관 DB.

金壽興. 1994. 『退憂堂集』. 한국문집총간.

金應祖. 1994. 『鶴沙集』. 한국문집총간.

申悅道. 『懶齋集』. 국립중앙도서관 DB.

申益愰. 1999. 『克齋集』. 한국문집총간.

李　珥. 1986. 『經筵日記』. 윤사순 옮김. 『경연일기』. 삼성미술문화재단.

張慶遇. 1996. 『晩悔堂文集』. 한국역대문집총서. 경인문화사.

張　鋉. 『訴梅堂遺集』. 국립중앙도서관 DB.

張福樞. 『四未軒集』.

張應一. 2006. 『聽天堂集』. 한국문집총간.

張　㮨. 『南坡集』. 국립중앙도서관 DB.

張顯光. 1983. 『旅軒全書』. 仁洞張氏南山派宗親會.

張顯光. 1999. 『국역 여헌집』. 성백효 옮김. 민족문화추진회.

鄭　逑. 1978. 『寒岡全書』. 경인문화사.

趙任道. 1988. 『澗松集』. 한국문집총간.

김낙진. 2005. 「장복추를 통해 본 장현광 학문의 계승과 비판」. 『유학사상연구』 제24집. 한국유교학회.

______. 2010. 「조선 중기 한려학파의 철학사상」. 『한국학논집』 제40집. 계명대학교 한국학연구원.

김학수. 2006. 「여헌학맥의 성장과 장현광의 임고서원 제향논쟁」. 『여헌 장현광의 학문 세계』2. 예문서원.

______. 2009. 「여헌학파의 형성과 전개」. 『여헌 장현광 연구』. 태학사.

______. 2012. 「여헌학파의 학통적 성경과 학문적 실용성」. 『여헌 장현광의 학문 세계4』. 예문서원.

문숙자. 2009. 『68년의 나날들, 조선의 일상사』. 너머북스.

유권종. 2012. 「구암 김경장의 생애와 학문」. 『여헌 장현광의 학문 세계』4. 예문서원.
윤희면. 2004.『조선시대 서원과 양반』. 집문당.
이종문. 2011.『구미 여헌 장현광 종가』. 예문서원.
한국국학진흥원 유교넷.

【저자 소개】

홍원식 E-mail : wsh683@kmu.ac.kr

고려대학교 철학과를 졸업하고 같은 대학에서 「정주학의 거경궁리설 연구」로 철학박사를 받았다. 현재 계명대학교 교수로 있으면서, 『오늘의 동양사상』 편집 주간을 겸하고 있다. 『한주 이진상의 생애와 사상』, 『실학사상과 근대성』(공저), 『동양을 위하여 동양을 넘어서』(공저) 등의 저서와 「정주학의 거경궁리설 연구」, 「애국계몽사상의 철학적 기반」, 「동아시아 생태담론에 대한 비판적 검토」 등 다수의 논문이 있다.

김학수 E-mail : ksoya@aks.ac.kr

한국학중앙연구원 한국학대학원에서 한국사를 전공하여 문학박사를 받고, 현재 동대학원 글로벌한국학부 고전번역학 조교수에 재직하고 있다. 주요 관심분야는 조선시대 지식문화이다. 저서로 『17세기 명가의 내력과 가풍』, 『허주 이종악의 삶과 풍류』, 공저로 『여헌 장현광 연구』, 『창구객일연구』, 『아계 이산해의 학문과 사상』 등이 있다.

이근호 E-mail : lkh1117@paran.com

국민대학교 국사학과 및 동 대학원을 졸업하였다. 현재는 한국체육대학교에서 강의를 하고 있다. 주요 관심 분야는 조선 후기 정치 · 사회사 및 정치사상사이며, 『조선후기 탕평파와 국정운영』, 『한국역사상 관료제 운영시스템에 관한 연구』(공저), 「영조대 무신란 이후 경상감사의 수습책」, 「조선후기 남인계 가문의 정치 사회적 동향」, 「인조 말~숙종 초 홍우원의 정치 활동」 등 다수의 논저가 있다.

장윤수 E-mail : ysjang@dnue.ac.kr

경북대학교 철학과를 졸업하고 같은 학교 대학원에서 동양철학을 전공하고 철학박사학위를 받았다. 부산여자대학교(현 신라대학교) 철학과 교수를 거쳐 현재 대구교육대학교 윤리교육과 교수로 재직 중이며, 중국 西北大學 객좌교수로도 활동하고 있다. 학문적 주요 관심 분야는 중국신유학, 한국성리학, 동양교육사상 방면이다. 『정주철학원론』을 비롯한 십여 권의 저서가 있고, 『횡거역설』 외 다수의 역서가 있다. 그 외에 「조선 후기 퇴계학파의 심학적 특징」을 비롯한 수십 편의 논문이 있다.

구본욱 E-mail : bonwkoo@hanmail.net

1960년생. 계명대학교 철학과와 영남대학교 대학원을 졸업하였다. 철학박사. 대구가톨릭대학교 특별연구위원 겸 산학협력교수로 있다. 10여 년간 사서(四書)와 삼경(三經) 등 한학을 공부하였다. 영남지역 특히 대구지역의 유학에 대하여 연구하였으며, 그 강학소인 연경서원과 강학록인 『대구유현통강록(大邱儒賢通講錄)』을 연구 발표하였다. 「대구지역의 성리학을 연 계동(溪東) 전경창(全慶昌)」을 비롯한 30여 편의 논문과 10여권의 책을 번역 · 저술하였다.

김기주 E-mail : zonoz@gw.kmu.ac.kr

계명대학교 철학과를 졸업하고, 臺灣東海大學 哲學硏究所에서 석사, 박사학위를 취득하였다. 현재 계명대학교 Tabula Rasa College에 재직하고 있다. 조선성리학과 그 역사적 전개 등에 관심을 가지고 연구하고 있으며, 저서로는 『서원으로 남명학파를 보다』, 『심경부주와 조선유학』(공저), 역서에는 『심체와 성체-총론편』, 『유교와 칸트』(공역) 등이 있고, 「기발리승일도설로 본 기호학파의 3기 발전」, 「이상사회에서의 일과 노동」 등 다수의 논문이 있다.

추제협 E-mail : jhchoo@gw.kmu.ac.kr

계명대학교 국어국문학과를 졸업하고 동 대학원 철학과에서 박사학위를 받았다. 현재 계명대학교 인문역량강화사업단(CORE) 연구교수로 있다. 논문으로는 「이익의 사단칠정설과 성호학파의 사상적 분기」, 「이황과 김인후의 「천명도」 개정과 인간학의 정립」, 「이익의 격물설에 나타난 윤휴와 이만부의 사상적 영향」 등이 있다.

김낙진 E-mail : njkim@cue.ac.kr

고려대학교 철학과를 졸업하고 동 대학원에서 철학박사 학위를 받았다. 현재 진주교육대학교 교수로 재직 중이다. 주 연구 분야는 조선성리학이다. 저서로는 『의리의 윤리와 한국의 유교문화』가 있고, 역서로는 『원전으로 읽는 여헌학-여헌선역집』(공역)이 있으며, 주요논문으로는 「丁時翰의 『山中日記』와 구도자의 삶」, 「愚潭 丁時翰의 『四七辨證』과 심법」 등 다수가 있다.